Restaurant
La
Jadouine
57 24 61 50
MENU

Frankreich

EINE KULINARISCHE REISE

PIERRE HUSSENOT/AGENCE TOP

Mangoldkuchen (oben, Rezept Seite 238), *Fettgebackenes* (rechts, Rezept Seite 247) *und Zitronenkuchen* (unten, Rezept Seite 238)

Frankreich

EINE KULINARISCHE REISE

Mit 243 Originalrezepten aus allen Provinzen

Herausgegeben von
Marianne Comolli, Elisabeth Scotto und Michèle Carles

Einführende Texte von
Gilles Pudlowski

Christian Verlag

Aus dem Englischen übersetzt von Maria Mill
und Bruno von der Haar
Redaktion: Florentine Schwabbauer
Korrekturen und Register: Irmgard Perkounigg
Herstellung: Dieter Lidl
Satz: DTP Josef Fink, München

6. Auflage 1997

Die Originalausgabe mit dem Titel
FRANCE THE BEAUTIFUL COOKBOOK wurde
erstmals 1989 im Verlag Weldon Owen Publishing
Limited veröffentlicht

Karten: Mike Gorman
Illustrationen: Yolande Bull
Design und Layout: John Bull,
The Book Design Company

Druck und Bindearbeiten:
Mandarin Offset, Hong Kong
Printed in Hong Kong

ISBN 3-88472-180-1

Rechte Seite: *Baeckeoffe mit Kartoffeln* (links, Rezept Seite 180), *Ochsenschwanzeintopf* (Mitte, Rezept Seite 168), *Schweinefleisch im Biersud* (unten rechts, Rezept Seite 178), *Sauerkraut mit Schweinefleisch und Würsten* (oben rechts, Rezept Seite 180)

FOTOGRAFIERT IM ELSASS
PIERRE HUSSENOT/AGENCE TOP

Seiten 2 und 3: *Die malerische Landschaft des Loiretals, eine der fruchtbarsten Gegenden Frankreichs.*

LEO MEIER

Seiten 8 und 9: *Zucchinitopf mit Tomaten und Zwiebeln* (oben links, Rezept Seite 211), *gefüllte Zucchiniblüten* (oben rechts, Rezept Seite 199) *und fritiertes Gemüse* (vorn Mitte, Rezept Seite 200)

FOTOGRAFIERT IN DER PROVENCE
PIERRE HUSSENOT/AGENCE TOP

Vorsatz: *Hier in Saint-Emilion, im Bordeaux-Gebiet, gelangt man auf kopfsteingepflasterten Straßen zu verführerischen Restaurants.*

LEO MEIER

PIERRE HUSSENOT/AGENCE TOP

Bourride (links, Rezept Seite 109) *und Bouillabaisse* (oben rechts, Rezept Seite 110)

IN DER PROVENCE AUFGENOMMEN

Inhalt

ROLLAND

LEO MEIER

Die republikanische Trikolore*, das Emblem Frankreichs, trat nach der Revolution von 1789 als Nationalflagge an die Stelle der bourbonischen Lilienblüte.*

EINFÜHRUNG

Leben wie Gott in Frankreich

Schönes Frankreich! Wohl kein anderes Land Europas vereint diese Vielfalt von Landschaften und Klimaregionen. Von der rauhen Atlantikküste über grüne Waldgebirge und Täler bis zu den Alpen mit ihren satten Almen und ewig schneegekrönten Gipfeln. Von den weiten Feldern und saftigen Weiden des Nordens über die teils karstigen, teils lieblichen Mittelgebirge bis hin zum sonnendurchtränkten, mediterranen Süden. Ob man sich auf schmalen Feldwegen ergeht, auf geheimnisvollen Pfaden tiefe Forste durchstreift oder durch sonnendurchglühte Pinienwälder wandert, immer begegnet man einem Reichtum von Düften, vom Geruch des frischen Grases bis zum exotischen Parfum der unzähligen Sträucher und Kräuter.

Und alle Pfade führen in Frankreich zu einer üppigen Tafel. Von Flandern bis zum Baskenland, von der Normandie bis nach Nizza, von den Ardennen bis nach Bigorre im Süden liefert jede Region nicht nur ihre eigenen Ingredienzen für Tausende exquisiter Rezepte – auch Wohlgerüche, wie sie einem dampfenden Kochtopf in einem gemütlichen Landgasthof entsteigen, der Rauchduft von den Würsten und Schinken in einer Hochgebirgshütte im Winter oder das Aroma von Meerespflanzen und Jod und Salz in einem geschäftigen Seehafen, prägen die charakteristische Atmosphäre einer jeden Region.

Ohne die Berge von Austern, ohne *cassoulet*, ohne *hochepot*, ohne *bourride*, ohne den krausen grünen Wirsing und ohne die Weine und Biere, die dazugehören, wäre Frankreich nicht, was es ist. Gewiß eine Fülle von Motiven für die schönsten Urlaubskarten. Aber dieses Buch soll auch den unendlichen Reichtum an langüberlieferten regionalen Traditionen zeigen (die trotz häufig geänderter Verwaltungsgrenzen eifrig bewahrt werden), die Landschaften, den Wohlgeschmack der Speisen und die Methoden ihrer Zubereitung mit all ihren regionalen Feinheiten.

Frankreich zweigeteilt: Öl kontra Butter

Natürlich gibt es für all das ein einziges Wort: Frankreich. Aber wieviel schöner ist es, die einzelnen Namen auf der Zunge zergehen zu lassen: Rouergue und Auvergne, Berry und Quercy, Aunis oder Saintonge. Jede Provinz, ob klein oder groß, ist wie ein Steinchen in einem großen fröhlichen Mosaik.

Und jedes Steinchen hat sein eigenes Leben, seinen eigenen Glanz. Denn im langen Lauf der Geschichte, durch alle Besitzwechsel von Fürsten und Königen und alle Grenzänderungen hindurch hat sich jede Region ihre eigenen kulinarischen Traditionen bewahrt. Was wiederum nicht verwundern muß – sind doch die Traditionen des Essens und Trinkens zuvörderst das Ergebnis des jeweiligen Klimas und dessen, was es zu geben imstande ist.

Linke Seite: *Dieses alte hölzerne Ladenschild und die schönen Skulpturen gehören zur* patissérie Rolland *im Quimper, wo man lokale Spezialitäten wie* kouigh amann *unbedingt kosten sollte.*

LEO MEIER

Vorhergehende Seiten: *Ente mit Oliven* (links, Rezept Seite 138), *Frische Foie gras mit Trauben* (rechts, Rezept Seite 140) *und Entenbrust mit Knoblauchsauce* (Mitte, Rezept Seite 135)

FOTOGRAFIERT IM LANGUEDOC
PIERRE HUSSENOT/AGENCE TOP

So dominieren Fleischgerichte und Bier in Frankreichs Osten, frische Gemüse, Kräuter und Wein im Süden. Und eine weitere Zweiteilung läßt sich feststellen: in das Reich der Butter und das des Öls, die mehr oder weniger dem Norden und Süden entsprechen. Mit Butter bereitete Speisen sind schwerer, das frische Öl ist leichter, besser verdaulich. *Andouillettes* und Geflügel werden in Butter gebräunt; Öl – aus den Oliven des Südostens und den Walnüssen des Südwestens – gibt den Fischen des Mittelmeers ihren typischen Geschmack. Und weiter kann man das Frankreich der Kartoffel, der Artischocke, der Wurzelgemüse, des Kohls in all seinen Spielarten – Blumenkohl, Wirsing, Grünkohl, Rotkohl und Weißkraut – unterscheiden. Ein Frankreich, das wie in einer dichtbestückten Krone die Regionen des Nordens umschließt, von der Bretagne bis zum Elsaß, dessen Spitze nach Flandern weist, und im Kontrast dazu ein anderes Frankreich mit Gemüsen in hellen, leuchtenden Farben und von kräftigem Geschmack: Knoblauch, rote und grüne Paprika, Kürbis, Tomaten, Zucchini und Auberginen. Andererseits ließe sich Frankreich auch in Kreise unterteilen: die Küstenregionen mit ihrem großen Reichtum an Fischen und Meeresfrüchten und das innere, erdige Frankreich mit Schlachtvieh und Geflügel. Aber man findet auch gemeinsame Züge in der Bretagne und in Südfrankreich, im Küstenstrich der Côte d'Opale und seinem südlichen Rivalen, der baskischen Küste. Die gleichen Ingredienzen, Mikroklimata, die durch den Wechsel von Ebbe und Flut geschaffen werden, bringen Menschen einander näher, die sich durch Tausende von Kilometern voneinander getrennt wähnen.

Auch von Bergland zu Bergland stoßen die Wurzeln zueinander und vermählen sich. Sind nicht die Käse der Auvergne mit der frischen, natürlichen Würze der Milch von

Käufer und Verkäufer scheinen die Atmosphäre der Märkte im Freien gleichermaßen zu genießen – die älteste und einfachste Form des Handels in Frankreich, und wahrscheinlich die schönste.

LEO MEIER

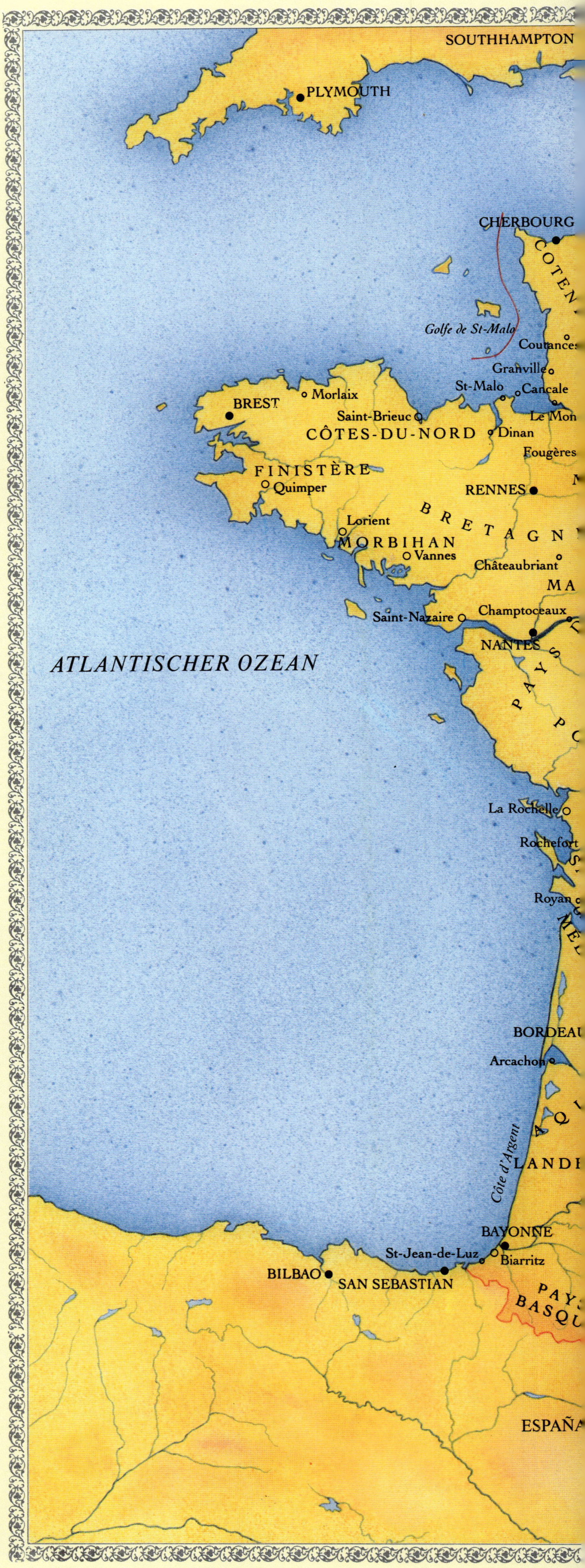

TSMOUTH
CALAIS
Dunkerque
BRUXELLES
BUNDESREPUBLIK
DEUTSCHLAND
Boulogne
Pas de Calais
LILLE
BELGIQUE
FLANDRES
Berck-Plage
ARTOIS
Valenciennes
Manche
Côte d'Opale
Cambrai
Rhein
FRANKFURT
Dieppe
AMIENS
Fécamp
Étretat
PAYS DE CAUX
Saint Quentin
LUXEMBOURG
Charleville-Mézières
LE HAVRE
ROUEN
ARDENNES
LUXEMBOURG
Honfleur
Beauvais
PICARDIE
CALVADOS
Seine
REIMS
CHAMPAGNE
Verdun
METZ
MOSELLE
NORMANDIE
Marne
Châlons
Argentan
PARIS
ILE DE FRANCE
LORRAINE
STUTTGART
Versailles
Commercy
NANCY
ORNE
Saint-Dizier
STRASBOURG
Alençon
Chartres
Seine
Fontainebleau
Marne
ALSACE
Seine
Troyes
Saint-Dié
Rhein
Zellenberg
Epinal
LE MANS
LOIRE
Chaumont
Colmar
VOSGES
ORLÉANS
BOURGOGNE
MULHOUSE
Vendôme
Troo
Beaugency
La Flèche
LOIRE-ET-CHER
Auxerre
Belfort
LOIRE
Loir
Blois
Chambord
Vesoul
BASEL
Angers
Montbéliard
ZÜRICH
TOURS
NIVERNAIS
Amboise
DIJON
Loire
Saumur
Chinon
TOURAINE
BESANÇON
Loches
Cher
Indre
Bourges
BERN
Beaune
Nevers
SUISSE
Châtellerault
Saône
JURA
Châteauroux
Chalon-sur-Saône
Poitiers
INDRE
BERRY
FRANCHE-COMTÉ
LAUSANNE
Moulins
LIMOUSIN
BOURBONNAIS
Niort
Montluçon
Mâcon
GENÈVE
ANGOUMOIS
AUVERGNE
Vichy
Roanne
LIMOGES
Annecy
Chamonix
Massif Central
Thiers
CHARENTES
CLERMONT-FERRAND
LYON
Rhône
SAVOIE
Angoulême
LYONNAIS
St-Nectaire
Chambéry
MILANO
CORRÈZE
SAINT-ETIENNE
RHÔNE-ALPES
DAUPHINÉ
PÉRIGORD
Brive-la-Gaillarde
GRENOBLE
CANTAL
Le Puy
TORINO
Libourne
Bergerac
Sarlat
Aurillac
Briançon
St-Emilion
Dordogne
Valence
ITALIA
Garonne
Espalion
Montélimar
GENOVA
Cahors
Barcelonnette
Rhône
Agen
Rodez
QUERCY
Sisteron
HAUTE-PROVENCE
Caussade
Digne
Millau
Alès
Montauban
Carpentras
ALPES-MARITIME
GERS
Avignon
VAUCLUSE
ARMAGNAC
Menton
Nîmes
Monte-Carlo-Monaco
Auch
ROUSSILLON
PROVENCE
Vence
TOULOUSE
Tourette-sur-Loup
Grasse
NICE
Arles
Cannes
Antibes
MONTPELLIER
CAMARGUE
Aix-en-Provence
GASCOGNE
LANGUEDOC
Fréjus
Castelnaudary
Béziers
Sète
Tarbes
Carcassonne
Saint-Tropez
Bastia
Côte d'Azur
MARSEILLE
Lourdes
Narbonne
Golfe du Lion
TOULON
Pyrénées
CORSE
PERPIGNAN
ANDORRA
Ajaccio
MITTELMEER

LEO MEIER

Frankreich ist berühmt für seine patisserie, *und in jedem Dorf und jeder Stadt findet man neben den regionalen Spezialitäten eine reiche Auswahl der beliebtesten Torten, Obsttorten, Kuchen und Kekse. Hier in Dinan in der Bretagne sind* galettes bretonnes *in der Auslage.*

den Bergweiden enge Verwandte der Käse aus Savoyen? Und gibt es nicht Familienbande zwischen Munster im Val d'Orbey und Lapoutroie in den Vogesen einerseits und dem Tamié-Käse andererseits, der in der gleichnamigen Abtei von weltabgeschiedenen Mönchen hergestellt wird? Und sind nicht die Lämmer der Haute-Provence entfernte Verwandte der Pyrenäenschafe? Könnte nicht das unter dem Namen *broutard* bekannte Freilandkalb in Corrèze von den kräftigen Rindern des hügeligen Charolais abstammen? So sehr Frankreich auch in Departements und Regionen unterteilt sein mag, so sind sie doch andererseits auf vielerlei Art eng miteinander verwoben.

Der Triumph des Natürlichen

Die Freude der Franzosen an der feinen Küche hat sich durch die Jahrhunderte erhalten; doch wenn im Mittelalter scharfe Gewürze hoch geschätzt waren, so wandte sich die beginnende Renaissance von ihnen ab, und an die Stelle der exotischen Würzen traten mehr und mehr die heimischen: Zwiebeln, Schalotten, Knoblauch. Die scharfen, pikanten Saucen des Mittelalters räumten das Feld für subtilere Geschmacksnuancen und vor allem cremigere Saucen, je mehr die Butter sich die Küche eroberte.

Die Franzosen entdeckten zwar die Gaben ihres eigenen Landes, aber sie behielten dieses Wissen auch weitgehend für sich. Die klassischen Bücher, die um das Ende

Kleiner Flirt während der Weinlese in der Champagne.

LEO MEIER

Die Stadt Saint-Emilion, im Bordeaux-Gebiet, ist reich an sakraler und mittelalterlicher Architektur, und man könnte leicht vergessen, daß es sich bei diesen Bauten schlicht um Wohnhäuser handelt. LEO MEIER

des siebzehnten Jahrhunderts geschrieben wurden – wie zum Beispiel *Le Cuisinier Français* – empfehlen natürliche Zutaten und knackige Gemüse – zum Beispiel Spargel –, die *al dente* gekocht werden. Der Geschmack verfeinerte sich. Die üppigen Mengen, wie sie für die mittelalterlichen Bankette typisch waren, schwanden, je mehr sich ein gewisser Sinn für Eleganz entwickelte, was in Klassikern wie *Cuisinier Royal et Bourgeois* zum Ausdruck kommt. Das neunzehnte Jahrhundert, die Blütezeit der großen Pariser Restaurants (Café de Foy, Véry, Café Français), war auch das Jahrhundert der aufwendigen und dekorativen Küche: raffinierte Gerichte, nur zu oft auch geschönt, stets mit viel Saucen. Man zögerte nicht, den natürlichen Geschmack durch kunstvolle Zubereitung völlig zu überdecken, die mehr dem Auge schmeichelte als dem Gaumen. Daher auch die Mode der im Speisesaal flambierten Gerichte und der *chartreuses* – aufwendige Zubereitungen, bei denen die Fleischspeisen unter einer Masse von Gemüsen verborgen wurden – Gegenstücke zu den *pièces montées* der Pastetenbäcker.

In den Restaurants von Paris und in den Häusern der Wohlhabenden war so wenig regionale Kochkunst zu finden wie Touristen auf dem Lande. Das zwanzigste Jahrhundert, etwa ab den dreißiger Jahren, brachte die Rückkehr zur Natur und vor allem zu regionalen Tugenden. Der Feind war – laut Mazille, der 1929 *La Bonne Cuisine du Périgord* niederschrieb – Paris, das ausschließlich eine an Butter reiche Küche akzeptierte, Knoblauch und andere kräftige Würzen verbannte und die traditionellen Rezepte vergangener Tage von sich wies.

Es war Curnonsky, der gewählte Fürst der Gastronomen, auch unter dem Namen Maurice-Edmond Saillant bekannt, der den rechtschaffenen und ehrenwerten Grundsatz verkündete, gemäß dem gute Kochkunst bedeutet, daß »die Speisen nach dem schmecken müssen, was sie sind«. 1946 gründete er die Zeitschrift *Cuisine et Vins de France*, mit der versucht wurde, regionale Spezialitäten bekannt zu machen und zu fördern – Rezepte, hochwertige Zutaten, gute Restaurants. Dieses Streben nach einer Rückkehr zur Natur ging Hand in Hand mit der Wiederentdeckung der langvergessenen Schätze der regionalen französischen Gastronomie.

Dreißig Jahre später entwickelten Henri Gault und Christian Millau diese Rückbesinnung noch einen Schritt weiter und gaben unter dem Stichwort *nouvelle cuisine* eine Reihe von Richtlinien heraus, die zum Kennzeichen der modernen Küche geworden sind: kurze Kochzeiten, Saucen auf Basis reduzierter Fonds, das Weglassen von unnötigem Fett und Mehl, die Verbannung der Mehlschwitze, das Kochen der Gemüse *al dente* (wie im sechzehnten Jahrhundert) und die Vermählung süßer mit pikanten Aromen (wie im Mittelalter). Darüber hinaus initiierten sie regionale Ehrenpreise – *lauriers du terroir* – für die Pflege bestimmter Feinschmeckertraditionen.

Azay-le-Rideaux gilt für viele als das femininste der Loire-Schlösser. Der Fluß bildet einen breiten Burggraben um diesen Inbegriff der Grazie und Perfektion der Renaissancebaukunst.

Parallel dazu schufen große Küchenchefs mit viel Fantasie neue Gerichte auf der Grundlage der traditionellen Rezepte und Produkte ihrer jeweiligen Region. Zander mit Sauerkraut von Emile Jung in Straßburg, Schnecken mit Brennesseln von Bernard Loiseau in Burgund, Paprikaschoten mit Stockfischfüllung von Firmin Arrambide im Baskenland sind nur ein paar Beispiele neuer Interpretationen der regionalen Küchen. Diese Meister der Kochkunst begnügen sich nicht mehr damit, Altes zu kopieren oder Ziegenkäse mit Kohl, Ente mit Kiwi zu kombinieren, sie kehren zurück zu den alten Formen und bewährten Produkten des Landes, um sie mit neuen Geschmacksnuancen zu verfeinern.

»Den Geschmack von gestern mit den Techniken von heute wiederentdecken«: das könnte das Motto der Kochkunst der jetzigen Ära sein. Während die Rückbesinnung auf altüberlieferte, regionale Gerichte die Provinzen erschüttert, amüsieren sich die Hauptstadt und ihre führenden Köche – die zumeist aus der Provinz stammen – mit einer Imitation der Hausmannskost. Das Gericht, das im Paris der achtziger Jahre dieses Jahrhunderts Furore machte, war ein simpler Schweinskopf mit Salbei gesotten und dazu schlichtes Kartoffelpüree. Aber es wurde mit makellosem Stil und subtiler Perfektion zubereitet; als ob man um jeden Preis zum hervorragenden Geschmack der einfachen Dinge zurückkehren müßte.

So scheint es also, daß jetzt, gegen Ende des zwanzigsten Jahrhunderts alle Traditionen Frankreichs sorgsam wieder zusammengebracht wurden: die Vielfalt der regionalen Küchen, die Ehrenrettung der alten, langsam vor sich hin schmorenden Gerichte *(blanquette, daube, navarin, pot-au-feu)* und die sorgfältige Pflege der großen Klassiker des Landes. Die *bouillabaisse* aus Marseille, die *aïoli* der Provence, die *bourride* Südfrankreichs, das *cassoulet* des Südwestens – ebenso wie das *confit* und die *foie gras* aus dem Perigord, die *choucroute* des Elsaß, die *potée* aus Lothringen, die Kutteln aus der Normandie und das *aligot* der Auvergne – sind nur einige wenige der einzigartigen kulinarischen Meisterwerke, die das Jahr 2000 bewahren und tradieren sollte als hervorragende Beispiele des französischen Genius.

Wenn die französische Küche als eine wahre Kunst gilt – eine tägliche Kunst, die ständig erneuert wird – so verdankt sie dies dem immensen natürlichen Reichtum der französischen Landschaften. Jede Generation trägt ihre Verpflichtung zum Bewahren und zum Anpassen. Die letzten Jahrzehnte des zwanzigsten Jahrhunderts zeigen sich als eine Ära der leichteren Küche und auch der Wahrung der Authentizität. Der Genius der französischen Küche wird den Nachweis erbringen, daß er sich auch neuen Technologien anpassen kann (Konservieren, Tiefkühlung, Vakuumverpackung), ohne seinen Grundsätzen untreu zu werden. Glauben Sie mir nun, wenn ich sage, daß Frankreich aus gastronomischer Sicht niemals so reich und niemals so Herr der Dinge war wie in diesen achtziger Jahren?

Rechte Seite: *Eine der schmalen mittelalterlichen Gassen in Dinan, wo winzige Läden eng gedrängt um die Aufmerksamkeit der Käufer werben.*
LEO MEIER

Boulangerie
Patisserie
BAR LE MAGNOLIA
RUGBY
DINAN
CAFE
PLACE
DUCLOS PINOT
BAR DE
CHOCOLAT
KODAK

NORMANDIE,
BRETAGNE

CRÊPERIE
Glacier
SALLE
ETAGE

LEO MEIER

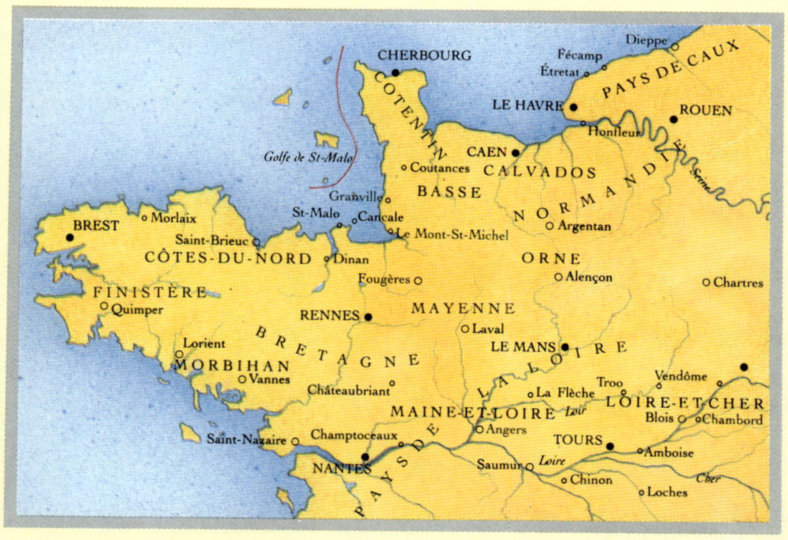

NORMANDIE, BRETAGNE

Dem Meer zugewandt

Zwei Landschaften, dem Meer zugewandt und doch von der Landwirtschaft geprägt, der Erde verbunden; zwei eigenständige Provinzen, aus dem Reichtum des Meeres schöpfend, doch auch begütert mit den unvergleichlichen Schätzen des Feldes – welch vielversprechende Kombination.

Geprägt ist dieses Land durch saftige Wiesen, weißgestrichene Zäune, malerische normannische Fachwerkhäuser, anmutige Kirchen aus bretonischem Granit, ernste Kreuzigungsgruppen, zerklüftete Hügel, die zum Meer hin abfallen, und Marschland: von der Normandie bis zur Bretagne ein willkommenes Beispiel der Schönheit französischer Landschaften. Dieses Land ist edel, stolz, ja herrschaftlich, wie zum Beispiel der Mont-Saint-Michel, von den Bretonen verehrt und doch von ihnen getrennt durch das schmale Rinnsal des Couesnon und somit zur Normandie gehörend. Wie die Bretonen gern sagen:

»Dumm ist der Couesnon, und wie!
Gab den Berg der Normandie.«

Und dann ist dort Coutances im Cotentin zwischen der ernsten Bretagne und der traditionsbewußten Normandie, in Richtung England und Irland weisend. Es ist normannisch, aber die Gebäude aus grauem Stein, die rauhe und zerklüftete Küste wie die anmutige Wildheit seiner Wälder lassen es eher bretonisch erscheinen.

Ganz anders Rouen mit seiner herzhaft normannischen Lebensart. Im letzten Krieg weitgehend zerstört wie zahlreiche Städte und Dörfer der Normandie, hat es sich doch seine bezaubernde Altstadt bewahren können – mit ihrer nach der altehrwürdigen Uhr, der *Gros Horloge* benannten Straße, ihren gotischen Häusern mit den Holzfassaden, der

Links: *Als eine der besterhaltenen Städte in der Bretagne besitzt Dinan noch zahlreiche Fachwerkhäuser an kopfsteingepflasterten Straßen.*

Vorhergehende Seiten: *Cancale in der Bucht des Mont-Saint-Michel ist wie viele der bretonischen Küstendörfer wegen seiner Austern berühmt.*
LEO MEIER

LEO MEIER

Bauern genießen die Atmosphäre des ländlichen Jahrmarkts in Landévant bei Lorient.

herrlichen Kathedrale, dem Friedhof Saint-Maclou, wo die Gräber der Pestopfer noch heute zu sehen sind; und sogar den Platz, auf dem Jeanne d'Arc verbrannt wurde, hat die Stadt rekonstruiert.

Ebenso hat Rouen auch die aus dem neunzehnten Jahrhundert stammende Tradition des *canard à la rouennaise* bewahrt, die in Paris durch Frédéric Declair, dem berühmten Koch des Tour d'Argent, als *canard au sang* zu neuen Ehren gelangte. Die Ente wird gebraten, zerlegt, und dann wird der Rumpf in einer Spezialpresse zerdrückt, um den ganzen Saft herauszupressen. Dieser bildet dann die Grundlage für eine aromatische cremige Sauce, die mit Sahne angedickt und mit Cognac verfeinert wird. Die authentische Rouen-Ente mit ihrem zarten und rötlichen Fleisch muß aus dem Dorf Duclair kommen.

Butter, Sahne und Käse: dies ist der edle Dreiklang des normannischen Weidelands. Man braucht nur einen kleinen Umweg in das Hinterland der Perlmuttküste zu machen, gleich hinter den glanzvollen Badeorten Cabourg, Deauville, Trouville und Honfleur, und man entdeckt eine Postkarten-Normandie, die praktisch noch genauso aussieht wie im letzten Jahrhundert: die alten Dörfer mit ihren Holz- und Stuckhäusern und altertümlichen Kirchen, die unvergeßlichen grünen Wiesen mit den geruhsam weidenden Kühen, die Landgüter mit ihren fügsamen und munteren Pferden.

Edle Käse stammen von hier: Der Camembert wurde erfunden von einem Bauernmädchen, Marie Harel, deren Name um den Ort Vimoutiers im Gedächtnis geblieben ist; Livarot, exquisit und kraftvoll, aus der Gegend um die Gemeinde gleichen Namens, auch als »Colonel« bekannt wegen der fünf Bänder aus geflochtenen Binsen, die den roten Laib umwinden; und Pont-l'Evêque, der delikateste von allen, der noch immer nach überkommener handwerklicher Art überall im Tal der Touques hergestellt wird. Die vorzügliche goldgelbe Butter, wie sie von den Bauern in Isigny, Sainte-Mère-Eglise, Gournay, Neufchâtel-en-Bray oder Valognes geknetet wird, und die blaßweiße Sahne, so dick, daß man sie mit dem Messer schneiden kann – solche Schätze findet man kaum irgendwo sonst.

Hier, im Herzen des Pays d'Auge, des normannischsten Teils der Normandie mit seinen unzähligen Obstgärten, in denen die Apfelbäume im Mai voller Blüte stehen, wird auch der prickelnde Apfelmost gekeltert, der »Cidre«, der in seiner besten Form aus Cambremer stammt. Dieser Most vom Bauernhof ist extra trocken und paßt besonders gut zu kräftigen Gerichten – wie Schweinekutteln *à la mode de Caen*, stundenlang in einem Spezialtopf mit Karotten und Zwiebeln gedünstet; oder Scholle *à la façon de Dieppe* (mit Miesmuscheln) oder von Fécamp (mit Krabben); Steinbutt mit Sauerampfer; oder mit Calvados und Sahne geschmortes Huhn.

Durch Destillation des gegorenen Apfelmosts und anschließendes Altern in Holzfässern entsteht der Calvados mit seinem Aroma reifer Äpfel – weich und rund. Die Täler der Auge und des Orne sind die bevorzugten Erzeugergebiete, und die malerischen Dörfer Beuvron, Pierrefitte und Beaumont – die sich alle durch den Zusatz »en Auge« auszeichnen – bezeichnen das Herz dieses traditionsreichen Bauernlands.

Doch köstliche Äpfel und guten Cidre findet man auch auf den Höfen der windigen Hochfläche des Bezirks Caux nördlich Rouen nahe Etretat und Fécamp. Dies ist die Gegend der weißen Felsklippen und der nahen See. Ob Seezunge, Steinbutt, Petersfisch oder Schaltiere wie Austern und Krabben – sie alle passen so gut zu dicker Sahne und Äpfeln frisch aus dem Obstgarten.

Die gleiche Vielfalt bietet auch die Bretagne, auch wenn sich das Land hier zurückhaltender zeigt. Die Milch ist oft pasteurisiert und wird industriell zu Käse verarbeitet, der in ganz Frankreich vertrieben wird. Dafür eröffnet sich hier der ganze Reichtum des Meeres. Es bestimmt den Charakter der Halbinsel Cotentin, die die Grenze der Normandie zur Bretagne markiert. Hier gibt es die weißen, meerduftenden Austern von Saint-Vaast-la-Hougue, Jakobsmuscheln von Erquy und Krabben aus den Gewässern vor Granville.

Weiter landeinwärts ist die Landschaft etwas rauher, von herberem Charme, wie der Wind, der unablässig um die Spitze von Penmarch am westlichsten Punkt des Landes bläst. Hier bildet der Atlantik die Grenze der Bretagne, und dieses am stärksten vom Meer geprägte Departement Frankreichs trägt den Namen Finistère, was »Ende der Erde« bedeutet. In Guilvinec werden Krabben eingeholt, die riesigen Zuchtfelder von Audierne liefern Hummer und Langusten, und Fisch im Überfluß wird in Saint-Guénolé an Land gebracht – Makrelen, Meeräschen, Sardinen, Thunfisch, Wolfsbarsch, Rotzunge, Seezunge, Lachs und Seeforelle. Man könnte sich die Bretagne als riesiges Salzwasserbassin vorstellen, wo nur Fischer Bürgerrechte haben; aber sie ist zugleich auch, zusammen mit der angrenzenden Normandie, das Land, das den besten Apfelmost der Welt hervorbringt, in Forêt-Fouesnant im sonnigen Süden des Finistère. Es ist eben auch ein Agrarland, berühmt wegen seiner Artischocken, Kartoffeln und seines Blumenkohls. Im Norden liegen Finistère-nord, Côtes du Nord und Léon – ein riesiger Gemüsegarten, in den wiederum auch das Meer seinen Reichtum einbringt.

Wie in der Normandie kommen auch in der Küche der Bretagne Land und Meer zusammen mit ihrer reichen Ernte. Austern aus der Bucht von Quiberon und dem Golf von Morbihan werden mit Schalottensaft und Essig serviert, Hummer mit Artischocken, Steinbutt mit Kartoffeln; es gibt viele glückliche Ehen dieser Art. In der *cotriade*, dem hiesigen Gegenstück zur *bouillabaisse*, werden Meeraal, Steinbutt, Seeteufel und Weißfisch mit Kartoffeln und Zwiebeln kombiniert – gekocht im eigenen Saft und Muscadet, dem einzigen Wein der Bretagne aus der Gegend von Nantes (schon fast an der Loire).

Die Fleischerkunst – im ländlichen Stil – genießt in der Bretagne einen hohen Ruf –, allem voran Schweinepastete »bretonisch« und die stark gewürzten *andouilles*, die in der Bretagne und der Normandie jeweils auf unterschiedliche Art hergestellt werden. Die normannische *andouille* mit dem Namen »Vire« wird aus fein gehackten Schweinekutteln gemacht, während für die bretonische *andouille*, die als »aus Guéménée« firmiert, die Kutteln umeinandergewickelt und dann von einem Stück Kalbshaut umgeben werden. Ein echtes Stück Handwerksarbeit! In jüngerer Zeit haben die Bauern der Normandie und Bretagne voller Stolz auf ihr Können und ihr reiches fruchtbares Land auch angefangen, ihre eigene Stopfleber herzustellen; sie führten Gänse und Enten aus dem Departement Gers ein, ziehen sie auf ihren grünen Wiesen auf, mästen sie mit heimischem Mais und schlachten sie auf die traditionelle Art. Ein Unterschied zwischen den Erzeugnissen dieser beiden Regionen ist praktisch nicht festzustellen.

Andererseits gibt es Schätze, die jeweils nur einer der beiden Provinzen gehören. Einer davon ist das Lamm von den in der Meeresbrise badenden Weiden, wo selbst das Gras leicht salzig schmeckt, an der Bucht von Mont-Saint-Michel. Hier auf dem Mont-Saint-Michel wurde übrigens von Mère Poularde, die dort eine berühmte Herberge bewirtschaftete, jene Omelette erfunden, die noch immer ihren Namen trägt: Eier werden lange und rhythmisch geschlagen, dann in reichlich Butter in einer langstieligen Eisenpfanne über dem offenen Feuer gebacken und schließlich dick, heiß und cremig aufgetragen, um den müden Wanderer wieder zu Kräften zu bringen, der spät am Abend zu Fuß auf diesem wundersamen Berg mitten im Wasser ankommt.

Die Butter markiert auch eine Trennlinie zwischen den beiden Provinzen; in der Bretagne ist sie stets gesalzen, in der Normandie ungesalzen. Die Bretonen verarbeiten sie zu den Karamelbonbons von Morbihan und in den Brioches und sonstigen regionalen Kuchen wie Butterkuchen oder *quatre-quarts, kouigh amann* und flaumigen Pfannkuchen oder *crêpes-dentelles*, die sich alle durch ihren frischen Buttergeschmack auszeichnen. Und hier finden die zwei Regionen auch wieder in einer Gemeinsamkeit zusammen: Crêpes, die man mit Weizenmehl zubereitet, wenn sie zart, oder mit Buchweizenmehl, wenn sie kräftig schmecken sollen. Das richtige Getränk zu beiden aber ist Cidre, mit seinem unverwechselbaren Aroma reifer Äpfel, seiner tiefgoldenen Farbe und der leichten Schaumkrone. Ein guter Grund, auf die Freundschaft zweier Nachbarn anzustoßen, Rivalen zwar, von denen jeder eifersüchtig seinen eigenen Ruhm zu wahren bemüht ist, aber auch gute Verwandte.

Mont-Saint-Michel, Kloster und Abtei, wurde vom elften bis zum sechzehnten Jahrhundert von Benediktinern erbaut und zählt zu den bedeutendsten kirchlichen Bauwerken in Europa.

LEO MEIER

VORSPEISEN

NICOLAS ALZIARI
HUILERIE
NICE

LEO MEIER

Die Fleischerei Touron in dem Städtchen Caussade bietet typische Fleisch- und Wurstspezialitäten, Pasteten und plats cuisinés *der Gascogne an.*

VORSPEISEN

Zum Einstimmen und Appetitmachen

Eine typische Mahlzeit besteht in Frankreich heute aus einer Vorspeise, einem Hauptgericht, Käse (der weggelassen wird, wenn man in Eile ist, oder den letzten Gang bildet, wenn man auf seine Linie achtet) und der Nachspeise. Bei besonderen Anlässen werden vor dem Käse drei Gänge serviert – im allgemeinen ein kaltes Hors d'œuvre, ein warmer erster Gang und dann der Hauptgang. Die großen Köche beherrschen die kalten Speisen ebenso wie die warmen. Von der Suppe sagt man, daß sie gut für die Verdauung ist, gleich, ob es sich um ein Consommé oder eine Hühnersuppe handelt oder um eine cremige Gemüsesuppe, die ebenso warm wie kalt gereicht wird.

Suppe als erster Gang macht sich auch immer gut, um den Gast auf die Landschaft einzustimmen, in der er speist. Emile Jung, der berühmte Chefkoch vom Le Crocodile in Straßburg, reicht zum Beispiel gern eine Gänsesuppe mit Perlgraupen, deren Grundbestandteile – Fleisch und Getreide – sehr gut sowohl die Originalität als auch die Vielfalt der Produkte des Elsaß repräsentieren. Die blasse, knoblauchgewürzte *tourain* (oder *tourin*) in den Landes, die provenzalische *soupe au pistou* des Kernlandes und die *soupe de poissons* an der Küste von Marseille bis Nizza werden dieser Rolle der Einstimmung gleichermaßen gerecht; man wird sich bewußt, wo man ist, während man in die Aromen und Geschmacksrichtungen der Gastregion eingeführt wird.

Bei den heißen Vorspeisen handelt es sich oft auch um *tourtes, quiches, pâtés, hures* und Soufflés, die alle auf Hackfleisch, Blätterteig, Gelees und sonstigen Zutaten basieren, die mit den für die jeweilige Region typischen Ingredienzen angereichert werden. Es sind dies gehaltvolle und phantasievolle Gerichte, die meist eine komplizierte oder zumindest aufwendige Zubereitung erfordern. Man erweist dem Gast seine Referenz, wenn man ihm ein solches Gericht anbietet, das lange vor seiner Ankunft liebevolle Vorbereitung und Mühe in der Küche erfordert hat.

Vorspeisen müssen nicht unbedingt mit Fleisch oder Fisch bereitet sein. Auch Eier werden auf vielfältigste Weise zubereitet, je nach Region: mit Pfefferschoten im Baskenland als *pipérade*, als Trüffel-Omelette in der Provence und im Tricastin; in Rotwein pochiert als *œufs en meurette* im Burgund oder *couilles d'âne* im Berry. Diese Gerichte sind hervorragende Beispiele für die Vielfalt der Zubereitungen, die durch die reichen Gaben der französischen Landschaften ermöglicht wird.

Unterschiedliche Akzente werden oft durch die Gemüse gesetzt, gleich, ob sie als Grundlage des Gerichts oder als Zutat dienen. Den Tomaten, Zucchini, Oliven, Paprikas und Auberginen des Südens stehen die Kohlsorten, Wurzelgemüse und Kartoffeln des Nordens und Ostens gegenüber. Die Artischocken des Mittelmeerraums, die in Öl geschmort sein können, *à la barigoule*, wetteifern mit den bretonischen Artischocken, die einfach mit einer Vinaigrette gegessen werden. Spargel, ob er nun aus dem Vaucluse, dem Loiretal oder dem Elsaß kommt, hier schlank und grün, dort dick und weiß, wird stets mit den gleichen Zutaten serviert – Sauce Mousseline, Mayonnaise oder Vinaigrette. Doch im Osten gehört oft Schinken dazu, und im Süden wird der Spargel als Beilage zu einem Hauptgericht genommen. Im allgemeinen sind die Vorspeisen nördlich

Vorhergehende Seiten: *Gefüllte Gemüse der Provence* (unten rechts, Rezept Seite 50), *Nizza-Salat* (unten links, Rezept Seite 50), *Gemüsesuppe mit Basilikum* (Mitte vorn, Rezept Seite 40) *und Sardellenpaste* (oben, Rezept Seite 33)

FOTOGRAFIERT IN DER PROVENCE
PIERRE HUSSENOT/AGENCE TOP

der Loire – der klimatischen wie gastronomischen Wetterscheide Frankreichs – gehaltvoller und kräftiger als im Süden. Aber es ist natürlich auch alles eine Frage des Wetters und damit auch der Jahreszeit. Sommergerichte werden oft kalt serviert, ihre winterlichen Gegenstücke sind zumeist als warme Speisen gedacht – auch wenn ihr Nährwert sich nicht wesentlich unterscheidet.

Manche Vorspeisen sind zu ganz selbständigen Gerichten geworden, so zum Beispiel die *foie gras*, die als Terrine kalt eine Vorspeise bildet, oder aber auch, in der Pfanne sautiert, warm serviert werden kann, zusammen mit gehäuteten Weintrauben *(chasselas)*, die ebenfalls in Butter gebraten werden. Das gleiche gilt für Pastagerichte mit Fleischfüllung wie Ravioli, die zum Hauptgericht werden können, wenn sie in entsprechender Menge aufgetischt werden.

Andererseits sind auch im Trend der Mode bestimmte Gerichte, die ursprünglich Hauptgänge waren, als leichte Vorspeisen zu Beliebtheit gelangt, zum Beispiel marinierte rohe Fische, entweder auf skandinavische oder tahitianische Art, oder rohes Fleisch, das in der Art des italienischen *carpaccio* zubereitet ist. Solche Entwicklungen zeigen, daß in der Gastronomie nie etwas endgültig festgelegt ist. Je nach dem persönlichen Appetit, geschmacklichen Vorlieben und Gewohnheiten wird eine Vorspeise nur als solche betrachtet oder nicht.

Es ist alles eine Frage der Region und der Bräuche. Manche Regionen sind für ihre üppigen Vorspeisen be-

LEO MEIER

In jedem Dorf und jeder Stadt Frankreichs findet man den boulanger, *der die langen, dünnen Baguettes bäckt, ohne die keine Mahlzeit denkbar ist.*

Mit seiner Vielfalt beliebter Käse aus allen Regionen ist dieser Stand auf dem Markt von Nizza eine große Versuchung für alle Vorübergehenden. Neben Cantal und Comté gibt es italienische Spezialitäten von jenseits der Grenze.

LEO MEIER

LEO MEIER

Die Franzosen sind davon überzeugt, daß Knoblauch ebenso wie Wein gesund ist. Auf jedem Markt findet man Verkaufsstände mit Knoblauch, der in drei Varianten angeboten wird: weiß, violett und rosa.

kannt, als Einstimmung zu einem reichen und opulenten Mahl. Dies gilt in gleichem Maße für das Perigord und das Elsaß, denen auch die Liebe zur *foie gras* gemeinsam ist – und beide behaupten auch, sie erfunden zu haben. Könnte das damit zusammenhängen, daß viele Elsässer 1940 vor den Deutschen in den Südwesten flüchteten?

Andererseits haben viele Regionen Frankreichs an der Tradition der leichten, erfrischenden Vorspeisen festgehalten. Oft sind dies die Küstengegenden, wo Salate – wie der *salade niçoise* – oder Meeresfrüchte noch immer zu den selbstverständlichsten Vorspeisen zählen.

Eigentlich hat in einer richtig verstandenen französischen Mahlzeit die Vorspeise nur diese eine Aufgabe: in dem Speisenden den Wunsch zu wecken, in seinem vergnüglichen Unterfangen fortzufahren. Und jedermann weiß, daß man dies auf tausendundeine verschiedene Arten erreichen kann.

Pilzpastete erfreut sich in dem Dorf Digne in der Haute Provence offenbar großer Beliebtheit.

LEO MEIER

Provence

ANCHOÏADE
Sardellenpaste

12 Sardellen, in Salz eingelegt
6 Zehen von frischem, jungem Knoblauch, feingehackt
3 frische, junge Schalotten, feingehackt
1 EL Rotweinessig
200 ml kaltgepreßtes Olivenöl
6 Petersilienzweige, entstielt und feingehackt
Baguettescheiben, geröstet
Rohes Gemüse: Bleichsellerie, Blumenkohl, Radieschen, Fenchel, Artischocken, Paprikaschoten ...

Die Sardellen unter fließendem kaltem Wasser gründlich abspülen, um alles Salz zu entfernen. In Filets zerteilen und Köpfe und Gräten entfernen. Die Filets feinhacken.

Die gehackten Sardellen, Knoblauch und Schalotten in die Küchenmaschine geben. Den Essig hinzufügen und die Mischung zu einer glatten Paste pürieren. Weitermixen und dabei das Öl in einem dünnen Strahl langsam zugießen, dann die Petersilie hinzufügen und weitere 10 Sekunden mixen. Die *anchoïade* auf gerösteten Brotscheiben oder als Dip zu rohem Gemüse servieren.

Für 6 Personen *Abbildung S. 28–29*

Sardellenpaste

PETER JOHNSON

Provence

BAGNA CAUDA
Sardellen-Dip

Bagna cauda *ist fast das gleiche wie* Anchoïade, *doch wie ihr Name schon besagt (*bagna cauda *bedeutet heißes Bad), wird sie heiß serviert.*

12 Sardellen, in Salz eingelegt
4 Zehen von frischem, jungem Knoblauch
75 g Butter
3 EL kaltgepreßtes Olivenöl
Baguettescheiben, geröstet
Rohes Gemüse: Bleichsellerie, Blumenkohl, Radieschen, Fenchel, Artischocken, Paprikaschoten ...

Die Sardellen unter fließendem kaltem Wasser gründlich abspülen, um alles Salz zu entfernen. In Filets zerteilen und Köpfe und Gräten entfernen. Alle Filets feinhacken.

Den Knoblauch mit der Knoblauchpresse zerdrücken und in einen kleinen Topf geben. Die Sardellen, Butter und Öl hinzufügen und bei sehr milder Hitze rühren, bis eine glatte, homogene Paste entstanden ist. Sofort auf gerösteten Brotscheiben oder als Dip zu rohem Gemüse servieren.

Für 6 Personen

Burgund

ŒUFS EN MEURETTE
Pochierte Eier mit Rotweinsauce

Den Begriff meurette *verwendet man in Burgund für alle Speisen, die mit Rotwein zubereitet werden, egal, ob es sich um Fisch-, Fleisch- oder Eiergerichte handelt.*

½ l roter Burgunder
3 Schalotten, feingehackt
2 Karotten, jede etwa 100 g, abgeschabt und feingehackt
150 g eiskalte Butter, in kleine Würfel geschnitten
300 ml Rotweinessig
12 Eier
Salz und frisch gemahlener Pfeffer

Den Wein in einen Topf gießen, die Schalotten und Karotten hinzufügen und zum Kochen bringen. 5 Minuten bei starker Hitze einkochen.

Die Temperatur auf sehr schwache Hitze reduzieren und die Butterstücke, jeweils ein bis zwei auf einmal, mit einem Schneebesen unterrühren. Die Sauce in einen kleinen Topf seihen und über einem Wasserbad warm halten.

2 l Wasser und den Essig in einen Topf gießen und erhitzen. Die Eier aufschlagen und eins nach dem anderen in eine Schüssel geben. Sobald das Wasser sprudelt, die Eier vorsichtig hineingleiten lassen. Die Eier mit dem Schaumlöffel behutsam wenden, so daß das Eiweiß das Dotter einschließt. 4 Minuten pochieren.

Die Eier, sobald sie gar sind, mit dem Schaumlöffel herausnehmen und auf ein sauberes Tuch legen. Die unregelmäßigen Ränder jedes Eis so beschneiden, daß es eine schöne ovale Form erhält. Die Sauce auf sechs vorgewärmte Teller verteilen und 2 Eier in der Mitte jedes Tellers anrichten. Mit Salz und Pfeffer würzen und sofort servieren.

Für 6 Personen *Abbildung S. 35*

Burgund

JAMBON PERSILLÉ
Petersilienschinken

Dies ist das traditionelle Ostergericht in Burgund.

1 kg gepökelter (nicht geräucherter) Schinken
2 Kalbsfüße
300 g Kalbshaxe
2 Schalotten, halbiert
1 Knoblauchzehe, halbiert
1 Zweig getrockneter Thymian
1 Lorbeerblatt
2 Estragonzweige
3 Kerbelzweige
10 Zweige glatte Petersilie
75 cl weißer Burgunder
2 EL Weißweinessig

Den Schinken in eine große Schüssel legen, mit Wasser bedecken und 12 Stunden stehen lassen, um das überschüssige Salz zu entfernen.

Die Kalbsfüße in reichlich kochendem Wasser 5 Minuten blanchieren, dann abgießen. Den Schinken abtropfen lassen und unter fließendem Wasser abspülen. Kalbsfüße, Schinken und Kalbshaxe in einen großen Topf geben; Schalotten, Knoblauch, Thymian, Lorbeerblatt, Estragon, Kerbel und 3 Petersilienzweige hinzufügen. Leicht mit Salz und Pfeffer würzen und den Wein dazugießen. Bei milder Hitze zum Kochen bringen und 2 Stunden unter gelegentlichem Umrühren köcheln lassen.

Die Blätter von den restlichen Petersilienzweigen abschneiden. Den Schinken und die Kalbshaxe abtropfen lassen, und das Fleisch mit einer Gabel grob zerteilen. Die Kochflüssigkeit durchseihen und Salz, Pfeffer und Essig einrühren. Abkühlen lassen, bis der Fond dickflüssig ist.

Etwas Fond in eine Form gießen, die so groß sein soll, daß Fleisch und Flüssigkeit gerade hineinpassen. Abkühlen lassen, dann in den Kühlschrank stellen, bis er fest ist. Eine Schicht Fleisch daraufgeben, dann mit Petersilie bestreuen. Wieder etwas Fond darübergießen und erneut in den Kühlschrank stellen, bis er erstarrt ist. Fleisch, Petersilie und Fond weiter aufschichten, bis alle Zutaten verbraucht sind, und mit einer Aspikschicht abschließen. Die Form abdecken und für 12 Stunden in den Kühlschrank stellen,̇ bevor man sie stürzt. In Scheiben geschnitten und mit einem Salat als Beilage servieren.

Für 8 Personen

Lyonnais/Île de France

GRATINÉE A L'OIGNON
Französische Zwiebelsuppe

In vergangenen Tagen genoß man diese kräftige aromareiche Suppe spät am Abend oder in den frühen Morgenstunden auf dem alten Markt Les Halles in Paris. Das Rezept – so heißt es – stammt aus Lyon.

100 g Butter
500 g große Zwiebeln, in dünne Scheiben geschnitten
1 EL Mehl
1½ l Rinder- oder Hühnerbrühe
Salz und frisch gemahlener Pfeffer
12 Scheiben Baguette
100 g geriebener Emmentaler Käse

Rechte Seite: *Petersilienschinken und pochierte Eier mit Rotweinsauce* (Rezept Seite 33)
PIERRE HUSSENOT/AGENCE TOP

Die Butter in einem schweren Topf von 4 l Inhalt zerlassen. Die Zwiebeln hinzufügen und bei sehr schwacher Hitze unter ständigem Rühren 20 Minuten braten, bis sie weich und goldgelb sind. Das Mehl einstreuen und 2 Minuten rühren. Mit der Brühe aufgießen, mit Salz und Pfeffer würzen und zum Kochen bringen. Zudecken und bei sehr schwacher Hitze 45 Minuten kochen; dabei von Zeit zu Zeit umrühren.

Die Brotscheiben auf beiden Seiten unter dem Grill rösten, sie auf vier ofenfeste Suppentassen verteilen und mit dem Käse bestreuen. Die Suppe in die Schalen gießen und diese unter den Grill schieben, so daß sie möglichst nahe an der Hitzequelle sind; nur so lange grillen, bis der Käse geschmolzen und leicht gebräunt ist. Sofort servieren.

Für 4 Personen

Alle Regionen

BOUILLON DE VOLAILLE
Hühnerbrühe

Für etwa 1,2 l Brühe
2 kg Suppenhuhn (mit Knochen)
2 l kaltes Wasser
1 kleine Zwiebel (etwa 50 g)
1 Gewürznelke
1 Karotte (etwa 100 g), abgeschabt
1 Stück Sellerie
1 Porreeblatt
1 Zweig getrockneter Thymian
1 Lorbeerblatt
½ TL Meersalz
12 schwarze Pfefferkörner

Das Suppenhuhn unter fließendem Wasser waschen, zerlegen. Die Gewürznelke in die Zwiebel stecken. Die Hühnerteile in einen großen Topf legen. Das kalte Wasser hinzufügen, bei schwacher Hitze zum Kochen bringen und den ersten braunen Schaum abschöpfen. Die Gemüse, Thymian, Lorbeerblatt, Salz und Pfeffer hinzufügen, den Topf zur Hälfte mit dem Deckel bedecken. Die Brühe etwa 2 Stunden leise köcheln lassen, bis sie auf etwa 1,2 l eingekocht ist. Abseihen.

Diese feine, aromatische Brühe kann als Saucenbasis für die Zubereitung vieler Gerichte verwendet werden. Man kann sie zum späteren Gebrauch in kleinen Behältern einfrieren.

Französische Zwiebelsuppe (oben) *und Olivenpaste* (Rezept Seite 36)

PETER JOHNSON

Provence

TAPENADE
Olivenpaste

Der Name dieser Paste leitet sich von dem Wort tapeno *her, dem provenzalischen Ausdruck für* câpres *(Kapern). Tatsächlich sind Kapern aus der Gegend von Toulon ein unverzichtbarer Bestandteil dieses wunderbar schmeckenden Aufstrichs.*

6 Sardellen, in Salz eingelegt
400 g schwarze Oliven, in Salzwasser eingelegt, entsteint
1 kleine Zehe von frischem, jungem Knoblauch, grobgehackt
3 EL Kapern, abgespült und abgetropft
3 TL Dijon-Senf
2 EL Cognac
Frisch gemahlener Pfeffer
150 ml kaltgepreßtes Olivenöl
Zum Servieren:
Landbrot oder Roggenbrot

Die Sardellen unter fließendem kaltem Wasser gründlich abspülen, um alles Salz zu entfernen. In Filets zerteilen und Köpfe und Gräten entfernen. Die Filets feinhacken.

Sardellen, Oliven, Knoblauch und Kapern in die Küchenmaschine geben. Senf, Cognac, Pfeffer und die Hälfte des Öls hinzufügen und zu einer dicken Paste pürieren; während man weitermixt, das restliche Öl langsam hinzugießen. Die *tapenade*, sobald sie glatt und homogen ist, in eine Servierschüssel geben.

Als Vorspeise mit gerösteten oder ungerösteten Land- oder Roggenbrotscheiben servieren. In einem luftdicht verschlossenen Behälter hält sich die *tapenade* mehrere Tage.

Für sechs Personen *Abbildung S. 34*

Touraine

RILLETTES
Rillettes

Um das Verdienst, die rillettes *erfunden zu haben, streiten sich die »Herkunftsorte« Le Mans, Tours und Angers. Zu der Hauptzutat, dem Schweinefleisch, wird gewöhnlich auch noch etwas Gänsefleisch hinzugefügt. In Orléans serviert man im Herbst* rillettes *aus Hasenfleisch zusammen mit frischen Walnüssen.*

2 Knoblauchzehen
4 Schalotten, in Viertel geschnitten
2 frische Thymianzweige, zerrieben
2 Lorbeerblätter, zerrieben
4 Gewürznelken
1 kg frische Schweinebrust
500 g ungeräucherter fetter Bauchspeck
200 ml Wasser
1 gehäufter TL feines Meersalz
½ TL *quatre-épices* (siehe Glossar)
½ TL Cayennepfeffer

Die Knoblauchzehen flachdrücken. Knoblauch, Schalotten, Thymian, Lorbeerblätter und Nelken in ein Stück Tuch einschlagen und mit Küchengarn zusammenbinden.

Schwarte und Knochen von der Schweinebrust entfernen; das Fleisch in 3 cm große Würfel schneiden. Den Bauchspeck in Stükke schneiden und in einem schweren Topf von 4 l Inhalt bei schwacher Hitze auslassen. Die Fleischstücke hinzufügen und anbraten, wobei man ständig mit einem Holzlöffel umrührt. Das angebräunte Fleisch mit einem Schaumlöffel herausheben und das Fett in eine kleine Schüssel seihen. Beiseite stellen.

Das Fleisch wieder in den Topf geben. Das Säckchen mit den Gewürzen und das Wasser hinzufügen und 4 Stunden bei sehr schwacher Hitze kochen, wobei man von Zeit zu Zeit umrührt und etwas Wasser dazugießt, falls die Mischung zu trocken erscheint.

PETER JOHNSON

Rillettes (oben) *und Kräuterquark*

Das Säckchen mit den Gewürzen entfernen. Das Salz, die *quatre-épices* und den Cayennepfeffer einrühren und weitere 30 Minuten kochen. Von der Kochstelle nehmen und abkühlen lassen, bis das Fleisch lauwarm ist, dann aus dem Topf nehmen und mit zwei Gabeln grob zerteilen. Das aufgehobene Fett hinzufügen und gut untermischen.

Die *rillettes* in einen großen oder mehrere kleine Behälter füllen und verschließen. Im Kühlschrank aufbewahren und innerhalb von zwei Wochen verbrauchen. Auf Landbrot oder knusprigem Baguette servieren.

Für 6 Personen

Lyonnais

CERVELLE DE CANUT
Kräuterquark

Dies ist ein traditioneller Brotaufstrich, der in den mâchons, *den Bistros von Lyon, serviert wird. Das Wort* mâchons *bezeichnet normalerweise die Brotzeit, die am Vormittag verzehrt wurde. Der Kräuterquark ist auch unter dem Namen* claqueret *bekannt. Dieser wiederum leitet sich von dem Ausdruck »claquer le fromage« her, was soviel wie »den Käse schlagen« bedeutet.*

Als canut *wurden die Seidenarbeiter bezeichnet, die für lange Zeit eine wahre Gourmet-Tradition aufrechterhielten.*

250 g frischer Quark oder Ricotta
60 ml Olivenöl
3 EL Weißweinessig
3 EL trockener Weißwein
200 ml gekühlte Sahne
2 Schalotten, feingehackt
6 Zweige glatte Petersilie, nur die Blätter, feingehackt
6 Kerbelzweige, nur die Blätter, feingehackt
10 Schnittlauchhalme, feingehackt
Salz und frisch gemahlener Pfeffer

Den Quark, 12 Stunden bevor man ihn zubereitet, zum Abtropfen in einen mit einem Tuch ausgeschlagenen Behälter oder ein Sieb legen. Den abgetropften Quark in eine Schüssel geben und mit einer Gabel zerdrücken. Öl, Essig und Wein unterrühren.

Die Sahne steif schlagen und unter die Quarkmischung heben. Schalotten, Kräuter, Salz und Pfeffer unterrühren. Gut kühlen. Den Quark mit Landbrot oder Roggenbrot servieren.

Für 6 Personen

Provence

SOUPE DE POISSONS
Fischsuppe

Safran und Fenchel sind die Gewürze, die dieser kräftigen Suppe ihren unverwechselbaren Geschmack geben. Sie wird überall an der Mittelmeerküste serviert, vor allem aber in Marseille.

1,5 kg kleine weißfleischige Fische verschiedener Arten
1 grüne Paprikaschote (etwa 200 g)
60 ml Olivenöl
1 Zwiebel (etwa 100 g), feingehackt
4 Knoblauchzehen, grobgehackt
1 Porreestange, nur das Weiße, gewaschen und in Scheiben geschnitten
500 g reife Tomaten, in Viertel geschnitten
2 Zweige getrockneter Fenchel
1 Zweig getrockneter Thymian
2 Prisen Safranfäden
3 Petersilienzweige
1 Lorbeerblatt
2 l Wasser
Salz und frisch gemahlener Pfeffer
150 g Vermicelli oder 18 Baguettescheiben
Geriebener Emmentaler Käse

FÜR DIE ROUILLE:

3 Knoblauchzehen, grobgehackt
2–3 frische rote Chilischoten, halbiert und entkernt
½ TL grobes Meersalz
1 Scheibe Toastbrot (etwa 100 g), ohne Kruste
200 ml kaltgepreßtes Olivenöl

Die Fische schuppen und ausnehmen; waschen und trockentupfen. Die Paprikaschote in Viertel schneiden. Den Stielansatz, Kerne und die weißen Häute entfernen, dann die Paprikaschote in dünne Streifen schneiden.

Das Öl in einem schweren Topf von 6 l Inhalt erhitzen. Zwiebel, Knoblauch, Paprikaschote und Porree hinzufügen und unter ständigem Umrühren bei schwacher Hitze 2 Minuten sautieren. Tomaten, Fenchel, Thymian, Safran, Petersilie, Lorbeerblatt und die Fische dazugeben und 1 Minute lang rühren. Zudecken und bei niedriger Temperatur 10 Minuten kochen.

In einem Topf 2 l Wasser zum Kochen bringen und zu der Fischmischung gießen. Die Suppe mit Salz und Pfeffer würzen. Zudecken und 20 Minuten bei schwacher Hitze köcheln lassen.

Die *Rouille* zubereiten: Knoblauch, Chilischoten und Salz in der Küchenmaschine oder im Mixer zu einer glatten Paste pürieren. Das Brot zerkrümeln, dazugeben und wieder mixen. Bei eingeschaltetem Gerät das Öl in einem dünnen Strahl hinzugießen; mixen, bis die Sauce dick und glatt ist.

Die fertige Suppe durch ein Sieb gießen, dabei die Zutaten gut ausdrücken, damit man den ganzen Fischgeschmack extrahiert. Den Topf kurz ausspülen und die Suppe durch ein feines Sieb wieder hineingießen. Falls man Vermicelli verwendet, die Suppe wieder zum Kochen bringen, die Nudeln hinzufügen und *al dente* kochen. Wenn man lieber Brot dazu ißt, die Scheiben auf beiden Seiten leicht rösten.

Die Suppe in eine Terrine gießen und sofort servieren, wobei das Brot, die *Rouille* und der Käse in getrennten Schalen aufgetragen werden.

Für 6 Personen

Zutaten für die Fischsuppe

PETER JOHNSON

Flandern

SOUPE DE POTIRON
Kürbissuppe

50 g Butter
4 Porreestangen, nur das Weiße, gewaschen und in dünne Ringe geschnitten
750 g geschälter Gemüsekürbis, in 2 cm große Würfel geschnitten
¾ l Hühnerbrühe
Salz und frisch gemahlener Pfeffer
¼ l Milch

Die Hälfte der Butter in einem 4 l fassenden Topf zerlassen und den Porree etwa 5 Minuten unter ständigem Rühren sautieren, bis er weich und goldgelb ist. Die Kürbiswürfel, die Brühe, Salz und Pfeffer dazurühren und etwa 30 Minuten simmern lassen, bis der Kürbis sehr weich ist.

Das Ganze in die Küchenmaschine geben und zu einem glatten Püree vermixen. Nochmals kurz erhitzen und die restliche Butter und die Milch hinzufügen. Gut umrühren und von der Kochstelle nehmen. Die Suppe in eine Terrine gießen und sofort servieren.

Für 6 Personen

Picardie/Île de France

POTAGE CRÉCY
Karottencremesuppe

Die Städte Crécy-en-Brie in der Picardie und Crécy-en-Ponthieu in der Île de France nehmen beide den Verdienst in Anspruch, diese Suppe erfunden zu haben, und tatsächlich sind auch beide für die Qualität ihrer Karotten bekannt. Der Reis wird manchmal durch (in diesem Rezept 300 g) Kartoffeln ersetzt, die man schält, in kleine Würfel schneidet und auf gleiche Weise wie den Reis kocht.

50 g Butter
1 Zwiebel (etwa 100 g), feingehackt
2 Porreestangen, nur das Weiße, gewaschen und in dünne Ringe geschnitten
2 l Wasser
1 kg kleine, junge Karotten, geschält und in 5 mm dicke Scheiben geschnitten
Salz und frisch gemahlener Pfeffer
50 g Langkornreis
100 g Sahne oder Crème fraîche

Die Hälfte der Butter in einem schweren, 4 l fassenden Topf zerlassen. Die Zwiebel und den Porree unter Rühren etwa 3 Minuten sautieren, bis das Gemüse goldgelb ist. Das Wasser dazugießen und zum Kochen bringen. Die Karotten hinzufügen und mit Salz und Pfeffer würzen. Abdecken und bei schwacher Hitze etwa 30 Minuten kochen, bis die Karotten sehr weich sind.

Den Inhalt des Topfs in die Küchenmaschine gießen und bei hoher Geschwindigkeit 1 Minute mixen, bis die Mischung glatt und cremig ist. Wieder in den Topf gießen und zum Kochen bringen. Den Reis einrühren und etwa 20 Minuten köcheln lassen, bis er gar ist. Die Sahne und die restliche Butter unterziehen. Die Suppe in Teller schöpfen und sofort servieren.

Für 4 Personen

Rechte Seite: *Kürbissuppe*
PIERRE HUSSENOT/AGENCE TOP

Languedoc

TOURAIN
Brotsuppe mit Knoblauch

Tourains *oder* tourins *werden überall im Languedoc zubereitet, und die Rezepte für diese herzhaften Suppen – die auf Knoblauch, Zwiebel oder Tomaten basieren – variieren von Ort zu Ort. Dieses Rezept stammt aus Toulouse.*

75 g Gänseschmalz
8 Zehen von frischem, jungem Knoblauch, feingehackt
2 l kochendes Wasser
Bouquet garni: 1 Thymianzweig, 1 Lorbeerblatt, 2 Salbeizweige (zusammengebunden)
Salz und frisch gemahlener Pfeffer
3 Eier
6 Brotscheiben
100 g geriebener Emmentaler Käse

Das Gänseschmalz in einem schweren, 4 l fassenden Topf zerlassen. Den gehackten Knoblauch unter ständigem Rühren bei schwacher Hitze etwa 2 Minuten sautieren, bis er goldgelb ist. Das kochende Wasser, Bouquet garni, Salz und Pfeffer hinzufügen. Wieder zum Kochen bringen, dann zudecken und 30 Minuten leise köcheln lassen.

In der Zwischenzeit die Brotscheiben rösten und in eine Suppenterrine legen. Den geriebenen Käse darüberstreuen. Wenn die Suppe 30 Minuten gekocht hat, das Bouquet garni entfernen.

Die Eier trennen und in zwei Schüsseln geben. Das Eiweiß mit einer Gabel schaumig schlagen, dann in die kochende Suppe rühren, bis es gerinnt. 2 EL von der Suppe wegnehmen und mit einer Gabel unter das Eigelb schlagen. Diese Mischung schnell unter die Suppe rühren und von der Kochstelle nehmen; das Eigelb soll nicht mehr kochen, sondern dient lediglich zum Andicken der Suppe. Die kochende Suppe in die Terrine gießen und sofort servieren.

Für 6 Personen

Brotsuppe mit Knoblauch (unten). *Karottencremesuppe* (rechts) *und Milchsuppe* (oben, Rezept Seite 40)

PETER JOHNSON

Ardennen

Soupe au Lait
Milchsuppe

250 g mehlige Kartoffeln
25 g Butter
1 Zwiebel (etwa 100 g), feingehackt
3 Porreestangen, nur das Weiße, gewaschen und schräg in dünne Ringe geschnitten
1 l Milch
Salz und frisch gemahlener Pfeffer
4 Prisen frisch geriebene Muskatnuß
3 Baguettescheiben

Die Kartoffeln schälen und waschen; in dünne Scheiben schneiden.

Die Butter in einem schweren, 4 l fassenden Topf zerlassen und Zwiebel und Porree bei schwacher Hitze unter ständigem Rühren etwa 5 Minuten darin sautieren, bis die Gemüse weich und goldgelb sind. Die Milch dazugießen und zum Kochen bringen. Kartoffeln, Salz, Pfeffer und Muskat hinzufügen, den Topf zudecken und bei milder Hitze etwa 20 Minuten kochen, bis die Kartoffeln weich sind.

Die Brotscheiben auf die vier Suppenteller verteilen. Die kochende Suppe daraufgießen und sofort servieren.

Für 4 Personen *Abbildung S. 38*

Provence

Soupe au Pistou
Gemüsesuppe mit Basilikum

Im provenzalischen Dialekt bedeutet pistou *nicht Basilikum, sondern* pilé *– das ist der italienische* pesto *aus Genua –, eine Paste, die unter anderem aus Basilikum und Knoblauch besteht und mit Olivenöl gebunden ist. Diese Suppe wird überall an der Mittelmeerküste im Sommer zubereitet, wenn die kleinen weißen Bohnen frisch auf den Märkten zu finden sind. Jede Familie hat ihr eigenes Rezept, und oft werden verschiedene Gemüsesorten kombiniert. Gleich bleibt jedoch die leichte Knoblauchpaste mit ihrem unvergleichlichen Geschmack, die der Suppe vor dem Servieren zugefügt wird.*

1 kg frische kleine weiße Bohnen oder 500 g getrocknete kleine weiße Bohnen, über Nacht eingeweicht und abgetropft
250 g frische dicke Bohnen oder 125 g getrocknete dicke Bohnen, über Nacht eingeweicht und abgetropft
125 g Zuckerschoten
250 g kleine Zucchini, geputzt
2 Zehen von frischem, jungem Knoblauch
250 g Kartoffeln
250 g reife Tomaten
2 Zwiebeln, jede etwa 100 g, gehackt
1 Basilikumzweig
Salz
100 g Suppennudeln oder kleine Makkaroni
100 g Emmentaler oder Parmesankäse, frisch und fein gerieben

FÜR DEN PISTOU:
250 g reife Tomaten
1 großer Bund Basilikum, etwa 100 g, die Stiele entfernt
4 Zehen von frischem, jungem Knoblauch, geviertelt
6 EL fruchtiges Olivenöl

Die kleinen weißen Bohnen und die dicken Bohnen enthülsen, wenn sie frisch sind, und die weiche grüne Haut, die die dicken Bohnen umgibt, entfernen. Die Zuckerschoten, falls notwendig, von den Fäden befreien; waschen und trockentupfen. Die Zucchini der Länge nach vierteln, dann in 5 mm dicke Scheiben schneiden. Den Knoblauch mit der Hand oder mit der Messerschneide zerdrücken. Die Kartoffeln schälen und waschen; in 1 cm große Würfel schneiden. Die Tomaten 10 Sekunden in kochendem Wasser blanchieren, unter fließendem Wasser abschrecken. Häuten, halbieren und die Kerne entfernen; das Fruchtfleisch grobhacken.

Alle Gemüse mit dem Knoblauch, den Zwiebeln und Basilikum in einen 4 l fassenden Topf geben und mit kaltem Wasser auffüllen. Bei sehr milder Hitze zum Kochen bringen. Mit Salz abschmecken, zudecken und 1 Stunde leise köcheln lassen.

Knoblauch und Basilikum entfernen. Die Nudeln hinzufügen und *al dente* kochen.

In der Zwischenzeit den *pistou* zubereiten: Die Tomaten 10 Sekunden in kochendem Wasser blanchieren, dann unter fließendem Wasser abschrecken. Häuten, halbieren und die Kerne entfernen; das Fruchtfleisch grobhacken und in einem Sieb abtropfen lassen.

Basilikum, Knoblauch, Öl und Tomaten in der Küchenmaschine oder im Mixer zu einer glatten Sauce mixen. Sobald die Nudeln weich sind, die Suppe in eine Terrine gießen. Den *pistou* hinzufügen, gut umrühren und sofort servieren. Den Käse getrennt dazu reichen.

Für 6 Personen *Abbildung S. 28–29*

Pilzsuppe

PETER JOHNSON

Poitou/Charentes

POTAGE AUX CÈPES
Pilzsuppe

500 g frische Steinpilze
25 g Butter
1 gestrichener EL Mehl
1 l Hühnerbrühe (Rezept Seite 34)
Salz und frisch gemahlener Pfeffer
4 Prisen frisch geriebene Muskatnuß
6 EL Crème double oder Sahne

Die Enden der Pilzstiele abschneiden. Die Pilze schnell unter fließendem Wasser abspülen, trockentupfen und in dünne Scheiben schneiden. Die Butter in einem schweren, 4 l fassenden Topf zerlassen und die Pilze darin sautieren, bis sie gebräunt sind und keinen Saft mehr abgeben. Das Mehl darüberstreuen und 1 Minute unterrühren.

Mit Hühnerbrühe ablöschen und wieder zum Kochen bringen. Salz, Pfeffer und Muskat hinzufügen, zudecken und unter gelegentlichem Umrühren 30 Minuten bei milder Hitze kochen.

Den Inhalt des Topfs in die Küchenmaschine gießen und bei hoher Geschwindigkeit 1 Minute mixen, so daß man ein glattes Püree erhält. Wieder in den Topf gießen und zum Kochen bringen. Die Sahne hinzufügen und die Suppe eine weitere Minute kochen. In eine Terrine gießen und sofort servieren.

Für 4 Personen

Elsaß

TARTE FLAMBÉE
Elsässer Zwiebelkuchen

Dieser Zwiebelkuchen wurde früher in den großen Backöfen beim Bäcker gebacken, wo ihn die hochschlagenden Flammen manchmal leicht verbrannten – daher der französische Name. In einer anderen Version werden auch Quark oder Eigelb unter die Belagmasse gemischt.

2 EL Erdnußöl
1 Zwiebel (etwa 100 g), in feinen Ringen
250 g Sahne oder Crème double
Salz und frisch gemahlener Pfeffer
4 Prisen frisch geriebene Muskatnuß
100 g durchwachsener geräucherter Speck
400 g Brotteig (Rezept auf dieser Seite)

Die Hälfte des Öls in einer beschichteten Pfanne von etwa 26 cm Durchmesser erhitzen. Die Zwiebel hinzufügen und unter Rühren 5 Minuten bei schwacher Hitze sautieren, bis sie leicht goldgelb ist.

Crème double, Salz, Pfeffer und Muskat vermischen. Die Zwiebel unterheben. Die Schwarte vom Speck entfernen und den Speck in streichholzgroße Stücke schneiden. Das restliche Öl in der Pfanne erhitzen und den Speck unter ständigem Rühren etwa 3 Minuten bräunen. Auf Küchenkrepp abtropfen lassen und beiseite stellen.

Den Backofen auf 230 °C (Gasherd Stufe 5) vorheizen. Ein 22 × 33 cm großes Backblech mit Öl bepinseln. Den Brotteig zu einem Rechteck ausrollen, das etwas kleiner ist als das Backblech; auf das Blech legen. Die Zwiebelmasse auf dem Teig verteilen und mit dem Speck belegen. 20 Minuten backen, bis der Kuchen leicht gebräunt ist. Heiß servieren.

Für 6 Personen

PETER JOHNSON

Eier mit Tomaten und Paprika (oben, Rezept Seite 42) *und Elsässer Zwiebelkuchen mit Speck*

Alle Regionen

PÂTE À PAIN
Brotteig

ERGIBT ETWA 750 g TEIG:
1 TL sehr feiner Zucker
100 ml lauwarmes Wasser
15 g Trockenhefe
500 g Mehl
1½ TL Salz
150 ml lauwarme Milch

Den Zucker in eine Kaffeetasse geben. Das lauwarme Wasser hinzufügen und rühren, bis der Zucker sich aufgelöst hat. Die Hefe zerbröseln, unterrühren, und an einem warmen Ort etwa 10 Minuten aufgehen lassen, bis sich die Masse bis zum Tassenrand ausgedehnt hat.

Das Mehl auf die Arbeitsfläche sieben und mit dem Salz bestreuen. Vermischen und in die Mitte eine Vertiefung drücken. Die Milch und die Hefemischung hineingießen.

Alle Zutaten mit den Fingerspitzen schnell vermischen, von innen nach außen arbeiten, dann den Teig zu einer Kugel formen. Den Teig kneten, indem man ihn auszieht, zusammenfaltet, ihn gegen den Uhrzeigersinn um 90 Grad dreht und den ganzen Vorgang wiederholt. Den Teig auf diese Weise noch etwa 10 Minuten kneten, bis er glatt und elastisch ist und nicht mehr klebt.

Den Teig in eine bemehlte Schüssel legen und mit einem sauberen feuchten Tuch bedecken. An einem warmen, zugfreien Platz etwa 1½ Stunden aufgehen lassen, bis er sein Volumen verdoppelt hat.

Dem aufgegangenen Teig mit der flachen Hand einen kurzen, heftigen Schlag versetzen, dann etwa 3 Minuten wie zuvor kneten. Der Teig ist jetzt bereit für die Weiterverwendung.

Baskenland

PIPÉRADE
Eier mit Tomaten und Paprika

Die pipérade *wird traditionell mit den sehr dünnhäutigen kleinen grünen Paprikaschoten zubereitet, die wie kleine Hörner aussehen und im Sommer und Herbst auf den Märkten zu finden sind.*

2 rote Paprikaschoten, jede etwa 150 g
2 grüne Paprikaschoten, jede etwa 150 g
100 g Zwiebeln
1 kg reife Tomaten
4 EL kaltgepreßtes Olivenöl
2 Knoblauchzehen, feingehackt
1 frische rote oder grüne Chilischote, entkernt und grobgehackt
Salz und frisch gemahlener Pfeffer
1 Prise Zucker
6 Eier
6 mittelgroße Scheiben Bayonner Schinken oder ein anderer luftgetrockneter Schinken

Den Grill vorheizen. Die Paprikaschoten auf den Grillrost legen und etwa 20 Minuten grillen, bis die Häute schwarz sind; dabei häufig umdrehen.

In der Zwischenzeit die Zwiebeln schälen und in dünne Scheiben schneiden. Die Tomaten für 10 Sekunden in kochendem Wasser blanchieren, unter fließendem kaltem Wasser abschrecken. Häuten, halbieren und die Kerne entfernen; das Fruchtfleisch grobhacken.

Wenn die Paprikaschoten geröstet sind, in eine Schüssel legen, zudecken und etwas abkühlen lassen. Dann die geschwärzte Haut entfernen; die Stielansätze, Samen und die weißen Häutchen entfernen. Die Paprikaschoten kurz abspülen, dann in feine Streifen schneiden.

3 EL Öl in einer beschichteten Pfanne von etwa 26 cm Durchmesser erhitzen. Die Zwiebeln unter Rühren etwa 5 Minuten sautieren, bis sie Farbe annehmen. Knoblauch, Chilischoten und Paprikastreifen hinzufügen und unter Rühren weitere 2 Minuten garen. Die Tomaten dazugeben und mit Salz, Pfeffer und Zucker würzen. Zudecken und bei milder Hitze etwa 30 Minuten garen; dabei gelegentlich umrühren. Die Eier aufschlagen, in eine Schüssel gleiten lassen, mit Salz und Pfeffer würzen und mit einer Gabel schlagen, bis alles gut vermischt ist. In die Pfanne gießen und unter Rühren braten, bis die Eier gestockt sind. Warm halten.

Das restliche Öl in einer zweiten beschichteten Pfanne von 26 cm Durchmesser erhitzen und die Schinkenscheiben bei starker Hitze auf beiden Seiten je 30 Sekunden braten.

Die *pipérade* auf eine Servierplatte geben, die Schinkenscheiben darauf anrichten und sofort servieren.

Für 6 Personen *Abbildung S. 41*

Picardie

PÂTÉ DE CANARD D'AMIENS
Entenpastete nach Art von Amiens

In Amiens haben Pasteten eine lange Tradition, die sich bis ins Mittelalter zurückverfolgen läßt. Die Entenpastete ist sicher das typischste und authentischste Rezept von allen. Madame de Sévigné erwähnte sie in ihren Briefen, die aus dem siebzehnten Jahrhundert stammen.

1 Ente, etwa 1,2 kg, mit Leber
100 g frischer Schweinebauch
250 g Schweinefilet
250 g entbeintes Kaninchen- oder Hühnerfleisch
250 g Champignons
25 g Butter
1 Zwiebel (etwa 100 g), feingehackt
2 Schalotten, feingehackt

PIERRE HUSSENOT/AGENCE TOP

2 EL Wacholderschnaps oder Gin
3 Eier
Salz und frisch gemahlener Pfeffer
½ TL *quatre-épices* (siehe Glossar)
50 g geschälte ungesalzene Pistazien
700 g Mürbteig (Rezept Seite 50)
1 EL Milch
1 Kalbsfuß, geteilt

Bitten Sie den Metzger, die Ente ganz zu entbeinen, ohne dabei die Haut zu verletzen; die Knochen aufheben. Nachdem der Schwanz und die Flügelspitzen entfernt sind, sollte im Prinzip eine große »Tasche« übrigbleiben.

Den Schweinebauch, das Filet und das Kaninchen (oder Huhn) in 1 cm große Würfel schneiden. Die Entenleber putzen und in grobe Würfel schneiden. Die Enden der Champignonstiele abschneiden, sie dann waschen und in dünne Scheiben schneiden.

Die Butter in einer beschichteten Pfanne von 26 cm Durchmesser zerlassen. Die Zwiebel und die Schalotten darin bei mäßiger Hitze unter Rühren etwa 2 Minuten sautieren, bis sie Farbe annehmen. Die Champignons hinzufügen und bei hoher Temperatur garen, bis jegliche Flüssigkeit vollständig verdampft ist. Die drei Fleischsorten und die Entenleber hineingeben und unter Rühren 5 Minuten anbraten. Den Schnaps dazugeben und anzünden; die Pfanne dabei vorsichtig schütteln, bis die Flammen erlöschen.

Entenpastete nach Art von Amiens und Lauchtorte (Rezept Seite 44)

Den Inhalt der Pfanne auf ein Schneidebrett geben und feinhacken. In eine Schüssel geben und 2 ganze Eier und 1 Eiweiß (das verbliebene Eigelb aufheben), Salz, Pfeffer, *quatre-épices* und die Pistazien untermischen. Die Ente mit ⅔ dieser Mischung füllen.

Den Backofen auf 200 °C (Gasherd Stufe 3–4) vorheizen. Den Mürbteig halbieren. Auf der Arbeitsfläche die Hälfte des Teigs zu einem Oval ausrollen, das etwas größer ist als die Ente. Die Hälfte der verbliebenen Füllung auf dem Teig verteilen, dabei einen 2 cm breiten Rand frei lassen. Die Teigränder mit kaltem Wasser einpinseln. Die Ente auf die Füllung legen und die restliche Füllung auf der Ente verteilen. Den verbliebenen Teig zu einem Oval ausrollen und über die Ente legen; Teigreste aufheben. Die Teigränder fest zusammendrücken, so daß die Ente versiegelt ist. Die Ränder nach der Mitte hin einschlagen und mit den Zinken einer Gabel verzieren. Das zurückbehaltene Eigelb mit der Milch verschlagen, und mit dieser Mischung die gesamte Oberfläche des Teigs bestreichen. Drei kleine Löcher in die Oberseite der Pastete schneiden und drei kleine »Schornsteine« aus Alufolie oder Pergamentpapier hineinstecken. Die Pastete mit den Teigresten, die man zum Beispiel in Blattform zuschneidet, verzieren.

Die Pastete 2½ Stunden backen; die Backofentemperatur nach 1 Stunde, wenn die Pastete bereits schön gebräunt ist, auf 190 °C (Gasherd Stufe 3) reduzieren.

In der Zwischenzeit die Entenknochen und den halbierten Kalbsfuß in einen Topf geben, mit kaltem Wasser auffüllen und zum Kochen bringen. Mit Salz würzen. 2 Stunden simmern lassen, dann die entstandene Brühe abseihen. Wenn die Pastete gar ist, sie aus dem Ofen nehmen und die Brühe durch einen der Schornsteine in die Pastete gießen; die Schornsteine entfernen. Übriggebliebene Brühe etwa 1 cm hoch in ein niedriges Gefäß gießen und in den Kühlschrank stellen, bis sie erstarrt. Den Aspik in kleine Würfel schneiden und zum Garnieren der Pastete verwenden. Die Pastete vor dem Servieren über Nacht abkühlen lassen.

Für 8 Personen

Picardie

Flamiche aux Poireaux
Lauchtorte

Das Wort flamiche *(früher* flamique*) ist flämischen Ursprungs und bezeichnet einen pikanten oder einen süßen Kuchen. In der Picardie werden* flamiches *auch mit Kürbis und Zwiebeln zubereitet, und der Blätterteig kann durch einen Mürbteig, der als* pâte brisée *bekannt ist, ersetzt werden.*

50 g Butter
500 g Porree, nur das Weiße, gewaschen und schräg in dünne Scheiben geschnitten
Salz und frisch gemahlener Pfeffer
2 EL Wasser
250 g Blätterteig (Rezept auf dieser Seite)
3 Eigelb
200 g Crème double
6 Prisen frisch geriebene Muskatnuß

FÜR DIE GLASUR:
1 Eigelb
1 EL Wasser

Die Butter in einer beschichteten Pfanne von 26 cm Durchmesser zerlassen. Den Porree hinzufügen, mit Salz und Pfeffer würzen und unter ständigem Rühren bei schwacher Hitze etwa 5 Minuten sautieren, bis der Porree Farbe annimmt. 2 EL Wasser hinzufügen. Zudecken und bei sehr schwacher Hitze 30 Minuten garen, bis der Porree sehr weich und glasig ist.

In der Zwischenzeit den Teig in zwei Portionen zu ⅔ und ⅓ der Gesamtmenge teilen. Das größere Teigstück zu einer runden Platte von 28 cm ausrollen. Eine Tortenbodenform von 20 cm Durchmesser mit Wasser auspinseln und mit dem Teig auslegen, so daß er den Rand der Form um 1 cm überlappt.

Wenn der Porree gar ist, ihn von der Kochstelle nehmen und abkühlen lassen. Das Eigelb in einer mittelgroßen Schüssel mit einer Gabel verschlagen. Die Sahne, Salz, Pfeffer und Muskatnuß hinzufügen. Den Porree unterrühren.

Den Backofen auf 200 °C (Gasherd Stufe 3–4) vorheizen. Das restliche Teigdrittel zu einer Platte von 20 cm Durchmesser ausrollen. Die Porreemischung auf den Teigboden geben, mit der Teigplatte bedecken, und die Ränder zusammendrücken, um die Füllung zu versiegeln. Den überlappenden Teigrand nach unten drücken und die Ränder des entstandenen Wulsts mit einer Gabel einkerben.

1 Eigelb und 1 EL Wasser mit einer Gabel in einer kleinen Schüssel verschlagen. Die obere Teigplatte damit bestreichen. Aus der Mitte des Teigdeckels ein kleines Loch ausschneiden und einen kleinen »Schornstein« aus Alufolie oder Pergamentpapier hineinstecken, damit der Dampf entweichen kann. Den Kuchen etwa 40 Minuten backen, bis er goldbraun ist. Heiß oder lauwarm servieren.

Für 6 Personen — *Abbildung S. 43*

Alle Regionen

Pâte Feuilletée
Blätterteig

ERGIBT ETWA 1,2 kg TEIG:
500 g weiche Butter
500 g Mehl
1 TL Salz
Etwa ¼ l Wasser

Die Butter 1 Stunde vor der Zubereitung des Teigs aus dem Kühlschrank nehmen. In einer großen Schüssel die Butter rühren, bis sie glatt und weich ist. Das Mehl auf die Arbeitsfläche sieben. In die Mitte eine Vertiefung drücken und das Salz und ¾ der Wassermenge hineingeben. Mehl und Wasser mit den Fingerspitzen einer Hand vermischen, während die andere Hand das Mehl allmählich vom Rand zur Mitte schiebt. Mit den Fingerspitzen nach und nach soviel vom restlichen Wasser untermischen, daß der Teig die gleiche Konsistenz wie die gerührte Butter besitzt; diesen Vorteig nennt man *détrempe*. Ihn zu einer Kugel formen und 15 Minuten ruhen lassen.

Den *détrempe* auf der bemehlten Arbeitsfläche zu einer 2 cm dicken Teigplatte von 15 cm Durchmesser ausrollen. Mit angefeuchteten Fingern die Butter in einer etwa 2 cm dicken Schicht in die Mitte der Platte verteilen. Die Teigränder über die Butter schlagen, so daß sie etwa 2 cm überlappen. Man hat nun eine Art Umschlag, der die Butter einschließt und den man *pâton* nennt. Sowohl den *pâton* als auch das Nudelholz mit Mehl bestäuben und den *pâton* zu einem etwa 10 × 30 cm großen Rechteck ausrollen; nur wenig Druck auf den *pâton* ausüben, so daß er sich einerseits ausrollen läßt, andererseits die Butter aber nicht herausgedrückt wird.

Jetzt beginnt der Vorgang, der als *tourage* bekannt ist. Den unteren Teigrand hochheben und so umschlagen, daß er 10 cm vom gegenüberliegenden Teigrand entfernt liegt. Das umgeschlagene Teigstück leicht mit dem Nudelholz andrücken. Das restliche Teigdrittel über die beiden Schichten schlagen und wieder leicht mit dem Nudelholz andrücken: Das war die erste Tour. Man macht jeweils zwei Touren, und dazwischen muß der *pâton* jeweils um 90 Grad entgegen dem Uhrzeigersinn gedreht werden, damit die Faltkanten nicht mehr oben und unten, sondern links und rechts liegen. Den *pâton* nun nochmals ausrollen und falten; er hat jetzt zwei Touren hinter sich. Mit Daumen und Zeigefinger zwei kleine Eindrücke auf der Oberfläche des Rechtecks machen, die anzeigen, daß der Teig zwei Touren hinter sich hat. Mit einem Geschirrtuch abdecken und für 20 Minuten in den Kühlschrank stellen.

Zwei weitere Touren ausführen und mit den Fingern vier Eindrücke auf dem Teig machen, so daß man sieht, daß der Teig viermal ausgerollt wurde. Beim klassischen Blätterteig sind sechs Touren notwendig, die letzten beiden sollten jedoch unmittelbar vor der Weiterverwendung des Teigs durchgeführt werden. Nach vier Touren wieder für mindestens 20 Minuten ruhen lassen; man kann ihn dann bis zu 48 Stunden im Kühlschrank aufbewahren, bevor man ihn weiterverarbeitet.

Nach der sechsten Tour den Teig, wie gewünscht, ausrollen und ausschneiden. Beim Ausschneiden sollte das Messer senkrecht gehalten und der Teig geschnitten, nicht gedrückt werden, um zu verhindern, daß die feinen Schichten zerstört werden, um zu garantieren, daß er beim Backen möglichst gut aufgeht. Blätterteig wird immer auf einem befeuchteten, nicht gefetteten Backblech gebacken.

Savoyen

Soufflé au Comté
Käsesoufflé

3 Eigelb
4 Eiweiß
Salz
¼ l Milch
40 g Butter
40 g Mehl
1 EL Sahne oder Crème double
Frisch gemahlener Pfeffer
2 Prisen frisch gemahlene Muskatnuß
100 g feingeriebener Comté-Käse (oder Emmentaler)

Den Backofen auf 215 °C (Gasherd Stufe 4) vorheizen. Eine feuerfeste Porzellan-Souffléform von 16 cm Durchmesser großzügig mit Butter einfetten. Das Eigelb in eine Schüssel geben, das Eiweiß in eine zweite. 2 Prisen Salz über das Eiweiß streuen. Die Milch in einem kleinen Topf zum Kochen bringen.

Die Butter in einem mittelgroßen Topf zerlassen, das Mehl hinzufügen und 1 Minute bei schwacher Hitze anschwitzen. Die ko-

PETER JOHNSON

Käsesoufflé

chende Milch unter ständigem Rühren in einem dünnen Strahl zugießen. Die Mischung bei schwacher Hitze unter ständigem Rühren 5 Minuten kochen, bis sie die Konsistenz von dicker Sahne erhält. Von der Kochstelle nehmen und nach und nach das Eigelb unterrühren. Sahne, Salz, Pfeffer und Muskatnuß untermischen.

Das Eiweiß schlagen, bis es fest, aber nicht zu steif ist. ¼ des Eischnees unter die Mischung im Topf schlagen, dann diese Mischung über den restlichen Eischnee gießen. Mit einem Spatel die beiden Massen behutsam vermischen und gleichzeitig den Käse löffelweise unterheben. Die Masse in die vorbereitete Souffléform gießen, die zu ¾ gefüllt sein sollte. Etwa 30 Minuten backen, bis das Soufflé aufgegangen und oben goldbraun ist. Sofort in der Form auf den Tisch stellen und mit einem großen Löffel servieren.

Für 3–4 Personen

Korsika/Côte d'Azur

RAVIOLIS
Ravioli

Traditionell wird die Füllung für diese Ravioli aus den Resten des Gerichts daube *(geschmortes Rindfleisch) zubereitet. Sie kann jedoch auch aus Kalbfleisch hergestellt werden, das man kurz in Öl angebraten und durch den Fleischwolf gedreht hat.*

FÜR DEN NUDELTEIG:

300 g Mehl
4 Prisen Salz
2 Eier
2 EL Olivenöl

FÜR DIE FÜLLUNG:

750 g gekochtes Rindfleisch, feingehackt
1 Ei
50 g Parmesankäse, frisch und fein gerieben
500 g Mangold- oder Spinatblätter
Salz und frisch gemahlener Pfeffer

ZUM SERVIEREN:

Tomatensauce
Frisch und fein geriebener Parmesankäse

Den Nudelteig zubereiten: Mehl und Salz auf die Arbeitsfläche sieben. In die Mitte eine Vertiefung drücken und die Eier und das Öl hineingeben. Die Zutaten schnell mit den Fingerspitzen vermischen, indem man von der Mitte nach außen arbeitet. Wenn der Teig glatt ist, ihn kneten, indem man ihn auszieht und dann wieder zu einer Kugel zusammendrückt; auf diese Weise kneten, bis er elastisch ist und nicht mehr klebt. Den Teig zu einer Kugel formen, in Klarsichtfolie einschlagen und mindestens 30 Minuten an einem kühlen Ort ruhen lassen.

In der Zwischenzeit die Füllung zubereiten: Fleisch, Eier und Käse in eine Schüssel geben und gut vermischen. Das Gemüse für 30 Sekunden in kochendes Wasser geben, dann abtropfen lassen und ausdrücken. Etwas abkühlen lassen; dann mit einem scharfen Messer feinhacken. Mit Salz und Pfeffer unter die Fleischmischung rühren.

Den Nudelteig halbieren; zu gleich großen Rechtecken ausrollen. Gestrichene Teelöffel der Füllung in kleinen Häufchen mit 2 cm Abstand auf eine Teigplatte setzen. Den Teig zwischen den Häufchen mit Hilfe eines in Wasser getunkten Backpinsels anfeuchten, dann mit dem zweiten Teigrechteck abdecken. Die beiden Teigplatten an den Kanten versiegeln, indem man sie fest zusammendrückt, und den Teig auch zwischen den Häufchen gut zusammendrücken. Die Ravioli mit einem scharfen Messer oder mit Hilfe eines Teigrädchens ausschneiden. Die Ravioli auf ein sauberes Geschirrtuch legen und darauf achten, daß sie nicht übereinanderliegen.

In einem großen Topf reichlich Wasser zum Kochen bringen. Salz hinzufügen, dann die Ravioli hineingeben und 5 Minuten kochen lassen. Abtropfen lassen und die Ravioli in eine flache Schüssel geben. Mit Tomatensauce überziehen, ein wenig von der Sauce untermischen und mit geriebenem Parmesan bestreuen. Sofort servieren und Parmesan dazu reichen.

Für 6 Personen

Ravioli

PETER JOHNSON

PETER JOHNSON

Kartoffel-Schinken-Omelette (oben) *und Käse-Walnuß-Omelette*

Auvergne

Omelette Brayaude
Kartoffel-Schinken-Omelette

Dieses Rezept stammt aus der Stadt Riom in der Auvergne. Es ist auch im Bourbonnais beliebt, wo es manchmal ohne Sahne und manchmal ohne Käse serviert wird. Statt Schinken kann man auch Speck verwenden.

400 g mehlige Kartoffeln
1 EL Schweineschmalz
1 dicke Scheibe (200 g) roher Schinken, in kleine Würfel geschnitten
10 Eier
Salz und frisch gemahlener Pfeffer
50 g Cantal-Käse oder alter Cheddar
2 EL Sahne

Die Kartoffeln schälen und waschen; trockentupfen. In 1 cm große Würfel schneiden. Das Schmalz in einer beschichteten Pfanne von 26 cm Durchmesser zerlassen. Die Kartoffeln dazugeben und unter ständigem Rühren etwa 2 Minuten braten, bis sie leicht gebräunt sind. Die Pfanne zudecken und die Kartoffeln bei sehr schwacher Hitze etwa 15 Minuten garen, bis sie weich sind; dabei von Zeit zu Zeit wenden. Den Schinken unterrühren und 2 Minuten garen.

Die Eier aufschlagen und in eine Schüssel gleiten lassen, mit Salz und Pfeffer würzen und mit einer Gabel gut verschlagen. Die geschlagenen Eier in die Pfanne gießen und 1 Minute rühren. Zudecken und die Omelette bei schwacher Hitze 5 Minuten braten, bis es unten gerade fest ist. Wenden und von der anderen Seite braten.

In der Zwischenzeit den Käse grob reiben. Sobald die Omelette gar ist, die Sahne daraufgießen und den Käse darüberstreuen. Auf eine Platte gleiten lassen und sofort servieren.

Für 6 Personen

Quercy

Omelette Quercynoise
Käse-Walnuß-Omelette

10 Eier
Salz und frisch gemahlener Pfeffer
2 TL Armagnac
12 Walnüsse, grobgemahlen
120 g Roquefort, zerkrümelt
1 EL Gänseschmalz

Die Eier aufschlagen, in eine Schüssel gleiten lassen und mit einer Gabel gut verschlagen; dabei Salz, Pfeffer und Armagnac unterrühren. Die Walnüsse und den zerkrümelten Roquefort untermischen.

Das Gänseschmalz in einer beschichteten Pfanne von 26 cm Durchmesser zerlassen. Die Eiermischung hineingießen und bei schwacher Hitze behutsam rühren und braten, bis sie unten fest ist. Wenden, die Pfanne zudecken und die Omelette weiterbraten, bis die andere Seite gar ist. Die Omelette auf eine Platte gleiten lassen und sofort servieren.

Für 5–6 Personen

Côte d'Azur

Pissaladière
Pissaladière

Der Name leitet sich von dem Wort pissalat *aus dem Dialekt von Nizza her, das ein Sardellenpüree bezeichnet, welches mit Thymian, Gewürznelken, Fenchel und einen Spritzer Olivenöl abgeschmeckt ist. Dies ist jedoch eine auf die Region beschränkte Kombination, die man durch Sardellenfilets ersetzen kann.*

5 EL kaltgepreßtes Olivenöl
2 kg große Zwiebeln, in dünne Scheiben geschnitten
4 Zehen von frischem, jungem Knoblauch, feingehackt
2 EL Wasser
Salz
400 g Brotteig (Rezept Seite 41)
16 Sardellenfilets in Olivenöl
125 g schwarze Oliven

4 EL Olivenöl in einer beschichteten Pfanne von 26 cm Durchmesser zerlassen. Die Zwiebeln und den Knoblauch bei schwacher Hitze unter ständigem Rühren 10 Minuten sautieren, bis sie goldgelb sind. Das Wasser hinzufügen und mit ein wenig Salz würzen. Zudecken und 30 Minuten leise köcheln lassen, bis die Zwiebeln glasig und sehr weich sind; falls notwendig, während des Kochens noch etwas Wasser hinzufügen.

Den Backofen auf 215 °C (Gasherd Stufe 4) vorheizen. Ein 22 × 35 cm großes Backblech oder eine runde Backform von 30 cm Durchmesser leicht mit Öl auspinseln. Den Brotteig so ausrollen, daß er in die Form paßt. Die Zwiebelmischung auf dem Teig verteilen. Die Sardellenfilets in einem Gittermuster darauf anordnen und eine Olive in die Mitte jedes Gitterquadrats legen. Mit dem restlichen Öl beträufeln. Etwa 30 Minuten backen, bis die Teigkruste goldbraun ist.

Die Pissaladière in große Quadrate oder Kuchenstücke schneiden, heiß oder warm servieren.

Für 6 Personen

Rechte Seite: *Pissaladière* (oben), *Allymes-Kuchen* (unten links, Rezept Seite 48) *und Kräuterpastete* (unten rechts, Rezept Seite 48)
PETER JOHNSON

Lyonnais

Tâtre des Allymes
Allymes-Kuchen

Die tâtre *(ein Dialektausdruck für* tarte *= Torte, Kuchen) ist eine Spezialität des Dorfes Allymes. Sie kann auch mit Mürbteig zubereitet werden.*

2 EL Erdnußöl
500 g große Zwiebeln, in dünne Scheiben geschnitten
125 g gut abgetropfter Quark oder Ricotta
Salz und frisch gemahlener Pfeffer
4 Prisen frisch geriebene Muskatnuß
125 g Sahne oder Crème fraîche
2 Eier
400 g Brotteig (Rezept Seite 41)

Das Öl in einer beschichteten Pfanne von 26 cm Durchmesser erhitzen. Die Zwiebeln hinzufügen und unter ständigem Rühren bei schwacher Hitze 10 Minuten braten, bis sie goldbraun sind. Beiseite stellen.

Den Quark in einer Schüssel mit einer Gabel durchrühren und Salz, Pfeffer, Muskat und Sahne hinzufügen. Die Eier aufschlagen, in eine zweite Schüssel gleiten lassen und mit einer Gabel gut verquirlen; zu der Quarkmischung hinzufügen und zu einer glatten Masse schlagen. Die Zwiebeln unterheben.

Den Backofen auf 215 °C (Gasherd Stufe 4) vorheizen. Ein 22 × 35 cm großes Backblech leicht mit Öl einpinseln. Den Brotteig auf die gleiche Größe ausrollen und auf das Blech heben. Die Zwiebel-Quarkmischung auf dem Teig gleichmäßig verteilen. Etwa 30 Minuten backen, bis der Kuchen golden gebräunt ist. Heiß servieren.

Für 6 Personen — *Abbildung S. 47*

Loiretal

Tourte aux Herbes
Kräuterpastete

Dies ist eine Spezialität aus Tours.

500 g frischer Spinat
250 g Sauerampfer
250 g Mangoldblätter, ohne Strünke
1 Salatherz
60 g Butter
Salz und frisch gemahlener Pfeffer
500 g Kartoffeln
4 Petersilienzweige
4 Estragonzweige
2 Knoblauchzehen, feingehackt
500 g Blätterteig (Rezept Seite 44)
1 Eigelb
1 EL Wasser
250 g Crème fraîche oder Crème double

Spinat und Sauerampfer waschen und die Stiele abschneiden; abtropfen lassen. Mangold und Kopfsalat waschen und abtropfen lassen. Alle vier Blattgemüse grob hacken. Die Hälfte der Butter in einer beschichteten Pfanne von 26 cm Durchmesser zerlassen und nach und nach die Gemüse hinzufügen. Mit Salz und Pfeffer würzen und bei starker Hitze unter ständigem Rühren etwa 5 Minuten garen, bis die ganze Flüssigkeit verdampft ist. Die Gemüse auf einen Teller geben und beiseite stellen.

Die Kartoffeln schälen und waschen, trockentupfen und in 5 mm dicke Scheiben schneiden. Die Pfanne ausspülen und abtrocknen. Die restliche Butter in der Pfanne zerlassen, die Kartoffeln hinzufügen und unter häufigem Wenden etwa 15 Minuten braten, bis sie goldgelb sind.

Die Petersilie und die Estragonblätter feinhacken. Die gehackten Kräuter und den Knoblauch zu den Kartoffeln geben, mit Salz und Pfeffer würzen und unter Rühren 2 Minuten weiterbraten; von der Kochstelle nehmen.

Den Backofen auf 215 °C (Gasherd Stufe 4) vorheizen. Den Teig in zwei Portionen von ⅔ und ⅓ der Teigmenge teilen. Die größere Portion zu einem 15 × 30 cm großen Rechteck ausrollen und auf ein gefettetes Backblech legen. Die Hälfte der Kartoffelmischung auf dem Teig verteilen, und außen einen 2 cm breiten Rand unbedeckt lassen. Die Hälfte Blattgemüse darauf verteilen, dann die restlichen Kartoffeln und schließlich das restliche Blattgemüse darauf schichten. Die zweite Teigportion zu einem 17 × 32 cm großen Rechteck ausrollen und auf die Füllung legen. Die Teigränder fest zusammendrücken, um die Pastete zu versiegeln.

Für die Glasur Eigelb und Wasser mit einer Gabel in einer kleinen Schüssel verschlagen. Mit dieser Mischung die gesamte Oberfläche des Teigs mit einem Backpinsel bestreichen. Zwei kleine Löcher in die Mitte des Teigdeckels schneiden und kleine »Schornsteine« aus Alufolie oder Pergamentpapier hineinstecken, damit der Dampf entweichen kann.

Die Pastete etwa 45 Minuten backen, bis sie goldbraun ist.

In der Zwischenzeit die Crème fraîche oder Crème double mit Salz und Pfeffer würzen. Wenn die Pastete gebacken ist, die Crème durch die beiden Schornsteine hineingießen. Vor dem Servieren 10 Minuten ruhen lassen.

Für 6 Personen — *Abbildung S. 47*

Burgund

Corniottes
Käsepasteten-»Hüte«

250 g Quark oder Ricotta, abgetropft
Salz und frisch gemahlener Pfeffer
125 g Sahne oder Crème fraîche
200 g Emmentaler Käse, grobgerieben
2 Eier
500 g Mürbteig (Rezept Seite 50)
1 Eigelb
1 EL Wasser

Den Quark in eine Schüssel geben und mit einer Gabel durchrühren; dabei Salz, Pfeffer und Sahne hinzufügen. Gut vermischen. Den Emmentaler und die Eier hinzufügen und gut untermischen.

Den Backofen auf 215 °C (Gasherd Stufe 4) vorheizen. Den Teig 3 mm dick ausrollen. 26 runde Scheiben von 10 cm Durchmesser ausstechen.

Den Finger in kaltes Wasser tauchen und den Rand der ersten Teigscheibe anfeuchten. Ein walnußgroßes Häufchen Füllung in die Mitte des Teigstücks setzen und die Ränder auf drei Seiten hochschlagen, um einen spitzen Hut mit drei Ecken zu formen. Die Teigränder fest zusammendrücken, damit man dünne Kanten erhält und die Füllung eingeschlossen ist. Den Vorgang mit den anderen Teigscheiben wiederholen und die *corniottes* auf zwei beschichtete Backbleche setzen.

Eigelb und Wasser verschlagen und mit dieser Mischung die *corniottes* bestreichen. Etwa 25 Minuten backen, bis die Pastetchen schön gebräunt sind. Auf einer Platte anrichten und heiß oder lauwarm servieren.

Für 6 Personen

Rechte Seite: *Käsepasteten-»Hüte«* (links) *und Kräuterquark* (oben, Rezept Seite 37), *frischer Quark* (rechts)

Alle Regionen

PÂTE BRISÉE
Mürbteig

ERGIBT ETWA 250 g TEIG*:

150 g Mehl
100 g weiche Butter
1½ EL Wasser
½ TL Salz

Wenn möglich, den Teig am Vortag herstellen, weil er sich dann leichter ausrollen läßt.

Mehl, Butter, Wasser und Salz in die Küchenmaschine geben. 30 Sekunden mixen, bis der Teig eine Kugel bildet. Die Teigkugel nicht kneten, sondern gleich in Klarsichtfolie einschlagen und kalt stellen. Den Teig 1 Stunde vor der Weiterverarbeitung aus dem Kühlschrank nehmen und bei Zimmertemperatur liegenlassen.

Den Teig auf der leicht bemehlten Arbeitsfläche auf die jeweils erforderliche Größe ausrollen; die Form damit auslegen. Wenn möglich, die Form vor dem Backen nochmals für 1 Stunde in den Kühlschrank stellen; dies ist nicht unbedingt notwendig. Doch der Teig gelingt besser, wenn er vorher gekühlt wird.

*Die Teigmenge reicht für eine Form von 24 bis 26 cm Durchmesser.

Provence

SALADE NIÇOISE
Nizza-Salat

Dieser für den Süden typische Salat wird aus rohen Gemüsen, Thunfisch, Knoblauch, Basilikum und Olivenöl zubereitet. Es sollten weder gekochte Gemüse noch Kartoffeln hinzugefügt werden.

6 Eier
500 g frische dicke Bohnen
1 rote Paprikaschote (etwa 150 g)
2 kleine Artischocken
½ Zitrone
1 Knoblauchzehe
500 g feste reife Tomaten, in Achtel geschnitten
1 kleine Gurke, in dünne Scheiben geschnitten
3 Frühlingszwiebeln, feingeschnitten
2 zarte Stangen Bleichsellerie, die Fäden entfernt, in feine Streifen geschnitten.
12 Sardellenfilets in Olivenöl, der Länge nach halbiert
1 Dose (195 g) Thunfisch in Olivenöl, abgetropft und grob zerteilt
50 g schwarze Oliven
12 große Basilikumblätter
Salz
6 EL kaltgepreßtes Olivenöl

Die Eier in einen mit kaltem Wasser gefüllten Topf geben, bei schwacher Hitze zum Kochen bringen und 10 Minuten simmern lassen. Die Eier herausnehmen und unter fließendem kaltem Wasser abschrecken. Schälen und in Viertel schneiden.

Die dicken Bohnen enthülsen und aus den grünen Häutchen, von denen sie umgeben sind, schälen. Die Paprikaschote halbieren und den Stielansatz, die Samen und die weißen Häutchen entfernen; die Schote in feine Streifen schneiden. Die äußeren Blätter der Artischocken und die Spitzen der restlichen Blätter abschneiden. Jede Artischocke in Viertel schneiden und die Oberflächen mit Zitrone einreiben.

Eine flache Schüssel mit der geschälten Knoblauchzehe einreiben. Darin die Tomaten, Paprikaschote, Gurken, Artischocken, Zwiebeln, den Sellerie und die dicken Bohnen anrichten. Mit Sardellen, Thunfisch, Oliven und hartgekochten Eiern garnieren. Mit einer Schere die Basilikumblätter über den Salat schneiden. Leicht mit Salz bestreuen. Mit Olivenöl beträufeln und sofort servieren.

Für 6 Personen — *Abbildung S. 28–29*

Provence

PETITS FARCIS PROVENÇAUX
Gefüllte Gemüse der Provence

3 Auberginen, je 200 g
3 Zucchini, je 100 g
6 feste reife Tomaten, je 150 g
6 Zwiebeln, je 100 g
Salz und frisch gemahlener Pfeffer
3 EL kaltgepreßtes Olivenöl
2 Knoblauchzehen, feingehackt
500 g entbeintes Kalbfleisch vom Nacken oder der Schulter, Fett entfernt und kleingehackt
100 g frischer Schweinebauch, feingehackt
10 Zweige glatte Petersilie, entstielt und gehackt
3 EL gekochter Reis
50 g Parmesankäse, frisch und fein gerieben
2 Eier
1 Thymianzweig

Die Auberginen und Zucchini waschen und trockentupfen. Der Länge nach halbieren und den größten Teil des Fruchtfleisches mit einem Teelöffel herauslösen; einen etwa 5 mm dicken Rand stehen lassen. Das obere Viertel jeder Tomate abschneiden und sie mit einem kleinen Löffel aushöhlen. Die Zwiebeln schälen, das obere Viertel abschneiden und das Zwiebelinnere entfernen. Das Innere der Gemüse mit Salz und Pfeffer würzen und leicht mit Öl auspinseln. Mit einem scharfen Messer das ausgelöste Fruchtfleisch feinhacken.

1 EL Öl in einer beschichteten Pfanne von 26 cm Durchmesser erhitzen. Den Knoblauch, die gehackten Gemüse und das Fleisch hinzufügen und unter ständigem Rühren bei mäßiger Hitze etwa 5 Minuten anrösten, bis alles leicht Farbe angenommen hat. In eine Schüssel geben und abkühlen lassen.

Den Backofen auf 200 °C (Gasherd Stufe 3–4) vorheizen. Das Innere einer flachen Backform, die alle Gemüse – nebeneinander gesetzt – fassen kann, mit 1 TL Öl ausstreichen.

Die Petersilie zusammen mit dem Reis, dem Parmesan, den Eiern, Thymian, Salz und Pfeffer in die Schüssel mit dem feingehackten Gemüse geben und alles gut vermischen. Die Füllung auf die Gemüse verteilen und sie in die vorbereitete Form setzen. Mit dem restlichen Öl beträufeln und 60 ml Wasser in die Form gießen. Etwa 45 Minuten backen, bis die Gemüse weich sind; sie dabei von Zeit zu Zeit mit dem Bratensaft, der während des Backvorgangs entsteht, begießen und etwas Wasser hinzufügen, falls die Flüssigkeit zu schnell verdampft.

Sobald die Gemüse gar sind, sie auf einer vorgewärmten Servierplatte anrichten, die restliche Bratflüssigkeit darüberschöpfen und sofort servieren.

Für 6 Personen — *Abbildung S. 28–29*

Languedoc

PETITS PÂTÉS DE BÉZIERS
Pastetchen aus Béziers

Es heißt, daß Lord Clive im Jahre 1766 nach Pézenas reiste, um sich von einer langen Krankheit zu erholen. Zur Stärkung soll ihm sein indischer Koch diese köstlichen Pastetchen zubereitet haben. Bis zum heutigen Tag streiten sich Pézenas und Béziers um die Urheberschaft für dieses Rezept. Die in Pézenas zubereitete Pastetenversion enthält keine Korinthen.

FÜR DEN TEIG:

50 g Schweineschmalz
250 g Mehl
2 Prisen feines Meersalz
3 EL Wasser

FÜR DIE FÜLLUNG:
Schale von 1 unbehandelten Zitrone
1 Ei
50 g Korinthen
1 EL brauner Zucker
Salz und frisch gemahlener Pfeffer
100 g Nierenfett vom Kalb, grobgehackt
300 g Lammschulter oder -filet, feingehackt
1 Eigelb
1 EL Wasser

Zuerst den Teig zubereiten: Das Schweineschmalz in einem kleinen Topf zerlassen und abkühlen lassen, bis es lauwarm ist. Mehl und Salz auf die Arbeitsfläche sieben. In die Mitte eine Vertiefung drücken und das zerlassene Fett und 3 EL Wasser hineingießen. Alle Zutaten mit den Fingerspitzen zu einem glatten Teig verarbeiten. Zu einer Kugel formen und in Klarsichtfolie einschlagen. Für 30 Minuten in den Kühlschrank legen.

In der Zwischenzeit die Füllung zubereiten: Die Zitrone waschen und abtrocknen und die Schale in eine Schüssel reiben. Das Ei, die Korinthen, Zucker, Salz und Pfeffer hinzufügen und gut vermischen.

Das Nierenfett in eine beschichtete Pfanne von 26 cm Durchmesser geben und bei schwacher Hitze auslassen. Das Fleisch hinzufügen und unter Rühren 5 Minuten braten, bis es schön gebräunt ist. Das Fleisch mit einem Schaumlöffel aus der Pfanne heben und zu der Korinthenmischung hinzufügen; gut vermischen. Den Backofen auf 215 °C (Gasherd Stufe 4) vorheizen.

Sechs kleine Pudding- oder Briocheformen von 4 cm Durchmesser und 3 cm Höhe leicht mit Butter ausfetten. Den Teig dünn ausrollen und sechs Scheiben von 8 cm Durchmesser ausstechen. Die Förmchen mit den größeren Scheiben auslegen, dann die Fleischfarce einfüllen. Den Teigrand mit Wasser bepinseln und mit einer kleinen Teigscheibe abdecken. Die Teigränder fest zusammendrücken und mit der Messerspitze zwei kleine Löcher auf der Oberseite jedes Pastetchens einstechen, damit der Dampf entweichen kann.

Das Eigelb und 1 EL Wasser mit einer Gabel in einer kleinen Schüssel verschlagen. Mit dieser Mischung die Pastetchen bestreichen. 20 Minuten backen, bis sie goldbraun sind. Aus den Formen nehmen und heiß servieren.

Für 6 Personen

Lothringen

QUICHE LORRAINE
Quiche

Das Wort quiche *leitet sich von dem deutschen Wort Kuchen her. Das Rezept für* quiche lorraine *ist seit dem siebzehnten Jahrhundert bekannt. Heute wird die Bezeichnung* quiche *für pikante Kuchen verwendet, die man warm serviert.*

250 g Mürbteig (Rezept Seite 50)
250 g geräucherter Bauchspeck, in feine Scheiben geschnitten
50 g Butter
3 Eier
250 g Sahne
Salz und frisch gemahlener Pfeffer
6 Prisen frisch geriebene Muskatnuß

Den Backofen auf 215 °C (Gasherd Stufe 4) vorheizen. Eine Kuchenform von etwa 24 cm Durchmesser leicht ausbuttern. Den Teig ausrollen und die Form damit auslegen; einen stabilen 4 cm hohen Rand formen und diesen durch Einschnitte verzieren. Bis zur Weiterverwendung in den Kühlschrank stellen. Den Speck in kleine Stücke schneiden, vorher die Schwarte entfernen. Die Speckwürfel in einen kleinen Topf mit kochendem Wasser geben und 1 Minute blanchieren. Herausnehmen, unter fließendem kaltem Wasser abspülen und trockentupfen. Die Hälfte der Butter in einer beschichteten Pfanne von 20 cm Durchmesser zerlassen und den Speck unter ständigem Rühren leicht anbräunen. Auf Küchenkrepp abtropfen lassen.

PETER JOHNSON

Pastetchen aus Béziers (oben) *und Quiche*

Die Eier aufschlagen, in eine Schüssel gleiten lassen und mit einer Gabel gut verschlagen; dabei die Sahne, Salz, Pfeffer und Muskat hinzufügen.

Die Kuchenform aus dem Kühlschrank nehmen. Den Speck auf dem Teigboden verteilen. Die Eiermischung darübergießen und die restliche Butter in Flöckchen daraufsetzen. Etwa 30 Minuten backen, bis die *quiche* goldbraun ist. Heiß servieren.

Für 6 Personen

Lothringen

Foie Gras en Terrine
Entenleber-Terrine

Foie gras, *ob sie nun von der Gans oder der Ente stammt, wird traditionell in drei Regionen, den Landes, dem Périgord und dem Elsaß, hergestellt. Eine jede reklamiert für sich, die beste Zubereitungsmethode für diese gefragte Delikatesse zu haben. Früher einmal wurde* foie gras *mit einem Glas Sauternes am Ende der Mahlzeit serviert statt zu Beginn, wie wir es heute kennen.*

1 rohe Entenstopfleber von etwa 600 g
1 TL feines Meersalz
1 TL zerdrückter Pfeffer
100 ml Cognac

Die beiden Leberlappen vorsichtig auseinanderbrechen und mit einem kleinen spitzen Messer die feine äußere Haut und im Inneren alle Blutgefäße und Sehnen entfernen. Die beiden Lappen nebeneinander in eine flache Schüssel legen, die gerade groß genug dafür ist. Mit Salz und Pfeffer würzen und mit Cognac beträufeln. Die Schüssel zudecken und für 12 Stunden in den Kühlschrank stellen; währenddessen die Leber ein- bis zweimal wenden.

Die Leber aus dem Kühlschrank nehmen und bei Zimmertemperatur 1 Stunde stehen lassen. Den Backofen auf 140 °C (Gasherd Stufe 2) vorheizen. Die Leber trockentupfen und die Stücke in eine Porzellanform legen, in der sie gerade Platz finden. Die Form mit dem Deckel verschließen.

Die Terrine in eine mit simmerndem Wasser gefüllte Bratform *(bain-marie)* setzen und 40 Minuten garen.

Die beiden Leberlappen herausnehmen, zum Abtropfen in ein Edelstahlsieb legen und dieses auf eine Schüssel setzen; alles flüssige Fett auffangen.

Die Leber so in einer kleinen Terrine, in die sie gerade hineinpaßt, arrangieren, daß sie ihre ursprüngliche Form erhält. Mit dem Löffelrücken fest nach unten drücken. Mit Klarsichtfolie bedecken, dann ein Brett darauflegen und mit einem Gewicht von 500 g beschweren. 1 Stunde stehenlassen.

Gewicht, Brett und Folie entfernen. Die Leber mit einer 5 mm dicken Schicht von dem in der Schüssel angesammelten Fett überziehen. Das Fett erstarren lassen, dann die Terrine zudecken und in den Kühlschrank stellen.

Die Leber 2 bis 3 Tage kühlen, bevor man sie in Scheiben geschnitten mit geröstetem Landbrot serviert. Man reicht dazu mit Madeira parfümiertes Gelee, das in kleine Würfel geschnitten wird.

Die Leber kann bis zu einer Woche im Kühlschrank aufbewahrt werden.

Für 6 Personen

Rechts: *Entenleber-Terrine*

PIERRE HUSSENOT/AGENCE TOP

DAS LOIRETAL

LEO MEIER

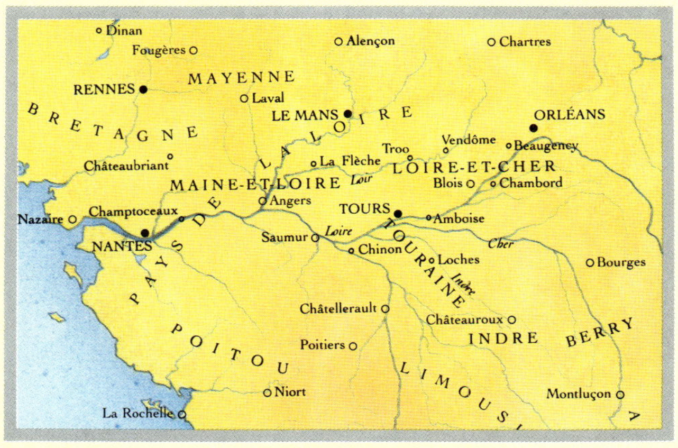

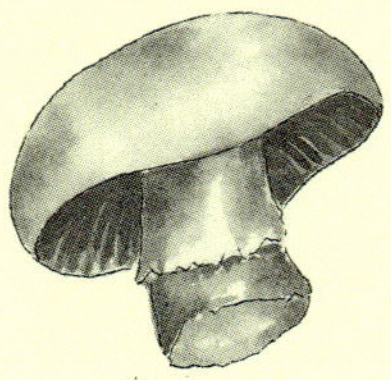

DAS LOIRETAL

Ein fruchtbarer Garten

Sanft und lieblich ist er, dieser Garten Frankreichs. Folgt man dem kapriziös und scheinbar endlos sich windenden Fluß, gesprenkelt mit anmutigen Farben in Grau-, Blau- und Grüntönen, wird das Auge oft von den verschwimmenden Kontrasten getäuscht, deren Umrisse ineinander übergehen. Heiterkeit strahlt diese Landschaft aus.

Der Fluß selbst dient keinem offenbaren Nutzen mehr. Verschwunden sind die flachen Flußbarken, ebenso die Segelschiffe, die einst ihre Frachten nach Nantes brachten und von dort holten, dem ehemaligen »Ebenholzhafen«, Tor zu den Antillen. Träge erscheint der Fluß, doch ist er in Wirklichkeit fröhlich und leichtfertig, ständig wirbelnd und hurtig.

Man kann nicht vom Loiretal sprechen, ohne sich zuerst der Landschaft bewußt zu werden. Die Brücke in Beaugency, die Dächer von Blois, die bis Tours sich hinaufziehenden Uferdeiche, die Nebenflüsse – der Cher, die Indre, der träge Cosson, die warme Sauldre –, deren Wasser an Herrenhäusern und Schlössern vorbeiziehen. In Beaugency, hinter der Buckelbrücke, wacht ein Bergfried über nichts anderem mehr als dem Flug der Vögel. Bei Orléans liegt eine Insel verloren in der Mitte des Stroms. Und weiter in Richtung Nantes und der See liegt Champtoceaux, die Promenade von Champalud, ein breit sich ausdehnendes Panorama, das nicht zu enden scheint. Dann sind da die Farben der Loire und der Landschaft, der Felder, duftig und zart wie in einem Aquarell – ein Garten der Schönheit! Gleich, ob man den Fluß bei Loché oder Ouchamps verläßt, sich den niedrigen Wäldern von Sologne oder den hohen Hecken des Parks von Chambord mit seinen hun-

Links: *In der Stille des Abendlichts spiegelt sich das bezaubernde Chateau de Saumur aus dem vierzehnten Jahrhundert im ruhigen Wasser der Loire.*

Vorhergehende Seiten: *Der Loir, ein Nebenfluß der berühmten Loire, durchfließt das winzige Dorf Les Roches-L'Évêque.*
LEO MEIER

LEO MEIER

Wie diese Bauwerke in Troo erinnert die Architektur überall im Tal der Loire an Bilder aus einer Märchenwelt.

dert Glockentürmen zuwendet, ob man nach dem nahen Berry wandert in Erwartung des Anblicks des Turms der Kathedrale von Bourges, der über die flache grüne Landschaft herüberschaut, oder ob man die verlassene Gegend des Nivernais durchquert, die mit der strengen Architektur des Chateau de Serrant zu flirten scheint ... die Heiterkeit dieses grünen Landes wirkt entspannend und weckt Neugier und Lust auf die Freuden des Gaumens.

Wenn einstmals die Könige von Frankreich Paris verließen und sich nach Chinon wandten, um dort ihren Hof einzurichten, wo sie dann die schwankenden Schritte der Jungfrau von Orléans auf den glattgewetzten Steinen des Grand-Carroi erwarteten, so geschah dies, weil sie wußten, daß sie hier edle Speisen, edle Weine und festliche Bräuche finden würden. Ist das Tal der Loire die reichste Gegend Frankreichs? Wenn ja, so ist es auch die bescheidenste, denn sie prahlt nicht – vielleicht mit der Ausnahme, daß das hier gesprochene Französisch das reinste in ganz Frankreich ist, frei von jedem provinziellen Patois.

Und hier gibt es Weine! Nach den angenehmen Muscadets von Nantes kommen die Anjou-Weine: der vollmundige Quarts de Chaume, der Bonnezeaux, der mit dem Alter noch besser wird, in guten Jahren mit besonders kräftigem und zugleich frischem Bouquet, der stolze Savennières, mit einem Hauch von Mandeln und Linden, Honig und Blumen; der frische Rote von Chinon aus der Cabernet-Franc-Traube, nach grüner Paprika und Zuckerschoten duftend, und seine Vettern ersten Grades von Saumur-Champigny und Bourgueil, der milde Vouvray mit seinem enormen Alterungspotential, der liebenswerte Montlouis, der leichte Gamay, der süffige Sauvignon, der fruchtige Sancerre, die kieselig schmeckenden Weißen von Menetou-Salon und Reuilly. All diese Weine werden getrunken, genossen, vergessen. Es ist nur zu gerecht, mit diesen Früchten des Weinstocks zu beginnen, die die Früchte der Erde perfekt begleiten.

Der zwischen der Loire und der Sologne angebaute weiße Spargel und grüne Endiviensalat sind die delikatesten der Welt. Die Minitomaten in Kirschen- und Birnenform sind überall zu finden. Es gibt unzählige Gartenkräuter, denen man auch heilende Wirkung nachsagt: Melisse, Kamille, Estragon, wilder und Gartenthymian, Basilikum, Schnittlauch, Petersilie. Überall auch Fleischgerichte vom Feinsten, von den *rillons* von Vouvray und den *rillettes* von Maine und Anjou bis zu den *andouillettes* von Jargeau und panierten Schweinefüßchen und zur Hühnerlebersuppe und einer Vielzahl von Würsten.

Wild wird zu einigen Pâtés verarbeitet, denn dies ist Jagdland: Hirsch und Reh springen in den Feldern, Rebhuhn und Fasan streichen über Heide und Moor, Hasen rennen aufgeschreckt neben der Straße entlang und verschwinden im Buschwerk, Wildenten – *cols verts* – fliegen über den Teichen zwischen Bracieux und Romorantin. Die weite, freundliche Sologne, die sich für die Jagd zu Pferde anbietet, das flache Berry, wo Schlösser am Horizont wie Florette in den Himmel stechen, die Gegend um Orléans mit sandigen Böden und unermeßlichen Wäldern, durchzogen von Kanälen: dies ist das Land an der Loire.

Hier tummeln sich die Ziegen, aus deren Milch jene köstlichen Käse gemacht werden: die pyramidenförmigen von Valençay und Pouligny-Saint-Pierre, die zylinderförmigen

In der Gegend von Chinon, bekannt wegen ihrer Weine (die schon im sechzehnten Jahrhundert von Rabelais in Gargantua *und* Pantagruel *gefeiert wurden), zählt Angeln zu den beliebtesten Freizeitbeschäftigungen.*

LEO MEIER

Schloß Chenonceaux, dessen bezaubernde Gärten und Nebengebäude sich bis heute originalgetreu im Stil der Zeit von Henri II präsentieren, zählt gewiß zu den elegantesten Schmuckstücken des Loiretals. LEO MEIER

von Sainte-Maure-de-Touraine, die aschebedeckten Laibe von Selles-sur-Cher. Sie alle harmonieren aufs Beste mit dem Weißwein aus der Sauvignon-Rebe. Da ist der *Crottin* von Chavignol, von fester Konsistenz, weich auf der Zunge, mit grasigem und quarkartigem Geschmack, ein Erzeugnis der Gegend um Sancerre, wo er in dem Wein gleichen Namens einen natürlichen Verbündeten findet. Alle diese Käse bilden auch eine erquickliche Ouvertüre zu den in diesem sanften Klima geernteten Früchten: Birnen vor allem, doch auch Reineclauden, Himbeeren, Erdbeeren und Pfirsiche. Die sandigen Böden zu beiden Seiten des Flusses beherbergen hier einen natürlichen Obstgarten, der Köstlichkeiten hervorbringt wie Quitten- oder Apfelgelee, die karamelisierte umgekehrte Apfeltorte (erfunden von den Schwestern Tatin in ihrem Hotel in der Stadt Lamotte-Beuvron in der Sologne) und die Pfannkuchen von Anjou, die mit dem ebenfalls hier erzeugten Orangenlikör Cointreau bereitet werden.

Aber vergessen wir darüber nicht die anderen Reichtümer dieses Landstrichs. Zu den zarten Fischen der Loire zählen der herrlich rosafarbene Lachs, der Hecht mit seinem hochgeschätzten Fleisch, aber vielen Gräten, der Maifisch, der Aal, der gern mit dem Rotwein von Chinon *en matelote* gekocht oder mit der berühmten *beurre blanc* serviert wird, die mit Weißwein, Essig und Schalotten abgeschmeckt ist und eine Spezialität von Nantes sein soll. Man hatte schon geglaubt, daß die Aale verschwunden seien, abgefischt von den wenigen Fischern an den Kanälen, aber vor allem auch durch die Wasserverschmutzung verscheucht. Aber dann trat das Gegenteil ein: Sie gedeihen und vermehren sich üppig in dem Fluß, der jetzt durch Kühlwasser aus den Kernkraftwerken von Saint-Laurence-des-Eaux (bei Beaugency) und Avoine (bei Chinon) erwärmt wird.

Vergessen wir auch nicht die vielen Arten von Pilzen, die in zahlreichen Höhlen gezüchtet werden. Allen voran die grauen Austernpilze und die kleinen Champignons, die sich gut in den Naturhöhlen in der Weingegend von Saumur und entlang den Ufern des Cher ziehen lassen. Auch das Geflügel genießt hier einen guten Ruf. Das zartfleischige Perlhuhn und das saftige Jungmasthuhn mit der Bezeichnung *géline* werden ebenso wie das schmackhafte Wildkaninchen noch immer in der gleichen Weise zubereitet wie zur Zeit von François I in den Schlössern von Chambord und Ussé, als die Kunst, süße und salzige Aromen zu kombinieren, hochgeschätzt wurde.

Zwei typische Gerichte, die diesen alten Stil gut verdeutlichen (der nichts mit der modischen *nouvelle cuisine* zu tun hat, sondern sich hier seit dem Mittelalter erhalten hat), sind Schweinemedaillons mit Trockenpflaumen und Hasenkeule mit Honig. Hier sind Zutaten, die sich nicht immer vertragen, sanft und wohlabgewogen miteinander verbunden. Schließlich ist ja das Loiretal das Land der weichen Farben, der kultivierten und empfindsam erscheinenden Landschaft, der herzhaften Weine und des geruhsamen Verdauens.

SCHALTIERE AUS MEER UND FLÜSSEN

LEO MEIER

In der Bucht von Mont-Saint-Michel werden moules de bouchot, *kleine hochbegehrte Miesmuscheln, an Pfählen gezüchtet, die in die sandigen Sedimente der seichten Küstengewässer eingetrieben werden.*

SCHALTIERE AUS MEER UND FLÜSSEN

Die üppige Welt der Weichtiere

Es wird wohl ein Geheimnis bleiben: Warum nur geraten Feinschmecker, und vor allem französische Feinschmecker, wegen weißfleischiger Weichtiere so überaus in Verzückung? Im neunzehnten Jahrhundert gab es Clubs und Wettbewerbe im Austernessen, bei denen ehrsame, wohlangesehene Bürger einander in der Kunst zu übertreffen suchten, sich mit Meeresfrüchten geradezu vollzustopfen.

Austern von Cancale, aus der Bucht von Morbihan, von Saint-Vaast-la-Hougue, von Marennes-Oléron: nur zu sagen, daß sie nicht alle gleich schmecken, wäre zu wenig. Die flache Auster, der Cancale ihren Ruhm verdankte, ist infolge einer Epidemie mit dem Namen »Bonamia« fast verschwunden. Die hochschalige Auster, *huître creuse*, wurde zwar ebenfalls dezimiert, erwies sich aber als widerstandsfähiger als ihre höher geschätzte Artgenossin. Die portugiesische Auster – *portugaise* –, so benannt nach dem portugiesischen Schiff, das einst seine ganze Ladung Schaltiere an der Atlantikküste verlor, wurde durch eine Rasse japanischer Herkunft ersetzt, die *gigas*. Im übrigen genießt die Auster einen unverwüstlich guten Ruf und wird auch von Menschen geschätzt, die auf Diät leben.

Doch ist die Qualität der Auster nicht immer gleich. Während der Monate mit »r«, also von September bis April, sind die Tiere frisch und kräftig. Im Juli und August, während der Fortpflanzungszeit, sind sie feist und milchig – sollten aber nicht mit jenen Austern verwechselt werden, die aufgrund ihres höheren Alters an sich fetter sind (und als *spéciales* auf den Markt kommen), im Gegensatz zu den *claires*, die jünger und im Geschmack weniger ausgeprägt sind.

Mies- oder Pfahlmuscheln werden in Kulturen an hölzernen Pfählen in den Gewässern von Oléron und La Rochelle gezüchtet; diese sind die besten. Andere gedeihen in sogenannten Parks bei Croisic oder am Mittelmeer an Seilen, so bei Bouzigues am Etang de Thau. Ihr zartes, orangerotes, schmackhaftes Fleisch verleitet zu mancherlei Zubereitungsarten: *à la marinière* oder mit Sahne oder in der als *éclade* bezeichneten Art, bei der ein heftiges Feuer bewirkt, daß die Schale sich öffnet, oder als *mouclade*, was nichts anderes ist, als ein mit Weißwein und Sahne gedünstetes Muschelgericht.

Warum Schaltiere in der Küche mit Vorsicht behandelt werden, ist kein Geheimnis: durch zu komplizierte Rezepte kann die ihnen eigene Frische leicht verlorengehen. Die Jakobsmuscheln mit ihrem festen, delikaten Fleisch und ihre kleinen Schwestern, die *petoncles*, weißfleischig mit einem leicht süßlichen Anklang, vertragen nur eine sehr kurze Kochzeit, damit ihr Jodgehalt und exquisiter Geschmack bewahrt wird.

Hummer und Langusten, die Könige der bretonischen Küste werden in Körben gefangen und auf ebenso köstliche wie einfache Weise zubereitet: gegrillt und mit *beurre blanc* serviert. Gewürze und kräftige Saucen sollten nur sehr sparsam verwendet werden. Die alten Zubereitungsarten, bei denen viel flambiert wurde, oder die nicht mehr üblichen wie »Thermidor« (bedeckt mit einer mit Weißwein und Senf abgeschmeckten Sauce, dann mit geriebenem Käse bestreut und gegrillt) oder »Newburg« (in einer

Vorhergehende Seiten: *Gefüllter Taschenkrebs* (links, Rezept Seite 80), *Muscheln in Sahne* (Mitte, Rezept Seite 66) *und Jakobsmuscheln* »Étretat« (rechts, Rezept Seite 68)

FOTOGRAFIERT IN DER NORMANDIE
PIERRE HUSSENOT/AGENCE TOP

LEO MEIER

Kritisch begutachten die Einkäufer frisch geerntete Miesmuscheln und Austern in Vivier-sur-Mer an der Bucht von Mont-Saint-Michel.

sahnigen Sauce gekocht) bewirken nur, daß der Eigengeschmack des Krebsfleisches überdeckt wird. Daß bestimmte Restaurants sie heute noch anbieten, liegt vielleicht eben daran, daß diese Zubereitungen den mangelnden Eigengeschmack weniger guter Ware verbergen.

Garnelen - die kleinen *grises* und die größeren *bouquets* - eignen sich vorzüglich als Vorspeise, sei es als Salat, leicht angebraten oder kalt mit *sauce verte* oder Mayonnaise. Scampi, im Aussehen kleinen Hummern ähnlich, sind leicht zu kochen, aber man muß genau auf die Kochzeit achten - ein paar Sekunden zu lange, und das feste, knackige Fleisch wird weich und sehnig. Nur der Schwanz wird verwendet und in der Pfanne gebraten. Der große Koch Joël Robuchon pflegte sie als höchst eleganten Salat zu reichen, der Anfang der achtziger Jahre in Paris Furore machte; er briet sie unmittelbar vor dem Servieren in der Pfanne und gab dann ein klein wenig Gänseschmalz daran.

Krebse und Krabben gibt es in vielen verschiedenen Arten, und stets birgt ihre harte rote Schale zartes, rosafarbenes Fleisch. Der *tourteau* (Taschenkrebs) ist der robusteste; die *étrille* (Schwimmkrabbe) ist kleiner und zarter, während die *araignée* (Seespinne) die zerbrechlichste von allen, aber auch die seltenste und schmackhafteste ist. Sie alle sind vitaminreich, kalorienarm und schmecken exquisit, wenn sie schlicht kalt mit einer Zitronenmayonnaise verzehrt werden.

Zu erwähnen ist unter der Vielzahl von Schaltieren auch die Herzmuschel, die man vom Sand reinigen muß, bevor sie roh oder gekocht verzehrt wird; weiter die *palourde* (Venusmuschel), durchscheinend und delikat, die roh mit einem Spritzer Zitrone ganz exzellent schmeckt; und die *praire* (rauhe Venusmuschel), die meist mit Knoblauch-

Vielerlei Schaltiere liegen in den halles *in Quimper zum Verkauf aus:* Tourteaux *(Taschenkrebse),* langoustines cuites *(gekochte Scampi),* homards *(Hummer) und* araignées *(Seespinnen) verführen den Käufer.*

LEO MEIER

butter und Petersilie gratiniert oder in der Muschelsuppe gegessen wird.

Die Süßwasserschaltiere verschwinden infolge der Wasserverschmutzung mehr und mehr aus Frankreichs Flüssen. Die Flußkrebse *(écrevisses)*, die es einst reichlich in kleinen Bächen, Seen und Speicherseen gab, kommen heute meist aus anderen Ländern (vor allem der Türkei). Am meisten geschätzt werden die *pattes rouges*, also die rotbeinigen. Allerdings ist zu ergänzen, daß der Geschmack trotz des ansprechenden zarten und festen Fleisches mehr von der Art der Zubereitung abhängt; man verwendet sie oft in Suppen und Saucen, die ihre typische intensive Würze aus dem Auskochen der Krebskarkassen gewinnen.

Entgegen der weitverbreiteten Meinung sind Tintenfische – *calamars, calmars* oder *chipirons*, wie sie auf spanisch heißen, und die größeren *encornets* oder die kleinen *supions* vom Mittelmeer – trotz ihres Namens keine Fische, sondern Schaltiere. Je nach Region werden sie gefüllt, mit Paprika oder Tomaten gekocht oder in einer Weinsauce gegessen, wobei ihr festes Fleisch seinen typischen Geschmack und sein Aussehen unabhängig vom Rezept beibehält.

LEO MEIER

Reger Handel auf dem Marktplatz von Blois, wo sowohl Süßwasserfisch aus der Umgebung als auch Meerestiere feilgeboten werden.

Dieses verlockende Angebot aus den Gewässern des Mittelmeers in Nizza zeigt unter anderem Miesmuscheln, Venusmuscheln, Austern, Sardinen und Meeraal.

LEO MEIER

PETER JOHNSON

Muscheln in Wein-Sahne-Sauce

Charentes

MOUCLADE
Muscheln in Wein-Sahne-Sauce

In den Charentes bereitet man die mouclade *aus denselben Grundzutaten zu wie in Aunis und Saintonge: Miesmuscheln, Wein, Schalotten, Sahne und Eigelb. Die Würze kann jedoch variieren: Oft nimmt man Safran anstelle von Currypulver, und manchmal wird Pineau des Charentes hinzugefügt. Dies ist ein köstlicher Likörwein, der aus Traubenmost und Cognac hergestellt wird.*

2,5 kg Miesmuscheln
400 ml trockener Weißwein (in den Charentes würde man Muscadet oder Entre-deux-mers verwenden)
1 Thymianzweig
1 Lorbeerblatt
6 Petersilienzweige
25 g Butter
2 Schalotten, feingehackt
1 TL Currypulver
1 Prise Cayennepfeffer
150 g Sahne
3 Eigelb

Die Muscheln abbürsten und die Bärte entfernen. Die Muscheln waschen, das Wasser mehrmals wechseln; dann abtropfen lassen.

Den Wein in einen großen Topf gießen. Thymian, Lorbeerblatt und Petersilie zwischen den Fingern etwas zerreiben und hinzufügen. Die Flüssigkeit bei starker Hitze zum Siedepunkt bringen, die Muscheln hineingeben und mit einem Schaumlöffel leicht umrühren. Sobald sie sich geöffnet haben, sie mit dem Schaumlöffel herausnehmen und in einer Schüssel beiseite stellen. Die Kochflüssigkeit bei starker Hitze auf die Hälfte einkochen; dann in eine Schüssel seihen. Geschlossene Muscheln wegwerfen.

In der Zwischenzeit die Butter in einem kleinen Topf zerlassen und die Schalotten unter ständigem Rühren etwa 2 Minuten leicht sautieren, bis sie goldgelb sind. Die Muschelflüssigkeit hinzufügen und zum Kochen bringen; 1 Minute simmern lassen.

Den Inhalt des kleinen Topfs wieder in den Topf seihen, in dem die Muscheln gekocht wurden. Curry, Cayenne und ⅔ der Sahne hinzufügen und 1 Minute kochen. Das Eigelb in einer kleinen Schüssel mit der restlichen Sahne verschlagen. 2 EL der heißen Flüssigkeit unter diese Mischung schlagen, dann in den großen Topf gießen. Die Muscheln hinzufügen und unter Rühren 1 Minute bei sehr niedriger Temperatur erhitzen; die Sauce darf nicht mehr kochen.

Die Muscheln in Suppenteller schöpfen, die Sauce darübergießen und sofort servieren.

Für 4 Personen

Provence

MOULES AUX ÉPINARDS
Muscheln mit Spinatfüllung

3 EL Milch
50 g frisches Brot, Kruste entfernt
1 kg Spinat, gewaschen und leicht abgetropft
500 g kleine Miesmuscheln
1 kg große Miesmuscheln
Salz und frisch gemahlener Pfeffer
500 g reife Tomaten
2 EL Olivenöl
2 Zwiebeln, je etwa 100 g, feingehackt
1 Prise Zucker

Die Milch in einem kleinen Topf erwärmen und das Brot hineinkrümeln. Abkühlen lassen.

Den nicht völlig abgetropften Spinat in einen großen Topf geben. Bei starker Hitze etwa 4 Minuten kochen, bis er weich ist. Sehr gut abtropfen lassen und ausdrücken, dann feinhacken.

Die Muscheln waschen. Die kleinen abbürsten und die Bärte entfernen, sie dann in einen großen Topf geben und bei hoher Temperatur erhitzen, bis sie sich öffnen; sie dabei ständig mit einem Holzlöffel wenden. Abtropfen lassen, die beim Kochen entstandenen Säfte aufheben und die Muscheln abkühlen lassen. Geschlossene Muscheln wegwerfen.

Die großen Muscheln öffnen, indem man an den Bärten zieht, jedoch die Hälften der Schale nicht trennen; den dabei austretenden Saft aufheben. Die kleinen Muscheln aus den Schalen nehmen und mit einem Messer grob hacken. Die Kochflüssigkeit sowie den Saft von den großen Muscheln abseihen. Das eingeweichte Brot und den Spinat hinzufügen und mit einer Gabel gut vermischen. Zu den gehackten Muscheln etwas Salz und Pfeffer dazugeben und gut unterrühren. Die rohen Muscheln mit dieser Mischung füllen und die beiden Schalenhälften zusammenbinden, damit die Füllung nicht herausquillt.

Die Tomaten für 10 Sekunden in kochendem Wasser blanchieren, dann unter fließendem kaltem Wasser abschrecken. Häuten, halbieren und die Kerne entfernen; das Fruchtfleisch mit einer Gabel zerdrücken.

Das Öl in einer beschichteten Bratpfanne von 28 cm Durchmesser erhitzen. Die Zwiebeln darin unter Rühren 2 Minuten braten, bis sie goldbraun sind. Tomaten, Salz, Pfeffer und Zucker hinzufügen und unter Rühren 2 Minuten garen. Die gefüllten Muscheln dazulegen und 5 Minuten garen; sie dabei einmal wenden. Den Bindfaden entfernen und die Muscheln in einer flachen Schüssel anrichten. Die Tomatensauce darübergießen und sofort servieren.

Für 6 Personen *Abbildung S. 67*

Normandie/Bretagne

Moules Marinière
Muscheln in Weißwein

Dies ist ein traditionelles Gericht, das überall in Frankreich gern gegessen wird. Man bereitet es gewöhnlich mit einem der regionalen Weißweine zu.

3 kg Muscheln
Bouquet garni: 1 Lorbeerblatt, 1 Thymianzweig, 6 Petersilienzweige
50 g Butter
6 Schalotten, feingehackt
1 Knoblauchzehe, feingehackt
½ l trockener Weißwein, zum Beispiel Muscadet
Frisch gemahlener Pfeffer
2 EL glatte Petersilie, grob gehackt

Die Muscheln abbürsten und die Bärte entfernen. Waschen und dabei das Wasser mehrmals wechseln; abtropfen lassen. Die Kräuter für das Bouquet garni zusammenbinden.

Die Butter in einem großen Topf, der alle Muscheln faßt, zerlassen. Die Schalotten und den Knoblauch darin unter Rühren bei schwacher Hitze 1 Minute weich dünsten. Den Wein dazugießen, das Bouquet garni hinzufügen und mit Pfeffer würzen; zum Kochen bringen. 2 Minuten kochen, dann die Muscheln hineingeben und mit einem Schaumlöffel umrühren. Sobald sie sich geöffnet haben, sie mit einem Schaumlöffel herausheben und in einer großen Schüssel warm halten. Geschlossene Muscheln wegwerfen.

Die Kochflüssigkeit bei starker Hitze auf die Hälfte einkochen, dann die Muscheln wieder in den Topf schütten und die gehackte Petersilie hinzufügen. Alles gut vermischen und etwa 30 Sekunden erhitzen, bis die Muscheln wieder heiß sind. Das Bouquet garni entfernen.

Die Muscheln und die Weinsauce auf 4 große Suppenteller verteilen und sofort servieren.

Für 4 Personen

Normandie

Moules à la Crème
Muscheln in Sahne

Miesmuscheln werden in den verschiedenen Regionen auf unterschiedliche Weise gezüchtet. Die bekanntesten sind die aus den Charentes, die an hölzernen Pfählen oder bouchots *kultiviert werden, an denen sich die Muscheln traubenförmig anlagern. In der Bretagne werden die Muscheln wie Austern gezüchtet – in Muschelbänken. Im Süden kultiviert man sie hängend, und im Etang de Thau leben die berühmten Bouzigues-Muscheln ständig unter Wasser, jedoch ohne mit dem Grund des Sees in Berührung zu kommen.*

4 kg Muscheln
½ l trockener Cidre
4 Schalotten, feingehackt
200 g Sahne
Salz und frisch gemahlener Pfeffer
3 Eigelb
1 EL gehackte Petersilie

Die Muscheln abbürsten und die Bärte entfernen. Waschen und das Wasser mehrmals erneuern; abtropfen lassen.

Den Cidre in einen Topf gießen, der groß genug für alle Muscheln ist, und erhitzen. Die Schalotten hinzufügen und 2 Minuten bei starker Hitze kochen. Die Muscheln hineingeben und mit einem Schaumlöffel leicht umrühren. Sobald sie sich geöffnet haben, die Muscheln mit dem Schaumlöffel herausnehmen und in einer großen Schüssel warm halten. Geschlossene Muscheln wegwerfen.

Die Hälfte der Sahne in den Topf gießen und bei starker Hitze kochen, bis die Sauce glatt und leicht eingedickt ist. In einen kleinen Topf seihen und warm halten. Mit Salz und Pfeffer würzen.

Die restliche Sahne und das Eigelb mit einer Gabel verschlagen. Diese Mischung ebenfalls in den kleinen Topf gießen und bei schwacher Hitze schlagen, bis die Sauce dick und cremig wird; darauf achten, daß die Sauce nicht mehr kocht. Die Petersilie unterrühren. Die Muscheln auf vier vorgewärmte Teller verteilen und die Sauce darübergießen. Sofort servieren.

Für 4 Personen *Abbildung S. 60–61*

Charentes

Huîtres en Brochettes
Gegrillte Austernspieße

Ob das Rezept ursprünglich aus den Charentes stammt oder vom Hofe Queen Victorias, diese köstlichen »angles on horseback«, wie sie in England genannt werden, erfreuen sich hier wie dort sehr großer Beliebtheit.

24 große Austern *(spéciales oder fine de claire N⁰ 1)*
6 Scheiben Toastbrot, ohne Rinde
12 papierdünne Scheiben Speck
40 g Butter
4 EL Semmelbrösel
2 Prisen Cayennepfeffer

Die Austern öffnen, ihren Saft durch ein Sieb, das mit einem feuchten Tuch ausgelegt ist, in einen großen Topf gießen. Die Austern aus ihren Schalen nehmen.

Den Austernsaft bei schwacher Hitze erwärmen. Sobald die Flüssigkeit zu sprudeln beginnt, die Austern hinzufügen. Sie 7 Sekunden pochieren, dann in einem Sieb abtropfen lassen.

Den Backofengrill vorheizen. Die Brotscheiben unter dem Grill von beiden Seiten leicht bräunen. Jede Scheibe in 4 Quadrate schneiden. 4 Reihen zu je 6 Quadraten auf einem Backblech anordnen.

Die Schwarte vom Speck entfernen und die Scheiben der Breite nach halbieren. Jede Auster in ein Stück Speck einwickeln und je sechs umwickelte Austern auf 4 Holz- oder Metallspieße spießen; nicht zu eng aneinanderstecken. Die Spieße so auf dem Blech anordnen, daß jede Auster auf einem Brotquadrat ruht. Etwa 2 Minuten grillen, bis der Speck schön knusprig ist, und nach 1 Minute wenden.

In der Zwischenzeit die Butter bei schwacher Hitze in einer beschichteten Pfanne von 20 cm Durchmesser zerlassen. Die Semmelbrösel hinzufügen und sie unter ständigem Rühren goldbraun rösten. Zum Abtropfen in ein feines Sieb geben.

Die Austern vorsichtig von den Spießen ziehen, mit Cayennepfeffer und Semmelbrösel bestreuen und sofort servieren.

Für 4 Personen

Rechte Seite: *Muscheln mit Spinatfüllung* (oben links, Rezept Seite 65), *Gegrillte Austernspieße* (oben rechts) *und Muscheln in Weißwein* (unten)
PETER JOHNSON

Bretagne

COQUILLES SAINT-JACQUES AU BEURRE BLANC

Jakobsmuscheln mit Beurre blanc

Beurre blanc *ist eine fantastische Sauce zu Fisch. Man bereitet sie, indem man Wein, Essig und Schalotten einkocht und dann mit Butter aufmontiert. In Anjou und in der Gegend von Nantes verwendet man dazu ungesalzene Butter, die einen köstlichen nussigen Geschmack besitzt, und serviert sie zu Hecht. In der Bretagne wird sie auf die gleiche Weise hergestellt, jedoch mit gesalzener Butter, die einen subtilen Jodgeschmack besitzt; hier begleitet sie Fisch und Krustentiere.*

16 Jakobsmuscheln (ohne den orangefarbenen Rogensack = Corail)
Salz und frisch gemahlener Pfeffer
4 Schalotten, feingehackt
6 EL trockener Weißwein
3 EL Weißweinessig
200 g frische eisgekühlte Butter

Die Jakobsmuscheln abspülen und trockentupfen. Jede in 2 gleich dicke Scheiben halbieren. Mit Salz und Pfeffer würzen.

Schalotten, Wein, Essig und Salz und Pfeffer in einen kleinen Topf geben. Bei schwacher Hitze leise köcheln lassen, bis nur noch 2 TL Flüssigkeit übrig sind.

In der Zwischenzeit die Butter in 1,5 cm große Würfel schneiden; 20 g beiseite stellen. Die Butter bei sehr schwacher Hitze Stück für Stück mit dem Schneebesen unter die Sauce rühren. Wenn die Butter eingearbeitet und die *beurre blanc* locker und schaumig ist, beiseite stellen und warm halten.

Die restliche Butter in einer beschichteten Pfanne von 26 cm Durchmesser zerlassen und die Muscheln bei schwacher Hitze 20 Sekunden von jeder Seite braten. Auf vier vorgewärmte Teller verteilen und die Sauce darübergießen. Sofort servieren.

Für 4 Personen

Jakobsmuscheln nach Art der Landes (oben) *und Jakobsmuscheln mit Beurre blanc*

PETER JOHNSON

Aquitaine

COQUILLES SAINT-JACQUES À LA LANDAISE

Jakobsmuscheln nach Art der Landes

50 g Pinienkerne
16 Jakobsmuscheln, mit Corail
Salz und frisch gemahlener Pfeffer
2 EL Pflanzenöl
1 EL alter Weinessig
1 EL Wasser
50 g Butter
1 EL gehackte glatte Petersilie

Die Pinienkerne bei schwacher Hitze in einer Pfanne ohne Fett leicht rösten. In einer Schüssel beiseite stellen.

Die Jakobsmuscheln waschen und trockentupfen. Die weißen Teile waagrecht halbieren, so daß zwei gleich dicke Scheiben entstehen; sowohl die weißen Stücke als auch das Corail mit Salz und Pfeffer würzen.

Das Öl in einer beschichteten Bratpfanne von 26 cm Durchmesser erhitzen. Alle Muschelteile bei mäßiger Hitze je 1 Minute auf beiden Seiten bräunen. Beiseite stellen und warm halten.

Das Öl weggießen. Essig und Wasser in die Pfanne geben und die Flüssigkeit auf die Hälfte einkochen. Die Butter in Stücke schneiden und nach und nach hinzufügen; bei schwacher Hitze unterrühren, bis sie gut emulgiert ist. Petersilie und Pinienkerne hinzufügen und nochmals rühren. Diese Sauce über die Jakobsmuscheln gießen und sofort servieren.

Für 4 Personen

Normandie

COQUILLES SAINT-JACQUES D'ÉTRETAT

Jakobsmuscheln Étretat

Mit seinem Kieselstrand und seinen steilen Klippen bietet Étretat eine der schönsten Postkartenansichten der Normandie. Daneben ist es jedoch auch ein gastronomisches Mekka, das für seine Schal- und Krustentiere berühmt ist.

16 Jakobsmuscheln, mit Corail
Salz und frisch gemahlener Pfeffer
250 g Champignons
6 EL Sahne
2 Eigelb
50 g Butter
2 Schalotten, feingehackt
1 EL Calvados
¼ l trockener Weißwein

Die Jakobsmuscheln kurz abspülen und trockentupfen. Mit Salz und Pfeffer würzen. Die Stielenden der Champignons abschneiden; die Pilze waschen, trockentupfen und feinhacken. Sahne und Eigelb in eine kleine Schüssel geben und mit einer Gabel verschlagen.

Die Butter in einer beschichteten Pfanne von 26 cm Durchmesser zerlassen und die gehackten Schalotten und Champignons unter Rühren bei sehr schwacher Hitze 5 Minuten sautieren. Das Muschelfleisch hinzufügen und 30 Sekunden auf jeder Seite garen. Den Calvados darüberträufeln und entzünden; die Pfanne etwas schütteln, bis die Flammen erlöschen. Die Muscheln herausnehmen und an einen warmen Ort beiseite stellen.

Mit dem Wein den Pfannensatz ablöschen; bei starker Hitze kochen, bis die Sauce sirupartig und auf ⅔ eingekocht ist. Die Eigelbmischung hinzufügen und rühren, bis die Sauce eindickt; sie darf nicht mehr kochen.

PETER JOHNSON

Gefüllter Kalmar (oben) *und Tintenfisch in seiner eigenen Tinte* (unten, Rezept Seite 70)

Den Grill vorheizen. Die Muscheln auf vier ofenfeste Portionsförmchen verteilen und mit der Sauce überziehen. In den Grill, direkt unter die Hitzequelle, schieben und etwa 30 Sekunden grillen, bis sie leicht gebräunt sind. Sofort in den Förmchen servieren.

Für 4 Personen *Abbildung S. 60–61*

Provence

Calmars Farcis
Gefüllter Kalmar

2 Kalmare, je 350 g
1 kg reife Tomaten
2 Zwiebeln, je 100 g, feingehackt
1 EL Olivenöl
Salz und frisch gemahlener Pfeffer
1 TL Zucker

FÜR DIE FÜLLUNG:
5 EL Milch
50 g altbackenes Weißbrot, ohne Kruste
1 EL Korinthen
1 EL gehackte glatte Petersilie
Salz und frisch gemahlener Pfeffer
1 EL Olivenöl
1 Zwiebel, etwa 100 g, feingehackt
1 Knoblauchzehe, feingehackt
100 g roher Schinken, feingehackt
2 Eier, verschlagen

Einen Tintenfisch auf die Arbeitsfläche legen. Den Körper mit einer Hand festhalten und mit Hilfe der Tentakel das Innere des Tiers herausziehen und entfernen; den Schulp herauslösen und wegwerfen. Die Tentakel auf Augenhöhe vom Kopf abschneiden, und den Kopf wegwerfen. Die Tentakel und den Körper waschen; falls Rogen oder Milch vorhanden ist, so entfernt man sie nicht, da sie einen ausgezeichneten Geschmack besitzen. Den zweiten Tintenfisch auf die gleiche Weise vorbereiten. Die Tentakel feinhacken.

Die Füllung zubereiten: Die Milch in einem kleinen Topf bei niedriger Temperatur erhitzen. Das Brot hineinkrümeln und umrühren. Von der Kochstelle nehmen und abkühlen lassen. Die Korinthen unter warmem Wasser abspülen. Das eingeweichte Brot, Korinthen, Petersilie, Salz und Pfeffer in einer Schüssel vermischen.

Das Öl in einer beschichteten Pfanne von 26 cm Durchmesser erhitzen. Zwiebel und Knoblauch hinzufügen und unter Rühren etwa 2 Minuten sautieren, bis sie goldgelb sind. Den Schinken und die gehackten Tentakel dazugeben und bei schwacher Hitze unter Rühren 5 Minuten weiterbraten. Die Brotmischung und die Eier einrühren und 1 Minute garen, bis die Eier zu stocken beginnen. Rühren, bis die Masse homogen ist, und von der Kochstelle nehmen. Die Tintenfischkörper locker mit der Masse füllen; die Öffnung mit Küchengarn zunähen.

Die Tomaten für 10 Sekunden in kochendem Wasser blanchieren. Unter fließendem Wasser abschrecken, dann häuten, halbieren und die Kerne entfernen. Das Fruchtfleisch feinhacken.

Die Tintenfische in einem ovalen gußeisernen Topf bei schwacher Hitze garen. Ab und zu mit einem hölzernen Löffel wenden, bis sie keine Flüssigkeit mehr absondern. Die Zwiebeln hinzufügen und unter Rühren weiterbraten, bis alle Flüssigkeit verdampft ist. Das Öl dazugießen und darin die Tintenfische leicht anbräunen, dabei immer wieder wenden. Die Tomaten, Salz, Pfeffer und Zucker einrühren und zum Kochen bringen. Den Topf mit dem Deckel verschließen und bei schwacher Hitze für 2 Stunden köcheln lassen.

Die Tintenfische aus dem Topf nehmen und in 1,5 cm dicke Scheiben schneiden. Die Sauce auf eine Servierplatte gießen und die Tintenfisch-Scheiben darauf anrichten. Sofort servieren.

Für 4 Personen

Baskenland

Begui-Aundi en su Tinta
Tintenfisch in seiner eigenen Tinte

Begui-aundi ist der baskische Name für Tintenfisch.

1,2 kg kleine Tintenfische
250 g reife Tomaten
3 EL Olivenöl
1 Zwiebel, etwa 100 g, feingehackt
1 Knoblauchzehe, feingehackt
¼ l trockener Weißwein
Salz und frisch gemahlener Pfeffer
4 Prisen Cayennepfeffer

FÜR DIE FÜLLUNG:

50 g altbackenes Weißbrot, ohne Kruste
1 EL Olivenöl
1 Zwiebel, etwa 100 g, feingehackt
1 Knoblauchzehe, feingehackt
Salz und frisch gemahlener Pfeffer

Einen Tintenfisch auf die Arbeitsfläche legen. Den Körper mit der einen Hand festhalten, mit Hilfe der Tentakel das Innere herausziehen. Den Tintenbeutel vorsichtig beiseite legen. Die Tentakel in Augenhöhe abschneiden und beiseite stellen. Den Kopf und allen anderen Inhalt wegwerfen. Den Schulp aus dem Körper herauslösen und wegwerfen. Die Tentakel und den Körper waschen. Die restlichen Tintenfische auf die gleiche Weise vorbereiten. Die Tentakel feinhacken.

Die Füllung zubereiten: Das Brot im Mixer oder in der Küchenmaschine zu groben Bröseln zerkleinern. Das Öl in einer beschichteten Pfanne von 20 cm Durchmesser erhitzen. Zwiebel und Knoblauch darin bei schwacher Hitze 5 Minuten unter Rühren garen, aber nicht bräunen. Die gehackten Tentakel hinzufügen, mit Salz und Pfeffer würzen, gut umrühren und 5 Minuten garen. Die Brotbrösel unterrühren und die Pfanne von der Kochstelle nehmen. Die Tintenfischkörper mit dieser Mischung füllen und die Öffnung mit einem Zahnstocher zusammenstecken. Die Tomaten für 10 Sekunden in kochendem Wasser blanchieren. Unter fließendem Wasser abschrecken, häuten, halbieren und die Kerne entfernen; das Fruchtfleisch feinhacken. Die Tintenbeutel leeren, die Flüssigkeit durch ein kleines Sieb in eine Schüssel seihen.

Das Öl in einer beschichteten Bratpfanne von 26 cm Durchmesser erhitzen. Die gefüllten Tintenfische, Zwiebel und Knoblauch hinzufügen und bei schwacher Hitze 5 Minuten braten; dabei häufig wenden. Den Wein dazugießen und ihn bei starker Hitze vollständig einkochen. Die Tomaten, Salz, Pfeffer und Cayennepfeffer hinzufügen und unter Rühren weitergaren, bis die Tomaten keine Flüssigkeit mehr absondern. Die Tinte unterrühren und 30 Minuten köcheln lassen. Heiß servieren.

Für 4 Personen *Abbildung S. 69*

Provence

Les Baisers
Küsse

Die provenzalische Bezeichnung für dieses Gericht ist lei poutoun. *Das genießerische Schmatzgeräusch (wie beim Küssen), das die Essenden beim Verzehren dieser Köstlichkeit hören lassen, hat ihm seinen Namen gegeben.*

2 kg frischer Spinat
1 EL Olivenöl
1 Zwiebel, etwa 100 g, feingehackt
Salz
2 kg Venusmuscheln

FÜR DIE AÏOLI:

1 Knoblauchzehe, grobgehackt
1 Eigelb
2 Prisen Salz
3 EL Erdnußöl
3 EL Olivenöl

Die *Aïoli* zubereiten: Knoblauch, Eigelb und Salz in den Mixer oder die Küchenmaschine geben und 10 Sekunden mixen. Bei eingeschaltetem Gerät in einem dünnen Strahl das Erdnußöl und dann das Olivenöl dazugießen; so lange mixen, bis man eine dicke Mayonnaise erhält. Beiseite stellen.

Die Stiele vom Spinat entfernen; die Blätter waschen und abtropfen lassen; in 1 cm breite Streifen schneiden.

Das Öl in einem großen Schmortopf erhitzen. Die Zwiebel hinzufügen und unter Rühren bei schwacher Hitze etwa 3 Minuten sautieren, bis sie goldgelb ist. Den Spinat dazugeben und mit Salz würzen. Gut vermischen, Deckel auflegen und den Spinat 5 Minuten garen, bis er sehr weich ist.

Die Venusmuscheln gründlich waschen; das Wasser mehrere Male erneuern; abtropfen lassen. In einen großen Topf geben und bei starker Hitze unter ständigem Wenden erhitzen, bis sich alle geöffnet haben. Geschlossene Muscheln wegwerfen. Die Muscheln mit einem Schaumlöffel herausnehmen und warm halten; leere Schalen entfernen.

Die Kochflüssigkeit in einen kleinen Topf seihen und auf die Hälfte einkochen. Vorsichtig unter die *Aïoli* rühren. Diese Mischung zum Spinat geben und gut unterrühren. Die Muscheln hinzufügen, umrühren und sofort servieren.

Für 4 Personen

Provence

Calmars au Riz
Kalmar mit Reis

Der Name calmar *kommt vom altfranzösischen* calamar, *einem Wort des achtzehnten Jahrhunderts für Schreibtisch. Wie ein Schreibtisch enthält der Tintenfisch alles, was man zum Schreiben braucht: Tinte und einen Federkiel (als solchen bezeichnete man nämlich den Schulp).*

1,2 kg Kalmar, mittelgroße Tiere
250 g reife Tomaten
2 Zwiebeln, je 100 g, feingehackt
3 Knoblauchzehen, feingehackt
3 EL Olivenöl
4 Prisen Safranfäden
1 TL Kräuter der Provence (siehe Glossar)
1 TL Fenchelsamen
Salz und frisch gemahlener Pfeffer
2 Prisen Cayennepfeffer
300 g Camargue-Reis oder ein anderer Langkornreis
¾ l Wasser

Einen Tintenfisch auf die Arbeitsfläche legen. Den Körper mit einer Hand festhalten, mit der anderen Hand mit Hilfe der Tentakel das Innere herausziehen und entfernen. Den Schulp herauslösen und wegwerfen. Die Tentakel in Augenhöhe vom Kopf wegschneiden. Die Tentakel und die Körper waschen; falls Rogen oder Milch vorhanden sind, so entfernt man sie nicht, da sie einen ausgezeichneten Geschmack besitzen. Tentakel und Körper quer in 1 cm breite Scheiben schneiden. Die restlichen Tintenfische genauso vorbereiten.

Die Tomaten für 10 Sekunden in reichlich kochendem Wasser blanchieren. Unter fließendem kaltem Wasser abschrecken, dann häuten, halbieren und die Kerne entfernen; das Fruchtfleisch sehr fein hacken.

Den Tintenfisch in einem 6 l fassenden Emailletopf bei schwacher Hitze kochen, bis er keine Flüssigkeit mehr absondert. Zwiebeln und Knoblauch dazugeben, weiterrühren, bis alle Flüssigkeit

PIERRE HUSSENOT/AGENCE TOP

Küsse (im Vordergrund) *und Kalmar mit Reis* (im Hintergrund). *In der Provence aufgenommen.*

eingekocht ist. Öl, Safran, Kräuter, Fenchelsamen, Salz, Pfeffer, Cayennepfeffer und Reis hinzufügen und unter Rühren braten, bis alles goldgelb ist.

Die Tomaten und das Wasser unterrühren und zum Kochen bringen. Zudecken und etwa 25 Minuten köcheln, bis der Reis weich ist. Direkt aus dem Topf heiß servieren.

Für 6 Personen

Bretagne/Normandie

CREVETTES AU CIDRE
Garnelen in Cidre

Dieses Gericht wird aus kleinen Garnelen zubereitet, die man das ganze Jahr über mit einem speziellen, feinmaschigen Netz fängt, das wie eine 1 m lange Hosentasche geformt ist.

¾ l trockener Cidre
2 EL grobes Meersalz
1 kg kleine Garnelen
Frisch gemahlener Pfeffer

ZUM SERVIEREN:
Landbrot
Butter

Den Cidre in einen großen Topf gießen und zum Kochen bringen. Das Salz hinzufügen. Die Garnelen zum Cidre geben, wieder zum Kochen bringen und 1 bis 2 Minuten weiterkochen.

Die Garnelen abtropfen lassen und sie in einer flachen Schüssel anrichten. Mit Pfeffer würzen und sofort mit Brot und Butter servieren.

Für 4 Personen

Bretagne

LANGOUSTINES DE GUILVINEC
Scampi nach der Art von Guilvinec

Der kleine Hafen Guilvinec in der Nähe von Quimper ist bekannt für seinen Fischmarkt. Täglich kehren die Fischer am späten Nachmittag mit ihrem Fang vom Meer zurück; zarte Scampi von unvergleichlichem Geschmack werden hier immer frisch zum Verkauf angeboten.

12 Scampi, jeder bis zu 80 g
150 g frische eisgekühlte Butter, in Stücke geschnitten
1 EL gehackter frischer Estragon
Salz und frisch gemahlener Pfeffer
2 Prisen Cayennepfeffer
4 Prisen Paprikapulver, edelsüß
6 EL Zitronensaft

Den Backofen auf 230 °C (Gasherd Stufe 5) vorheizen. Die Scampi der Länge nach halbieren und vorsichtig den Darm und den Magen entfernen. Die Hälften in einer ofenfesten Form anordnen, in die sie gerade hineinpassen.

25 g Butter in einem kleinen Topf bei schwacher Hitze zerlassen. Von der Kochstelle nehmen und Estragon, Salz, Pfeffer, Cayennepfeffer und Paprika hinzufügen. Die Würzbutter über die Scampi träufeln und diese 5 Minuten im Backofen garen.

In der Zwischenzeit den Zitronensaft in einem kleinen Topf erhitzen und auf ⅔ einkochen. Von der Kochstelle nehmen und die restliche Butter nach und nach unterrühren, bis man eine dicke Emulsion erhält. In eine Saucenschüssel gießen.

Die Scampi auf vier Tellern anrichten und sofort mit der Zitronen-Butter-Sauce servieren.

Für 4 Personen

PIERRE HUSSENOT/AGENCE TOP

Rechts: *In der Bretagne aufgenommen: Garnelen in Cidre* (oben links), *Herzmuscheln mit Knoblauch und Petersilie* (oben rechts, Rezept Seite 74), *Hummer für »homard au curry«* (unten links, Rezept Seite 74) *und Scampi nach der Art von Guilvinec* (unten rechts)

Bretagne

Coques à la Façon de Roz-sur-Couesnon

Herzmuscheln mit Knoblauch und Petersilie

2 kg Herzmuscheln
75 g altbackenes Weißbrot, ohne Kruste
2 Knoblauchzehen, feingehackt
4 Schalotten, feingehackt
4 EL gehackte glatte Petersilie
50 g Butter
Frisch gemahlener Pfeffer

Die Herzmuscheln gründlich waschen, das Wasser mehrere Male wechseln; dann abtropfen lassen. Das Brot im Mixer oder in der Küchenmaschine zu groben Bröseln zerkleinern. Die Brösel mit Knoblauch, Schalotten und Petersilie vermischen.

Die Muscheln in einen großen Topf geben, auf die Kochstelle sezten und auf hohe Temperatur schalten. Die Butter und den Pfeffer hinzufügen und die Muscheln kochen, bis sie sich öffnen; dabei häufig mit einem Schaumlöffel wenden und regelmäßig mit der Würzmischung bestreuen. Wenn alle Muscheln geöffnet sind, sie auf vorgewärmte Teller geben und sofort servieren. Alle geschlossenen Muscheln wegwerfen.

Für 4 Personen — *Abbildung S. 73*

Bretagne

Homard au Curry

Hummer in Currysauce

Die wichtigsten Häfen der Bretagne, wie Saint-Malo, Brest und Lorient, waren Zentren für den Handel mit Indien und Amerika. Currypulver (im Französischem manchmal cari *oder* kari *geschrieben) als Würze für Fisch- und Schaltiergerichte kam schon sehr früh in Mode; es wurden bald regionale Currymischungen entwickelt und in kleinen Beuteln mit der Bezeichnung* cari lorientais *verkauft. Diese verwendete man für die Zubereitung von Hummer – damals* le rouge *(der Rote) genannt – und auch von Scampi, Seeteufel, Venusmuscheln, Petersfisch, Huhn und Lamm.*

1 lebender Hummer, etwa 800 g
75 g Butter
2 EL Pflanzenöl
Salz und frisch gemahlener Pfeffer
1 TL scharfes Currypulver
1 Zwiebel, gehackt
3 Knoblauchzehen, gehackt
Bouquet garni: 1 Lorbeerblatt, 1 Thymianzweig, 6 Petersilienzweige
3 EL Calvados
300 ml trockener Weißwein

Den Hummer mit dem Kopf voran in reichlich sprudelndes Wasser werfen und für 3 Minuten kochen, in Eiswasser geben und auskühlen lassen. Den Kopf vom Schwanz trennen und die austretende Körperflüssigkeit in einem kleinen Topf auffangen. Den Kopf der Länge nach halbieren, den Magen entfernen; das Corail und die Leber vorsichtig herausnehmen. Den Schwanz entsprechend der natürlichen Gliederung des Panzers in Medaillon-Scheiben schneiden. Leber, Corail und Butter mit einer Gabel sorgfältig verkneten und bis zur Weiterverwendung kühl stellen.

Das Öl in einer beschichteten Pfanne von 26 cm Durchmesser bei hoher Temperatur erhitzen. Die Hummer-Medaillons hineingeben und etwa 3 Minuten unter ständigem Wenden rundherum anrösten. Salz, Pfeffer, Currypulver und Zwiebel hinzufügen und unter ständigem Rühren 3 Minuten garen; die Zwiebel soll keine Farbe annehmen. Knoblauch und Bouquet garni hinzufügen und 1 Minute weitergaren und -rühren. Den Calvados darüberträufeln und vollständig einkochen lassen. Den Wein dazugießen und auf die Hälfte einkochen. Das Bouquet garni entfernen, die Hummer-Medaillons herausnehmen und auf eine vorgewärmte Platte legen.

Zum Wein die aufgefangene Hummerflüssigkeit geben, erhitzen und nach und nach die Würzbutter unter die Sauce schlagen, bis diese glatt und cremig ist.

Die Sauce durch ein Sieb über den Hummer gießen und sofort servieren.

Für 2 Personen — *Abbildung S. 73*

Languedoc

Civet de Langouste au Banyuls

Languste in Banyuls-Wein

Banyuls ist der Name eines einzigartigen süßen Weins – vin doux naturel *–, der in den Bezirken Banyuls, Collioure, Port-Vendres und Cerbère erzeugt und gekühlt als Aperitif oder als Dessertwein serviert wird.*

500 g reife Tomaten
2 lebende Langusten, jede etwa 1 kg
3–6 EL Pflanzenöl
Salz und frisch gemahlener Pfeffer
1 Karotte, etwa 100 g, abgeschabt und feingehackt
2 Zwiebeln, jede etwa 100 g, feingehackt
2 Schalotten, feingehackt
3 Knoblauchzehen, feingehackt
150 g roher Schinken, in streichholzgroße Stücke geschnitten
2 Prisen Cayennepfeffer
3 EL Cognac
1 Flasche (¾ l) Banyuls, trockener Sherry oder Madeira

Die Tomaten für 10 Sekunden in kochendem Wasser blanchieren. Unter fließendem Wasser abschrecken, häuten, halbieren und die Kerne entfernen. Das Fruchtfleisch feinhacken.

Die Langusten für 3 Minuten in kochendes Wasser legen, in Eiswasser abschrecken, den Kopf vom Schwanz trennen und die Körperflüssigkeit in einer Schüssel auffangen. Die Köpfe der Länge nach halbieren, den Magen entfernen; das Corail und die Leber in einer Schüssel beiseite stellen. Den Darm entfernen und die Schwänze entsprechend der natürlichen Gliederung des Panzers in Medaillons schneiden.

Das Öl in einer beschichteten Pfanne von 26 cm Durchmesser bei hoher Temperatur erhitzen. Die Langusten-Medaillons 5 Minuten rundherum anbräunen. Mit Salz und Pfeffer würzen. Die gehackten Gemüse, Schinken und Cayennepfeffer hinzufügen und unter Rühren 5 Minuten garen. Den Cognac dazugießen und bei starker Hitze einkochen.

Die Langusten-Medaillons aus der Pfanne nehmen und warm halten. Tomaten und Wein in die Pfanne geben, zum Kochen bringen und bei starker Hitze auf die Hälfte einkochen. Die Langusten zusammen mit der aufgefangenen Langustenflüssigkeit, Corail und Leber wieder in die Pfanne geben und 3 Minuten simmern lassen. In eine flache Servierschüssel geben und sofort auftragen.

Für 6 Personen

Rechte Seite: *Languste in Banyuls-Wein* (oben rechts), *Flußkrebse nach Art des Limousin* (Mitte links, Rezept Seite 76) *und Krebs-Gratin* (unten rechts, Rezept Seite 76)
PETER JOHNSON

Limousin

LIMOUSINE D'ÉCREVISSES
Flußkrebse nach Art des Limousin

24 Flußkrebse
Bouquet garni: 1 Lorbeerblatt, 1 Thymianzweig, 6 Petersilienzweige
25 g Butter
2 Schalotten, feingehackt
Salz und frisch gemahlener Pfeffer
2 EL Cognac
½ l trockener Weißwein
3 EL Tomatenmark (muß nicht sein)
6 EL Sahne
2 Eigelb
2 Prisen Cayennepfeffer
2 EL gehackter frischer Estragon

Die Krebse vorbereiten: Die Schwanzflosse drehen und ziehen, um den schwarzen Darm zu entfernen, der im Schwanz der Länge nach verläuft. Die Krebse abspülen und abtropfen lassen. Das Schwanzfleisch in einem Stück aus den Schalen nehmen und beiseite stellen; alles andere wegwerfen. Die Kräuter für das Bouquet garni zusammenbinden.

Die Butter in einem Schmortopf von 28 cm Durchmesser zerlassen. Die Krebsschwänze hinzufügen, zudecken und 5 Minuten garen. Die Schalotten dazugeben, mit Salz und Pfeffer würzen und unter Rühren bei schwacher Hitze 2 Minuten garen. Den Cognac darüberträufeln und anzünden; dabei die Pfanne leicht schütteln, bis die Flammen erlöschen. Den Wein, das Tomatenmark und das Bouquet garni hinzufügen und bei starker Hitze unter Rühren 2 Minuten garen. Die Krebse mit einem Schaumlöffel herausnehmen und warm halten.

Die Garflüssigkeit etwa 5 Minuten einkochen, bis sie sirupartig ist. Dann die Hälfte der Sahne hinzufügen und weitere 2 Minuten kochen. Das Bouquet garni entfernen.

Das Eigelb mit einer Gabel verschlagen; die restliche Sahne unterrühren. Zu der reduzierten Saucenbasis gießen und von der Kochstelle nehmen; mit einem Holzlöffel rühren, bis die Sauce glatt und cremig ist. Die Krebse und den Cayennepfeffer hinzufügen und unter Rühren nochmals 30 Sekunden erhitzen.

Krebse und Sauce auf eine große Platte geben, mit gehacktem Estragon bestreuen und sofort servieren.

Für 4 Personen — *Abbildung S. 75*

Savoyen/Lothringen

GRATIN DE QUEUES D'ÉCREVISSES
Krebs-Gratin

Es gibt unzählige Vertreter dieses kleinen Süßwasser-Krustentiers. Von allen Arten, die in Frankreich gekocht und verzehrt werden, ist der »rotfüßige« Flußkrebs zweifellos der beste.

1 Zwiebel, etwa 50 g
2 Gewürznelken
2 Knoblauchzehen, geschält und halbiert
1 Karotte, etwa 50 g, abgeschabt und in Scheiben geschnitten
1 Stange Bleichsellerie
1 Thymianzweig
1 Lorbeerblatt
4 Petersilienzweige
6 Pfefferkörner
2½ l Wasser
Salz
3 kg Flußkrebse
250 g Champignons
25 g Butter
Frisch gemahlener Pfeffer
1 TL Speisestärke
6 EL Sahne oder Crème double
2 Eigelb
2 EL Semmelbrösel
2 EL geriebener Emmentaler Käse

Die Zwiebel schälen und die Gewürznelken hineinstecken. Die Zwiebel, Knoblauch, Karotte und Bleichsellerie mit dem Thymian, Lorbeerblatt, Petersilie und Pfefferkörnern in einen großen Topf geben. Das Wasser dazugießen und zum Kochen bringen. Mit Salz würzen und 15 Minuten simmern lassen.

In der Zwischenzeit die Krebse vorbereiten: Die Schwanzflosse drehen und ziehen, um den schwarzen Darm zu entfernen, der im Schwanz der Länge nach verläuft. Die Krebse abspülen und abtropfen lassen.

Die Krebse in die Brühe geben, zudecken und 5 Minuten kochen. Abgießen und die Krebse abkühlen lassen, bis sie lauwarm sind; die Brühe aufheben.

Die Krebse schälen und in einer Schüssel das Schwanzfleisch, das Corail und die cremigen Innereien, die sich im Brustpanzer befinden, beiseite stellen. Die Schalen grob zerkleinern und wieder in die Brühe geben. Bei starker Hitze 10 Minuten kochen.

In der Zwischenzeit die Enden der Champignonstiele wegschneiden; die Pilze waschen, abtropfen lassen und in dünne Scheiben schneiden. Die Hälfte der Butter in einer beschichteten Pfanne von 26 cm Durchmesser zerlassen und die Champignons darin garen, bis sie keine Flüssigkeit mehr absondern und goldbraun sind. Zu den Krebsen in die Schüssel geben.

Die Brühe in einen Topf seihen und bei starker Hitze auf etwa 3 Tassen (¾ l) einkochen. Falls notwendig, mit Salz und Pfeffer nachwürzen.

Den Grill vorheizen. Die Speisestärke in der Hälfte der Sahne auflösen und verschlagen. Das Eigelb mit einer Gabel verschlagen und mit der restlichen Sahne vermischen. Die Speisestärkemischung sorgfältig in die reduzierte Brühe einrühren, weiterrühren und etwa 3 Minuten simmern lassen, bis sie eingedickt ist. Von der Kochstelle nehmen und die Eigelb-Sahne-Mischung unterheben. Die Sauce bei schwacher Hitze warm halten; sie darf nicht mehr kochen.

Mit der restlichen Butter eine niedrige feuerfeste Form einfetten, die gerade groß genug ist, damit Krebse, Champignons und Sauce hineinpassen. Die Krebse und die Champignons gleichmäßig verteilen und die Sauce darübergießen. Semmelbrösel und Käse vermischen und über das Gratin streuen. Grillen, bis es leicht gebräunt ist. Sofort servieren.

Für 6 Personen — *Abbildung S. 75*

Champagne

ÉCREVISSES AU CHAMPAGNE
Krebse in Champagner

36 Flußkrebse
50 g Butter
3 Schalotten, feingehackt
Salz und frisch gemahlener Pfeffer
1 EL *marc de champagne*
200 ml trockener Champagner
200 ml Sahne
2 Prisen Cayennepfeffer
1 EL gehackter frischer Estragon

Die Krebse vorbereiten: Die Schwanzflossen drehen und ziehen, um den schwarzen Darm, der im Schwanz der Länge nach verläuft, zu entfernen. Die Krebse abspülen und abtropfen lassen.

Die Butter in einem Schmortopf von 26 cm Durchmesser zerlassen. Die Schalotten darin unter Rühren 3 Minuten sautieren, bis sie weich sind. Die Krebse hineingeben und 5 Minuten unter ständigem Rühren garen. Mit Salz und Pfeffer würzen, dann den *marc* darübergießen und anzünden; die Pfanne dabei leicht schütteln, bis die Flammen erlöschen. Den Champagner hinzufügen und zum Kochen bringen. Die Temperatur reduzieren und die Krebse, zugedeckt, bei geringer Hitze 5 Minuten garziehen lassen.

Die Krebse mit einem Schaumlöffel auf eine Servierplatte heben

PETER JOHNSON

Zutaten für Krebse in Champagner

und warm halten. Die Kochflüssigkeit bei starker Hitze auf die Hälfte reduzieren. Die Sahne unterrühren und bei hoher Temperatur 2 bis 3 Minuten kochen, bis die Sauce leicht eingedickt ist. Mit Cayennepfeffer würzen und über die Krebse seihen. Mit gehacktem Estragon bestreuen und sofort servieren.

Für 4 Personen

Bretagne

Palourdes Farcies à la Lorientaise

Gefüllte Venusmuscheln nach Art von Lorient

50 g gesalzene Butter
2 Zwiebeln, jede etwa 100 g, feingehackt
Frisch gemahlener Pfeffer
24 Venusmuscheln
Grobes Meersalz
4 EL Semmelbrösel

Die Butter in einer Pfanne von 22 cm Durchmesser erhitzen. Die Zwiebeln hinzufügen, mit Pfeffer würzen und bei schwacher Hitze etwa 5 Minuten garen, bis sie weich sind; dabei von Zeit zu Zeit mit einem Holzlöffel umrühren.

Den Grill vorheizen. Die Venusmuscheln waschen, das Wasser mehrere Male wechseln; abtropfen lassen. Sie in einen großen Topf geben und bei starker Hitze unter ständigem Wenden erhitzen, bis sie alle offen sind. Die Muscheln mit einem Schaumlöffel herausnehmen und geschlossene Muscheln wegwerfen. Die Kochflüssigkeit über die Zwiebeln seihen, umrühren und dann auf die Hälfte einkochen.

Eine Schicht grobes Meersalz in vier kleine flache Auflaufförmchen streuen und darauf je sechs Muschelhälften anrichten. Die Zwiebelmischung darauf verteilen und mit den Semmelbröseln bestreuen.

Nahe an der Hitzequelle 3 Minuten grillen, bis die Semmelbrösel leicht gebräunt sind. Sofort in den Förmchen servieren.

Für 4 Personen *Abbildung S. 105*

Baskenland

Salade d'Araignée

Salat von Seespinnen

Die Seespinne mit ihrem zarten Fleisch ist unter Feinschmeckern begehrt. Im Frühling und im Winter sind sie besonders köstlich, vor allem die weiblichen Tiere mit ihrem großen Corail. Seespinnen sind im Atlantik sehr verbreitet, man findet sie aber auch im Mittelmeer und im Ärmelkanal.

Bouquet garni: 1 Lorbeerblatt, 1 Thymianzweig, 6 Petersilienzweige
2 EL grobes Meersalz
2 EL Weinessig
4 Seespinnen, jede etwa 800 g
4 Eier
1 TL scharfer Senf
Salz und frisch gemahlener Pfeffer
150 ml kaltgepreßtes Olivenöl
2 EL gehackte Minze
1 TL Zitronensaft
2 Prisen Cayennepfeffer

In einem großen Topf 3 l Wasser zum Kochen bringen. Die Kräuter zum Bouquet garni zusammenbinden und mit dem Meersalz und dem Essig zum Wasser geben. Die Seespinnen mit dem Kopf voran in das Wasser werfen und wieder zum Kochen bringen, dann 15 Minuten garen.

Die gekochten Seespinnen abtropfen und abkühlen lassen; schälen. Das Fleisch grob zerteilen und mit dem Corail und den cremigen Teilen aus dem Panzer in einer Schüssel beiseite stellen. Die Panzer unter fließendem Wasser abbürsten und auswaschen; aufbewahren.

Die Eier in einen Topf legen und mit kaltem Wasser auffüllen. Zum Kochen bringen, ab dann noch 4 Minuten kochen lassen. Die Eier schälen und halbieren. Das Eigelb herauslösen und in eine Schüssel geben, den Senf, Salz und Pfeffer hinzufügen und mit einer Gabel gut vermischen. Das Öl in einem dünnen Strahl dazugießen und mit dem Eigelb verschlagen, so daß man eine dicke Emulsion erhält. Die Minze, Zitronensaft und Cayennepfeffer unterrühren. Das Eiweiß in kleine Stücke schneiden und zur Sauce hinzufügen.

Die Sauce zum Fleisch der Seespinnen geben und gut vermischen. Auf die Panzerschalen verteilen und sofort servieren.

Für 4 Personen

Baskenland

Araignée Farcie

Gefüllte Seespinne

2 EL grobes Meersalz
4 Seespinnen, jede etwa 800 g
500 g reife Tomaten
2 EL Pflanzenöl
1 Zwiebel, etwa 100 g, feingehackt
1 Porreestange, nur das Weiße, gewaschen und feingehackt
2 Schalotten, feingehackt
1 Karotte, etwa 100 g, abgeschabt und feingehackt
1 Stange zarter Bleichsellerie mit Blättern, feingehackt
1 frische Chilischote, feingehackt
3 EL trockener Sherry
100 ml Hühnerbrühe
Salz und frisch gemahlener Pfeffer
1 EL gehackte glatte Petersilie
1 EL Semmelbrösel
1 EL frisch- und feingemahlener Parmesankäse

In einem großen Topf 3 l Wasser zum Kochen bringen. Das Meersalz hinzufügen, die Seespinnen Kopf voran hineinwerfen und wieder zum Kochen bringen, dann 15 Minuten garen.

Die Tomaten für 10 Sekunden in kochendem Wasser blanchieren, unter fließendem Wasser abschrecken. Häuten, halbieren und die Kerne entfernen; das Fruchtfleisch feinhacken.

Die gekochten Seespinnen abtropfen und abkühlen lassen, schälen. Das Fleisch grob zerteilen und mit dem Corail und den cremigen Teilen aus dem Panzer in einer Schüssel beiseite stellen. Die Schalen unter fließendem Wasser abbürsten, zurechtschneiden und auswaschen; aufbewahren.

Den Backofen auf 230 °C (Gasherd Stufe 5) vorheizen. Das Öl in einer beschichteten Pfanne von 26 cm Durchmesser erhitzen. Die gehackten Gemüse hineingeben und unter Rühren bei mäßiger Hitze 5 Minuten garen, bis sie goldgelb sind. Den Sherry hinzufügen und unter Rühren vollständig einkochen. Die Tomaten und die Hühnerbrühe untermischen; mit Salz und Pfeffer würzen. Bei starker Hitze etwa 5 Minuten garen, bis die gesamte Flüssigkeit eingekocht ist. Das Fleisch der Seespinnen hinzufügen und unter Rühren 2 Minuten garen. Von der Kochstelle nehmen und die Petersilie dazugeben.

Die Füllung auf die Seespinnenschalen verteilen. Die Semmelbrösel und den Käse vermischen und die Füllung damit bestreuen. Etwa 15 Minuten backen, bis das Gericht leicht gebräunt ist. Heiß servieren.

Für 4 Personen

Rechte Seite: *Gefüllte Seespinne* (links), *Salat von Seespinnen* (unten rechts) *und Tintenfisch in seiner eigenen Tinte* (oben rechts, Rezept Seite 70)
PIERRE HUSSENOT/AGENCE TOP

Normandie

Crabe Farci
Gefüllter Taschenkrebs

Taschenkrebse oder tourteaux *werden an den Küsten der Normandie und der Bretagne gefangen. Sie besitzen zwei gewaltige und fleischige Scheren und sind auch noch unter anderen Namen bekannt:* dormeurs *(Schläfer),* pouparts, clospoing ...

Bouquet garni: 1 Lorbeerblatt, 1 Thymianzweig, 6 Petersilienzweige
2 EL grobes Meersalz
2 EL Weinessig
2 große Taschenkrebse, jeder etwa 1 kg
3 EL Milch
100 g frisches Weißbrot, ohne Kruste
2 EL Calvados
1 EL Pflanzenöl
1 Zwiebel, etwa 100 g, feingehackt
2 Schalotten, feingehackt
2 Knoblauchzehen, zerdrückt
2 EL gehackte glatte Petersilie
Salz und frisch gemahlener Pfeffer
2 Prisen Cayennepfeffer
4 Prisen frisch geriebene Muskatnuß
1 EL Semmelbrösel
30 g Butter

In einem großen Topf 3 l Wasser zum Kochen bringen. Bouquet garni, Salz und Essig hinzufügen. Die Taschenkrebse mit dem Kopf voran in das kochende Wasser legen und das Wasser rasch wieder zum Kochen bringen. Die Hitze reduzieren und 20 Minuten leise köcheln lassen.

Die Milch in einem kleinen Topf erhitzen, von der Kochstelle nehmen und das Brot hineinkrümeln. Die gekochten Taschenkrebse abtropfen und abkühlen lassen. Alles Krebsfleisch sorgfältig aus den Schalen und Scheren herauslösen und grob zerkleinern, den Calvados darüberträufeln; beiseite stellen. Die Schalen zurechtschneiden, unter fließendem Wasser abbürsten, auswaschen und trocknen.

Den Backofen auf 230 °C (Gasherd Stufe 5) vorheizen. Das Öl in einer beschichteten Pfanne von 26 cm Durchmesser erhitzen. Die Zwiebel und die Schalotten hinzufügen und bei schwacher Hitze unter Rühren 3 Minuten sautieren, bis alles eine goldgelbe Farbe angenommen hat. Den Knoblauch dazugeben und unter Rühren noch 1 Minute garen. Von der Kochstelle nehmen und das eingeweichte Weißbrot, Petersilie, Salz, Pfeffer, Cayennepfeffer und Muskat hinzufügen. Das Taschenkrebsfleisch sorgfältig untermischen.

Die Füllung gleichmäßig auf die beiden Schalen verteilen. Mit Semmelbröseln bestreuen und mit Butterflöckchen besetzen. Etwa 15 Minuten backen, bis die gefüllten Taschenkrebse leicht gebräunt sind. Heiß servieren.

Für 2 Personen

Abbildung Seite 60–61

Bretagne

Homard à l'Américaine
Hummer à l'américaine

Es besteht manchmal Uneinigkeit darüber, ob dieses Gericht Hummer »à l'américaine« oder »à l'armoricaine« genannt werden sollte. So wird einerseits behauptet, ein französischer Koch, der lange Zeit jenseits des Atlantiks gelebt hatte, habe dieses Rezept zur Erinnerung an seine amerikanische Kundschaft erfunden. Andere verweisen auf den bretonischen Ursprung dieser Zubereitung von Hummer: Armorique oder Armorica ist die alte Bezeichnung für die Bretagne. Der »amerikanische« Hummer, wie er manchmal auch auf französischen Speisekarten zu finden ist, ist demnach eine Verballhornung des eigentlichen Namens.

1 Hummer, etwa 1 kg, vorzugsweise ein weibliches Tier
100 g Butter
400 g reife Tomaten
1 Knoblauchzehe
Bouquet garni: 1 Lorbeerblatt, 1 Thymianzweig, 6 Petersilienzweige
1 EL Pflanzenöl
Salz und frisch gemahlener Pfeffer
4 Schalotten, feingehackt
60 g Knollensellerie, feingehackt
1 Karotte, etwa 100 g, abgeschabt und feingehackt
4 EL Cognac, vorzugsweise *fine champagne*
300 ml trockener Weißwein
2 Prisen Cayennepfeffer

Den Hummer mit dem Kopf voran in sprudelndes Wasser werfen und 3 Minuten kochen. Den Kopf vom Schwanz trennen und den Kopf der Länge nach halbieren, den Magen entfernen. Corail und Leber herausnehmen und mit der Hälfte Butter in einen kleinen Topf geben. Die Scheren vom Körper abdrehen und diese zerkleinern. Den Schwanz entsprechend der natürlichen Gliederung des Panzers in Medaillons schneiden. Die Körperflüssigkeit, die beim Tranchieren aus dem Hummer fließt, auffangen und zu den Innereien in den Topf schütten. Die Tomaten für 10 Sekunden in kochendes Wasser legen. Unter fließendem Wasser abschrecken, häuten, halbieren und die Kerne entfernen. Das Fruchtfleisch feinhacken und in einem Sieb beiseite stellen. Die Knoblauchzehe zerdrücken, die Kräuter für das Bouquet garni zusammenbinden.

Das Öl in einer Kasserolle von 26 cm Durchmesser erhitzen. Die restliche Butter und, sobald sie zerlassen ist, die Hummerstücke hineingeben. Bei starker Hitze etwa 3 Minuten rundherum anrösten. Mit Salz und Pfeffer würzen. Schalotten, Sellerie, Karotte, Bouquet garni und Knoblauch hinzufügen und unter Rühren bei schwacher Hitze garen; die Gemüse dürfen nicht bräunen. Den Cognac darüberträufeln und einkochen lassen. Die Hummerstücke auf einen Teller legen. Den Wein in die Kasserolle gießen und einkochen lassen. Die Tomaten und den Cayennepfeffer hinzufügen und alles gut rühren, so daß man eine glatte Sauce erhält. Den Hummer wieder hineingeben und 5 Minuten weitersimmern lassen.

In der Zwischenzeit den kleinen Topf mit der Butter und den cremigen Innereien auf die Kochstelle setzen, schwache Hitze einschalten und schlagen, bis die Butter geschmolzen und schaumig ist. Das Bouquet garni entfernen. Den Inhalt des kleinen Topfs in die Kasserolle gießen und mit einem Holzlöffel umrühren. Den Hummer mit der Sauce in eine flache Servierschüssel gießen und sofort servieren.

Für 2 Personen

Rechte Seite: *Hummer à l'américaine*

IN PARIS AUFGENOMMEN
PIERRE HUSSENOT/AGENCE TOP

DER NORDEN UND ELSASS-LOTHRINGEN

RUC
L'UNIVERS
BRASSERIE

LEO MEIER

DER NORDEN UND ELSASS-LOTHRINGEN

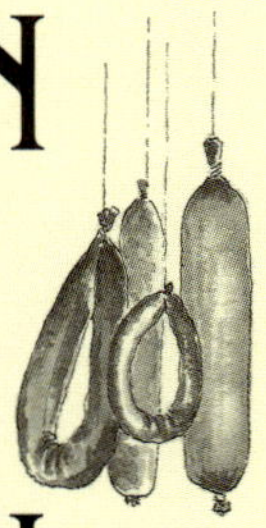

Herzhafte und feine Kost

Der Norden Frankreichs gilt als kalt und stark industrialisiert. Selbst viele Franzosen pflegen dieses Vorurteil über den doch so warmen, herzlichen Norden mit seinen langgestreckten Sanddünen, Feldern so grün wie im nahen England, seinen kleinen Bauernhäusern aus roten oder weißgetünchten Ziegeln mit glasierten Ziegeldächern, seinen handfesten und reichhaltigen Mahlzeiten. Wer weiß schon, daß der beste Käsehersteller Frankreichs – Philippe Olivier – in Boulogne-sur-Mer zu Hause ist, wo er nicht nur die besten Bries, Comtés und Beauforts zur Reife bringt, sondern vor allem auch die kraftvollen Käse des Nordens: den *Gris* von Lille, auch als *Vieux Puant* (Alter Stinker) bekannt, die *Boulette* von Cambrai oder Avesnes; den *Larron* von Ors und vor allem den *Maroilles*, berühmt als der feinste unter den kräftigen Käsesorten. Er ist das Produkt der hügeligen grünen Thiérache, Land der Wälder und Obstgärten, der Apfelbäume, frischer Butter und dicker Sahne und der Wildkaninchen, die auf den Wiesen hoppeln; diese normannisch anmutende Landschaft ist ein frisches grünes Weideland, das Paris mit Milch versorgt.

Aber von welchem Norden ist hier die Rede? Tatsächlich ist Flandern *(Flandres)* ja zweigeteilt – in das französische und das belgische Flandern. Die beiden Hauptstädte, zu beiden Seiten der Grenze, können gleichermaßen stolze Schätze vorweisen: gotische Herrenhäuser, Ziegelhäuser, Giebeldächer, den großen Platz und Glockenturm in Lille wie in Antwerpen. Die *waterzoi*, eine Art Pot au Feu, entweder mit Süßwasserfisch oder Huhn gekocht, ist beiden

Links: *Die Brasseries in Paris sind einzigartig: ein Getränk oder eine gute Mahlzeit kann man zu jeder Tages- und Nachtzeit zu sich nehmen, und die tüchtigen Kellner vergessen niemals eine Bestellung.*

Vorhergehende Seiten: *Die Stadt Zellenberg im Herzen des elsässischen Weinbaugebiets ist berühmt für ihre fruchtigen, trockenen Weißweine.*
J. DUCANGE/AGENCE TOP

Weinlese bei Chateau-Thierry in der Champagne

Regionen gemeinsam. Ebenso der *potjevfleisch* - ein »Fleischtopf« mit Kalbfleisch, Speck und Kaninchen. Die flämische Küche ist so reichhaltig, daß man befürchten muß, etwas auszulassen, wollte man all die Spezialitäten auflisten: Suppen mit Bier oder mit Rüben gekocht, *andouillettes* aus Cambrai, *craquelots* aus Dünkirchen, *flamiche, goyère, carbonnades.* Eine unendliche Liste von bodenständigen Gerichten.

Der Mensch des Nordens arbeitet hart, das Klima ist rauh. Er braucht Gerichte, die kräftigen, aber sie müssen deswegen nicht primitiv sein. Das Getränk der Region ist das Bier. Es wird in zahlreichen Gerichten verwendet - Huhn in Bier gekocht, Aal in Bier gekocht - und begleitet sie, angefangen mit den Fleischgerichten und den *flamiches* oder *flamiques.* Die letzteren unterscheiden sich in Flandern und der Picardie, also im Norden und Süden des Nordens. In Flandern wird die *flamiche* mit dem leicht fließenden Maroilles-Käse gemacht, in der Picardie mit Lauch, aber in beiden Fällen wird daraus eine dicke schmackhafte Pastete. Die Fleischprodukte sind zahllos: die traditionelle *andouillette* (Würstchen) von Cambrai, die Räucherzunge von Valenciennes und die ländlichen Würste, *andouilles* und Blutwürste, Spezialitäten der Gegend zwischen Berck-Plage, Calais und Aire-sur-la-Lys. Dann kommen der *hochepot*, eine Art von Pot-au-Feu, und die flämische *carbonnade*, das ist Rindfleisch und gehackte Zwiebeln in Bier gekocht. Aber man sollte nicht vergessen, daß der Norden vor allem auch eine Küstenregion ist. Seezunge, Lachs, Hering und die Fischsuppe, die in Berck *caudière* heißt, sind der Stolz des Artois und Flanderns. Ebenso die Meeresfrüchte von der Küste bei Dünkirchen: Austern, Taschenkrebse, Hummer, die ebenso wie Jakobsmuscheln *au gratin* zubereitet werden.

Alle lassen sich bestens mit den Feldfrüchten der Gegend kombinieren: Salz- oder Bratkartoffeln, Wurzelgemüse, Rot- und Grünkohl, Blumenkohl - fest und doch zart. Und sie alle stimmen gut auf die Nach- und Süßspeisen der Gegend ein: die Zuckertorten *(tartes au sucre), couques* und vor allem die hochgerühmten *bêtises* von Cambrai. Dies ist eine Süßspeise mit Pfefferminzgeschmack, leicht schaumig und luftig. Es heißt, sie sei durch Zufall erfunden worden, weil ein Lehrling in der Süßwarenfabrik Afchin die Zutaten durcheinanderbrachte.

Süßwaren sind der Stolz Lothringens *(Lorraine)*, eines eigentlich ernsten und stark industrialisierten Landstrichs, der in allen Kriegen zu leiden hatte. Hier finden sich die Schützengräben von Verdun, das Beinhaus von Douaumont, die Hinterlassenschaften des Großen Vaterländischen Krieges. Aber daneben auch die berühmten *madeleines* von Commercy, die sahnegefüllten Windbeutel von Pont-à-Moussons. *Bergamotes* - mit dem Duft sizilianischer Zitronen - sind der Stolz von Nancy, der Hauptstadt, mit den goldfarbenen schmiedeeisernen Toren an der Place Stanislas, einer der harmonischsten Plätze der Welt.

Es war Stanislas Leczinsky, polnischer Exilkönig und Schwiegervater Luis XV, der Hilfe und Wohlstand in diese Region brachte. Die Künste haben in der Gegend von Nancy stets geblüht, und es gab der französischen Schule des Art Nouveau seinen Namen. Majorelle (der für die Holzarbeiten des berühmten Restaurants Lucas-Carton in Paris verantwortlich zeichnet), Daum (dessen Kristall nichts von seinem Funkeln verloren hat), Gruber, Gallé ... sie alle hatten hier ihre Anfänge und haben alle ein Recht darauf, daß ihre Werke im Museum gezeigt werden. Baccarat-Kristall, aus dem einige der berühmtesten Gläser und Karaffen Frankreichs geformt wurden, wird nur wenige Kilometer von hier hergestellt. Ganz in der Nähe gedeiht auch ein hervorragender Wein, der *Gris de Toul*, und vor allem ein aus Mirabellen gebrannter Obstschnaps, der im ganzen Land seinesgleichen sucht. Überreich tragen die Obstgärten (Mirabellen, Zwetschgen, Kirschen) um den Berg von Sion-Vaudémont, den Maurice Barrés liebte, der berühmte nationalistische Schriftsteller, der aus Lothringen stammte. Die Meuse und Mosel nähren noch immer Karpfen, Hechte und Forellen.

Üppig sind auch die Fleischgerichte der Gegend. Schwein steht hier an erster Stelle, und typisch ist dafür Spanferkel in Gelee, eine Spezialität von Metz - der großen Nachbarin und Rivalin von Nancy. Vom Schwein kommen auch Blutwürste, geräucherte Schinken und der Räucherspeck, der der *tourte* und der *quiche lorraine* ihren herzhaften Geschmack verleiht.

Auch wenn man der Liste der gastronomischen Reichtümer Lothringens noch die Makronen von Nancy, den Lebkuchen von Remiremont in den Vogesen, den Kirsch von Fougerolles, die klassische *potée lorraine* (eine Art Pot-au-Feu mit Kohl und Wurst) anfügt, ist sie noch längst nicht komplett. Lothringen zeigt sich arbeitsam, streng, eher diskret als frivol, doch besitzt es auch nicht wenige Schätze, die den Gourmet erfreuen.

Den Kontrast zum unbekannten Norden und bescheidenen Lothringen bildet das fruchtbare und ungewöhnlich wohlhabende Elsaß *(Alsace)*. Essen ist im Elsaß ein Ritual. Einem wohlerzogenen Elsässer ist es schlicht unmöglich, den Tafelfreuden nicht die gebührende Ehre zu erweisen. Die Portionen sind im Elsaß zwei- bis dreimal so groß wie irgendwo sonst - aber im Elsaß nennt man das »normal«.

Daß die Elsässer einen so großen Appetit haben, liegt - wie sie sagen - daran, daß sie so oft zwischen Frankreich und Deutschland hin- und herwechseln mußten, daß sie nicht mehr recht wissen, wohin sie gehören. In Straßburg genießt das Essen eine königliche Stellung: die Patisseries und Teesalons sind Monumente, die Schaufenster der Schlachter sind Kunstwerke und die Bistros Institutionen.

Es sind ja auch eigentlich keine Bistros, sondern *Winstubs*, die vor langer Zeit von Weinhändlern eingerichtet wurden, um ihre Überschüsse an die Städter zu verkaufen. Diese *Winstubs* sind ein Ausdruck der Gourmetseele des Elsaß, Orte gastlicher Geselligkeit, der Ungezwungenheit und der Achtung vor Traditionen, und hier entdeckt man auch die schlichten Köstlichkeiten der Region. Allen voran Schweinefleisch in allen Varianten: als Sülzen (mit Petersilie als *Presskopf*), geräuchertes Schulterfleisch *(Schiffala)* oder Colmarer Eintopf *(Süri Rüewe)*, gefüllter Magen *(gfillter Söymage)* oder Räucherhaxe zum Sauerkraut.

Die Schnecken kommen heute häufig aus China, die Flußkrebse aus Jugoslawien, die Frösche aus Ägypten oder der Vendée. Aber die Traditionen erhalten sich trotz der Wasserverschmutzung, die die Ernten aus den Flüssen dezimiert hat. Im Sundgau, der südlichsten Region des Elsaß, gleich neben dem Schweizer Jura, kann man noch frischen Karpfen fangen. Entlang des Rheins bieten die Restaurants noch das *matelote* an, ein Fischragout aus Barsch, Hecht und Aal in einer Sauce aus Sahne und Weißwein der Region - für das Elsaß typische Gerichte, auch wenn die Fische häufig aus Holland kommen. Am Kockersberg wird Hopfen angebaut, der fürs Bierbrauen gebraucht wird, aber aus den Hopfensprossen, spargelähnlich im Geschmack, läßt sich auch ein Gericht bereiten, das eines Königs würdig ist. Südlich Straßburg, von Geispolsheim bis Krautergersheim, erstrecken sich riesige Kohlfelder für das Sauerkraut. Hier ist das Land des Sauerkrauts, das man mit dem Elsaß identifiziert. Es wird gewaschen und sanft gesotten, mit Speck angereichert und mit allen möglichen Fleischereierzeugnissen gegessen, von geräucherten und ungeräucherten Würsten bis zu Räucherschulter und Blutwurst. Aber fragen Sie im Elsaß niemals, welches das beste Sauerkraut ist - es ist immer das, welches die Mutter gemacht hat.

Ein anderes, für das Elsaß ganz typisches Familiengericht ist *baeckeoffe*, eine Kasserolle mit drei verschiedenen Fleischsorten (Rind, Lamm und Schwein), abwechselnd mit Kartoffeln in Schichten gelegt und in Weißwein mariniert. In früheren Zeiten, als die Hausfrau montags durch die Wäsche völlig in Anspruch genommen war, wurde die fertige Terrine in den Ofen des Bäckers geschoben und war siedendheiß tafelfertig, wenn es am Kirchturm des Dorfes zwölf schlug.

Und die *foie gras* ist natürlich im Elsaß zuhause; sie wurde von Jean-Pierre Clause erfunden, dem Koch des Marschalls von Contades, Militärgouverneur von Straßburg von 1762 bis 1788. Schließlich zählt die Gans hier zu den bevorzugten Speisen, die mit den verschiedensten feinsten Zutaten verzehrt wird. Nicht zu vergessen das Wild (Reh und Rothirsch, Rehkitz und Damwild, Wildschwein, Fasan, Rebhuhn, Stockente), das sich in und über den üppigen Wäldern der Vogesen und den fruchtbaren Rheinniederungen, dem Ried, tummelt.

LEO MEIER

Geigenübungen am Ufer der Seine

Die Backwaren im Elsaß zählen zu den besten der Welt, und das nicht nur wegen des traditionellen *kugelhopf*, der sonntags zum Frühstück gegessen wird. In Straßburg sind die Konditoreien voll von den klassischen französischen *mille-feuilles, éclairs* und *réligieuses*, neben der deutschen Schwarzwälder Kirschtorte, den Käsekuchen, Nußkuchen und Apfeltaschen. Und zahlreich sind die Teesalons mit ihrer gemütlichen, anheimelnden Holztäfelung; hier bietet man je nach Jahreszeit Pflaumen-, Kirsch- oder Rhabarberkuchen an.

Diese kurze Gourmetreise durch das Elsaß kann man nicht beschließen, ohne einen Blick auf die spritzigen und fruchtig-aromatischen Weine zu werfen, die dieses edle Land hervorbringt. Der fruchtige Muscat mit seinem Aroma frisch geernteter Trauben; der sanfte, ehrliche Pinot Blanc; der leichte, fröhliche Sylvaner; der elegante, harmonische Riesling; der körperreiche Tokay d'Alsace oder Pinot Gris; der Gewürztraminer, samtig, würzig, nach Rosen duftend; der Pinot Noir, der in allen Farbnuancen vom bescheidenen Rosé bis zum klassischen, eichenfaßgealterten Rot auftreten kann. Dazu der Schaumwein, hergestellt im klassischen Stil nach dem Verfahren der Champagne. Und schließlich die berühmten Obstschnäpse: Himbeer, Kirsch, Zwetschge, Birne, Holunder und Schlehe; vom *marc* (Tresterschnaps) ganz zu schweigen. Nach all dem muß wohl jeder Feinschmecker zu dem Schluß kommen, daß das begnadete Elsaß die privilegierteste kulinarische Region überhaupt ist.

FISCH

LEO MEIER

Dekorationen wie diese zeugen von der Verbundenheit der Bretonen mit dem Meer und seinen Reichtümern.

FISCH

Der ganze Reichtum der Meere

Herrliche Küsten! Von Dünkirchen bis Menton wird Frankreich von vier verschiedenen Küsten begrenzt: zur Nordsee, zum Kanal, zum Atlantik und zum Mittelmeer. An der letzteren, der fast gezeitenlosen, sind die Fänge stark zurückgegangen. Im Norden hingegen sind Hering und Makrele - das Hauptfanggut des Hafens von Boulogne - noch immer reichlich vorhanden. Sie werden sofort im Hafen geräuchert, bevor sie in alle Teile der Welt verschickt werden. Sardinen finden einen idealen Lebensraum vor der bretonischen Küste und sind wichtigstes Handelsgut des Hafens von Quiberon. Die zwei führenden Verarbeiter am Ort, die Quiberonnaise und die Belle-Iloise, haben sich bei den Gastronomen mit ihren Ölsardinen einen hervorragenden Ruf erworben. Reichliche Mengen Thunfisch werden bei Saint-Jean-de-Luz an der baskischen Küste gefangen, und Anchovis sind der Stolz von Collioure am Mittelmeer, nahe der spanischen Grenze.

Zwar bilden diese Fische noch immer die Grundlage einiger superber regionaler Gerichte, doch sind sie traditionsgemäß eher populäre Fische für den Alltag und weniger Spezialitäten für den Gourmet. Auf jeden Fall aber hat sich die Art ihrer Zubereitung gewandelt: Immer seltener wird der Eigengeschmack des Fisches durch überreiche Saucen verdeckt. Einfache Zubereitungsarten - Braten in der Pfanne, Grillen, Dünsten und Backen im Ofen - werden gekonnt mit Kräuterbutter oder Saucen, die auf Gemüsefonds oder reduzierten Fischfonds (*Fumet)* basieren, kombiniert. Die Seezunge, geschätzter Plattfisch und eng verwandt mit Scharbe, Limande und Scholle, wird reichlich in der Nordsee und im Atlantik gefangen; sie hat zartes, festes Fleisch, das leicht von der Gräte geht. Die ideale Zubereitung ist *à la poêle*, also in der Bratpfanne (auch *au plat* genannt), mit zerlassener Butter, und dies ist das Grundprinzip der berühmten *sole meunière.*

Doch jede Region ist auch bestrebt, Fischgerichte mit ihren besonderen Aromen zu bereichern - Paprika im Süden, Cidre in der Normandie, Muscadet in der Gegend von Nantes, Knoblauch bei Nizza und in der Provence, eine Rieslingsauce im Elsaß, aromatischer Fenchel am Mittelmeer, wie bei dem klassischen, gegrillten Wolfsbarsch. Verläßt man das Mittelmeer, heißt der Wolfsbarsch nicht mehr *loup*, sondern *bar* im Atlantik und *louvine* im Golf von Biscaya. Ebenso wird die *boudroie* (Seeteufel) der südlichen Küsten zur *lotte* des Nordens.

Sind nun die Fischgerichte selbst auch so unterschiedlich? Wieder ist es jede einzelne Region, die ihnen ihren Stempel aufdrückt. Ob Butt, Seezunge, die delikate Rotbarbe, der grobere Knurrhahn, Dorsch, Seehecht, Weißfisch, Wolfsbarsch oder Petersfisch, sie alle können im Sü-

Vorhergehende Seiten: *Grand Aïoli (Rezept Seite 93)*

FOTOGRAFIERT IN DER PROVENCE
PIERRE HUSSENOT/AGENCE TOP

La Rochelle, einer der zauberhaftesten Häfen Frankreichs, ist schon seit dem zwölften Jahrhundert besiedelt. Damals war es ein einsames Fischerdorf auf einem Felsenplateau inmitten der ausgedehnten Salzmarschen.

Die frischesten Fische, wie sie für die schmackhaften Gerichte der verschiedenen Regionen gebraucht werden, sind jederzeit in ganz Frankreich erhältlich.

LEO MEIER

den einfach gegrillt und mit einer Prise Kräuter serviert oder im Norden mit größerem Aufwand zubereitet werden. Wieder ist es vor allem eine Frage des Klimas: in der einen Provinz wird das Gericht leicht gehalten, in der anderen angereichert.

Zum Beispiel die Suppe aus dem kleinen Drachenkopf, die auf Korsika und rund um das Mittelmeer in ihrer einfachsten Form bereitet wird, mit Gräten, Schwänzen und Köpfen, um den vollen Geschmack des Meeres auszukosten. Dagegen wird die *caudière berckoise* im Norden zwischen Berck-Plage und Dünkirchen mit Kartoffeln, Zwiebeln, Weißwein, Knoblauch und Sahne angereichert. *Ttoro*, die Suppe der Fischer von Saint-Jean-de-Luz, enthält Olivenöl, Kräuter, Tomaten und kleine rote Paprikaschoten im baskischen Stil. In der *chaudrée* von Aunis und Saintonge in den Charentes wird Meeraal (Conger) mit anderen Meeresfischen, Weißwein, reichlich Knoblauch und frischer Butter kombiniert. Kartoffeln findet man wiederum in der bretonischen *cotriade* in der Gesellschaft von Zwiebeln und Schweineschmalz. Dies sind fünf verschiedene Versionen eines einzigen Gerichts: fünf Versionen, in denen Meer und Küste mit den Landstrichen direkt hinter der Küste vermählt sind.

Früher einmal gab es reichlich Süßwasserfische in den Flüssen, doch wurden diese durch die Industrie verseucht, mit Chemikalien verschmutzt und regelrecht ruiniert. Aber

LEO MEIER

durch systematische Zucht in »Farmen« wurden Karpfen, Schleie, Hecht, Maifisch und selbst der Lachs wieder in ihre alten Rechte eingesetzt und schwimmen wieder flußaufwärts.

Der Loire-Lachs genießt einen nahezu mythischen Ruf. Sein zartes, rosiges Fleisch, das gleichzeitig fest und gehaltvoll ist, hat als Standardzutat eine Sauce aus Butter, Schalotten, Essig und Weißwein – die berühmte *beurre blanc* oder *beurre nantais*, die gleichermaßen gut zum Steinbutt und Hecht paßt. Aber Zuchtlachs ist leichter zu finden als Flußlachs. In den Seen Savoyens und der Auvergne gibt es noch immer reichlich edle Fische, besonders im Winter: Forellen, Flußbarsch und der hochgeschätzte, aber seltene *omble-chevalier* (Saibling).

Wenn heute der Zander oft aus Holland kommt, so ist doch der Karpfen, der in der jüdischen Küche entweder kalt oder gefüllt serviert wird, heute wieder häufiger in den Seen des Berry und im Elsaß, wo er einfach gebraten wird, und in der Sologne zu finden, wo er üblicherweise mit Rotwein und kleinen Stücken Pökelfleisch bereitet wird. Aber Süßwasserfisch wird auch oft zu *mousse*, Farce oder Klößchen (*quenelles*) verarbeitet – wie zum Beispiel den berühmten Hechtklößchen. Das Problem der tückischen Ypsilon-Gräten wird auf diese Art gut gelöst und das zarte, geschmackvolle Fleisch zum Hochgenuß.

Diejenigen Gerichte, bei denen Fisch im Mittelpunkt der ganzen Mahlzeit steht, vereinen oft Fische von mehr oder weniger edler Art, zu denen es dann eine *rouille, aïoli* oder Rot- bzw. Weißweinsauce gibt.

Für den großen Fischliebhaber liegt der ganz besondere Genuß oft in so seltenen Dingen wie *pibales* oder *civelles*, das sind Glasaale, die von den Fischern des Baskenlands, der Aquitaine und der Charentes bei schwerer See eingeholt werden. Sie werden in Knoblauch, Essig, Olivenöl und getrockneten roten Pfefferschoten mariniert – das sind die schlichten Zutaten, die den natürlichen Geschmack der jungen Aale so recht zur Geltung bringen, ohne daß sie die Frische und Vitalität der offenen See verlieren.

Ohne die idyllische Landschaft um sie herum zur Kenntnis zu nehmen, sind Fischer aus Saumur ganz in den Lachsfang in der Loire vertieft.

LEO MEIER

Provence

GRAND AÏOLI
Großes Aïoli-Essen

Aïoli ist ein provenzalisches Wort, das aus ail *(Knoblauch) und* huile *(Öl) zusammengesetzt ist. Die Sauce gibt diesem Gericht, das in der Provence traditionell am Karfreitag serviert wird, seinen Namen.*

2 kg Stockfisch
1 kg große Meeresschnecken, Wellhornschnecken
Salz und frisch gemahlener Pfeffer
10 kleine Artischocken
1 kg kleine Karotten, abgeschabt
1 kg kleine Porreestangen, geputzt
500 g Prinzeßbohnen, geputzt
10 mittelgroße Kartoffeln, geschält
1 Blumenkohl, in kleine Röschen zerteilt
10 Eier
Salz

FÜR DIE AÏOLI:
6 Knoblauchzehen
2 TL kräftiger Senf
3 Eigelb
Salz
½ l kaltgepreßtes Olivenöl

Den Stockfisch in einer großen Schüssel in kaltem Wasser, mit der Haut nach oben, 12 Stunden entsalzen; das Wasser dabei dreimal wechseln.

Die Schnecken abspülen und in einen Topf geben. Mit kaltem Wasser auffüllen und zum Kochen bringen. Während der ersten 5 Minuten der Kochzeit den Schaum abschöpfen, mit Salz würzen und 45 Minuten leise köcheln lassen. Die Schnecken abtropfen lassen, falls gewünscht aus der Schale nehmen und warm halten.

Die äußeren Blätter der Artischocken wegwerfen und das Herz herausschneiden, indem man die harten Spitzen entfernt. Jede Gemüsesorte für sich in sprudelndem Salzwasser so lange kochen, daß es noch etwas knackig ist. Abtropfen lassen und warm halten. Die Eier in 10 Minuten hart kochen, dann abschrecken und schälen.

Den Stockfisch abtropfen lassen und mit der Hautseite nach unten in einen großen Topf mit kaltem Wasser geben. Bei schwacher Hitze zum Kochen bringen, dann die Temperatur reduzieren und 10 Minuten leise köchelnd garen. Abtropfen und abkühlen lassen, bis der Fisch lauwarm ist.

In der Zwischenzeit die Aïoli zubereiten: Den Knoblauch mit der Knoblauchpresse in eine flache Schüssel drücken. Senf, Eigelb und Salz hinzufügen und gut verrühren. 1 Minute ruhen lassen; das Öl zunächst tropfenweise, dann in einem dünnen Strahl dazugießen, dabei die Mischung so lange schlagen, bis sie die Konsistenz einer Mayonnaise hat. (Die Aïoli kann auch in der Küchenmaschine zubereitet werden.)

Den lauwarmen Stockfisch, die Schnecken und die Gemüse auf einer großen Platte anrichten. Mit den hartgekochten Eiern garnieren und die Aïoli getrennt dazu reichen. Jeder Gast nimmt etwas Aïoli und tunkt die Stockfischstücke, die Schnecken und die Gemüse vor dem Verzehren hinein.

Für 8–10 Personen *Abbildung S. 88–89*

Bretagne

SOLE À LA MEUNIÈRE
Seezunge nach Müllerin-Art

Diese klassische Zubereitungsmethode bringt das köstliche Seezungenfleisch so richtig zur Geltung: Das Mehl des Müllers sorgt für eine goldene Kruste, die den Fisch beim Braten in reichlich Butter saftig hält.

4 Seezungen, jede etwa 200 g
Salz und frisch gemahlener Pfeffer
Mehl zum Überziehen
150 g gesalzene Butter
1 EL frischer Zitronensaft

ZUM SERVIEREN:
2 EL gehackte glatte Petersilie

Die Seezungen vom Fischhändler säubern und enthäuten lassen. Die Fische abspülen und trockentupfen. Unmittelbar vor dem Braten mit Salz und Pfeffer würzen, in gesiebtem Mehl wenden.

Die Hälfte der Butter in zwei Bratpfannen von 26 cm Durchmesser zerlassen und die Seezungen darin 4 Minuten von jeder Seite golden braten. Sie auf vier vorgewärmte Teller legen. Das Bratfett aus einer Pfanne abgießen und die restliche frische Butter hineingeben. Den Zitronensaft hinzufügen und die Butter bei sehr schwacher Hitze schmelzen. Die Butter über die Seezungen gießen, mit Petersilie bestreuen und sofort servieren.

Für 4 Personen

PETER JOHNSON

Seezunge nach Müllerin-Art

Normandie

Sole à la Normandie
Seezunge nach normannischer Art

Dieses Gericht soll im Jahre 1838 von Monsieur Langlais, dem Koch des Restaurants Le Rocher de Cancale im Viertel um Les Halles in Paris, erfunden worden sein. Sein Name trägt der Tatsache Rechnung, daß Monsieur Langlais damals nur Zutaten verwendete, die für die Normandie typisch sind - Sahne, Garnelen und Miesmuscheln - und vor allem Cidre anstatt Weißwein.

4 Seezungen, jede etwa 250 g
Salz und frisch gemahlener Pfeffer
Bouquet garni: 1 Lorbeerblatt, 1 Thymianzweig, 6 Petersilienzweige
1 Karotte, abgeschabt und in dünne Scheiben geschnitten
1 Zwiebel, in dünne Scheiben geschnitten
2 Gewürznelken
200 ml trockener Weißwein
½ l Wasser
1 EL Butter

FÜR DIE GARNIERUNG:

1 kg Miesmuscheln
4 Schalotten, feingehackt
6 EL trockener Weißwein
125 g kleine Garnelen
150 g kleine Champignons
1 EL frischer Zitronensaft

FÜR DIE SAUCE:

2 Eigelb
200 ml Sahne oder Crème double

Die Fische vom Fischhändler filetieren und Köpfe und Gräten aufbewahren lassen. Die Filets abspülen und trockentupfen. Mit Salz und Pfeffer würzen. Die Kräuter für das Bouquet garni zusammenbinden.

Fischköpfe und Gräten in einen Topf geben, Karotte, Zwiebel, Bouquet garni und die Nelken hinzufügen. Wasser und Wein dazugießen und zum Kochen bringen. 20 Minuten köcheln lassen, so daß man einen kräftigen, aromatischen Fond, auch *fumet* genannt, erhält. Durch ein Sieb gießen.

In der Zwischenzeit die Garnierung zubereiten. Die Muscheln unter fließendem Wasser abbürsten und die Bärte entfernen. Sie mit den Schalotten und dem Wein in einen großen Topf geben und bei hoher Temperatur unter häufigem Wenden erhitzen, bis sie sich öffnen. Abtropfen lassen und die Muscheln aus der Schale nehmen. Geschlossene Muscheln wegwerfen. Die Kochflüssigkeit in einen Topf seihen und beiseite stellen. Die Garnelen für 1 Minute in köchelndes Salzwasser geben, dann abtropfen lassen und schälen. Die Champignons putzen, abspülen und trockentupfen; in Viertel schneiden. In einen zweiten Topf geben und den Zitronensaft darüberträufeln. Mit Salz und Pfeffer würzen und bei starker Hitze garen, bis die Champignons keine Flüssigkeit mehr absondern. Die Champignons, Muscheln und Garnelen in einen Topf geben und warm halten.

Den Backofen auf 215 °C (Gasherd Stufe 4) vorheizen. Eine Backform mit 1 EL Butter einfetten. Die Seezungenfilets hineinlegen. Das *fumet* darübergießen, die Form mit Alufolie abdecken und 10 Minuten backen.

Die Filets mit einem Schaumlöffel herausheben und auf vier vorgewärmten Tellern anrichten. Mit der Garnitur aus Champignons, Garnelen und Muscheln umlegen.

Die Fisch-Garflüssigkeit in den Topf mit der Muschelflüssigkeit seihen. Bei starker Hitze etwa 5 Minuten einkochen, bis man eine sirupartige Essenz erhält. Eigelb und Sahne in einer Schüssel verschlagen und 2 EL der heißen Flüssigkeit untermischen. Diese Mischung zum reduzierten Fond gießen, von der Kochstelle nehmen und so lange schlagen, bis die Sauce dick und cremig ist. Über den Fisch gießen und sofort servieren.

Für 4 Personen

PETER JOHNSON

Seezunge nach normannischer Art

Loiretal

Brochets grillés aux noix
Gegrillter Hecht mit Walnüssen

2 kleine Hechte, jeder etwa 800 g
Salz und frisch gemahlener Pfeffer
4 Schalotten, feingehackt
1 Thymianzweig, zerrieben
1 Lorbeerblatt, zerrieben
6 Petersilienzweige
4 Estragonzweige
1 EL Walnußöl
1 EL frischer Zitronensaft
24 Walnüsse
150 g Butter

Die Fische vom Fischhändler schuppen und ausnehmen lassen; abspülen und trockentupfen. Mit Salz und Pfeffer würzen, dann die Fische auf eine tiefe Platte legen.

In einer kleinen Schüssel Schalotten, Thymian und Lorbeerblatt mit Salz und Pfeffer vermischen. Die Petersilie und den Estragon waschen, die Blätter abstreifen und die Stiele mit den Fingern zerdrücken und in die Schüssel geben. Öl und Zitronensaft gut untermischen und über die Fische gießen. Im Kühlschrank 6 Stunden marinieren; dabei mehrere Male wenden.

Den Grill vorheizen. Die Fische abtropfen lassen, 15 Minuten grillen; dabei nach 7 oder 8 Minuten umdrehen und häufig mit der Marinade bepinseln.

Die Walnüsse im Mixer oder in der Küchenmaschine grobhacken. Die Petersilien- und Estragonblätter feinhacken. Die Butter in einem kleinen Topf zerlassen. Kräuter und Walnüsse hinzufügen; mit Salz und Pfeffer würzen. In eine Saucenschüssel gießen. Die Fische, sobald sie gar sind, servieren und die Sauce getrennt dazu reichen.

Für 4 Personen

Rechte Seite: *Marinade für den gegrillten Hecht mit Walnüssen*
PETER JOHNSON

Bretagne/Charentes

MAQUEREAUX MARINÉS
Marinierte Makrelen

Von Saint-Malo bis zur Biskaya angelt man die kleinen Makrelen, die für dieses Rezept verwendet werden und die auch als lisettes *bekannt sind.*

12 kleine Makrelen, jede etwa 100 g
Salz
1 unbehandelte Zitrone
Bouquet garni: 1 Lorbeerblatt, 1 Thymianzweig, 6 Petersilienzweige
½ l trockener Weißwein
1 Zwiebel, etwa 100 g, in dünne Scheiben geschnitten
2 Karotten, jede etwa 50 g, abgeschabt und in dünne Scheiben geschnitten
2 ½ EL Weißweinessig
2 Gewürznelken
1 TL Pfefferkörner
1 getrocknete rote Chilischote, grob zerrieben

Die Fische vom Fischhändler ausnehmen lassen; abspülen, trockentupfen und mit Salz würzen. Die Zitrone waschen und abtrocknen; in dünne Scheiben schneiden. Die Kräuter für das Bouquet garni zusammenbinden.

Den Wein in eine Kasserolle von 24 cm Durchmesser gießen. Zwiebel, Karotten, Zitrone, Essig, Bouquet garni, Gewürznelken, Salz, Pfefferkörner und getrocknete Chilischoten hinzufügen. Zum Kochen bringen und 10 Minuten simmern lassen. Die Fische hineingeben und 5 Minuten köcheln lassen.

Die Fische herausnehmen und gut abtropfen lassen. Die Brühe noch etwa 5 Minuten kochen, um sie etwas zu reduzieren. In einer rechteckigen Form die Fische abwechselnd mit Zwiebeln, Karotten und Zitronen anordnen. Die Brühe abseihen; über die Fische gießen und abkühlen lassen. Die Form abdecken und in den Kühlschrank stellen. Die Makrelen 12 Stunden marinieren lassen, bevor man sie serviert.

Für 4 Personen

Baskenland

ANCHOIS AU TXAKOLI
Sardellen in Txakoli-Wein

1 kg frische Sardellen
1 Chilischote
75 g Butter
500 g Zwiebeln, feingehackt
4 Knoblauchzehen, feingehackt
6 EL Txakoli-Wein (trockener Weißwein)
Salz und frisch gemahlener Pfeffer

Die Fische ausnehmen, die Köpfe entfernen. Abspülen und mit Küchenkrepp trockentupfen. Die Chilischote halbieren; den Stielansatz und die Samen wegwerfen und die Schote feinhacken. Die Butter in einer beschichteten Pfanne zerlassen. Zwiebel, Knoblauch und Chilischote hinzufügen und unter Rühren 2 Minuten sautieren. Die Sardellen dazugeben, mit Wein aufgießen und 10 Minuten bei starker Hitze garen; die Sardellen dabei wenden, so daß sie auf beiden Seiten gleichmäßig garen. Mit Salz und Pfeffer würzen. Von der Kochstelle nehmen und zugedeckt 10 Minuten stehen lassen, bevor man sie serviert.

Für 4 Personen

PIERRE HUSSENOT/AGENCE TOP

Rechts: *Sardellen in Txakoli-Wein* (links), *Marinierte Makrelen* (Vordergrund Mitte), *Ttoro* (unten rechts, Rezept Seite 98) *und Chaudrée* (oben rechts, Rezept Seite 98). *Im Baskenland fotografiert.*

Baskenland

TTORO
Ttoro

1 Seelachs (Köhler), etwa 1 kg
2 Rote Drachenköpfe, jeder etwa 500 g
2 Rote Knurrhähne, jeder etwa 500 g
500 g Seeteufel
250 g Miesmuscheln
6 rohe Riesengarnelen
1 kleine Paprikaschote
6 EL kaltgepreßtes Olivenöl
2 Knoblauchzehen, geschält und halbiert
1 Zwiebel, etwa 100 g, in dünne Scheiben geschnitten
250 g reife Tomaten, grobgehackt
1 Thymianzweig
1 Lorbeerblatt
½ l trockener Weißwein
Salz und frisch gemahlener Pfeffer

ZUM SERVIEREN:
Croûtons
Knoblauchzehen, halbiert

Die Fische vom Fischhändler schuppen und ausnehmen lassen. Filetieren, die Köpfe und Gräten aufheben. Den Seeteufel in 2 cm dicke Scheiben und die anderen Fische in 4 cm große Stücke schneiden.

Die Muscheln abbürsten; das Wasser mehrere Male wechseln. Die Bärte entfernen und gut abtropfen lassen. Die Riesengarnelen abspülen. Die Paprika halbieren, die Samen entfernen und das Fruchtfleisch hacken.

Die Hälfte des Öls in einem emaillierten, 4 l fassenden Topf erhitzen. Die Fischköpfe und die Gräten darin unter Rühren bei schwacher Hitze 5 Minuten anbraten. Knoblauch, Paprika und Zwiebel hinzufügen und 5 Minuten sautieren, bis die Gemüse rundherum goldgelb sind. Tomaten, Thymian und Lorbeerblatt hinzufügen und unter Rühren 1 Minute garen. Den Wein dazugießen und 45 Minuten leise köcheln lassen.

Den Fond in eine niedrige feuerfeste Form seihen.

Den Backofen auf 215 °C (Gasherd Stufe 4) vorheizen. Die Backform mit dem Fond in den Ofen stellen. Den Topf auswischen und das restliche Öl darin erhitzen. Die Fische 3 Minuten auf jeder Seite anbraten, dann in den Fond legen. Die Riesengarnelen und Muscheln hinzufügen und 5 Minuten mitgaren.

Die Form aus dem Ofen nehmen und heiß servieren. Dazu Croûtons reichen, die vorher mit Knoblauch eingerieben wurden.

Für 6 Personen *Abbildung S. 97*

Charentes

CHAUDRÉE
Chaudrée

So beliebt wie die bouillabaisse *in der Provence, ist die* chaudrée *in den Charentes. Für welche Fische Sie sich auch entscheiden mögen, eine Zutat muß eine* chaudrée *auf jeden Fall enthalten: Tintenfisch. Manchmal wird sie auch mit Kartoffeln zubereitet.*

2 kg Fische verschiedener Sorten: Rochen, Meeraal, Katzenhai, Steinbutt, Seezunge …
500 g gesäuberter Tintenfisch (Kalmar), nur die Körper
Salz und frisch gemahlener Pfeffer
400 g Zwiebeln, in dünne Scheiben geschnitten
8 Knoblauchzehen, geschält
2 EL Öl
½ l trockener Weißwein
½ l Wasser
100 g Butter

ZUM SERVIEREN:
Croûtons

Die Fische vom Fischhändler schuppen, ausnehmen und die Köpfe entfernen lassen. Die größeren Fische in Stücke von 4 cm schneiden, die anderen ganz lassen. Waschen und trockentupfen. Den Tintenfisch abspülen und trockentupfen; in 2 cm breite Ringe schneiden. Mit Salz und Pfeffer würzen.

Die Tintenfischringe in einen emaillierten, 6 l fassenden Topf geben und bei niedriger Temperatur erhitzen. Mit einem Holzlöffel rühren und garen, bis die Tintenfische ihre Flüssigkeit ausgeschwitzt haben. Zwiebel und Knoblauch hinzufügen und rühren, bis der ganze Saft eingekocht ist. Das Öl hinzufügen und unter Rühren braten, bis der Tintenfisch auf allen Seiten leicht gebräunt ist. Wein und Wasser dazugießen und zum Köcheln bringen.

Die Fische in die simmernde Flüssigkeit geben, und zwar zuerst die Sorten mit festem Fleisch (Rochen, Meeraal, Katzenhai), dann die mit zarterem Fleisch (Seezunge, Steinbutt), und die Flüssigkeit nach jeder Zugabe wieder zum Simmern kommen lassen. Mit Salz und Pfeffer würzen und die Fische 15 Minuten garziehen lassen.

Die Butter vorsichtig unterrühren. Die Chaudrée sofort servieren und Croûtons dazu reichen.

Für 6 Personen *Abbildung S. 97*

Bretagne

DAURADE AU MUSCADET
Dorade in Muscadet

1 Dorade (Goldbrassen), etwa 1 kg
Salz und frisch gemahlener Pfeffer
500 g reife Tomaten
1 kg kleine neue Kartoffeln
2 Zwiebeln, jede etwa 100 g, in dünne Scheiben geschnitten
8 Knoblauchzehen, feingehackt
½ l Muscadet-Wein
100 g gesalzene Butter

Den Fisch vom Fischhändler schuppen und ausnehmen lassen. Abspülen und trockentupfen. Mit Salz und Pfeffer würzen.

Den Backofen auf 230 °C (Gasherd Stufe 5) vorheizen. Die Tomaten 10 Sekunden in kochendem Wasser blanchieren. Unter fließendem Wasser abschrecken, häuten, halbieren, die Kerne entfernen und das Fruchtfleisch grobhacken. Die Kartoffeln schälen, waschen und trockentupfen. In einer Schüssel die Kartoffeln, Zwiebeln, Knoblauch und Tomaten vermischen; mit Salz und Pfeffer würzen.

Eine Backform, in die der Fisch gerade hineinpaßt, leicht buttern. Den Fisch in die Mitte der Form legen und die Gemüsemischung um ihn herum anrichten; Butterflöckchen gleichmäßig verteilen. Den Wein dazugießen und 40 bis 45 Minuten backen; dabei die Kartoffeln mehrere Male wenden und den Fisch immer wieder mit der Garflüssigkeit benetzen.

Am Ende der Garzeit sollte nur noch wenig Bratensaft übrig sein. Den Fisch sofort und direkt aus der Form servieren.

Für 4 Personen

Rechte Seite: *Dorade in Muscadet* (oben), *Meeräsche in Raïto* (Mitte rechts, Rezept Seite 100) *und Bourride vom Seeteufel nach Art von Sète* (unten, Rezept Seite 100)
PETER JOHNSON

Provence

Muge en Raïto
Meeräsche in Raïto

Muge ist der südfranzösische Name für die Meeräsche. Meeräsche mit raïto, *einer Sauce, deren Ursprünge sehr weit zurückreichen, gehört zu den traditionellen Gerichten, die zum* gros souper, *dem festlichen Weihnachtsessen am Abend des 24. Dezember, vor der Christmette, serviert werden.*

1 Meeräsche, etwa 1,2 kg
Salz und frisch gemahlener Pfeffer
250 g reife Tomaten
Bouquet garni: 1 Lorbeerblatt, 1 Thymianzweig, 6 Petersilienzweige
60 ml kaltgepreßtes Olivenöl
1 Zwiebel, etwa 100 g, feingehackt
2 Knoblauchzehen, feingehackt
200 ml provenzalischer Rotwein
2 EL Kapern, abgetropft
24 kleine schwarze Oliven

Den Fisch vom Fischhändler schuppen, ausnehmen und in etwa 3 cm dicke Scheiben schneiden lassen. Abspülen und trockentupfen; mit Salz und Pfeffer würzen.

Die Tomaten für 10 Sekunden in kochendem Wasser blanchieren. Unter fließendem Wasser abschrecken, häuten, halbieren und die Kerne entfernen. Das Fruchtfleisch feinhacken. Die Kräuter für das Bouquet garni zusammenbinden.

Die Hälfte des Öls in einer beschichteten Pfanne von 26 cm Durchmesser erhitzen und die Fischscheiben darin 2 bis 3 Minuten auf jeder Seite anbraten. Aus der Pfanne nehmen und beiseite stellen.

Das Öl aus der Pfanne entfernen und sie mit Küchenkrepp auswischen. Das restliche Öl in die Pfanne gießen und bei niedriger Temperatur erhitzen. Zwiebel und Knoblauch darin unter Rühren etwa 3 Minuten braten, bis sie goldgelb sind. Den Wein dazugießen und bei starker Hitze einkochen. Die Tomaten, Bouquet garni, Salz und Pfeffer hinzufügen und 1 Minute rühren. Den Fisch wieder in die Pfanne legen, zudecken und 10 Minuten köcheln lassen; die Scheiben dabei einmal wenden. Kapern und Oliven hinzufügen und weitere 5 Minuten simmern lassen.

Die Fischscheiben auf einer Platte anrichten und mit der Sauce überziehen; das Bouquet garni wegwerfen. Heiß servieren.

Für 4 Personen

Languedoc

Bourride de Lotte à la Sétoise
Bourride vom Seeteufel nach Art von Sète

Dieses Gericht ist eine Spezialität des bezaubernden kleinen Fischerortes Sète, wo es auf allen Speisekarten der Restaurants im Hafen zu finden ist. Man serviert dazu häufig Croûtons, die mit Knoblauch eingerieben und in Butter gebraten werden, oder gedämpfte Kartoffeln.

60 ml Olivenöl
1 Karotte, abgeschabt und feingehackt
2 Porreestangen, nur das Weiße, gründlich gewaschen und feingehackt
1 großes Mangoldblatt, feingehackt
Salz und frisch gemahlener Pfeffer
4 Stücke Seeteufel, jedes etwa 5 cm dick und 250 g schwer

FÜR DIE AÏOLI:
1 Knoblauchzehe
½ TL kräftiger Senf
1 Eigelb
Salz
6 EL kaltgepreßtes Olivenöl

Das Öl in einer Pfanne erhitzen, die groß genug ist, damit alle Fischstücke nebeneinander hineinpassen. Die gehackten Gemüse hineingeben und bei sehr schwacher Hitze unter gelegentlichem Rühren 10 Minuten garen, aber keine Farbe annehmen lassen. Mit Salz und Pfeffer würzen und den Fisch hinzufügen. Zudecken und bei schwacher Hitze 10 Minuten auf jeder Seite braten.

In der Zwischenzeit die Sauce zubereiten: Den Knoblauch durch die Knoblauchpresse in eine niedrige Schüssel drücken. Senf, Eigelb und Salz dazugeben und gut verrühren. 1 Minute ruhen lassen, dann das Öl in einem dünnen Strahl zugießen und dabei ständig rühren, bis die Mischung die Konsistenz einer Mayonnaise hat; diese Aïoli wird zum Andicken der Sauce gebraucht.

Den gegarten Fisch auf einer Platte anrichten und warm halten. Die Pfanne von der Kochstelle nehmen, dann die Aïoli hinzufügen und gut unterrühren. Die Fischstücke mit dieser Sauce überziehen und sofort servieren.

Für 4 Personen *Abbildung S. 99*

Provence

Loup au Fenouil
Gegrillter Wolfsbarsch mit Fenchel

1 Wolfsbarsch, etwa 1,5 kg
Salz und frisch gemahlener Pfeffer
60 ml Olivenöl
10 getrocknete Fenchelzweige

FÜR DIE SAUCE:
1 Knoblauchzehe
½ TL kräftiger Senf
1 kleines Eigelb
Salz und Pfeffer
6 EL kaltgepreßtes Olivenöl
1 TL Weißweinessig
3 Cornichons (kleine französische Gewürzgurken), feingehackt
1 EL Kapern, abgetropft und feingehackt
2 EL gehackte glatte Petersilie
1 EL gehackter Schnittlauch

Den Fisch vom Fischhändler schuppen und ausnehmen lassen; abspülen und trockentupfen. Innen und außen mit Salz und Pfeffer würzen. Den Fisch mit ein paar Fenchelzweigen füllen und die Haut mit Olivenöl bepinseln.

Den Grill vorheizen. Den restlichen Fenchel in die Grillpfanne geben, den Rost über den Fenchel setzen und den Wolfsbarsch darauflegen. Etwa 25 Minuten grillen, und den Fisch nach etwa 12 Minuten umdrehen und die Oberseite des Fisches erneut mit Olivenöl bepinseln.

In der Zwischenzeit die Sauce zubereiten: Den Knoblauch durch die Presse in eine niedrige Schüssel drücken. Senf, Eigelb und Salz hinzufügen und gut verrühren. 1 Minute ruhen lassen, dann das Öl in einem dünnen Strahl dazugießen und dabei weiterrühren, bis die Mischung ziemlich fest ist. Den Essig hinzufügen und nochmals 30 Sekunden schlagen, dann die Cornichons, Kapern, Petersilie und Schnittlauch untermischen. Die Sauce in eine Sauciere gießen.

Den gegrillten Fisch auf einer Platte anrichten und sofort servieren. Die Sauce getrennt dazu reichen.

Für 4 Personen

Rechte Seite: *In der Provence aufgenommen: Gegrillter Wolfsbarsch mit Fenchel* (oben links), *Rotbarbe nach Nizza-Art* (unten links, Rezept Seite 102) *und Gebackene Dorade auf provenzalische Art* (unten rechts, Rezept Seite 102)

PIERRE HUSSENOT/AGENCE TOP

Provence

ROUGETS À LA NIÇOISE
Rotbarbe nach Nizza-Art

Die Leber dieser Fische ist besonders schmackhaft und sollte keineswegs weggeworfen werden, wenn man die Fische ausnimmt. Man kann sie entweder im Fisch lassen und mitgaren oder sie roh pürieren und unter die Sardellenbutter mischen, die man oft zu gegrilltem Fisch serviert.

8 Rotbarben, jede etwa 180 g
Salz und frisch gemahlener Pfeffer
500 g reife Tomaten
60 ml kaltgepreßtes Olivenöl
1 Zwiebel, etwa 100 g, feingehackt
3 Knoblauchzehen, feingehackt
8 Sardellenfilets in Öl
50 g kleine schwarze Oliven

Die Fische vom Fischhändler schuppen und ausnehmen lassen; die Leber aufbewahren und für die Zubereitung von Sardellenbutter verwenden. Die Fische abspülen und trockentupfen; mit Salz und Pfeffer würzen. Die Tomaten für 10 Sekunden in kochendem Wasser blanchieren. Unter fließendem Wasser abschrecken, häuten, halbieren und die Kerne entfernen. Das Fruchtfleisch in Würfel schneiden.

Die Hälfte des Öls in einer beschichteten Pfanne von 26 cm Durchmesser erhitzen, Zwiebel und Knoblauch darin braten, bis sie weich und goldgelb sind. Die Tomatenwürfel behutsam unterrühren, mit Salz und Pfeffer würzen und bei starker Hitze 5 Minuten garen.

Den Rest des Öls in einer zweiten Pfanne von 26 cm Durchmesser erhitzen und die Fische 4 Minuten auf beiden Seiten braten. Abtropfen lassen und auf einer vorgewärmten Servierplatte anrichten. Mit der Tomatensauce übergießen und mit Sardellenfilets und Oliven garnieren. Sofort servieren.

Für 4 Personen *Abbildung S. 101*

Provence

DAURADE À LA PROVENÇALE
Gebackene Dorade auf provenzalische Art

1 Dorade (Goldbrassen), etwa 1,2 kg
500 g reife Tomaten
60 ml kaltgepreßtes Olivenöl
2 Knoblauchzehen, feingehackt
1 EL gehackte glatte Petersilie
Salz und frisch gemahlener Pfeffer
1 unbehandelte Zitrone

Den Fisch vom Fischhändler schuppen und ausnehmen lassen; abspülen und trockentupfen.

Den Backofen auf 230 °C (Gasherd Stufe 5) vorheizen.

Die Tomaten für 10 Sekunden in kochendem Wasser blanchieren. Unter fließendem kaltem Wasser abschrecken, dann häuten, halbieren, sorgfältig die Kerne entfernen und das Fruchtfleisch grobhacken.

Die Hälfte des Öls in einer beschichteten Pfanne von 26 cm Durchmesser erhitzen. Knoblauch und Petersilie darin unter Rühren sautieren, bis der Knoblauch weich und gelb ist. Die Tomaten einrühren und mit Salz und Pfeffer würzen. Bei mäßiger Hitze etwa 5 Minuten garen, bis die Flüssigkeit von den Tomaten vollständig eingekocht ist.

Den Fisch in eine Backform legen, in die er gerade hineinpaßt. Mit dem restlichen Öl beträufeln und dabei wenden, so daß er auf beiden Seiten mit Öl überzogen ist. Den Fisch in den Backofen stellen und für 5 Minuten backen.

In der Zwischenzeit die Zitrone waschen und abtrocknen und in dünne Scheiben schneiden. Den Fisch mit der Tomatensauce überziehen. Die Zitronenscheiben auf dem Fisch anordnen und weitere 30 Minuten backen. Direkt aus der Backform servieren.

Für 4 Personen *Abbildung S. 101*

Languedoc

THON À LA LANGUEDOCIENNE
Thunfisch nach Art des Languedoc

1 Scheibe frischer Thunfisch, etwa 1,2 kg schwer und 2 cm dick
Salz und frisch gemahlener Pfeffer
3 unbehandelte Zitronen
25 g Mehl
3 EL kaltgepreßtes Olivenöl
10 Knoblauchzehen, geschält
½ l trockener Weißwein

Den Thunfisch abspülen und trockentupfen. Mit Salz und Pfeffer würzen. Die Zitronen waschen und zwei davon in dünne Scheiben schneiden. Aus der dritten Zitrone 1 EL Saft herausdrücken.

Das Mehl in eine flache Schüssel sieben und den Fisch darin wenden; überschüssiges Mehl abschütteln.

Das Öl in einer Pfanne, in die der Thunfisch gerade hineinpaßt, erhitzen. Die Fischscheibe 4 Minuten auf jeder Seite anbraten, dann aus der Pfanne nehmen und warm halten. Die Knoblauchzehen hinzufügen und etwa 2 Minuten braten, bis sie goldgelb sind. Mit dem Fisch beiseite stellen. Mit Wein und Zitronensaft den Satz in der Pfanne ablöschen und die Flüssigkeit auf die Hälfte reduzieren. Thunfisch und Knoblauch wieder in die Pfanne geben und bedeckt bei schwacher Hitze 10 Minuten garziehen lassen; den Fisch nach 5 Minuten wenden.

Thunfisch und Knoblauch auf einem flachen Teller anrichten und warm halten. Die Kochflüssigkeit bei starker Hitze einkochen, bis eine sirupartige Sauce entstanden ist. Diese über den Fisch gießen und sofort servieren.

Für 6 Personen *Abbildung S. 102*

Thunfisch nach Art des Languedoc

PETER JOHNSON

Normandie

Barbue à l'Oseille
Glattbutt mit Sauerampfer

1 Glattbutt, etwa 1,5 kg
1 Zwiebel, etwa 100 g
2 Gewürznelken
Bouquet garni: 1 Lorbeerblatt, 1 Thymianzweig, 6 Petersilienzweige
1 Karotte, etwa 100 g, abgeschabt und in Scheiben geschnitten
½ l trockener Cidre
½ l Wasser
Salz und frisch gemahlener Pfeffer
1 kg Sauerampfer
200 g Crème double

Den Fisch vom Fischhändler filetieren lassen, doch den Kopf und alle abgeschnittenen Teile aufheben.

Die Zwiebel schälen und die Gewürznelken hineinstecken. Die Kräuter für das Bouquet garni zusammenbinden. Das Bouquet garni, Zwiebel und Karotte in einen großen Topf geben und die Fischköpfe und -reste, Cidre und Wasser hinzufügen. Zum Kochen bringen, mit Salz und Pfeffer würzen und 20 Minuten leise köcheln lassen.

In der Zwischenzeit den Sauerampfer waschen, abtropfen lassen und in sehr feine Streifen schneiden. In einer beschichteten Pfanne von 26 cm Durchmesser den Sauerampfer, Crème double und Salz und Pfeffer vermischen. Bei sehr schwacher Hitze unter häufigem Rühren etwa 5 Minuten garen, bis man eine dicke Sauce erhält; warm halten.

Die Fischfilets abspülen und trockentupfen. Den Fond durch ein Sieb wieder in den Topf gießen und bei schwacher Hitze zum Simmern bringen. Die Filets darin 10 Minuten pochieren, dann abtropfen lassen.

Den Fisch auf vier Teller verteilen, mit Sauce überziehen und sofort servieren.

Für 4 Personen

Elsaß

Brochet de l'Ill à la Crème
Hecht in Sahnesauce

1 Hecht, etwa 1,75 kg
Salz und frisch gemahlener Pfeffer
125 g eisgekühlte Butter, in Würfeln
4 Schalotten, feingehackt
200 ml Sahne oder Crème double
¼ l Elsässer Riesling
1 EL frischer Zitronensaft

Den Fisch vom Fischhändler schuppen und ausnehmen lassen, ihn dann abspülen und trockentupfen. Mit Salz und Pfeffer würzen.

Den Backofen auf 230 °C (Gasherd Stufe 5) vorheizen. Mit einem knappen Eßlöffel Butter eine ausreichend große Backform ausfetten. Die gehackten Schalotten auf dem Boden verteilen. Den Fisch in die Form legen und einen gehäuften Eßlöffel Butter in Flöckchen darauf verteilen. 15 Minuten backen.

Sahne und Wein in einer kleinen Schüssel vermischen und über den Fisch gießen. Weitere 20 Minuten backen und den Fisch häufig mit dem eigenen Bratensaft begießen.

Den gebräunten Fisch auf eine Servierplatte legen und gut warm halten. Den Zitronensaft zu der Sauce hinzufügen und bei mäßiger Hitze köcheln, bis sie eingedickt ist, dann in einen kleinen Topf seihen. Bei schwacher Hitze die restliche Butter Stück für Stück sorgfältig unterrühren, so daß man eine dicke, glatte Sauce erhält. Die Sauce in eine Sauciere gießen. Den Fisch heiß servieren und die Sauce getrennt dazu reichen.

Für 4 Personen

PETER JOHNSON

Glattbutt mit Sauerampfer (Mitte links), *Hecht in Sahnesauce* (oben) *und Glattbutt in Cidre* (rechts).

Normandie

Barbue au Cidre
Glattbutt in Cidre

1 Glattbutt, etwa 1,5 kg
Salz und frisch gemahlener Pfeffer
50 g Butter
3 Schalotten, feingehackt
250 g Champignons, grobgehackt
100 g Sahne
½ l trockener Cidre

Den Fisch vom Fischhändler ausnehmen und vorbereiten lassen, die Flossen abschneiden lassen. Abspülen, trockentupfen und mit Salz und Pfeffer würzen.

Den Backofen auf 215 °C (Gasherd Stufe 4) vorheizen. Mit der Hälfte der Butter eine Backform ausfetten, in die der Fisch gerade hineinpaßt. Die Hälfte der gehackten Schalotten und Pilze auf dem Boden verteilen. Den Fisch darauflegen und mit den restlichen Schalotten und Pilzen bedecken.

Sahne und Cidre vermischen, mit Salz und Pfeffer würzen und diese Mischung in die Form gießen. Die restliche Butter in Flöckchen auf den Fisch setzen. 30 bis 35 Minuten backen. Dabei den Fisch gelegentlich mit der Sauce, die allmählich eindickt, überziehen. Direkt aus der Form heiß servieren.

Für 4 Personen

Provence

Gratin de Sardines aux Épinards

Gebackene Sardinen mit Spinat

600 g frische mittelgroße Sardinen
1 kg Spinat
Salz
1 kleines Ei
30 g frisch- und feingemahlener Emmentaler oder Parmesankäse
60 ml kaltgepreßtes Olivenöl
Frisch gemahlener Pfeffer
½ TL getrockneter Thymian
30 g Semmelbrösel

Die Sardinen schuppen und die Köpfe entfernen; die Fische ausnehmen und abspülen. Die Mittelgräte herausnehmen und die beiden Filets trennen; die Flossen und den Schwanz abschneiden. Die Filets mit Küchenkrepp trockentupfen. Den Spinat waschen und entstielen. Die noch gut feuchten Blätter in 2 cm breite Streifen schneiden und mit dem anhaftenden Wasser in einen großen Topf geben. Mit Salz würzen und bedeckt bei starker Hitze 5 Minuten garen. Den Spinat abtropfen lassen und in eine Schüssel geben. Das Ei verschlagen; die Hälfte des Käses untermischen und mit Salz und Pfeffer würzen. Diese Mischung unter den Spinat rühren.

Den Backofen auf 230 °C (Gasherd Stufe 5) vorheizen. Mit einem Teil des Olivenöls eine Backform einpinseln, die gerade groß genug ist, damit die Filets nebeneinander hineinpassen. Die Spinatmischung auf dem Boden verteilen, die Sardinenfilets mit der Hautseite nach unten darauflegen. Mit Salz und Pfeffer würzen, mit Thymian bestreuen und mit dem restlichen Öl beträufeln. Die Semmelbrösel mit dem noch verbliebenen Käse vermischen und über die Fische streuen. Etwa 15 Minuten backen, bis das Gratin leicht gebräunt ist. Heiß und direkt aus der Backform servieren.

Für 4–5 Personen

Provence

Sardines Farcies

Gefüllte Sardinen

1 kg frische mittelgroße Sardinen
Salz und frisch gemahlener Pfeffer
250 g Spinat
4 EL kaltgepreßtes Olivenöl
2 junge Zwiebeln (Schalotten oder Frühlingszwiebeln), feingehackt
2 Knoblauchzehen, feingehackt
1 Ei
250 g Schafskäse, *Brousse de brebis* oder Ricotta
2 EL glatte Petersilie, gehackt
30 g Semmelbrösel
6 Prisen frisch geriebene Muskatnuß

Die Sardinen schuppen und die Köpfe entfernen; die Fische ausnehmen, dabei lediglich am Bauch aufschlitzen und öffnen, ohne die Filets zu trennen. Die Rückengräte herausziehen und am Schwanz abtrennen. Die Fische mit Küchenkrepp trockentupfen. Innen und außen mit Salz und Pfeffer würzen.

Den Spinat waschen und entstielen. Die feuchten Blätter in einen Topf geben. Mit Salz würzen und bedeckt bei starker Hitze 3 Minuten garen. Den Spinat abtropfen lassen und mit einem Messer feinhacken.

1 EL Öl in einer beschichteten Pfanne von 26 cm Durchmesser erhitzen. Die Zwiebel darin unter Rühren bei schwacher Hitze 3 Minuten sautieren, bis sie goldgelb ist, dann den Knoblauch hinzufügen und noch 1 Minute sautieren.

Das Ei in einer Schüssel verschlagen, den Käse grob zerteilen, hinzufügen und die Mischung mit einer Gabel verkneten. Den Spinat, die Petersilie, den Inhalt der Pfanne und die Hälfte der Semmelbrösel hinzufügen. Mit Salz, Pfeffer und Muskatnuß würzen und gut verrühren.

Den Backofen auf 230 °C (Gasherd Stufe 5) vorheizen. Mit einem Teil des restlichen Öls eine Backform einpinseln, die gerade groß genug ist, daß die Hälfte der Sardinen nebeneinander hineinpaßt. Die Hälfte der Sardinen, mit der Haut nach unten, in der Form verteilen und jede Sardine mit 1 EL der Farce bestreichen. Auf jede Sardine eine zweite legen und das restliche Öl darüberträufeln. Mit Semmelbröseln bestreuen und 20 Minuten backen. Heiß, warm oder kalt und direkt aus der Backform servieren.

Für 6 Personen

Gebackene Sardinen mit Spinat (oben) *und Gefüllte Sardinen*

PETER JOHNSON

Escabèche von der Rotbarbe

Bretagne

Anchois Grillés à la Moutarde et à l'Estragon
Gegrillte Sardellen mit Senf und Estragon

24 frische mittelgroße Sardellen
Salz und frisch gemahlener Pfeffer
6 Estragonzweige, nur die Blätter
100 g gesalzene Butter
2 EL scharfer Senf
50 g Semmelbrösel

Die Köpfe der Sardellen entfernen und die Fische ausnehmen. Dabei den Bauch aufschlitzen und die Sardinen auseinanderklappen, ohne aber die Filets zu trennen. Die Rückengräte herausziehen und am Schwanz trennen. Die Fische mit Küchenkrepp abtrocknen und mit Salz und Pfeffer würzen. Den Estragon auf der Innenseite der Fische verteilen, dann die Filets zusammenklappen, so daß der Estragon eingeschlossen ist.

Die Butter in einem kleinen Topf zerlassen. Den Senf hinzufügen und gut umrühren, dann abkühlen lassen.

Den Grill vorheizen. Die Fische auf einem Rost über der Grillpfanne anordnen. Mit Semmelbröseln bestreuen und die Hälfte der Senfbutter darüberlöffeln. 10 Minuten, nicht zu weit von der Hitzequelle entfernt, grillen, die Fische dabei mehrere Male wenden und mit der Senfbutter beträufeln.

Die Sardellen, sobald sie gar sind, auf einer Servierplatte anrichten. Mit der restlichen Butter beträufeln und servieren.

Für 4 Personen

Provence

Rougets en Escabèche
Escabèche von der Rotbarbe

Escabèche ist eine Essigmarinade spanischen Ursprungs, in der man kleine gebratene Fische, von denen die Köpfe entfernt wurden, einlegt: daher auch der Name, der sich von cabeza, *dem spanischen Wort für Kopf, ableitet. Heute werden ganze Fische, zum Beispiel alle rotfleischigen Fische, Makrelen und Wittlinge (Merlane) sowie Scheiben vom kleinen Thunfisch* (bonito), *Schwertfisch oder Seehecht auf diese Weise eingelegt.*

8 Rotbarben, jede etwa 200 g
Salz und frisch gemahlener Pfeffer
6 EL kaltgepreßtes Olivenöl
6 EL Rotweinessig
100 g frische Minzeblätter

Die Fische vom Fischhändler schuppen und ausnehmen lassen, die Leber aufbewahren. Die Fische abspülen und trockentupfen; mit Salz und Pfeffer würzen.

Das Öl in einer beschichteten Pfanne von 26 cm Durchmesser erhitzen und die Fische 4 Minuten auf jeder Seite braten, die Leber kurz mitbraten. Auf Küchenkrepp abtropfen lassen und in eine flache Schüssel legen. 4 EL des Bratfetts in einen kleinen Topf geben.

Den Essig in einen zweiten kleinen Topf gießen und die Minzeblätter hinzufügen. Zum Kochen bringen, umrühren und von der Kochstelle nehmen. Diese Mischung zum aufgehobenen Öl geben und einige Sekunden kochen, dann über die Fische gießen.

Die Fische kühl stellen und mindestens 4 Stunden in der Marinade lassen, bevor man sie serviert.

Für 4 Personen

Gegrillte Sardellen mit Senf und Estragon (oben) *und Gefüllte Venusmuscheln nach Art von Lorient* (Rezept Seite 78)

Bretagne

BAR FARCI
Gefüllter Wolfsbarsch

1 Wolfsbarsch, etwa 1,5 kg
250 g frischer Spinat
200 g Sauerampfer
250 g Champignons
100 g altbackenes Weißbrot, ohne Kruste
125 g gesalzene Butter
6 Schalotten, feingehackt
Salz und frisch gemahlener Pfeffer
200 ml Sahne oder Crème double
6 EL trockener Weißwein

Den Fisch vom Fischhändler schuppen und ausnehmen lassen. Da der Fisch gefüllt werden soll, ihn vom Rücken her öffnen und das Rückgrat entfernen lassen. Den Bauch nicht aufschlitzen, so daß eine Tasche entsteht. Fleisch innen und außen abspülen und trockentupfen.

Spinat und Sauerampfer waschen und abtropfen lassen; die Stiele entfernen und die Blätter in sehr feine Streifen schneiden. Die Champignons abspülen, putzen und trockentupfen, dann feinhacken. Das Brot im Mixer oder in der Küchenmaschine zu groben Bröseln zerkleinern.

Die Hälfte der Butter in einer beschichteten Pfanne von 26 cm Durchmesser zerlassen. Die Schalotten darin unter Rühren 2 Minuten bei schwacher Hitze sautieren. Champignons, Spinat und Sauerampfer hinzufügen und etwa 10 Minuten garen, bis die Gemüse keine Flüssigkeit mehr absondern. Mit Salz und Pfeffer würzen, die Brotbrösel untermischen und die Pfanne von der Kochstelle nehmen. Abkühlen lassen, bis die Masse lauwarm ist.

Den Backofen auf 230 °C (Gasherd Stufe 5) vorheizen. Den Wolfsbarsch innen mit Salz und Pfeffer würzen und mit der Farce füllen. Den Fisch mit Küchengarn zusammenbinden. Mit der Hälfte der restlichen Butter eine flache Backform einfetten, in die der Fisch gerade hineinpaßt; ihn in die Form legen. Sahne und Wein vermischen, leicht mit Salz und Pfeffer würzen und den Fisch mit dieser Mischung überziehen. Die restliche Butter in Flöckchen auf dem Wolfsbarsch verteilen und 45 Minuten backen; ihn nach 20 bis 25 Minuten wenden.

Den gebräunten *bar* auf eine Servierplatte legen, warm halten. Die Garflüssigkeit einkochen, bis man eine dicke, cremige Sauce erhält. Die Sauce in eine Sauciere gießen. Diese zum heißen Fisch servieren.

Für 6 Personen

Bretagne

COTRIADE
Cotriade

Diese Suppe, die auf Kartoffeln, Zwiebeln und Schmalz basiert, enthält sehr viele Fischsorten. Sie wird überall entlang der bretonischen Küste zubereitet, und es gibt so viele Versionen davon, wie es Fischerhäfen gibt.

2 kg Fisch verschiedener Sorten: Wittling (Merlan), Makrele, Stint, Seeteufel, Rochen, Dorade, Seezunge, Roter Knurrhahn
1 kg mehlige Kartoffeln
80 g Schweineschmalz
250 g Zwiebeln, in dünne Scheiben geschnitten
Salz und frisch gemahlener Pfeffer

ZUM SERVIEREN:
Geröstete Landbrotscheiben
Rotweinessig

Die Fische vom Fischhändler schuppen, ausnehmen und die Köpfe entfernen lassen. Die größeren Fische in 4 cm große Stücke schneiden und die anderen ganz lassen; waschen und trockentupfen. Die Kartoffeln schälen, waschen und in 3 cm große Würfel schneiden.

Das Schweineschmalz in einem emaillierten, 6 l fassenden Topf zerlassen und die Zwiebeln darin unter Rühren in etwa 5 Minuten goldbraun sautieren. Die Kartoffeln, Salz und Pfeffer hinzufügen, dann mit kaltem Wasser bedecken. Zum Köcheln bringen und in 15 Minuten garkochen.

Den Fisch in die simmernde Flüssigkeit geben, und zwar zuerst die Sorten mit festem Fleisch (Rochen, Seeteufel, Makrele), dann die mit weicherem Fleisch (Dorade, Seezunge, Wittling, Stint) und die Flüssigkeit nach jeder Zugabe wieder zum Simmern kommen lassen. Mit Salz und Pfeffer würzen und 15 Minuten leise köcheln lassen.

Die gegarten Fische und die Kartoffeln mit einem Schaumlöffel herausnehmen und in einer flachen Schüssel anrichten. Etwas von der Brühe darübergießen und warm halten. Die restliche Brühe in eine Terrine geben und sofort mit den gerösteten Landbrotscheiben servieren. Fisch und Kartoffeln mit einem Spritzer Essig beträufelt servieren.

Für 6 Personen

Bretagne

MERLANS DE LORIENT
Wittling in Senf-Sahnesauce

750 g Wittling-(Merlan-)Filets, Haut und Gräten entfernt
4 Schalotten, feingehackt
2 EL gehackte glatte Petersilie
Salz und frisch gemahlener Pfeffer
80 g Butter
6 EL Muscadet
1 EL scharfer Senf
1 EL frischer Zitronensaft
100 g Sahne oder Crème double

Den Backofen auf 215 °C (Gasherd Stufe 4) vorheizen. Schalotten und Petersilie vermischen und mit Salz und Pfeffer würzen. Mit 1 EL Butter eine Backform einfetten, in die die Fischfilets nebeneinander gerade hineinpassen. Die Schalottenmischung auf dem Boden der Form verteilen.

Die Fischfilets abspülen und trockentupfen. Mit Salz und Pfeffer würzen und in der Form anordnen. Wein und Senf vermischen und über die Fische gießen. 1 EL Butter in Flöckchen daraufsetzen, 10 Minuten backen.

Die Fischfilets auf eine feuerfeste Servierplatte legen. Die Garflüssigkeit in einen kleinen Topf gießen, den Zitronensaft hinzufügen und einkochen, bis die Sauce eine sirupartige Konsistenz besitzt. Die Sahne unterrühren und die Sauce weiterkochen, bis sie dick genug ist, um den Fisch zu überziehen. Von der Kochstelle nehmen und die restliche, gut gekühlte Butter in kleinen Stücken unterrühren.

Den Grill vorheizen. Den Fisch mit der Sauce überziehen, dann für 2 Minuten unter den Grill, nahe unter die Hitzequelle schieben. Sofort servieren.

Für 4 Personen

Rechte Seite: *Wittling in Senf-Sahnesauce* (links), *Cotriade* (Mitte) *und Gefüllter Wolfsbarsch* (rechts)
PIERRE HUSSENOT/AGENCE TOP

PETER JOHNSON

Stockfisch mit Mangold und Korinthen (oben links), *Stockfischpüree* (unten links) *und Stockfisch nach Art von Brest* (rechts)

Bretagne

Morue Brestoise
Stockfisch nach Art von Brest

Es gab eine Zeit, in der die Fischer der Bretagne eine Fischart namens gadidae, *zu der auch der Kabeljau zählt, in großen Mengen fingen. Als er ihre Küsten verließ, mußten sie ihm nach Neufundland folgen, was sie auch heute noch tun.*

1 kg Stockfischfilet
1 kg Kartoffeln
50 g Butter
250 g Porree, nur das Weiße, gründlich gewaschen und in dünne Scheiben geschnitten
4 EL Wasser
½ TL Pfeilwurz oder Stärkemehl
2 EL gehackter Kerbel

Die Stockfischfilets, um sie zu entsalzen, in einer großen Schüssel mit kaltem Wasser mit der Hautseite nach oben für 12 Stunden einweichen; das Wasser dabei dreimal wechseln.

Den Stockfisch abtropfen lassen und mit der Haut nach unten in einen großen Topf mit kaltem Wasser geben. Bei schwacher Hitze zum Kochen bringen, dann die Temperatur weiter reduzieren und 10 Minuten ganz leise köcheln lassen. Von der Kochstelle nehmen und abkühlen lassen.

Die Kartoffeln in einen Topf mit kaltem Salzwasser geben und zum Kochen bringen. Etwa 25 Minuten kochen, bis die Kartoffeln weich sind. Abgießen, schälen und in 3 mm dicke Scheiben schneiden.

30 g Butter in einem Topf zerlassen und den Porree unter ständigem Rühren goldgelb sautieren. 2 EL Wasser hinzufügen. Den Pfeilwurz in den restlichen 2 EL Wasser auflösen und zum Porree geben. Bei mäßiger Hitze so lange kochen und rühren, bis die Sauce gebunden ist.

Den Backofen auf 230 °C (Gasherd Stufe 5) vorheizen. Den Fisch abtropfen lassen und grob zerkleinern. Mit der restlichen Butter eine flache, 22 × 32 cm große Auflaufform einfetten. Die Kartoffeln und den Stockfisch in Schichten anordnen und mit einer Schicht Stockfisch abschließen. Mit Kerbel bestreuen, dann die Porreesauce darüberlöffeln. Etwa 10 Minuten backen, bis der Auflauf leicht gebräunt ist.

Heiß und direkt aus der Form servieren.

Für 6 Personen

Korsika

Morue aux Blettes et aux Raisins Secs
Stockfisch mit Mangold und Korinthen

1 kg Stockfischfilets
50 g Korinthen
500 g reife Tomaten
500 g Kartoffeln
500 g Mangoldblätter
3 EL kaltgepreßtes Olivenöl
1 Zwiebel, etwa 100 g, feingehackt
2 Knoblauchzehen, feingehackt
1 Lorbeerblatt
Salz und frisch gemahlener Pfeffer

Die Stockfischfilets, um sie zu entsalzen, mit der Hautseite nach oben für 12 Stunden in einer großen Schüssel mit kaltem Wasser einweichen; das Wasser dreimal wechseln.

Den Stockfisch abtropfen lassen und in 4 cm große Quadrate schneiden. Die Korinthen in heißem Wasser waschen und abtropfen lassen. Die Tomaten vierteln und durch den Fleischwolf drehen; den Einsatz mit den mittelgroßen Löchern verwenden. Die Kartoffeln schälen, waschen, abtropfen lassen und in 2 cm große Würfel schneiden.

Die Mangoldblätter abspülen, abtropfen lassen und in 2 cm breite Streifen schneiden. Mit dem anhaftenden Wasser in einen Topf geben und bedeckt bei starker Hitze 4 Minuten garen. Abtropfen lassen.

Das Öl in einer Pfanne von 26 cm Durchmesser erhitzen. Zwiebeln und Knoblauch unter ständigem Rühren in 2 Minuten goldgelb sautieren. Das Tomatenpüree, Lorbeerblatt und Kartoffeln hinzufügen. Mit Salz und Pfeffer würzen und zugedeckt bei schwacher Hitze 15 Minuten garen.

Stockfisch, Mangoldblätter und Korinthen hinzufügen, den Deckel wieder auflegen und 15 Minuten bei sehr schwacher Hitze garen. In eine flache Schüssel geben und heiß servieren.

Für 6 Personen

Languedoc

Brandade de Morue
Stockfischpüree

Der Name dieses Gerichtes leitet sich vom provenzalischen Wort brandar, *umrühren, her. Dieses Stockfischpüree, das auch Olivenöl und Milch enthält, ist eine Spezialität der Stadt Nîmes. In Marseille und Toulon würzt man es mit zerdrücktem Knoblauch und serviert es auf Croûtons, die vorher mit Knoblauch eingerieben wurden. Wenn man Kartoffelpüree hinzufügt, erhält man eine* parmentière de morue.

1 kg Stockfischfilets
¼ l Milch
¼ l kaltgepreßtes Olivenöl

ZUM SERVIEREN:
Croûtons

Die Stockfischfilets, um sie zu entsalzen, mit der Hautseite nach oben 12 Stunden in einer großen Schüssel mit kaltem Wasser einweichen; das Wasser dabei dreimal wechseln.

Den Stockfisch abtropfen lassen und mit der Hautseite nach unten in einen großen Topf mit kaltem Wasser geben. Bei schwacher Hitze zum Kochen bringen, dann die Temperatur weiter reduzieren und 10 Minuten ganz leise köcheln lassen.

In der Zwischenzeit die Milch in einem kleinen Topf erhitzen. Die Hälfte des Öls in einen großen Topf gießen.

Den Fisch abtropfen lassen, Haut und Gräten entfernen. Die Filets zerkleinern und zu dem Öl in den Topf geben. Die Mischung bei sehr schwacher Hitze aufsetzen und mit einem Holzlöffel verkneten, dabei nach und nach das restliche Öl und die heiße Milch hinzufügen; das Ganze vermischen, bis man ein sehr glattes Püree erhält; dies dauert etwa 15 Minuten.

Die *brandade* in eine flache Schüssel füllen und sofort servieren; Croûtons dazu reichen.

Für 6 Personen

Hechtklößchen

PETER JOHNSON

Lyonnais

QUENELLES
Hechtklößchen

Hechtklößchen oder quenelles *sind eine Spezialität aus der Gegend von Lyon. Sie werden mit* Beurre blanc, *Dillsauce oder manchmal auch mit Nantua-Sauce (die aus der gleichnamigen Stadt stammt) serviert, einer cremigen Köstlichkeit, die unter anderem Flußkrebse enthält.*

500 g Hechtfilets, ohne Haut und Gräten
4 Eier
300 ml eisgekühlte Sahne
Salz und frisch gemahlener Pfeffer
4 Prisen Cayennepfeffer
125 g eisgekühlte Butter

ZUM SERVIEREN:

Beurre blanc (Rezept Seite 68) oder zerlassene Butter

Die Filets mindestens 1 Stunde lang gut kühlen, bevor mit der Zubereitung begonnen wird.

Den Fisch in den Mixer oder die Küchenmaschine geben und zu einem feinen Püree zermahlen. Bei laufendem Gerät die Eier, Sahne, Salz, Pfeffer und Cayennepfeffer hinzufügen. Die Butter in kleinen Stücken dazugeben und mixen, bis die Mischung sehr glatt ist. Die Farce 12 Stunden in den Kühlschrank stellen, bevor man die Klößchen fertigstellt.

Mit Hilfe von zwei Eßlöffeln Klößchen formen, die Löffel zwischendurch immer wieder in kaltes Wasser tauchen. Einen großen Topf bis zur Hälfte mit Salzwasser füllen und das Wasser zum Simmern bringen. Nacheinander jeweils ein paar Klößchen hineingeben und bei schwacher Hitze garziehen lassen. Mit einem Schaumlöffel herausheben und auf eine vorgewärmte Platte geben. Die Klößchen mit *Beurre blanc* überziehen oder mit zerlassener Butter beträufeln und sofort servieren.

Für 6 Personen

Provence

BOURRIDE
Bourride

Das verbindende Glied zwischen der bourride de lotte *des Languedoc und der provenzalischen* bourride *ist die Aïoli. Während die erste jedoch nur mit Seeteufel zubereitet und mit einer sehr dicken Sauce serviert wird, ist die zweite eine dicke Suppe, die verschiedene weißfleischige Edelfische enthält.*

2 kg weißfleischige Fischsorten: Seeteufel, Wolfsbarsch, Petersfisch, Steinbutt …
Bouquet garni: 1 Lorbeerblatt, 1 Thymianzweig, 1 Zweig getrockneter Fenchel, 6 Petersilienzweige, 1 Streifen getrocknete Orangenschale
1 mittelgroße Karotte, geschält und grobgehackt
1 Zwiebel, etwa 100 g, grobgehackt
2 junge Porreestangen, nur das Weiße, gründlich gewaschen und grobgehackt
6 Knoblauchzehen, geschält
½ l trockener Weißwein
¾ l Wasser
Salz und frisch gemahlener Pfeffer

FÜR DIE AÏOLI:

3 Knoblauchzehen
1 TL kräftiger Senf
2 Eigelb
Salz
¼ l kaltgepreßtes Olivenöl
Zitronensaft

ZUM SERVIEREN:

Geröstete Baguettescheiben

Die Fische vom Fischhändler schuppen, ausnehmen und die Köpfe entfernen lassen; Köpfe und Gräten aufheben. Die Filets in Stücke schneiden.

Die Kräuter für das Bouquet garni zusammenbinden. Die Fischköpfe und die Gräten in einen großen Topf geben. Karotte, Zwiebel, Porree, Knoblauch, Bouquet garni, Wein und Wasser hinzufügen und zum Köcheln bringen. Mit Salz und Pfeffer würzen und 20 Minuten simmern lassen.

In der Zwischenzeit die Sauce zubereiten: Den Knoblauch durch eine Presse in eine flache Schüssel drücken. Senf, Eigelb und Salz dazugeben und gut verrühren. 1 Minute ruhen lassen, dann das Öl in einem dünnen Strahl langsam dazugießen und schlagen, bis die Mischung die Konsistenz einer Mayonnaise hat. Mit einigen Tropfen Zitronensaft abschmecken.

Den Fond in einen zweiten Topf seihen. Bei schwacher Hitze zum Simmern bringen und die Fischstücke hinzufügen. 5 bis 10 Minuten, je nach Größe und Konsistenz der Fische, garziehen lassen.

Die Fischstücke mit einem Schaumlöffel aus dem Fond heben und auf einer vorgewärmten Platte anrichten. Sofort mit dem Fond, den man in eine Suppenschüssel umgefüllt hat, servieren. Dazu reicht man mit Knoblauch eingeriebene, geröstete Brotscheiben und die Aïoli.

Für 6 Personen *Abbildung S. 10*

Provence

BOUILLABAISSE
Bouillabaisse

Die bouillabaisse *ist von den Fischern am Mittelmeer kreiert worden, die bei der Rückkehr von einem Fang die kleineren Fische mit ein paar Schaltieren in einem großen Kessel über einem Holzfeuer kochten. Sie verwendeten dabei unter anderem Olivenöl, ein Stück getrocknete Orangenschale und etwas Safran.*

Nach und nach entwickelte sich daraus ein Höhepunkt der Küche des Midi, und jeder Koch bzw. jede Köchin verlieh diesem Gericht seine oder ihre persönliche Note. Allen Rezepten gemeinsam ist die Verwendung von möglichst kleinen Fischen aus felsigen Meeresgegenden, denen kleine Krabben, Muscheln und sogar Tintenfische zugefügt werden können.

3 kg verschiedene Fische und Meeresfrüchte: Petermännchen, Drachenkopf, Petersfisch, Seeteufel, Meeraal, Knurrhahn, Meeräsche, Tintenfisch (Sepia), kleine Krabben ...
60 ml kaltgepreßtes Olivenöl
500 g reife Tomaten, grobgehackt
2 mittelgroße Karotten, abgeschabt und in dünne Scheiben geschnitten
1 Porreestange, gründlich gewaschen und in dünne Scheiben geschnitten
1 Stück Sellerieknolle, in kleine Würfel geschnitten
1 Zwiebel, etwa 100 g, in dünne Scheiben geschnitten
1 Zweig getrockneter Thymian
1 Zweig getrockneter Rosmarin
1 Zweig getrockneter Fenchel
1 Lorbeerblatt
1 Streifen getrocknete Orangenschale
10 Knoblauchzehen, geschält
10 Petersilienzweige
6 Prisen Safranfäden
Salz und frisch gemahlener Pfeffer
1 l Wasser
½ l trockener Weißwein

ZUM SERVIEREN:

Geröstete Brotscheiben, zum Beispiel Baguette
Knoblauchzehen, halbiert

Die Fische vom Fischhändler schuppen, ausnehmen und die Köpfe entfernen lassen. Die Köpfe und Gräten aufheben. Die größeren Fische in Stücke schneiden, die anderen ganz lassen. Alle Fische waschen und trockentupfen. Die Tintenfische reinigen und nur die Körper und Tentakel verwenden (Vorbereitung siehe Seite 69); waschen und trockentupfen.

Das Öl in einem 6 l fassenden Topf erhitzen. Die Köpfe, Gräten und eventuell Krabbenschalen hinzufügen und bei schwacher Hitze unter Rühren 5 Minuten garen. Tomaten, Karotten, Porree, Sellerie und Zwiebel dazugeben und unter Rühren 5 Minuten sautieren, bis die Gemüse etwas Farbe angenommen haben. Thymian, Rosmarin, Fenchel, Lorbeerblatt, Orangenschale, Knoblauch, Petersilie, Salz und Pfeffer hinzufügen und 1 Minute rühren. Mit Wasser und Wein ablöschen und 45 Minuten leise köcheln lassen.

Die Fischabfälle, Thymian, Rosmarin, Fenchel, Lorbeerblatt, Orangenschale, Knoblauch und Petersilie entfernen. Die restlichen Gemüse im Mixer oder in der Küchenmaschine glattpürieren. Den Fond durch ein Sieb gießen. Den Topf auswischen, den Fond und das Gemüsepüree hineingeben. Die Safranfäden zugeben und bei schwacher Hitze zum Kochen bringen. Die Fische hinzufügen, und zwar zuerst die mit festerem Fleisch und später die kleinen zarten; das Ganze nach jeder Zugabe wieder zum Kochen kommen lassen. Je nach Größe und Konsistenz der Fische in 5 bis 12 Minuten garziehen lassen. Mit einem Schaumlöffel die Fische vorsichtig herausheben und auf einer vorgewärmten Platte anrichten. Die Suppe in eine Terrine gießen und gleichzeitig mit den Fischen sofort servieren. Aïoli (Rezept Seite 109) oder Rouille (Rezept Seite 37) und mit Knoblauch eingeriebene, geröstete Brotscheiben dazu reichen.

Für 6–8 Personen

Abbildung S. 10

Elsaß

MATELOTE AU RIESLING
Matelote von Süßwasserfischen in Riesling

2 kg Flußfische verschiedener Sorten: Aal, Hecht, Schleie, Barsch, Forelle ...
Bouquet garni: 1 Thymianzweig, 1 Lorbeerblatt, 6 Petersilienzweige, 2 Estragonzweige
2 mittelgroße Karotten, abgeschabt und in Scheiben geschnitten
2 Porreestangen, gründlich gewaschen und in Scheiben geschnitten
2 Zwiebeln, jede etwa 100 g, in Scheiben geschnitten
½ l Riesling
½ l Wasser
4 Prisen frisch geriebene Muskatnuß
Salz und frisch gemahlener Pfeffer
3 Eigelb
200 g Sahne

Die Fische vom Fischhändler schuppen, ausnehmen und die Köpfe entfernen lassen. Die Köpfe und Gräten aufheben. Die Fische in 4 cm große Stücke schneiden.

Die Kräuter für das Bouquet garni zusammenbinden. Karotten, Lauch, Zwiebeln, Fischköpfe und Gräten, Bouquet garni, Wein, Wasser, Muskat, Salz und Pfeffer in einen großen Topf geben, zum Simmern bringen und dann 20 Minuten köcheln lassen.

Den Fond in einen sauberen Topf seihen und zum Köcheln bringen. Die Fische in der oben aufgeführten Reihenfolge hinzufügen, und die Flüssigkeit jedesmal wieder zum Simmern kommen lassen, bevor man die nächste Fischsorte dazugibt. 15 Minuten garziehen lassen, dann von der Kochstelle nehmen. Die Fischstücke mit einem Schaumlöffel herausnehmen und in einer tiefen, vorgewärmten Platte warm halten.

Die Kochflüssigkeit auf die Hälfte einkochen. Das Eigelb mit einer Gabel schaumig schlagen. 2 EL des Fonds unter das Eigelb rühren. Diese Mischung wieder in den Fond gießen, den man inzwischen von der Kochstelle genommen hat, und kräftig schlagen, bis die Sauce eindickt. Diese über den Fisch gießen und sofort servieren.

Für 6 Personen

Matelote von Süßwasserfischen in Riesling

PETER JOHNSON

Burgund

Pochouse
Fisch-Zwiebel-Eintopf

2 kg Flußfische: Aal, Karpfen, Schleie, Barsch ...
150 g durchwachsener, geräucherter Speck
50 g Butter
25 kleine junge Zwiebeln, geschält
Salz und frisch gemahlener Pfeffer
¾ l weißer Burgunder
6 Knoblauchzehen, geschält
50 g *Beurre manié* (25 g Mehl und 25 g Butter gut verknetet)

ZUM SERVIEREN:
Croûtons

Die Fische vom Fischhändler schuppen, ausnehmen und die Köpfe entfernen lassen. Die Fische in 4 cm große Stücke schneiden, abspülen und trockentupfen.

Den Speck in streichholzgroße Streifen schneiden, vorher die Schwarte entfernen. 1 Minute in kochendem Wasser blanchieren, dann abtropfen lassen.

50 g von der Butter in einem 6 l fassenden Topf zerlassen. Die Zwiebeln und den Speck hinzufügen und unter Rühren bei schwacher Hitze 5 Minuten braten, bis beides goldgelb ist. Leicht mit Salz und Pfeffer würzen. Den Wein dazugießen und zum Köcheln bringen. Den Knoblauch und die Fische hinzufügen und diese 15 Minuten garziehen lassen. Die Fischstücke mit einem Schaumlöffel herausheben und in einer Terrine warm halten. Den Knoblauch wegwerfen. Die *Beurre manié* in eine kleine Schüssel geben und mit 3 EL der Brühe vermengen, dann diese Mischung in den Topf geben und bei schwacher Hitze 5 Minuten unterrühren, bis die Sauce eindickt. Die Fischstücke wieder hineinlegen und sofort servieren. Die Croûtons dazu reichen.

Für 6 Personen

Zutaten für Fisch-Zwiebel-Eintopf

PETER JOHNSON

PETER JOHNSON

Forelle in Riesling (oben) *und Forelle mit Mandeln.*

Elsaß

Truites au Riesling
Forelle in Riesling

4 Forellen, jede etwa 200 g
Salz und frisch gemahlener Pfeffer
75 g eisgekühlte Butter
4 Schalotten, feingehackt
150 ml Elsässer Riesling
150 g kleine Champignons
100 g Sahne oder Crème double

Die Fische vom Fischhändler vorbereiten lassen. Abspülen und trockentupfen; mit Salz und Pfeffer würzen.

Den Backofen auf 215 °C (Gasherd Stufe 4) vorheizen. Mit 1 EL von der Butter eine Backform einfetten, in die die Fische nebeneinander gerade hineinpassen. Die gehackten Schalotten am Boden verteilen und die Fische darauflegen. Den Wein in die Form gießen und mit einem Bogen Alufolie bedecken. 20 Minuten backen.

In der Zwischenzeit die Enden der Champignonstiele abschneiden; die Champignons waschen, trockentupfen und in Viertel schneiden. 1 EL Butter in einer Pfanne von 26 cm Durchmesser zerlassen und die Champignons darin sautieren, bis sie goldbraun sind und alle Flüssigkeit verdampft ist. Warm halten.

Die Haut von den Forellen abziehen und die Fische auf einer vorgewärmten Servierplatte anrichten. Mit den Champignons umlegen und warm halten.

Die Garflüssigkeit der Forellen in einen kleinen Topf seihen und bei starker Hitze einkochen, bis man eine sirupartige Essenz erhält. Die Sahne hinzufügen und weiter einkochen, bis die Sauce dick und cremig ist. Mit einem Holzlöffel die restliche Butter in Würfel schneiden und schnell unterrühren. Fische und Champignons mit der Sauce überziehen und sofort servieren.

Für 4 Personen

Champagne

Truites aux Amandes
Forelle mit Mandeln

4 Forellen, jede etwa 200 g
Salz und frisch gemahlener Pfeffer
150 g Butter
120 g Mandelblättchen

Die Fische vom Fischhändler vorbereiten lassen. Abspülen und trockentupfen; mit Salz und Pfeffer würzen.

Die Hälfte der Butter in einer Pfanne von 26 cm Durchmesser zerlassen und die Forellen 6 Minuten auf jeder Seite braten. Auf eine vorgewärmte Servierplatte legen und warm halten.

Die Butter weggießen und die Pfanne auswischen. Die Mandeln hineingeben und bei schwacher Hitze unter häufigem Umrühren leicht rösten. Die restliche Butter hinzufügen und bei schwacher Hitze aufschäumen lassen. Über die Forellen löffeln und sofort servieren.

Für 4 Personen

Burgund

Carpe Farcie
Gefüllter Karpfen

1 Karpfen, etwa 1,5 kg
150 g altbackenes Weißbrot, ohne Kruste
100 g durchwachsener Speck, in dünne Scheiben geschnitten
2 EL Butter
1 Knoblauchzehe, feingehackt
3 Schalotten, feingehackt
Salz und frisch gemahlener Pfeffer
1 EL gehackte glatte Petersilie

PETER JOHNSON

1 Ei
100 ml trockener Weißwein (Bourgogne Aligoté)
200 g Sahne oder Crème double

Den Fisch vom Fischhändler schuppen und ausnehmen lassen. Dabei auf der Bauchseite aufschlitzen und die Mittelgräte entfernen, die beiden Filets aber nicht trennen. Falls der Fisch Rogen oder Milch enthält, diese beiseite stellen. Den Karpfen abspülen und trockentupfen.

Das Brot im Mixer oder in der Küchenmaschine zu groben Bröseln zerkleinern. Den Bauchspeck in feine Würfel schneiden.

1 EL Butter in einer beschichteten Pfanne von 26 cm Durchmesser zerlassen. Knoblauch und Schalotten darin bei schwacher Hitze unter Rühren 2 Minuten anschwitzen. Den Speck hinzufügen und unter Rühren weitere 2 Minuten braten. Mit Salz und Pfeffer würzen. Rogen oder Milch, Petersilie und Brotbrösel unterrühren, dann von der Kochstelle nehmen. Das Ei einarbeiten und abkühlen lassen.

Den Backofen auf 230 °C (Gasherd Stufe 5) vorheizen. Den Fisch innen mit Salz und Pfeffer würzen und mit der Farce füllen. Die Filets zusammenklappen, darauf achten, daß keine Farce herausquillt, und mit Küchengarn verschnüren.

Mit der restlichen Butter eine Backform ausfetten, in die der Fisch gerade hineinpaßt; den Fisch hineinlegen. Den Wein dazugießen und 45 Minuten backen, wobei man den Fisch immer wieder mit der Garflüssigkeit benetzt.

Den gebräunten Fisch auf eine vorgewärmte Servierplatte legen. Die Sauce einkochen, bis man eine sirupartige Essenz erhält. Die Sahne hinzufügen und unter Rühren noch etwa 2 Minuten kochen, bis die Sauce eindickt. Die Sauce über den Fisch gießen und servieren.

Für 6 Personen

Gefüllter Karpfen

PETER JOHNSON

Aal in grüner Sauce

Picardie

Anguilles au Vert
Aal in grüner Sauce

1 kg mittelgroße Aale
Salz und frisch gemahlener Pfeffer
100 g Sauerampfer
100 g frischer Spinat
10 Zweige glatte Petersilie
4 Kerbelzweige
4 Salbeizweige
2 Estragonzweige
1 Minzezweig
40 g Butter
3 Schalotten, feingehackt
6 EL trockener Weißwein
2 Thymianzweige
1 Lorbeerblatt
2 Eigelb
100 g Sahne oder Crème double

Die Aale vom Fischhändler häuten und ausnehmen lassen, waschen und in etwa 4 cm lange Stücke schneiden. Mit Küchenkrepp trockentupfen und mit Salz und Pfeffer würzen.

Die Stiele von Sauerampfer, Spinat, Petersilie, Kerbel, Salbei, Estragon und Minze entfernen. Waschen, auf Küchenkrepp abtropfen lassen und die Blätter hacken.

Die Butter in einer beschichteten Pfanne von 26 cm Durchmesser zerlassen. Die Aalstücke und die Schalotten hinzufügen und bei schwacher Hitze unter Rühren 5 Minuten braten, bis der Aal gerade goldbraun ist. Die Butter weggießen und den Satz in der Pfanne mit dem Wein ablöschen. Thymian und Lorbeerblatt zugeben und zum Kochen bringen. Deckel auflegen und 5 Minuten bei schwacher Hitze simmern lassen.

In der Zwischenzeit das Eigelb und die Sahne in einer kleinen Schüssel mit einer Gabel verschlagen. 2 EL der Garflüssigkeit hinzufügen, dann diese Mischung in die Pfanne geben. Von der Kochstelle nehmen und gut unterrühren, bis die Sauce eindickt und die Aalstücke überzieht. In einer tiefen, vorgewärmten Platte anrichten und sofort servieren.

Für 4 Personen

VON DER FRANCHE-COMTÉ BIS ZUR DAUPHINÉ

LEO MEIER

VON DER FRANCHE-COMTÉ BIS ZUR DAUPHINÉ

Land der grünen Berge

Die Landschaft der Franche-Comté ist nach ihrem Erscheinungsbild benannt – den *reculées*, mit denen das Zurückweichen der vielen Bergrücken hintereinander gemeint ist. Viele solche Berge und Täler folgen im Jura aufeinander. Dieses sanfte, freundliche grüne Bergland, selten mehr als 1000 Meter hoch, gehört vollständig zu jenem Land, das so lange zwischen den spanischen Königen und den Herzögen von Burgund umstritten war. Einst war es das Land der *gaude*, aber dieser dicke Maismehlbrei, mit frischer Butter angereichert, wird heute kaum mehr gemacht. Ebensowenig wie *bresi*, gesalzenes Rindfleisch, das am Kamin getrocknet wurde.

Hier ist das Reich der kleinen Berge, der frischen Luft und der reinen Weine – leichte, fruchtige Rote aus den Reben von Poulsard und Trousseau, Weiße aus der Chardonnay-Traube und besonders der goldgelbe Savagnier. Der Wein aus dieser Traube wird ähnlich dem Sherry mindestens sechs Jahre lang im Faß gealtert, verliert während dieser Zeit ein Drittel seines Volumens durch Verdunstung und wird zum *vin jaune*, zum gelben Wein. Als der wahre Schatz der Region vereint er in seinem Geschmack und Geruch Walnuß, Harz und getrocknete Blumen in vollendeter Harmonie.

Daß die besondere Eigenart der Juraweine, deren beste man zwischen Arbois und dem Dorf Château-Chalon findet, hier so betont wird, liegt daran, daß sie so wunderbar zu den Gerichten der Franche-Comté passen: Würsten, *côte du sauguais* (geräuchertes Schweinekotelett, ein Standardgericht von Arbois), Huhn mit *vin jaune* und Morcheln,

Links: *Weinreben umranken dieses Bauernhaus bei Chalon-sur-Saône im Burgund, wo man besonders stolz auf seine Rotweine ist.*

Vorhergehende Seiten: *Der Montblanc, eingehüllt in Nebelschwaden, ist der höchste Berg Europas, atemberaubend schön und zu Recht berühmt.*
LEO MEIER

Kalbsbries mit Sahne und Weinsauce, Walnußkuchen und natürlich den verschiedenen Käsesorten der Region.

Da gibt es den Comté und den Morbier aus den örtlichen Molkereien, den Vacherin von Mont d'Or und – allerdings auf mehr kommerzieller Basis – den Cancoillotte von Besançon oder den Haute-Saône, ein leicht laufender Käse aus entrahmter Milch. Der Comté, der nach der Region seinen Namen hat, ist ein hervorragender Käse nach Schweizer Art aus unpasteurisierter Kuhmilch, mit dem Geschmack saftiger Wiesen. Er ist so recht Ausdruck der Franche-Comté, die ihre so charakteristische Freiheitlichkeit niemals preisgegeben hat, ebensowenig wie die Natürlichkeit ihrer Bergweiden.

Am Fuß der Plateaus liegt das liebliche Tal der Loue, das den Kirsch von La Marsotte hervorbringt. Das Tal hat sich seit der Zeit, da Gustave Courbet, aus Ornans gebürtig, es aus dem Blickpunkt eines staunenden Betrachters malte, kaum verändert. Bachforellen und Flußfische gibt es noch reichlich in dem klaren Wasser in der Gegend von Lods und Mouthier-Haute-Pierre.

Gleich nebenan liegt Burgund, das auf andere Art berühmt ist. Von Dijon bis Chagny erstrecken sich die Weingärten: die Côtes de Nuits von Fixin bis Prémeaux, die Côtes de Beaune von Pernand-Vergelesses bis Cheilly. Hier findet man einige der berühmtesten Weine der Welt: Clos Vougeot, Chambertin, Vosne-Romanée, Pommard, Meursault, Montrachet. Ein Land edler Weine, exquisiter Küche und fröhlicher Feste.

Henri Vincenot, der unvergleichliche burgundische Schriftsteller, erzählte gern die Geschichte von dem »Drei-Männer-Wein« *(vin de trois)*, der drei Männer braucht, um so recht geschätzt zu werden: »einen, der ihn eifrig kostet, und zwei, die ihn davontragen«. Burgundischer Humor.

Aber zugleich gibt es wohl keine Region, die die Kunst des Tafelns ernster nähme. Die alten Traditionen leben fort, obwohl die althergebrachten Zutaten immer knapper werden. Schnecken mit dem Namen *gros gris* – große Graue, und die *pochouse verdunoise*, ein Frikassee aus in Weißwein gekochten Süßwasserfischen, sind und bleiben die Spezialitäten der burgundischen Küche. Wein hat hier in der Kochkunst immer eine wichtige Rolle gespielt: *civet* mit Rotwein, Marinaden auf Weißweinbasis oder auch *verjus*, Saft aus unreifen Trauben.

Da gibt es noch andere festliche Erzeugnisse, und sie alle scheinen sich um Dijon zu gruppieren, der prächtigen Hauptstadt des ehemaligen Herzogtums – einer Stadt mit altehrwürdigen Bauten, historischen Kirchen und Straßen mit Kopfsteinpflaster, wo der alte Palast Karls des Kühnen heute ein Kunstmuseum beherbergt. Dijon ist auch die Heimat des Senfs, und seine Lebkuchen – *pain d'épices* – sind ebenso berühmt. Der Likör von schwarzen Johannisbeeren (*crème de cassis*), die man in der Gegend von Arcenant pflückt, einem verschlafenen Nest, hoch über den Côtes de Nuits, erlangte Ruhm durch Canon Kir, jenem Bürgermeister von Dijon, der ihn mit Weißwein mischte und so jenes Getränk schuf, das heute seinen Namen trägt.

Pilze, Hecht, Flußkrebse und *sauce nantua*, die mit einem Püree aus gleichen Krebsen bereitet wird, gehören zu den gemeinsamen Schätzen Burgunds und der Franche-Comté, deren Geschicke einst miteinander verwoben waren. Doch Burgund, das auf der Höhe seines Ruhms größer war als das Königreich Frankreich, hat es verstanden, sich die Reichtümer seiner kleineren Nachbarn zu eigen zu machen: das vielgerühmte Rindfleisch des Charolais, den

LEO MEIER

Wie die meisten Touristenorte der Alpen ist Chamonix eine altmodische Bergstadt geblieben, mit bezaubernden Gasthäusern wie dieses, die eine anspruchsvolle internationale Kundschaft anziehen.

LEO MEIER

Die Grenzstadt Chamonix, hoch in den französischen Alpen, ist sommers wie winters ein vielbesuchter Touristenort.

Schinken des Morvan, das hochgeschätzte Geflügel der Bresse. So sind denn Gerichte wie Schinken in Sahnesauce, Hahn in Rotwein, *coq au vin*, burgundisches Rindfleisch und langsam geschmorte Gemüsetöpfe, Ausdruck des immensen Reichtums dieser Provinz.

Der Kuhmilchkäse von Epoisses und Chambertin, beide kräftig und weich, passen perfekt zu den starken, gutstrukturierten Weinen der Côtes de Nuits. *Œufs en meurette* (in Rotwein pochierte Eier), *gougères* (kleine Käsepuffer, die traditionsgemäß zu Anfang eines Mahls gereicht werden) und diverse Fleischerzeugnisse wie Petersilienschinken in klarem Weingelee, mit frischem Thymian, Kerbel und Estragon gewürzt: sie sind wie geschaffen, um den Höhepunkt eines festlichen Mahls zu bilden.

Lyon könnte leicht als die natürliche Tochter oder die ältere Schwester Burgunds gelten. Seit Jahren preisen Schriftsteller mit Überschwang diese ehemalige Hauptstadt des alten Gallien - »die Hauptstadt guten Essens« - und nennen sie, mit den Worten Curnonskys, die »Welthauptstadt der Gastronomie«. Oder wie Henri Clos-Jouve es ausdrückte: »Lyon ist eine Speisekammer.«

Tatsächlich haben Lyon und die umliegenden Regionen einiges zu bieten, wenn es darum geht, Feinschmecker anzulocken: Birnen aus dem Rhônetal, Nougat aus Montélimar, die Weine des Hermitage, Condrieu, Cornas, Château-Grillet und Saint-Joseph; und noch mehr Weine von der Côte-Rôtie, veilchenduftende Rote aus der Syrah-Traube, die liebenswerten Roten und Weißen von Mâcon, der große Pouilly-Fuissé, der verführerische Saint-Véran; die bescheidenen Weine von Crozes Hermitage. Und dann der Beaujolais, eine Legende für sich. »Lyon«, schrieb Léon Daudet, »wird von drei Flüssen bespült: der Rhône, der Saône und dem Beaujolais.«

Aber Lyon ist mehr als nur eine Stadt mit Lebensart, sie ist ein Symbol. Sie ist die große gastronomische Wegkreuzung, an der alle Routen zusammentreffen: als Brücke von Paris an die Côte d'Azur, Bindeglied zur Schweiz und nach Osteuropa, angrenzend an das Charolais, die Bresse und die Auvergne, weiß sie ihre wichtige strategische Lage zu nutzen und profitiert von dem unübertroffenen Ruf, den sie seit den Tagen genießt, als sie noch das römische Lugdunum war.

Man pflegte zu sagen, daß Lyon eine Stadt ist, die hungrig macht. Früher einmal waren es die Frauen, die *mères*, die die gastronomischen Maßstäbe setzten. Mère Charles, Mère Guy, Mère Blanc und die berühmteste von allen, Mère Brazier, sind heute durch Männer ersetzt, die nicht immer würdige Nachfolger sind. Also stagniert Lyon, ruht sich aus auf den Lorbeeren seiner günstigen Lage? Nein, um die Wahrheit zu sagen: Lyon ist noch immer eine Kapitale guten Essens und guten Lebens, auch wenn es heute Paris oder auch anderen Provinzen überlassen bleibt, den Stil zu prägen.

Es gibt zahlreiche gute Fleischer, diese Könige der *rosette*, der Dauerwurst, der *andouillette*, des *sabodet*, der Kochwurst und der als *gras double* bekannten Kaldaunen. Sie liefern die hervorragenden Produkte, auf denen die volkstümliche Küche Lyons basiert, wie sie in den *bouchons* serviert wird - gemütlichen kleinen Bistros, wo es den Wein in Krügen gibt - und auch in dem typischsten der großen Restaurants der Stadt, Léon de Lyon. Auch hier kann man Brühwurst mit in Öl gegarten Kartoffeln oder *tablier de sapeur* (Schürze des Feuerwehrmannes) essen, eine Mahlzeit aus Innereien vom Rind, die in Stücke geschnitten, paniert und gebraten werden; oder auch mit Kapern gekochtes Hirn.

Der Käse *Cervelle de Canut* verdankt seinen Namen den Seidenwebern Lyons, den *canuts*. Er ist eine Mischung aus Frischkäse, der glattgerührt wird und mit Pfeffer, Salz, feingehackten Schalotten und frischen Kräutern, Weißwein und einem Tropfen Öl verfeinert ist: geradezu ein Denkmal des ehrlichen und einfachen Essens in Lyon. Weitere typische Gerichte: am Spieß gebratene Hähnchen mit Kardonen (spanische Artischocken) oder überbackene Makkaroni; gebratene Kalbsleber mit Essig und Zwiebeln; in Rinderfett gebratene Hechtstückchen; *andouillette* aus Schweine- und Kalbsinnereien, in der Pfanne mit Zwiebeln und Weißwein oder Essig, manchmal auch zusätzlich mit Senf gebraten; Huhn mit unter die Haut geschobenen schwarzen Trüffelscheiben, mit dem Namen *en demi-deuil* (in Halbtrauer); oder Huhn, das in einer mit Gemüsefond gefüllten Schweinsblase gebrüht ist, wozu später Sahne gegeben wird; Huhn mit Essig; die leckere Torte (*tartre*) aus Les Allymes; die *galette* (Plätzchen) mit Zuckerguß aus Pérouge; die *bugues* (Fettgebackenes) aus der Bresse - dies alles gehört zum Repertoire von Lyon, das aus allem, was die Obstgärten, Täler, Seen, Weiden und Weingärten rund herum zu bieten haben, das Beste macht.

Die Berge, die Lyon umgeben, bringen einen Hauch von Frische von ihren Höhen in die Stadt und geizen auch nicht mit ihren Gütern. *Gratin dauphinois*, in Lyon so beliebt wie in ganz Frankreich, besteht aus Lagen dünn geschnittener Kartoffeln, die im Backofen mit Sahne gratiniert werden. Die *ravioles* von Romans in Drôme sind mit Ziegenkäse gefüllte Ravioli. Der pikante Geschmack des Saint-Marcellin-Käses – weich, mittelgroß, aus Kuhmilch gemacht – bildet einen angenehmen Abschluß eines gemütlichen Mahls. Die verschiedenen Fleischereiprodukte mit Namen wie *boudins farçons*, *mursons*, *caillettes* (kleine Leberpasteten, mit Spinat angereichert) stammen eigentlich aus der Dauphiné, obwohl sie auch auf der anderen Seite der Rhône, an den rauhen Hängen der Ardèche, zu finden sind.

Savoyen mit seinen weiten Bergweiden, seinen blumenumwucherten hölzernen Bauernhäusern, den riesigen Scheunen, seinen Waldfrüchten und seiner traditionsreichen Milchwirtschaft bietet einen unerwarteten Reichtum. Die Seen von Bourget und Annecy und der Genfer See nähren herrliche Fische: Forellen, Barsche, Karpfen, Aale und eine örtliche Spezialität, *féra*, vor allem aber den hervorragenden, rosafleischigen Saibling, der einfach *à la meunière* gebraten oder mit schäumender Butter serviert wird.

Die einheimischen Käse, die zu den besten Frankreichs zu zählen sind, werden vielfach auf Lyons modernem Markt in La Part-Dieu angeboten. Zum Beispiel der Reblochon aus der Region zwischen Thônes und Grand-Bornand, der aus Rohmilch hergestellt und dessen Rinde während der zweiwöchigen Reifezeit in einem kühlen Keller häufig gewaschen wird; der Beaufort, Stolz der Region Beaufortin, des Landes der Türme und der hügeligen Weideflächen – der »Fürst der Gruyères«, der nur während hundert Tagen im Sommer gemacht wird, wenn die Kühe auf den Almen weiden, und zwar aus warmer Milch, die nach Gras und Quark riecht; der Tamié, ein Käse nach Art des Reblochon mit würzigem Geschmack, der von den Mönchen der Abtei gleichen Namens gemacht wird; der Tomme des Bauges mit seiner dicken, pulvrigweißen Rinde; der Persillé-Käse, hergestellt aus langsam erwärmter Ziegenmilch, der einen leicht schimmeligen Geruch annimmt: diese Auswahl sollte genügen, um die große Vielfalt der Käse Savoyens zu verdeutlichen. Noch aussagekräftiger ist die Tatsache, daß viele der traditionellen Gerichte der Region auf dieser Käsevielfalt basieren – so *pela des Aravis*, das sind einfach gekochte Kartoffeln mit geschmolzenem Käse, oder das berühmte Fondue auf der Basis von geschmolzenem Gruyère mit Weißwein und manchmal mit Kirsch und Muskatnuß.

Sind diese traditionellen Gerichte aus Gesundheits- und Diätgründen am Verschwinden? Auf den Bauernhöfen zwischen Megève und Chamonix macht man noch immer das *farcement savoyard* (ein Kuchen aus geriebenen Kartoffeln, zu denen Trockenpflaumen, getrocknete Birnen, Rosinen, Eier und Mehl gegeben werden), den *farçon* (Kartoffelpüree, angereichert mit Eiern und gehackten Kräutern) und das *caïon*, in Rotwein gekochtes Schweinefleisch mit Polenta. Auch findet man noch – und nicht nur in Savoyen – das *matafan* oder *mate-faim*, ein dicker, gehaltvoller Kartoffelpfannkuchen, der in Burgund und im Jura mit

Die Barrage de Roseland, einer von vielen Stauseen der Alpen, ist in den Wintermonaten mit Eis bedeckt.

LEO MEIER

LEO MEIER

Gemüsegärten umgeben die kleinen schindelgedeckten Häuser in Saint-Pierre-de-Chartreuse in der Dauphiné.

Äpfeln und Zucker gebacken wird. Das Gebäck in dieser Gegend - wie zum Beispiel *biscuit de savoie*, das aus den Grundbestandteilen Eier und Zucker gemacht wird - ist zart wie Schnee. Eine Entdeckung ist auch die Brioche von Saint-Genix, die ursprünglich aus der Pâtisserie Debeauve in Yenne stammt: ein handgeformter Kuchen, gefüllt mit gebrannten Mandeln und mit braunem Zucker überzogen.

Zu den Weinen Savoyens zählen der inzwischen seltene Roussette (sanft, elegant, ausgeprägt); der Chautagne (ein ansprechender leichter Rotwein); und der Aprémont oder Abymes aus der Jacquère-Traube (beide Weißweine sind leicht und trocken); nur allzuleicht denkt man an sie als unkomplizierte Après-Ski-Weine, aber zumindest der erstgenannte wird mit dem Altern erheblich besser. Die hiesigen Schaumweine sind blaßfarben und leicht; die besten Qualitäten sind trockener und feiner als manch berühmter Artgenosse. Der typischste Rote der Gegend wird aus der Mondense-Traube gekeltert und hat ein beträchtliches Alterungspotential.

Aus den heimischen Obstarten und Beeren werden Marmeladen, Gelees, Sirups und Schnäpse hergestellt. *Génépi*, der durch die Destillation einer einheimischen Pflanze gewonnen wird, ist der lokale Digestif schlechthin. Aber wer weiß schon, daß in Chambéry der französische Wermut geboren wurde, und zwar 1821 in der Destillerie Routin? Laut Rezept müssen ganze Pflanzen, Wurzeln, Rinde und Bergblumen in dem einheimischen trockenen Weißwein eingeweicht werden. Hier wurde auch der *Chambéry fraise* erfunden, der für die Amerikaner in den Nachkriegsjahren in Frankreich zum bevorzugten Aperitif wurde: ein simples Getränk aus wild wachsenden Erdbeeren und Weißwein.

WILD UND GEFLÜGEL

LEO MEIER

Foie gras, die vergrößerte Fettleber einer zwangsgemästeten Ente oder Gans, zählt zu den ältesten französischen Delikatessen. Die feinste foie gras *kommt aus dem Elsaß und dem Périgord. Schlachtzeit ist zwischen Oktober und April, weil da die Qualität der Leber am besten ist.*

WILD UND GEFLÜGEL

Aus Wäldern, Feldern und Höfen

Begonnen hat alles mit dem *poule au pot*, das Henri IV, der beliebte französische König, allen seinen Untertanen als Sonntagsmahl wünschte. In den fünf Jahrhunderten danach hat sich mancherlei Wandel vollzogen: Huhn ist zu einem sehr preiswerten Gericht geworden, ja einem Alltagsgericht. Aus einem Festtagsschmaus ist das sogenannte Batteriehuhn geworden, in Massen produziert.

Als Reaktion darauf, daß Geflügel nicht mehr auf Bauernhöfen, sondern in geschlossenen, engen Käfigen gezogen wird, haben sich Anhänger des traditionellen Systems zusammengeschlossen, um ihr Markenzeichen zu verteidigen, das je nach Fütterung, Weidefläche und der den Tieren gewährten Freiheit verliehen wird. Das feinste von allen, der größte Luxus, ist das Bresse-Huhn: mit weißem Gefieder, blauen Füßen, mit zehn Quadratmetern Raum pro Kopf, mit Korn gefüttert. Dieses Geflügel ist hervorragend, mit zartem, saftigem und schmackhaftem Fleisch, dem man die fruchtbare Erde noch anmerkt. In der Bresse werden die Küken wie eigene Kinder behandelt.

Auch die Hühner von Loué in der Chalosse (Landes) sind Spitzenqualität, im Freien gezogen und mit Korn gefüttert. Wie sind sie am wohlschmeckendsten? Am Spieß oder vorsichtig im Ofen gebraten, oder gebacken *en vessie*, in einer Schweinsblase. Die fette Haut wird beim Backen köstlich knusprig, die gegrillten Schenkel werden im Salat gegessen, und das zarte weiße Fleisch kann in Stücken paniert und überbacken oder in einer Marinade eingelegt werden.

Es gibt wohl kaum jemand, dem Geflügel nicht zusagt, und es eignet sich für alle möglichen Zubereitungsarten, paßt zu allen Gemüsen, wird allen Traditionen gerecht. Ob mit Sahne, mit Estragon, mit Essig, mit Waldpilzen, mit dem starken *vin jaune*, mit Flußkrebsen, mit Knoblauch, mit Cidre, mit Butter, mit Senf, gefüllt, in der Suppe gekocht, mit Reis, mit einer als *suprême* bekannten Sahnesauce, mit Paprika, mit Trüffeln, mit Bier, mit Champagner, mit Riesling: jede Region hat ihr eigenes Rezept. In der Tat ist Geflügel der kleinste gemeinsame Nenner aller Franzosen.

Der Hahn (mehr als ein Jahr alt, nach bereits vollbrachten Fortpflanzungspflichten), der traditionell *au vin* gekocht wird, entweder mit Rotem, Weißem oder *jaune*, um sein eher zähes Fleisch zarter zu machen, wird immer seltener. Ähnlich steht es mit dem Huhn. Beide werden vorteilhaft durch einjährige Jungtiere ersetzt. Das Nonplusultra ist der

Vorhergehende Seiten: *Perlhuhn mit Pfifferlingen gefüllt* (oben links, Rezept Seite 130), *Hasenrücken in Sahnesauce* (oben Mitte, Rezept Seite 128), *Huhn mit Krebsen* (unten links, Rezept Seite 131) *und Huhn mit Estragonessig* (unten rechts, Rezept Seite 127)

FOTOGRAFIERT IN LYONNAIS
PIERRE HUSSENOT/AGENCE TOP

LEO MEIER

Jagen ist ein alter Brauch in Frankreich. Die Jagdsaison beginnt im Frühherbst. Dieser Bauer durchstreift gleich zu Saisonbeginn seine Salatfelder auf der Pirsch nach Hasen oder Fasanen.

LEO MEIER

Viele der Fachwerkhäuser in Dinan in der Bretagne werden von Handwerkern bewohnt. Dieses hier in der Stadtmitte ist allerdings ein Restaurant, wo die Geflügel- und Wildgerichte sicher hervorragend sind.

Kapaun, eine Spezialität der Bresse und der Heidelandschaften der oberen Gascogne: Die männlichen Küken werden im Alter von sechs Wochen kastriert, ab dem Alter von sechs Monaten gemästet und wiegen vier bis fünf Kilogramm, wenn sie geschlachtet und zu Weihnachten verkauft werden. Dieser rundliche und saftige Vogel mit wunderbar zartem Fleisch ist als köstliches Festtagsmahl unübertrefflich.

Zum Geflügel zählen natürlich auch die Perlhühner; der Truthahn, der, mit Eßkastanien zu Weihnachten verzehrt, schon zu einer internationalen Tradition geworden ist und auch als paniertes Schnitzel das Kalbschnitzel zu verdrängen beginnt; und der Fasan, der von der Geflügelfarm kommen kann oder wild gejagt wird, denn manche Vögel, die früher nur wild lebten, sind inzwischen gezähmt worden.

In den vielen Wäldern der Sologne werden Rebhühner, Wachteln und Stockenten gezüchtet und zu Beginn der Jagdsaison freigelassen. Nicht mit korngefütterten Haustauben zu verwechseln ist die Ringeltaube *(pigeon ramier)* mit ihrem dunkleren, festeren Fleisch und kräftigen Geschmack. Von den Seen bis zum Unterholz, von den Wäldern bis zum Dickicht ist in Frankreich noch manch gutes Wildbret zu finden.

Die Ente ist Grundlage für einige der großartigsten französischen Gerichte. Ihre besondere Qualität liegt in ihrem festen, herzhaften Fleisch, das medium wie ein Steak gebraten werden kann und sich gut für süße Kombinationen eignet. Die Ente brilliert mit Orange, mit Saucen, die mit Leber, *foie gras* oder anderen Innereien verfeinert sind, oder im eigenen Saft, der mit der silbernen Entenpresse aus der Karkasse ausgepreßt wird. Die edelste Rasse ist die *Challans* aus der Gegend von Nantes. Die *Mulard*-Rasse liefert ausgezeichnete *foie gras*. Die Barbarie-Ente, obwohl etwas gewöhnlicher, wird als Braten ebenfalls hoch geschätzt.

Immer häufiger wird die Brust der gemästeten Ente (*magrets* oder *maigrets*) blutig bis rosa zubereitet – nach einer von dem Koch André Daguin in Auch (Gers) geschaffenen Mode. Der Brauch des Einlegens einer Ente als *confit* – durch Kochen im eigenen Fett und Lagern in irdenen Töpfen – geht auf die Mauren zurück, die den Südwesten Frankreichs durchstreiften. Die Methode läßt sich genausogut auf das sehnigere Fleisch der Gans anwenden und wird im Elsaß hoch geschätzt, besonders unter den dort lebenden Juden.

Das Kaninchen, das viele Jahre vernachlässigt und auf den Küchenzettel des Alltags verwiesen war, hat eine triumphale Wiederentdeckung erlebt. Die regionalen Traditionen hatten das Kaninchen allerdings nie verbannt; sie bieten ihm zur Begleitung Dörrpflaumen, Senf oder Cidre und lassen den Feinschmecker die Keulen und auch den Rücken genießen, der in der Pfanne gebraten, im Ofen geschmort, *en gibelotte* oder *en civet*, gefüllt oder als Ragout zubereitet werden kann. Kaninchen kann mit Recht zur Grande Cuisine gerechnet werden, sofern es nicht in solchem Maß überkocht wird, daß sein Geschmack verlorengeht. Die besten Tiere kommen oft aus dem Gâtinais, dem Flachland um Orléans, südlich von Paris.

Überquert man die Loire, so kommt man in die Sologne mit ihren weiten Wäldern und Jagdgefilden, wo man noch Hasen findet. Sein dunkles Fleisch hat noch den Geschmack der Wälder, des Mooses und der Heide, in denen er sich bewegt. Als *civet* oder *à la royale*, das heißt gefüllt mit *foie gras* und mit einer feinen Sauce serviert, der ein Fond aus Knochen und Fleischabschnitten einen vollen und kräftigen Geschmack gibt; mit in der Pfanne gebratenen Früchten wie Quitten oder Birnen, mit Maronenpüree oder frisch gemachten Teigwaren zählt er zu den schmackhaftesten Herbstgerichten überhaupt.

Diese alte Scheune in der Bretagne vermittelt noch die Stimmung friedlichen Landlebens, wie es für die Gegend beim Mont-Saint-Michel typisch ist.

LEO MEIER

Lyonnais

Poulet au Vinaigre
Huhn in Estragonessig

2 reife mittelgroße Tomaten
1 Huhn, etwa 1,5 kg, in 8 Stücke zerlegt
Salz und frisch gemahlener Pfeffer
1 EL Pflanzenöl
25 g Butter
6 Knoblauchzehen, geschält
6 EL Estragonessig
150 ml trockener Weißwein
2 Prisen Zucker
150 ml Sahne oder Crème double
1 TL scharfer Senf

Die Tomaten für 10 Sekunden in kochendem Wasser blanchieren. Unter fließendem Wasser abschrecken, häuten, halbieren und die Kerne entfernen; das Fruchtfleisch feinhacken.

Das Huhn mit Salz und Pfeffer würzen. Das Öl in einer Kasserolle von 26 cm Durchmesser erhitzen und die Butter hinzufügen. Sobald sie geschmolzen ist, die Hühnerfleischstücke und die Knoblauchzehen hineingeben und etwa 10 Minuten braten, bis die Fleischstücke goldbraun sind. Den Essig angießen und verdampfen lassen. Den Wein und die Tomaten einrühren und mit Salz, Pfeffer und Zucker abschmecken. 45 Minuten garen und dabei von Zeit zu Zeit umrühren.

Während das Hühnerfleisch schmort, die Sahne und den Senf in einer kleinen Schüssel vermischen. Das gegarte Fleisch aus der Kasserolle nehmen und warm halten. Den Bratensaft durch ein feines Sieb in einen Topf gießen und dabei den weichgekochten Knoblauch durchdrücken. Bei starker Hitze etwa 5 Minuten kochen, bis man eine sirupartige Essenz erhält. Die Sahne-Senf-Mischung hinzufügen und bei starker Hitze 2 Minuten einkochen, bis die Sauce dick und cremig ist. Über die Hühnchenstücke gießen und sofort servieren.

Für 4–6 Personen *Abbildung S. 122–123*

PETER JOHNSON

Hahn in Rotwein

Auvergne/Burgund

Coq au Vin
Hahn in Rotwein

Dieses Gericht wurde ursprünglich mit Chanturgues, einem Rotwein aus der Auvergne, zubereitet. Da dieser sehr selten geworden ist, ersetzt man ihn heute durch einen roten Burgunder, vorzugsweise Chambertin. Allerdings beansprucht jede Provinz in Frankreich die Erfindung dieses Gerichts für sich, und tatsächlich findet man fast überall ähnliche Zubereitungsarten, manchmal auch auf Weißweinbasis, wie zum Beispiel im Elsaß.

1 Hahn, etwa 2 kg, in 10 Stücke zerlegt
Salz und frisch gemahlener Pfeffer
6 EL Mehl
Bouquet garni: 1 Lorbeerblatt, 1 Thymianzweig, 1 Rosmarinzweig, 8 Petersilienzweige
100 g durchwachsener Speck
24 kleine Champignons
1 EL Pflanzenöl
50 g Butter
24 kleine, junge Zwiebeln, geschält
2 EL Cognac
750 ml roter Burgunder, zum Beispiel Chambertin
3 Knoblauchzehen, geschält
4 Prisen frisch geriebene Muskatnuß
1 TL Zucker

ZUM SERVIEREN:
Croûtons

Die Fleischstücke mit Salz und Pfeffer würzen. Das Mehl auf einen Teller sieben und die Hähnchenstücke darin wenden; überschüssiges Mehl abschütteln.

Die Kräuter für das Bouquet garni zusammenbinden. Den Speck in streichholzgroße Stücke schneiden und dabei die Schwarte entfernen. Die Champignons putzen, waschen und trockentupfen.

Das Öl in einem 6 l fassenden Topf erhitzen und die Butter hinzufügen. Zwiebeln, Speck und Champignons darin blondieren, bis sie weich sind, dann herausnehmen und beiseite stellen. Den Hahn auf allen Seiten etwa 10 Minuten anbräunen. Den Cognac darüberträufeln und entzünden; den Topf leicht schütteln, bis die Flammen erlöschen. Den Wein dazugießen und das Bouquet garni, Knoblauch, Salz, Pfeffer, Muskat und Zucker unterrühren. Zum Simmern bringen und 1½ Stunden zugedeckt garen; dabei von Zeit zu Zeit umrühren.

Zwiebeln, Speck und Champignons wieder hineingeben und weitere 30 Minuten garen.

Die Fleischstücke aus dem Topf nehmen und auf einer vorgewärmten Servierplatte anrichten. Das Bouquet garni entfernen und die Sauce bei starker Hitze etwa 2 Minuten heftig kochen lassen, bis sie etwas eingedickt ist. Über den Hahn gießen und sofort servieren. Dazu reicht man Croûtons.

Für 6 Personen

Franche-Comté

RABLE DE LIEVRE À LA CRÈME
Hasenrücken in Sahnesauce

Dieses Gericht ist auch im Elsaß sehr populär, wo es mit Spätzle und sautierten Pilzen serviert wird.

2 Hasenrücken, quer halbiert
Salz und frisch gemahlener Pfeffer
2 EL Cognac
200 ml Hühnerbrühe (Rezept Seite 34)
1 EL Pflanzenöl
1 Zwiebel, etwa 100 g, in Scheiben geschnitten
1 Karotte, abgeschabt und in Scheiben geschnitten
2 Knoblauchzehen, geschält und in Viertel geschnitten
1 Thymianzweig
1 Lorbeerblatt
6 Petersilienzweige
150 ml Sahne

Das Fleisch abspülen und trockentupfen; mit Salz und Pfeffer würzen. Cognac, Brühe und Öl in eine Schüssel gießen. Zwiebel, Karotte, Knoblauch, Thymian, Lorbeerblatt und Petersilie hinzufügen und dabei die Kräuter zwischen den Fingern zerreiben. Die Hasenstücke in diese Marinade legen, sie wenden, damit sie mit der Marinade überzogen sind und im Kühlschrank 12 Stunden marinieren; währenddessen mehrere Male wenden.

Die Fleischstücke herausnehmen und trockentupfen. Die Marinade durch ein Sieb gießen und die Kräuter und die anderen Würzzutaten wegwerfen.

Den Backofen auf 230 °C (Gasherd Stufe 5) vorheizen. Die Fleischstücke in eine Backform legen, in die sie gerade hineinpassen. Die Hasenrücken im Ofen auf jeder Seite 10 Minuten bräunen, dann weitere 30 Minuten braten, wobei man häufig etwas Marinade nachgießt und die Fleischstücke mit dem Bratensaft befeuchtet.

Die Fleischstücke auf einen Teller legen und warm halten. Den Bratensaft in einen kleinen Topf umfüllen und das Fett von der Oberfläche abschöpfen. Etwa 2 Minuten einkochen, bis man eine sirupartige Essenz erhält. Die Sahne hinzufügen und weitere 3 bis 4 Minuten kochen, bis die Sauce dick und cremig ist. Die Sauce über den Hasenrücken gießen und sofort servieren.

Für 4 Personen *Abbildung S. 122–123*

Provence

POULET AUX QUARANTE GOUSSES D'AIL
Huhn mit vierzig Knoblauchzehen

In der Provence, wo er auch die Trüffel der armen Leute genannt wird, ist der Knoblauch das A und O der regionalen Küche. Wenn man sie en chemise *(»im Hemd« – in anderen Worten, ungeschält) schmort, werden die Knoblauchzehen weich und cremig und ergeben ein köstliches Püree, das den Gerichten ein unvergleichliches Aroma verleiht. Es soll sogar Hausfrauen geben, die vierzig Knoblauchzehen für zu wenig erachten!*

1 Huhn, etwa 1,75 kg
Salz
2 frische Thymianzweige
2 frische Rosmarinzweige
2 frische Salbeizweige
2 Zweige glatte Petersilie
40 Zehen von frischem, jungem Knoblauch, ungeschält
3 EL Olivenöl
Frisch gemahlener Pfeffer

ZUM SERVIEREN:
Geröstete Landbrotscheiben

Den Backofen auf 200 °C (Gasherd Stufe 3–4) vorheizen. Das Huhn innen und außen mit Salz bestreuen. Es mit der Hälfte von Thymian, Rosmarin und Salbei füllen; die Petersilie und 4 Knoblauchzehen ebenfalls hineingeben. Den Rest der Kräuter in eine ovale Tonform oder einen gußeisernen Topf geben, in die bzw. den das Huhn gerade hineinpaßt. Den Boden mit einem Teil des Knoblauchs bedecken, das Huhn daraufgeben und dieses mit Knoblauch umlegen. Das Huhn sorgfältig mit Olivenöl überziehen. Das Bratgefäß zudecken und 1¾ Stunden backen.

Das Huhn auf eine vorgewärmte Servierplatte setzen und mit den Knoblauchzehen anrichten. Das Fett vom Bratensaft abschöpfen und ihn in eine Sauciere gießen. Das Huhn heiß und zusammen mit der Sauce und den gerösteten Brotscheiben servieren. Jeder Gast drückt den Knoblauch aus der Haut heraus und verstreicht das wunderbar aromatische Püree auf dem gerösteten Brot.

Für 5–6 Personen

Provence

LAPIN EN PAQUETS
Kaninchenpäckchen

Die Zubereitungsmethode gab diesem Gericht seinen Namen: jedes Stück Kaninchenfleisch ist in einem »Päckchen« aus Speck eingeschlossen. Kaninchen wird überall in der Provence auf diese Weise zubereitet; man kann anstelle der Tomaten auch gebratene Auberginen dazu reichen.

250 g reife Tomaten
2 EL Olivenöl
Salz und frisch gemahlener Pfeffer
2 Prisen Zucker
1 Kaninchen, etwa 1,6 kg, in 8 Stücke zerlegt
8 sehr dünne, aber breite Scheiben durchwachsener Speck
8 kleine Thymianzweige
2 Knoblauchzehen, geschält und in hauchdünne Scheiben geschnitten

Den Backofen auf 200 °C (Gasherd Stufe 3–4) vorheizen. Die Tomaten für 10 Sekunden in kochendem Wasser blanchieren. Unter fließendem Wasser abschrecken, dann häuten, halbieren, die Kerne entfernen und das Fruchtfleisch grobhacken. Die Tomaten und 1 EL Olivenöl in eine beschichtete Pfanne von 26 cm Durchmesser geben. Salz, Pfeffer und Zucker hinzufügen und bei starker Hitze unter ständigem Rühren einkochen, bis man ein dickes Püree erhält.

Mit dem restlichen Öl eine feuerfeste Form einfetten, in die die Kaninchenstücke nebeneinander hineinpassen.

Die Kaninchenteile abspülen und trockentupfen; mit Salz und Pfeffer würzen. Je ein Teil auf eine Speckscheibe legen. Einen Thymianzweig und ein paar Knoblauchscheibchen darauf anrichten. Die Speckscheibe um das Fleisch wickeln und mit einem Zahnstocher zusammenklammern. Auf diese Weise acht Kaninchen-»Päckchen« herstellen.

Das Tomatenpüree auf dem Boden der Backform verteilen und das Fleisch daraufsetzen. 1 Stunde backen, die Päckchen nach 30 Minuten wenden. Die Zahnstocher entfernen und die Kaninchenpäckchen auf einer vorgewärmten Servierplatte anrichten. Mit dem Tomatenpüree überziehen und sofort servieren.

Für 4 Personen

Rechte Seite: *Kaninchenpäckchen* (links) *und Huhn mit vierzig Knoblauchzehen* (rechts)

IN DER PROVENCE AUFGENOMMEN
PIERRE HUSSENOT/AGENCE TOP

PETER JOHNSON

Huhn im Topf nach Art von Toulouse

Languedoc

Poule au Pot à la Toulousaine

Huhn im Topf nach Art von Toulouse

1 Huhn, etwa 2 kg, mit Leber, Magen, Herz und Hals
Salz und frisch gemahlener Pfeffer
3 EL Milch
100 g frisches Weißbrot, ohne Kruste
4 Knoblauchzehen
200 g roher Schinken
2 Eier
1 EL gehackte glatte Petersilie
4 Prisen frisch geriebene Muskatnuß
2 Zwiebeln, jede etwa 100 g
4 Gewürznelken
Bouquet garni: 1 Lorbeerblatt, 1 Thymianzweig, 6 Petersilienzweige
2 mittelgroße Karotten, geschält und in dicke Scheiben geschnitten
2 Stangen zarter Bleichsellerie, in große Stücke geschnitten
10 Pfefferkörner, weiße und schwarze

ZUM SERVIEREN:
Geröstete Weißbrotscheiben

Das Huhn innen und außen mit Salz und Pfeffer würzen.

Die Milch in einem kleinen Topf erhitzen und das Brot hineinkrümeln. Zu einer glatten Paste vermengen, dann von der Kochstelle nehmen und abkühlen lassen.

2 Knoblauchzehen feinhacken. Den Schinken und die Hühnerleber feinhacken.

Die Eier aufschlagen, in eine Schüssel gleiten lassen und mit einer Gabel verschlagen. Knoblauch, gehackten Schinken und Leber, eingeweichtes Brot, Petersilie, Salz, Pfeffer und Muskatnuß hinzufügen und mit einem Holzlöffel rühren, bis man eine glatte Farce erhält. Das Huhn damit füllen und die Öffnung mit Küchengarn zunähen.

Die Zwiebeln schälen und die Gewürznelken hineinstecken. Die Kräuter für das Bouquet garni zusammenbinden. 3 l Wasser in einen großen Topf gießen, in den das Huhn gut hineinpaßt. Die Hühnerinnereien und den Hals, Zwiebeln, Karotten, Sellerie, die restlichen 2 Knoblauchzehen, Pfefferkörner und Bouquet garni hinzufügen. Zum Kochen bringen und das Huhn hineinlegen. Mit Salz würzen. Den Deckel auflegen und 3 Stunden leise köcheln lassen.

Das Huhn aus dem Topf nehmen, tranchieren, mit etwas Brühe benetzen und warm halten. Die Hühnerbrühe durch ein Sieb in eine Terrine gießen. Die Suppe mit geröstetem Brot servieren. Als nächsten Gang das Huhn mit der Füllung auftragen.

Für 8 Personen

Savoyen

Pintade Farcie aux Girolles

Perlhuhn mit Pfifferlingen gefüllt

1 Perlhuhn, etwa 1,2 kg, mit Leber
Salz und frisch gemahlener Pfeffer
500 g frische Pfifferlinge oder 50 g getrocknete Pilze, 10 Minuten in lauwarmem Wasser eingeweicht und abgetropft
50 g Hühnerleber
1 EL gehackte frische Petersilie
2 EL gehackter frischer Estragon
50 g Butter
2 Schalotten, feingehackt
100 ml Hühnerbrühe (Rezept Seite 34)
2 EL Portwein
100 g Sahne oder Crème double

Das Perlhuhn innen und außen mit Salz und Pfeffer würzen.

Die Füllung zubereiten: 200 g Pfifferlinge waschen und trockentupfen (oder etwas weniger als die Hälfte der eingeweichten Pilze). Feinhacken. Die Hühnerleber und die Perlhuhnleber abspülen, trockentupfen und feinhacken. Die Pilze, die Leber, die Petersilie und 1 EL Estragon in eine Schüssel geben. Die Hälfte der Butter zerlassen, mit Salz und Pfeffer würzen und abkühlen lassen, bis sie lauwarm ist. Zu der Lebermischung hinzufügen und gut vermischen. Das Perlhuhn mit der Farce füllen und die Öffnung mit Küchengarn zunähen.

Den Backofen auf 215 °C (Gasherd Stufe 4) vorheizen. Die restliche Butter in einem gußeisernen Topf zerlassen. Das Perlhuhn darin auf allen Seiten bei schwacher Hitze anbräunen, dann aus dem Topf nehmen und die Butter weggießen. Die Schalotten im gleichen Topf unter ständigem Rühren leicht blondieren, mit der Hühnerbrühe ablöschen. Das Perlhuhn wieder in den Topf geben. Den Deckel auflegen und im Backofen 45 Minuten schmoren.

In der Zwischenzeit die restlichen Pilze waschen und trockentupfen. Sie nach 35 Minuten Garzeit um das Perlhuhn verteilen und 10 Minuten mitschmoren; nach 5 Minuten umrühren. Wenn sowohl Perlhuhn als auch Pilze gar sind, alles auf einer Servierplatte anrichten und warm halten. Den Bratensaft einkochen, bis man eine sirupartige Essenz erhält. Den Portwein und die Sahne hinzufügen und noch etwa 2 Minuten kochen, bis die Sauce eingedickt ist. Am Schluß den restlichen Estragon unterrühren und die Sauce in eine Sauciere gießen.

Zum Servieren das Perlhuhn in Portionsstücke schneiden; mit Scheiben von der Füllung und mit Pilzen umlegen. Die Sauce getrennt dazu reichen.

Für 4–6 Personen

Abbildung S. 122–123

Lyonnais

Poulet aux Écrevisses
Huhn mit Krebsen

24 Flußkrebse
250 g reife Tomaten
1 Huhn, etwa 1,5 kg, in 8 Stücke zerlegt
Salz und frisch gemahlener Pfeffer
3 EL Pflanzenöl
50 g Butter
¼ l trockener Weißwein
2 Knoblauchzehen, in Viertel geschnitten
1 Karotte, geschält und in dünne Scheiben geschnitten
1 Zwiebel, etwa 50 g, gehackt
2 Schalotten, gehackt
2 Prisen getrockneter Thymian
2 EL Cognac
100 g Sahne oder Crème double

Die Krebse vorbereiten: Die mittlere Schwanzflosse hochziehen und verdrehen, um den schwarzen Darm, der den Schwanz der Länge nach durchzieht, herauszulösen. Die Krebse abspülen und abtropfen lassen. Die Tomaten für 10 Sekunden in kochendem Wasser blanchieren. Unter fließendem Wasser abschrecken, häuten, halbieren und die Kerne entfernen.

Die Fleischstücke mit Salz und Pfeffer würzen. Das Öl und die Hälfte der Butter in einer beschichteten Pfanne von 26 cm Durchmesser erhitzen. Die Fleischstücke von allen Seiten leicht anbraten. Die Hälfte des Weins dazugießen und bei starker Hitze einkochen lassen. Die Tomaten und den Knoblauch unterrühren, mit Salz und Pfeffer würzen und bei schwacher Hitze 45 Minuten garen.

In der Zwischenzeit die restliche Butter in einer Pfanne von 22 cm Durchmesser zerlassen. Karotte, Zwiebel, Schalotten, Thymian und Krebse hinzufügen und 3 Minuten garen, wobei man die Krebse ständig wendet. Den Cognac darüberträufeln und verdampfen lassen. Den restlichen Wein zugießen und bei starker Hitze gut verrühren. Weitere 5 Minuten garen, dann die Krebse aus der Pfanne nehmen und abkühlen lassen. Die Krebse schälen, aber sechs ungeschälte für die Garnierung aufheben; beiseite stellen.

Die Fleischstücke aus der Pfanne nehmen und in eine Servierschüssel legen. Den Bratensaft der Pfanne, in der die Krebse gegart wurden, in die Fleischpfanne geben und bei starker Hitze 5 Minuten einkochen, bis der Fond sirupartig ist. Die Sahne hinzufügen und weitere 3 bis 4 Minuten reduzieren, bis die Sauce dick und cremig ist. Sie durch ein feines Sieb gießen und die Gemüse dabei gut ausdrücken, damit sie ihren ganzen Geschmack an die Sauce abgeben.

Die Sauce wieder in die größere Pfanne füllen. Die Hühnerteile und die Krebse hineinlegen und nochmals 1 Minute erhitzen. Fleischstücke und Krebse auf einer Platte anrichten, mit den aufgehobenen ganzen Krebsen garnieren und sofort mit der Sauce servieren.

Für 4–6 Personen *Abbildung S. 122–123*

Baskenland

Poulet Basquaise
Baskisches Huhn

4 kleine grüne Paprikaschoten
500 g reife Tomaten
1 Huhn, etwa 1,5 kg, in 8 Stücke zerlegt
Salz und frisch gemahlener Pfeffer
3 EL Pflanzenöl
2 Zwiebeln, jede etwa 100 g, feingehackt
3 Knoblauchzehen, feingehackt
1 Scheibe Bayonner Schinken oder ein anderer luftgetrockneter Schinken, etwa 150 g, in kleine Würfel geschnitten
1 frische Chilischote, entkernt und feingehackt
150 ml trockener Weißwein

Die grünen Paprikaschoten halbieren und Stielansätze, Samen und weiße Häutchen entfernen. Das Fruchtfleisch in feine Streifen schneiden. Die Tomaten für 10 Sekunden in kochendem Wasser blanchieren. Unter fließendem Wasser abschrecken, häuten, halbieren und die Kerne entfernen; das Fruchtfleisch feinhacken.

Die Hühnerteile mit Salz und Pfeffer würzen. Das Öl in einer beschichteten Pfanne von 26 cm Durchmesser erhitzen und die Fleischstücke darin von allen Seiten anbräunen. Aus der Pfanne nehmen. Zwiebeln und Knoblauch hineingeben und 1 Minute rühren. Schinken, Paprikaschoten und Chilischote hinzufügen und bei schwacher Hitze unter Rühren 5 Minuten garen, bis die Gemüse weich werden und leicht gebräunt sind.

Die Hühnerteile wieder in die Pfanne geben, den Wein dazugießen und bei starker Hitze einkochen lassen. Die Tomaten unterrühren und mit Salz und Pfeffer würzen. Den Deckel auflegen und bei schwacher Hitze 45 Minuten garen; von Zeit zu Zeit umrühren.

Die Fleischstücke in eine flache Schüssel geben. Den Bratensaft bei starker Hitze einkochen, bis er sämig ist. Über das Huhn gießen und sofort servieren.

Für 4–6 Personen

PETER JOHNSON

Huhn mit Reis (oben, Rezept Seite 132), *Baskisches Huhn* (unten links) *und Huhn mit Comté* (unten rechts, Rezept Seite 132)

Savoyen

POULET AU COMTÉ
Huhn mit Comté

Dieses köstliche Gericht schmeckt immer gut, egal ob es in Savoyen, in der Franche-Comté oder im Lyonnais, wo man es einfach poulet au fromage *nennt, zubereitet wird. Manchmal ersetzt man auch die Hälfte des Comté-Käses durch Emmentaler.*

1 Huhn, etwa 1,6 kg, in 8 Stücke zerlegt
Salz und frisch gemahlener Pfeffer
1 EL Pflanzenöl
200 ml trockener Weißwein, am besten aus Savoyen
2 EL kräftiger Senf
100 g fein und frisch geriebener Comté-Käse

Den Backofen auf 215 °C (Gasherd Stufe 4) vorheizen. Die Hühnerteile mit Salz und Pfeffer würzen. Das Öl in einer beschichteten Pfanne von 26 cm Durchmesser erhitzen. Die Fleischstücke darin von allen Seiten anbraten, aus der Pfanne nehmen und das Öl weggießen. Mit dem Wein ablöschen und mit Hilfe eines Holzlöffels den Bratensatz vom Pfannenboden lösen. Den Senf in den Wein einrühren.

Die Fleischstücke in eine feuerfeste Form legen, in die sie nebeneinander liegend hineinpassen. Den Fond aus der Pfanne darübergießen. 40 Minuten im Backofen braten und die Hühnerteile dabei von Zeit zu Zeit wenden.

Das Huhn mit geriebenem Käse bestreuen und weitere 5 Minuten überbacken, bis der Käse zerläuft und goldgelbe Farbe annimmt.

Für 6 Personen *Abbildung S. 131*

Burgund

POULET AU RIZ
Huhn mit Reis

Dieses einfache, sättigende Gericht ist ein Standardessen in jedem französischen Haushalt. Manchmal wird der Reis auch mit feingeriebenem Emmentaler bestreut.

1 Huhn, etwa 2 kg, mit Leber, Magen, Herz und Hals
Salz und frisch gemahlener Pfeffer
250 g Karotten
Bouquet garni: 1 Lorbeerblatt, 1 Thymianzweig, 6 Petersilienzweige
1 EL Pflanzenöl
25 g Butter
250 g Zwiebeln, feingehackt
½ l weißer Burgunder
300 ml Wasser
350 g Langkornreis

Das Huhn innen und außen mit Salz und Pfeffer würzen. Die Karotten abschaben und der Länge nach vierteln, dann die Enden fächerförmig einschneiden. Die Kräuter für das Bouquet garni zusammenbinden.

Das Öl in einem 4 l fassenden Topf erhitzen und das Huhn darin von allen Seiten schön anbräunen. Aus dem Topf nehmen und das Öl weggießen. Die Butter aufschäumen und Karotten und Zwiebeln darin bei schwacher Hitze unter ständigem Rühren sautieren, bis die Gemüse weich und goldbraun werden. Die Hühnerleber, Magen, Herz und Hals hinzufügen und 1 Minute rühren. Das Huhn wieder in den Topf geben, Wein und Wasser hinzufügen und zum Köcheln bringen. Bouquet garni dazulegen und mit Salz und Pfeffer würzen. Das Huhn auf die Seite legen, den Topf verschließen und bei sehr schwacher Hitze 1 Stunde garen.

Das Huhn auf die andere Seite legen und eine weitere Stunde bei schwacher Hitze braten.

Das Huhn auf den Rücken drehen und den Reis einstreuen. Zudecken und weitere 30 Minuten bei schwacher Hitze garziehen lassen; nicht umrühren.

Das Huhn herausnehmen und auf eine vorgewärmte Servierplatte legen. Die Hühnerinnereien, den Hals und das Bouquet garni wegwerfen; den Reis mit einer Gabel auflockern. Das Huhn mit dem Reis umlegen und servieren.

Für 6 Personen *Abbildung S. 131*

Normandie

POULET VALLÉE D'AUGE
Huhn nach Art von Auge

Dieses Gericht wurde nach der Vallée d'Auge in der Normandie benannt, eine Gegend, die für ihre Äpfel berühmt ist. Das Rezept beinhaltet Butter, Sahne und Calvados, alles wesentliche Zutaten der normannischen Küche.

1 Hühnchen, etwa 1,5 kg, in 8 Stücke zerlegt
Salz und frisch gemahlener Pfeffer
1 Apfel, vorzugsweise eine Renette
1 EL Pflanzenöl
50 g Butter
2 EL Calvados
1 EL Wasser
500 g Champignons
150 g Sahne

Die Hühnerteile mit Salz und Pfeffer würzen. Den Apfel schälen, das Kerngehäuse entfernen und ihn in 1 cm große Würfel schneiden.

Das Öl in einem Schmortopf von 26 cm Durchmesser erhitzen. Die Hälfte der Butter hinzufügen und darin, sobald sie geschmolzen ist, die Hühnerstücke von allen Seiten schön anbräunen; sie dabei mit einem Holzlöffel wenden. Den Apfel dazugeben und 1 Minute rühren. Den Calvados darüberträufeln und entzünden; die Pfanne leicht schütteln, bis die Flammen erlöschen. Das Wasser einrühren, den Deckel auflegen und bei sehr schwacher Hitze 45 Minuten garen.

In der Zwischenzeit die Champignons putzen, abspülen und trockentupfen. In dünne Scheiben schneiden. Die restliche Butter in einer beschichteten Pfanne von 26 cm Durchmesser zerlassen und die Champignons bei starker Hitze sautieren, bis sie goldbraun sind und alle Flüssigkeit verdampft ist.

Die gegarten Hühnerteile aus der Pfanne nehmen und auf einer Platte warm halten. Den Schmorsaft einkochen, bis man eine sirupartige Essenz erhält. Die Sahne hinzufügen und bei starker Hitze etwa 2 Minuten reduzieren, bis die Sauce dick und cremig ist; währenddessen ständig mit einem Holzlöffel umrühren. Die Champignons hinzufügen und 1 Minute rühren. Die Sauce über die Hühnerteile gießen und sofort servieren.

Für 4–6 Personen

Rechte Seite: *Kaninchen in Cidre* (oben links, Rezept Seite 140), *Huhn nach Art von Auge* (oben rechts) *und Hühnchen mit Estragon-Sahne-Sauce* (unten, Rezept Seite 134)

FOTOGRAFIERT IN DER NORMANDIE
PIERRE HUSSENOT/AGENCE TOP

CIDRE
FABRIQUÉ

Normandie

Poulet à la Crème à l'Estragon

Hühnchen mit Estragon-Sahne-Sauce

1 Huhn, etwa 1,75 kg
Salz und frisch gemahlener Pfeffer
10 frische Estragonzweige
25 g Butter
200 ml Hühnerbrühe
200 g Sahne

Das Huhn innen und außen mit Salz und Pfeffer würzen. 8 Estragonzweige in das Huhn geben.

Die Butter in einem Schmortopf zerlassen, in den das Huhn gerade hineinpaßt. Das Huhn auf allen Seiten etwa 10 Minuten anbräunen. Aus dem Topf nehmen und die Butter weggießen. Mit der Brühe ablöschen und den Bratensatz vom Boden mit einem Holzlöffel lösen. Das Huhn wieder in den Topf geben, den Deckel auflegen und bei schwacher Hitze etwa 1 Stunde und 20 Minuten schmoren.

In der Zwischenzeit die Blätter von den übrigen zwei Estragonzweigen streifen und feinhacken. Das Huhn aus dem Topf nehmen und warm halten. Die Schmorflüssigkeit einkochen, bis man eine sirupartige Essenz erhält, dann die Sahne hinzufügen und weitere 2 Minuten reduzieren. Den gehackten Estragon unterrühren und den Topf von der Kochstelle nehmen.

Das Huhn in Stücke schneiden und diese auf einer vorgewärmten Servierplatte anrichten. Die Sahnesauce darübergießen und sofort servieren.

Für 4–6 Personen *Abbildung S. 133*

Elsaß

Faisan en Chartreuse

Kartäuserfasan

Der Begriff en chartreuse *bezeichnet eine Kombination von Fleisch (im allgemeinen Wildgeflügel) und Gemüsen, die in einer runden oder ovalen Form aufgeschichtet werden. Einstmals bestand dieses Gericht nur aus Gemüse, und der Name bezog sich auf die vegetarische Kost der Kartäusermönche.*

1 Fasan, etwa 1,5 kg
Salz und frisch gemahlener Pfeffer
100 g Butter
150 g Karotten, abgeschabt
150 g weiße Rübchen, abgeschabt
150 g Prinzeßbohnen
1 Kohlkopf, nur das Herz
6 EL Hühnerbrühe
2 EL Madeira
100 g gehacktes Kalbfleisch, zum Beispiel von der Schulter
1 Eiweiß
150 g Sahne

Den Fasan innen und außen mit Salz und Pfeffer würzen. Die Hälfte der Butter in einem gußeisernen Topf zerlassen. Den Vogel darin auf allen Seiten etwa 15 Minuten anbräunen; Deckel auflegen und bei sehr schwacher Hitze 30 Minuten schmoren.

In der Zwischenzeit die Karotten und weißen Rübchen in Streifen von der Größe der Prinzeßbohnen schneiden. Alle drei Gemüsesorten getrennt in sprudelndem Salzwasser kochen, bis sie gar, aber noch knackig sind. Abtropfen lassen. Den Strunk aus dem Herzen des Kohlkopfs herausschneiden; das Herz in Viertel und dann in 1 cm dicke Streifen schneiden. 25 g Butter in einer beschichteten Pfanne von 26 cm Durchmesser zerlassen und die Kohlstreifen darin 1 Minute unter ständigem Rühren sautieren.

PETER JOHNSON

Kartäuserfasan

Die Brühe hinzufügen, mit Salz würzen und bedeckt bei schwacher Hitze etwa 20 Minuten garen, bis der Kohl sehr weich ist.

Den Fasan aus dem Topf nehmen und beiseite stellen; das Bratfett weggießen. Den Bratensatz mit Madeira ablöschen und 1 Minute einkochen; die Essenz in eine Schüssel gießen, abkühlen lassen und aufbewahren.

Den Fasan entbeinen. Das Schenkel- und Brustfleisch in gleichmäßige Streifen schneiden und beiseite stellen; das restliche Fleisch, auch die Teile nahe am Knochen feinhacken. Das feingehackte Fasanenfleisch mit dem Kalbfleisch vermischen. Das Eiweiß in einer Schüssel schaumig schlagen. Die Fleischmischung, Sahne, Salz und Pfeffer hinzufügen und sorgfältig zu einer glatten Farce vermischen. Bis zur Weiterverarbeitung in den Kühlschrank stellen.

Den Backofen auf 200 °C (Gasherd Stufe 3–4) vorheizen. Eine kleine Buttermenge beiseite legen; mit der restlichen Butter eine 2 l fassende Souffléform ausfetten. Die Karotten- und Rübchenstreifen und die Bohnen auf dem Boden und am Rand verteilen, dabei darauf achten, daß die Farben abwechseln. Die Hälfte der Farce darauf verteilen, anschließend die Hälfte des Kohls daraufschichten. Die Fasanenstreifen auf dem Kohl verteilen. Mit dem restlichen Kohl bedecken und die verbliebene Farce darauf verstreichen. Einen Bogen Pergamentpapier mit der aufgehobenen Butter einfetten und mit der gebutterten Seite nach unten das Gericht bedecken. Die Souffléform ins Wasserbad stellen und 40 Minuten garen.

Die *chartreuse* aus dem Ofen nehmen und 10 Minuten stehenlassen. Sie auf eine Servierplatte stürzen. Die aufgehobene Madeira-Essenz wieder erhitzen und um die *chartreuse* gießen. Sofort servieren.

Für 4–6 Personen

Languedoc

Canard aux Navets du Pardailhan

Ente mit glasierten weißen Rüben

Weiße Rüben gibt es in runder oder länglicher Form und zeichnen sich durch würzig-süßes, saftiges Fleisch aus. In Deutschland kommen vor allem Teltower Rübchen auf den Markt – eine runde Sorte, die man vor der Zubereitung auf gleiche Größe und Form zurechtschneidet.

1 Ente, etwa 1,5 kg
Salz und frisch gemahlener Pfeffer
2 EL Cognac
1 EL Wacholderbeeren
6 EL trockener Weißwein
1 kg längliche weiße Rüben, geschält
50 g Gänseschmalz oder Butter
1 EL Zucker

Die Ente innen und außen mit Salz und Pfeffer würzen. Die Hälfte des Gänseschmalzes in einem ovalen Schmortopf zerlassen und die Ente darin auf allen Seiten 15 Minuten goldbraun anbraten. Mit Cognac beträufeln, die Wacholderbeeren hinzufügen und den Wein dazugießen. Zum Kochen bringen, Deckel auflegen und 45 Minuten bei schwacher Hitze schmoren lassen.

In der Zwischenzeit die weißen Rüben in 1 × 4 cm große Stifte schneiden. Das restliche Gänseschmalz in einer beschichteten Pfanne von 26 cm Durchmesser zerlassen und die weißen Rüben leicht anbräunen, indem man sie für etwa 5 Minuten im heißen Fett rührt. Mit Zucker und Salz bestreuen, leicht mit Pfeffer würzen und vorsichtig wenden. 2 EL Wasser hinzufügen, um eventuell angesetzten Karamel aufzulösen. Rühren, bis die Rüben mit einer sirupartigen Glasur überzogen sind. Zudecken und die Rüben bei sehr schwacher Hitze 8–10 Minuten garen, bis sie gerade weich sind. Warm halten.

Die geschmorte Ente aus dem Topf nehmen und warm halten. Das Fett vom Bratensaft abschöpfen. Etwa 2 Minuten einkochen, bis er sirupartig ist. Die Rüben dazugeben und 1 Minute im heißen Saft wenden.

Die Ente tranchieren und auf einer Servierplatte anrichten. Mit den weißen Rüben umlegen und sofort servieren.

Für 4 Personen

Ente mit glasierten weißen Rüben

PETER JOHNSON

Languedoc

Magrets Grillés Sauce Aillade

Entenbrust mit Walnußsauce

Sauce aillade, *die besonders in Toulouse sehr geschätzt wird, kann man zu gleichen Teilen mit Olivenöl und Walnußöl zubereiten. Entenbrust mit dieser würzigen Sauce schmeckt noch besser, wenn man als Beilage sautierte Steinpilze dazu reicht.*

2 Knoblauchzehen, grobgehackt
3 EL Armagnac
1 Thymianzweig, zerdrückt
Salz und frisch gemahlener Pfeffer
2 frische Entenbrüste, jede etwa 350 g
24 frische Walnüsse, geschält und gehäutet
3 Knoblauchzehen, geschält und halbiert
2 EL Wasser
6 EL kaltgepreßtes Olivenöl

Den gehackten Knoblauch, Armagnac und Thymian in eine Schüssel geben und mit Salz und Pfeffer würzen. Die Entenbrüste dazugeben und in der Marinade wenden. Bei Zimmertemperatur unter häufigem Wenden 1 Stunde marinieren lassen.

Die Walnüsse, die halbierten Knoblauchzehen und Wasser in die Küchenmaschine geben und zu einer dicken Paste mixen. Mit Salz und Pfeffer würzen. Unter ständigem Rühren das Öl in einem dünnen Strahl dazugießen, so daß man eine dicke Sauce erhält. In eine Sauciere gießen und beiseite stellen.

Die Entenbrüste abtropfen lassen, und die Marinade aufheben. Das Fleisch trockentupfen und eventuell anhaftenden Knoblauch entfernen. Einen 4 l fassenden gußeisernen Topf bei mäßiger Temperatur erhitzen und die Entenbrüste mit der Haut nach unten in den Topf legen. 8 Minuten braten und das Fleisch mit dem Fett bepinseln, das beim Garen austritt. Das Fett abgießen, die Brüste wenden und weitere 5 Minuten braten, wobei man die knusprige Haut mit einer Gabel einsticht, damit noch mehr überschüssiges Fett abgegeben wird. Die Entenbrüste aus dem Topf nehmen, warm stellen und das Fett weggießen. Die aufgehobene Marinade in den Topf seihen und 1 Minute einkochen, dann von der Kochstelle nehmen. Die Entenbrüste mit der Hautseite nach unten wieder in den Topf geben, zudecken und 15 Minuten ruhen lassen.

Die Entenbrüste aus dem Topf nehmen und in Scheiben schneiden. Die Scheiben auf vier vorgewärmte Teller verteilen. Den Fleischsaft, den man beim Schneiden auffängt, zu der heißen Marinade in den Topf geben. Diese Sauce über die Entenbrüste gießen und sofort servieren. Die Walnußsauce getrennt dazu reichen.

Für 4 Personen

Abbildung S. 12–13

Orléanais

Canard à l'Orange
Ente mit Orangen

1 Ente, etwa 1,5 kg
Salz und frisch gemahlener Pfeffer
1 EL Pflanzenöl
6 mittelgroße unbehandelte Orangen
1 unbehandelte Zitrone
75 g Zucker
2 EL Wasser
3 EL Rotweinessig
6 EL trockener Weißwein
1 TL Pfeilwurz oder Speisestärke
3 EL Curaçao
1 EL roter Johannisbeergelee

Den Backofen auf 215 °C (Gasherd Stufe 4) vorheizen. Die Ente innen und außen mit Salz und Pfeffer würzen. Die Ente in einen eingefetteten Bräter setzen und 1 Stunde braten, wobei man sie regelmäßig mit dem eigenen Bratensaft bepinselt.

In der Zwischenzeit die Früchte vorbereiten: Die Orangen und die Zitrone waschen und abtrocknen. Die Zitrone und zwei Orangen vorsichtig mit einem Sparschäler schälen. Den Saft dieser drei Früchte in eine Schüssel pressen. Die restlichen Orangen so schälen, daß keine Spur der weißen, pelzigen Haut zurückbleibt, und eventuell austretenden Saft ebenfalls in die Schüssel geben. Die Orangen in Segmente teilen.

Zucker und Wasser bei niedriger Temperatur in einem Topf erhitzen, bis der Zucker karamelisiert und eine goldgelbe Farbe annimmt. Den Essig und den Zitrussaft hinzufügen und 1 Minute kochen.

Die Ente aus dem Backofen nehmen, abtropfen lassen und allen Fleischsaft auffangen. Die Ente auf einem Teller warm halten.

Das Fett vom Bratensaft abschöpfen. Den Bräter mit dem Fleisch- und Bratensaft auf die Kochstelle setzen. Den Wein hinzufügen und bei starker Hitze den Bratensaft ablöschen und mit einem Holzlöffel lösen. Die Flüssigkeit auf die Hälfte einkochen. In einen kleinen Topf geben und wieder zum Kochen bringen. Pfeilwurz und Curaçao in einer kleinen Schüssel vermischen, dann mit dem roten Johannisbeergelee in die kochende Sauce geben. Unter ständigem Rühren etwa 2 Minuten kochen, bis die Sauce eindickt. Die Schale und die Orangensegmente einrühren und von der Kochstelle nehmen.

Die Ente tranchieren und auf einer vorgewärmten Servierplatte anrichten. Ein paar Orangensegmente mit einem Schaumlöffel aus der Sauce heben und die Ente damit umlegen. Die Sauce in eine Sauciere gießen und sofort servieren.

Für 4 Personen

Île de France

Canard Montmorency
Ente mit Kirschen

Montmorency ist der Name einer kleinen Kirschsorte – einer süß-sauren Schattenmorelle, die sich ausgezeichnet zum Kochen eignet. Sie wird in allen Regionen Frankreichs für sowohl pikante als auch süße Speisen verwendet.

1 Ente, etwa 1,5 kg
Salz und frisch gemahlener Pfeffer
500 g Montmorency-Kirschen
150 ml trockener Weißwein
1 TL Zucker
1 TL Pfeilwurz oder Speisestärke
2 EL Cherry Brandy (Kirschlikör)

Den Backofen auf 215 °C (Gasherd Stufe 4) vorheizen. Die Ente innen und außen mit Salz und Pfeffer würzen. In einen Bräter setzen und 1 Stunde braten, wobei man sie häufig mit dem eigenen Bratensaft bepinselt. In der Zwischenzeit die Kirschen entsteinen und austretenden Saft auffangen.

Die Ente aus dem Ofen nehmen, abtropfen lassen und allen Fleischsaft auffangen. Sie auf einen Teller legen und warm halten. Das Fett vom Bratensaft abschöpfen. Den Bräter mit dem Fleisch- und Bratensaft auf die Kochstelle setzen. Den Wein hinzufügen und bei starker Hitze den Bratensatz ablöschen und mit einem Holzlöffel lösen. Die Flüssigkeit auf die Hälfte einkochen. In einen kleinen Topf geben und Kirschsaft und Zucker hinzufügen.

Den Inhalt des Topfs zum Kochen bringen. Pfeilwurz und Cherry Brandy vermischen und in die kochende Sauce gießen. Unter ständigem Rühren etwa 2 Minuten kochen, bis die Sauce gebunden ist. Die Kirschen hinzufügen und von der Kochstelle nehmen.

Die Ente tranchieren und auf einer Servierplatte anrichten. Mit ein paar Kirschen umlegen. Die Sauce und die übrigen Kirschen in eine Sauciere füllen und sofort servieren.

Für 4 Personen

PETER JOHNSON

Ente mit Kirschen

Rechte Seite:
Ente mit Orangen

PIERRE HUSSENOT/ AGENCE TOP

PETER JOHNSON

Eingelegte Ente

Languedoc

Confit de Canard
Eingelegte Ente

Confit *von Gans oder Ente wird vor allem im Languedoc, Elsaß und in Südwestfrankreich zubereitet, wo die Tiere wegen der begehrten* foie gras *gezüchtet werden. Jede Familie besitzt Terrinen oder spezielle große Gläser, in denen das hausgemachte* confit *aufbewahrt wird und für einen schnell gezauberten Festschmaus bereitsteht.*

1 Ente, etwa 1,5 kg, in 6 Stücke zerlegt
2 Knoblauchzehen, geschält und halbiert
2 getrocknete Thymianzweige
60 g grobes Meersalz
2 EL grobgemahlener Pfeffer
1,2 kg Enten- oder Gänseschmalz, oder auch mehr

Die Entenstücke mit Knoblauch einreiben. Den zerriebenen Thymian in eine flache Schüssel geben; mit dem groben Salz und Pfeffer vermischen. Die Ententeile in dieser Mischung wenden, so daß sie von allen Seiten gut eingesalzen sind. In ein Gefäß einschichten, mit einer Lage Salz abschließen. An einem kühlen Ort 12 Stunden lang zugedeckt stehen lassen.

Die Ente von allem Salz befreien. Das Schmalz in einem großen Topf bei schwacher Hitze zerlassen. Die Fleischstücke hinzufügen. Darauf achten, daß sie gut von Fett bedeckt sind; falls notwendig, zusätzliches Fett hineingeben. Den Topf zudecken und 2 Stunden bei sehr schwacher Hitze garen; die Stücke gelegentlich wenden.

Die Ententeile aus dem Topf nehmen. Das Fett abkühlen lassen, bis es lauwarm ist, dann durch ein mit Mull ausgelegtes Sieb in eine Terrine gießen, bis es 1 cm hoch steht. Die Entenstücke darauf anordnen. Mit dem restlichen Fett auffüllen und so die Fleischteile versiegeln. Die Terrine zudecken und im Kühlschrank aufbewahren, wo sie sich mehrere Monate hält.

Zur weiteren Zubereitung die Entenstücke aus dem Fett nehmen und sie entweder grillen oder in einer Pfanne knusprig braunbraten, wobei man möglichst viel Fett ausläßt. Man kann das Entenfleisch heiß mit Bratkartoffeln oder sautierten Steinpilzen servieren. Kalt schmeckt es ausgezeichnet zu einem Salat aus Chicorée oder Löwenzahn, der mit Walnußöl angemacht wird und zu dem man Knoblauch-Croûtons reicht.

Für 6–8 Personen

Languedoc

Canard aux Olives
Ente mit Oliven

Das klassische Rezept für Ente mit Oliven, das überall in Frankreich beheimatet ist, verlangt immer grüne Oliven. Die Köche des Languedoc mischen schwarze und grüne Oliven, was dem Gericht einen überraschenden und intensiveren Geschmack verleiht.

300 g grüne Oliven in Salzwasser, entsteint
1 Ente, etwa 1,2 kg
Salz und frisch gemahlener Pfeffer
1 EL Pflanzenöl
3 EL weißer Wermut, vorzugsweise Noilly-Prat
¼ l Hühnerbrühe
100 g schwarze Oliven in Olivenöl, entsteint

Die grünen Oliven unter warmem Wasser abspülen, dann 1 Stunde mit warmem Wasser bedeckt stehenlassen; das Wasser einmal wechseln.

Die Ente innen und außen mit Salz und Pfeffer würzen. Das Öl in einem runden oder ovalen Topf erhitzen, in den die Ente gerade hineinpaßt. Sie von allen Seiten etwa 15 Minuten schön anbräunen, dann das Öl weggießen. Die Ente mit Wermut beträufeln, mehrmals wenden und den Wermut einkochen lassen; dabei den Bratensatz mit einem Holzlöffel lösen. Die Hühnerbrühe dazugießen und zum Kochen bringen. Deckel auflegen und 45 Minuten schmoren lassen; dabei die Ente zwei- oder dreimal wenden.

Die Ente aus dem Topf nehmen und an einem warmen Ort ruhen lassen. Das Fett vom Bratensaft abschöpfen, diesen 2 Minuten einkochen, bis man eine sirupartige Essenz erhält. Die grünen Oliven aus dem Wasser nehmen, abtropfen lassen und zusammen mit den schwarzen Oliven in den Topf geben; 1 Minute köcheln lassen.

Die Ente tranchieren und auf einer Servierplatte anrichten. Mit den Oliven umlegen. Die Sauce in eine Sauciere füllen und sofort servieren.

Für 4 Personen *Abbildung S. 12–13*

Lothringen

Canard à Toutes les Herbes
Ente mit Kräutern

150 g Sauerampfer
150 g frischer Spinat
150 g kleine Porreestangen, nur die weißen und die zarten grünen Teile
1 Salatherz
3 Stangen zarter Bleichsellerie, mit Blättern
4 Zweige glatte Petersilie
3 Estragonzweige
3 Kerbelzweige
2 Minzezweige
1 Ente, etwa 2 kg, in 10 Stücke zerlegt
Salz und frisch gemahlener Pfeffer
25 g Schweineschmalz
1 EL Mehl
200 ml trockener Weißwein
1 Bund Schnittlauch, gehackt
6 EL Sahne oder Crème double

Den Sauerampfer und den Spinat waschen, abtrocknen und entstielen. Porree, Salat und Sellerie in 1 cm breite Streifen schneiden. Die Blätter von Petersilie, Estragon, Kerbel und Minze abstreifen und feinhacken.

Die Ente mit Salz und Pfeffer würzen. Das Schweineschmalz in einem 4 l fassenden, runden oder ovalen Schmortopf zerlassen und die Entenstücke darin 10 Minuten von allen Seiten anbräunen. Das Bratfett weggießen. Die Entenstücke mit Mehl bestäuben und

PETER JOHNSON

Zutaten für Ente mit Kräutern

1 Minute rühren. Den Wein dazugießen und zum Kochen bringen. Die Gemüse und die Kräuter hinzufügen und gut vermischen. Zudecken und bei schwacher Hitze 1 Stunde garen, wobei man von Zeit zu Zeit umrührt.

Die Sahne einrühren und weitere 30 Minuten leise köcheln lassen; dabei wieder ab und zu umrühren. Wenn die Ente gar ist, ist sie von einer dicken, aromatischen grünen Sauce umgeben. Alles auf eine tiefe, vorgewärmte Servierplatte geben und sofort servieren.

Für 6 Personen

Languedoc

Foie Gras Frais aux Raisins
Frische Foie gras mit Trauben

Dieses klassische Gericht aus der großen Tradition der französischen Küche ist raffiniert und dabei so einfach, daß der reine Geschmack der frischen foie gras *voll zur Geltung kommt.*

150 g helle Muskattrauben
4 Scheiben frische Stopfleber von der Ente oder Gans, jede etwa 80 g und 1 cm dick, gut gekühlt
Salz und frisch gemahlener Pfeffer
1 EL Armagnac

Die Trauben häuten und entkernen; dabei in einem Teller den Saft auffangen.

Eine beschichtete Pfanne bei mäßiger Temperatur erhitzen. Die *foie gras* mit Salz und Pfeffer würzen; auf beiden Seiten 40 Sekunden anbräunen; auf keinen Fall länger, da sie sonst als teures Schmalz auslaufen würde. Die Leber auf zwei vorgewärmten Tellern anrichten.

Das Fett aus der Pfanne gießen und den Armagnac und den Traubensaft hineingeben. Die Flüssigkeit auf die Hälfte einkochen. Die Trauben dazugeben und 30 Sekunden erhitzen. Die Scheiben der *foie gras* mit Trauben umlegen, die Sauce darübergießen und sofort servieren.

Für 2 Personen *Abbildung S. 12–13*

Quercy/Périgord

Lapin aux Pruneaux
Kaninchen mit Backpflaumen

Die köstlichen Agen-*Pflaumen werden getrocknet und sehr häufig in Kombination mit Armagnac für viele pikante und süße Gerichte verwendet.*

200 ml Rotwein
1 EL Zucker
16 Backpflaumen *(pruneaux d'Agen)*
1 Kaninchen, etwa 1,6 kg, in 8 Stücke zerlegt
Salz und frisch gemahlener Pfeffer
2 EL Pflanzenöl
1 frischer Thymianzweig
1 Zwiebel, etwa 100 g, feingehackt
2 Knoblauchzehen, feingehackt
2 Schalotten, feingehackt
2 EL Armagnac
150 ml Sahne oder Crème double

Wein und Zucker in einen Topf geben und zum Kochen bringen, Rühren, bis sich der Zucker aufgelöst hat. Die Pflaumen hinzufügen und 10 Minuten unter Rühren köcheln lassen. Von der Kochstelle nehmen, zudecken und 10 Minuten stehenlassen, dann durch ein Sieb gießen, die Flüssigkeit aufheben und die Pflaumen im Topf lassen.

Die Kaninchenteile abspülen und trockentupfen; mit Salz und Pfeffer würzen. Das Öl in einer Kasserolle von 28 cm Durchmesser erhitzen und das Fleisch etwa 10 Minuten auf allen Seiten leicht anbräunen. Den Thymian zwischen den Fingern zerreiben und hinzufügen, Zwiebel, Knoblauch und Schalotten dazugeben. Unter ständigem Rühren noch etwa 5 Minuten braten, bis die Kaninchenteile gut gebräunt sind.

Den Armagnac darüberträufeln und entzünden; dabei die Pfanne leicht schütteln, bis die Flammen erlöschen. Die aufbewahrte Garflüssigkeit von den Pflaumen dazugießen und zum Kochen bringen. Zudecken und 40 Minuten köcheln lassen.

Die Kaninchenstücke auf einen vorgewärmten Teller legen und warm halten. Die Flüssigkeit in der Pfanne bei starker Hitze einkochen, bis man eine sirupartige Essenz erhält. Die Sahne einrühren und etwa 3 Minuten kochen, bis die Sauce glatt und cremig ist. Die Kaninchenstücke wieder in die Pfanne geben, die Backpflaumen hinzufügen und unter Rühren nochmals 2 Minuten erhitzen.

Die Kaninchenstücke und die Pflaumen in einer tiefen Servierplatte anrichten. Mit der Sauce überziehen und sofort servieren.

Für 4 Personen

PETER JOHNSON

Kaninchen mit Backpflaumen

Bretagne/Normandie

Lapin au Cidre
Kaninchen in Cidre

1 Kaninchen, etwa 1,6 kg, in 8 Stücke geschnitten (die Leber aufheben)
Salz und frisch gemahlener Pfeffer
1 Scheibe durchwachsener Speck, etwa 100 g
100 g kleine frische Steinpilze
1 EL Pflanzenöl
25 g Butter
4 Schalotten, feingehackt
2 EL Calvados
¼ l trockener Cidre
1 Eigelb
1 EL scharfer Senf
6 EL Sahne oder Crème double

Die Kaninchenteile waschen und trockentupfen; mit Salz und Pfeffer würzen. Den Speck in dünne Streifen schneiden und dabei die Schwarte entfernen. Die Pilze putzen und in Viertel schneiden. Das Öl in einer Kasserolle von 28 cm Durchmesser erhitzen. Die Butter hinzufügen und die Schalotten, den Speck und die Pilze unter ständigem Rühren bei milder Hitze blondieren. Diese Mischung aus der Pfanne nehmen, die Fleischstücke hineingeben und auf allen Seiten 10 Minuten anbräunen. Den Calvados angießen und einkochen lassen. Den Cidre einrühren und zum Kochen bringen, dann zudecken und bei schwacher Hitze 30 Minuten schmoren, wobei man die Fleischstücke zwei- oder dreimal wendet. Nach 30 Minuten den Speck, die Pilze und Schalotten wieder in die Pfanne geben und noch 15 Minuten köcheln lassen.

In einer Schüssel Eigelb, Senf und Sahne verschlagen. Die rohe Kaninchenleber durch ein Sieb drücken und untermischen.

Die Kaninchenteile mit einem Schaumlöffel aus der Pfanne heben und mit den Pilzen und dem Speck in einer tiefen Servierplatte anrichten. Die Schmorflüssigkeit bei starker Hitze einkochen, bis man eine sirupartige Essenz erhält. Die Sahnemischung in die Pfanne gießen und 30 Sekunden einrühren, dann von der Kochstelle nehmen. Die Sauce rühren, bis sie glatt und cremig ist. Sie über das Kaninchen gießen und sofort servieren.

Für 4 Personen *Abbildung S. 133*

Elsaß

Civet de Lièvre aux Spätzele
Hasenpfeffer in Rotwein mit Spätzle

Das Wort civet *weist in Frankreich auf eine Zubereitungsmethode hin, bei der Wild und Wildgeflügel in Rotwein geköchelt und mit einer Sauce serviert wird, die auch die pürierte Leber oder Blut des Tieres enthält.*

¾ l Rotwein
3 EL Cognac
1 Zwiebel, etwa 100 g, in Scheiben geschnitten
1 mittelgroße Karotte, abgeschabt und in Scheiben geschnitten
2 Knoblauchzehen, geschält und in Viertel geschnitten
1 Thymianzweig
1 Lorbeerblatt
1 Rosmarinzweig
1 TL grobgemahlener Pfeffer
1 Hase, etwa 2 kg, in 8 Stücke geschnitten (Leber aufheben)
250 g durchwachsener Speck
3 EL Pflanzenöl
18 kleine, junge Zwiebeln, geschält
1 EL Mehl
Salz und frisch gemahlener Pfeffer
250 g kleine Champignons

FÜR DIE SPÄTZLE:
350 g Mehl
3 Eier
3 EL kaltes Wasser
Salz und frisch gemahlener Pfeffer
4 Prisen frisch geriebene Muskatnuß
50 g Butter

Wein und Cognac in eine Schüssel gießen. Zwiebel, Karotte, Knoblauch, Thymian, Lorbeerblatt, Rosmarin und Pfeffer hinzufügen; dabei die Kräuter zwischen den Fingern zerreiben. Die Hasenstücke in diese Marinade legen und 12 Stunden im Kühlschrank marinieren, wobei man sie mehrere Male wendet.

Die Fleischstücke aus der Marinade nehmen und abtupfen. Die Marinade durch ein Sieb gießen und die Kräuter und Gewürze wegwerfen. Den Speck in streichholzgroße Stücke schneiden und dabei die Schwarte entfernen.

Das Öl in einem schweren 4 l fassenden Topf erhitzen und die Hasenteile darin etwa 10 Minuten leicht von allen Seiten anbräunen. Den Speck und die kleinen Zwiebeln hinzufügen und unter Rühren etwa 5 Minuten mitbraten, bis das Fleisch gut gebräunt ist. Mit Mehl bestäuben und noch 1 Minute rühren. Die Marinade in den Topf gießen und zum Kochen bringen, dann zudecken und 2 Stunden unter gelegentlichem Umrühren bei sehr schwacher Hitze schmoren. Mit Salz und Pfeffer würzen.

In der Zwischenzeit die Pilze putzen; waschen, trockentupfen und vierteln. Sie nach 2 Stunden Garzeit in den Topf geben; umrühren und weitere 30 Minuten garen.

Rechtzeitig, damit die Beilage zur gleichen Zeit wie der Hase fertig ist, die Spätzle zubereiten: Das Mehl in eine Schüssel sieben. Die Eier in einer zweiten Schüssel mit Wasser, Salz, Pfeffer und Muskat verschlagen. Diese Mischung zum Mehl gießen und mit einem Holzlöffel kräftig rühren, so daß man einen weichen, glatten Teig erhält, der sich von der Schüsselwand löst. Den Teig in mehreren Portionen auf einem Holzbrett ausrollen.

Einen großen Topf mit Salzwasser zum Kochen bringen. Mit einem Palettmesser, das man immer wieder in kaltes Wasser taucht, kleine Teigstreifen abschneiden und in das sprudelnde Wasser geben. Sobald sie an die Oberfläche kommen, sie mit einem Schaumlöffel herausheben und in kaltem Wasser abschrecken. Diesen Vorgang wiederholen, bis der ganze Teig verbraucht ist.

Die Butter in einer beschichteten Pfanne von 26 cm Durchmesser zerlassen und die Spätzle hineingeben. Sie in der heißen Butter unter ständigem Wenden sautieren. Warm halten.

Die Hasenstücke mit einem Schaumlöffel aus dem Topf nehmen und in einer flachen Schüssel anrichten. Die rohe Hasenleber durch ein Sieb in eine Schüssel drücken und mit ¼ Tasse (60 ml) der Sauce aus dem Topf vermischen. Diese Mischung wieder in den Topf geben und 30 Sekunden bei niedriger Temperatur erhitzen, ohne daß die Sauce noch einmal zum Kochen kommt. Die Sauce über die Fleischstücke gießen und sofort mit den Spätzle servieren.

Für 6 Personen

Hasenpfeffer in Rotwein mit Spätzle

PETER JOHNSON

Gefüllter Hase

Périgord

Lièvre en Cabessal
Gefüllter Hase

Cabessal *ist die Bezeichnung für eine Serviette, die in Form einer Krone zusammengefaltet ist und die früher Frauen verwendeten, um schwere Lasten auf dem Kopf tragen zu können. Die Tatsache, daß der Hase bei diesem Gericht ringförmig zusammengebunden wird, gab die Anregung zu diesem Namen.*

1 Hase, etwa 2 kg
Salz und frisch gemahlener Pfeffer
200 g frische Schweineschwarte
1 Zwiebel, etwa 100 g, feingehackt
¾ l trockener Rotwein, vorzugsweise Cahors
3 EL Armagnac
1 EL Pflanzenöl

FÜR DIE FARCE:
6 EL Hühnerbrühe
100 g altbackenes Brot, ohne Kruste
300 g Kalbfleisch, Haxe oder Schulter, entbeint
100 g frischer Schweinebauch
100 g luftgetrockneter Schinken
2 Knoblauchzehen, feingehackt
2 Schalotten, feingehackt
1 EL gehackte Petersilie
Salz und frisch gemahlener Pfeffer
6 Prisen frisch geriebene Muskatnuß
1 Thymianzweig
1 Ei

Die Hühnerbrühe in einem kleinen Topf erhitzen und das Brot hineinkrümeln. Umrühren, von der Kochstelle nehmen und das Brot quellen lassen. Die Schwarte vom Schweinebauch entfernen. In der Küchenmaschine Kalbfleisch, Schweinebauch und Schinken feinhacken.

Das gehackte Fleisch zusammen mit Knoblauch, Schalotten, Petersilie, Brot, Salz, Pfeffer, Muskat und den zwischen den Fingern zerkrümelten Thymian in eine Schüssel geben. Das Ei hinzufügen und gut vermischen.

Den Hasen mit Salz und Pfeffer würzen. Die Farce in den Hasen füllen und die Öffnung mit Küchengarn zunähen. Vorder- und Hinterläufe des Hasen zu einem Kreis zueinanderziehen und mit Küchengarn zusammenbinden.

Einen runden oder ovalen Topf, in den der Hase gerade hineinpaßt, mit Öl auspinseln. Die Schweineschwarte abspülen, zusammenrollen und mit Küchengarn verschnüren. Für 1 Minute in kochendem Wasser blanchieren; abspülen und abtropfen lassen. Die Rolle in 1 cm breite Streifen schneiden und diese zusammen mit der Zwiebel auf dem Topfboden verteilen. Den Hasen darauflegen.

Den Hasen 15 Minuten bei schwacher Hitze garen, dann wenden und 15 Minuten von der anderen Seite garen. Wein und Armagnac angießen und zum Köcheln bringen. Deckel auflegen und bei sehr schwacher Hitze 5 Stunden garen, ohne dabei umzurühren.

Den Hasen vorsichtig auf eine vorgewärmte Servierplatte legen. Die Garflüssigkeit einkochen, bis man eine sirupartige Essenz erhält. In eine Sauciere füllen und sofort servieren. Der Hase ist nun sehr zart, so daß das Fleisch buchstäblich vom Knochen fällt; er wird traditionell mit einem Löffel »tranchiert«.

Für 6 Personen

Korsika

Lapin à l'Istrettu
Kaninchen auf korsische Art

1 Kaninchen, etwa 1,6 kg, in 8 Stücke zerlegt (die Leber aufheben)
Salz und frisch gemahlener Pfeffer
14 schwarze Oliven in Salzwasser
2 EL Olivenöl
1 getrockneter Thymianzweig
1 getrockneter Rosmarinzweig
1 Lorbeerblatt
6 Knoblauchzehen, geschält und halbiert
250 g Zwiebeln, in dünne Scheiben geschnitten
150 ml trockener Weißwein
3 EL Tomatenmark
2 EL Kapern, abgetropft

Die Kaninchenteile abspülen und trockentupfen; mit Salz und Pfeffer würzen. Die Oliven abspülen und auf Küchenkrepp abtropfen lassen. In dicke Scheiben schneiden und dabei entsteinen.

Das Öl in einer Kasserolle von 28 cm Durchmesser erhitzen und die Kaninchenstücke darin etwa 10 Minuten von allen Seiten leicht anbräunen. Thymian und Rosmarin zwischen den Fingern zerreiben und hinzufügen. Das Lorbeerblatt, die halbierten Knoblauchzehen und die Zwiebeln dazugeben und unter Rühren noch etwa 5 Minuten braten, bis das Fleisch gut gebräunt ist. Mit Wein ablöschen und den Bratensatz mit einem Holzlöffel lösen. Das Tomatenmark unterrühren und zum Kochen bringen, dann zudecken und 30 Minuten bei schwacher Hitze schmoren.

Die rohe Kaninchenleber durch ein Sieb drücken und die Oliven und Kapern hinzufügen. Unter häufigem Umrühren noch etwa 15 Minuten schmoren lassen, bis die Sauce eindickt und sie die Kaninchenstücke überzieht.

Fleisch und Sauce in eine flache Schüssel geben und sofort servieren.

Für 4 Personen

Burgund

Lapin à la Moutarde
Kaninchen in Senfsauce

1 Kaninchen, etwa 1,5 kg
Salz und frisch gemahlener Pfeffer
1 EL Pflanzenöl
4 EL mittelscharfer Senf
1 frischer Thymianzweig
25 g Butter
6 EL trockener Weißwein
150 ml Sahne oder Crème double

Den Backofen auf 215 °C (Gasherd Stufe 4) vorheizen. Das Kaninchen abspülen und trockentupfen; mit Salz und Pfeffer würzen. Einen flachen Bräter, in den das Kaninchen gerade hineinpaßt, mit

PETER JOHNSON

Kaninchen auf korsische Art (oben) *und Kaninchen mit Senfsauce* (unten)

Öl auspinseln. Das Kaninchen gleichmäßig auf allen Seiten mit 3 EL Senf einreiben und in die Form legen. Die Thymianblätter vom Stiel abstreifen und über das Kaninchen streuen. Mit Butterflöckchen belegen. 50 Minuten braten, wobei man das Kaninchen regelmäßig mit dem eigenen Bratensaft befeuchtet. Falls der Saft zu sehr einkocht, ein wenig Wein dazugießen.

Das Kaninchen auf eine vorgewärmte Servierplatte legen und an einen warmen Ort stellen. Die Sahne und den restlichen Senf in die Bratflüssigkeit rühren und den Bratensatz mit einem Holzlöffel lösen. Diese Mischung in einen kleinen Topf füllen und 2 bis 3 Minuten kochen.

Das Kaninchen mit der Sauce überziehen und sofort servieren.

Für 4 Personen

PROVENCE, KORSIKA, LANGUEDOC-ROUSSILLON

RESTAURANT BAR
TEL. 93
RESTAURANT TUNISIEN Le Saf Saf
COUSCOUS

LEO MEIER

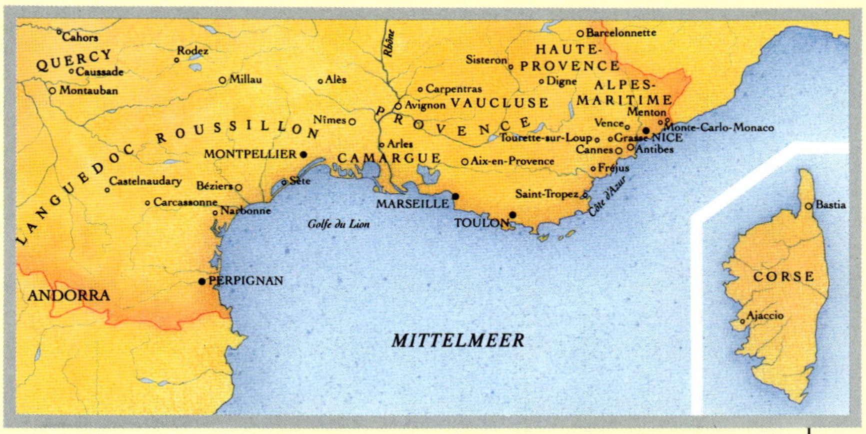

PROVENCE, KORSIKA, LANGUEDOC-ROUSSILLON

Sonnendurchtränkte Tafelfreuden

Die Straße windet sich landeinwärts, schiebt sich zwischen die Plateaus, wechselt entlang den trockenen Ufern der Durance die Seiten, läßt den Luberon links liegen und gelangt in ein völlig neues Land. Es ist noch nicht das Hochgebirge, aber ein Vorgeschmack davon, mit Bergen, die bis zu fünfhundert Meter Höhe ansteigen. In Forcalquier beherrscht ein Belvedere den höchstgelegenen Teil der Stadt und zeigt die Richtungen nach Wien, St. Petersburg und Konstantinopel an. Und er deutet an, daß dies eine Region mit Weitsicht ist und schon immer war. Das Adlernest Lurs, das jetzt sorgfältig renoviert wird, hat einen Kreuzweg, der den ganzen Horizont miteinbezieht: auf der einen Seite den Bergzug Lure noch mit Schneeresten auf den höchsten Gipfeln, auf der anderen die Hochfläche von Valensole, von wo aus der Blick auf die lavendelfarbenen Felder weit unten fällt.

Erreicht man hoch oben die Priorei von Ganagobie mit ihrem Panoramablick, liegt die ganze Haute-Provence vor einem ausgebreitet, wie ein Eldorado. Hier umsorgen die Menschen ihre Ernten, forsten auf, jäten das Unkraut und halten die Rebe in Ehren; sie produzieren Lavendelhonig und Mandelnougat, züchten die besten Lämmer der Welt (bekannt als *Sisteron*), pflegen die Tradition des Banon-Käses aus Ziegenmilch, ernten Wildpilze und Trüffel und pressen das Öl aus den prachtvollen schwarzen Oliven. Die Produkte des Bodens sind ihre eigenen Wurzeln.

Weiter nach Süden und Westen zu liegen die Alpilles: ein Bergmassiv, das der Geographie spottet, sich mit einem

Links: *Die frühe Morgensonne stiehlt sich in die schmalen Straßen von Nizza, wo die Einwohner schon ihren Alltagsgeschäften nachgehen.*

Vorhergehende Seiten: *In den Bergen hinter Nizza thront Tourette-sur-Loup hoch auf den zerklüfteten Felsen, die sorgsam terrassiert wurden, um Raum für kleine Gärten und Pfade ins Tal zu schaffen.*

LEO MEIER

LEO MEIER

Hinter den geschäftigen Marktständen in Digne in der Haute-Provence spielt ein Junge mit seinem zwei Monate alten Kätzchen und wartet auf einen mitfühlenden Passanten, der dem Tier ein neues Heim bietet.

Gipfel plötzlich verabschiedet und auf die Wüste von La Crau stößt. In dem hübschen Dorf Les Baux bläst der Wind so heftig, daß man meint, er müßte außer Atem kommen. Weingärten drängen sich eng zwischen den zwei Dörfern Saint-Etienne-du-Grès und Eygalières. Oliven beherrschen das Bild. Schafe erfreuen sich der Freiheit und grasen friedlich auf den Weiden, ebenso wie die Ziegen, die den blauen Himmel zu genießen scheinen.

Alles singt das Loblied auf die Landschaft der Provence mit ihrem stahlblauen Himmel, den alten Häusern aus gelblichem Naturstein und der heiligen Dreieinigkeit von Lamm, Ziege und Ölbau. Die Alpilles und die Haut-Provence: zwei Gesichter des gleichen Landes, wo die Küche stets einen Hauch von Knoblauch und einen Duft von Sonnenschein zu haben scheint. Ganz sicher ist dies der Grund, warum gerade sie die vielbeneidete Subtilität der französischen Kochkunst am besten symbolisiert.

In jedem Dorf zwischen Aix und Apt, Manosque und Carpentras, von Sorgue bis Saint-Didier, von den Höhen bis zu den Niederungen der Provence sind die Märkte duftende Gärten. Die Stände verströmen Kräuterdüfte – von Thymian, Lavendel und Rosmarin, Estragon und Minze, Kerbel, Bohnenkraut und Salbei. Sie quellen über von wildem Spargel, blauen Artischocken, *roquette* mit seinem haselnußähnlichen Geschmack, *cebettes*, den hiesigen Zwiebeln; von *mesclun*, *trévise*, Chicorée und Endiviensalat. Ganz zu schweigen von den Kürbissen, die zu *petits farcis provençaux* (gefüllte Gemüse) werden, und den schmackhaften Zucchiniblüten, die in einer Teighülle gebacken werden.

Nach den Fischen, die so gut zum Olivenöl dieser Region passen, muß man etwas weiter entfernt suchen – zum Beispiel in Cannes mit dem schönsten Markt dieser Art in Forville, wo alle Produkte des Mittelmeers ausgebreitet sind, die in eine Bouillabaisse gehören. Dieses Gericht, das vor allem mit Marseille identifiziert wird, findet man aber auch in Cap d'Antibes und Golfe Juan. Es wird stets in zwei Teilen gereicht: die Brühe, in der die Fische gekocht wurden, und die Fische selbst: Meeraal, *rascasse* (Großer Roter Drachenkopf), Knurrhahn, Petermännchen, *rouget* (Rotbarbe), *baudroie* (Seeteufel), kleine Tintenfische, Brassen. Und Wolfsbarsch (der am Mittelmeer *Loup* heißt) wird mit Fenchel gepaart – obwohl Ungetreue, die dem Touristengeschmack nachjagen, auch Pastis hinzufügen und sogar so weit gehen, ihn zu flambieren. Die angeblich mediterranen Krebse kommen oft von woanders her, aber die aus den *favouilles* – kleine Krabben, die man entlang der Küste findet – gemachte Suppe ist wirklich ganz hervorragend, und die kleinen *supions*, winzige Tintenfische, sind eine absolute Delikatesse.

Die Provence ist ein Füllhorn feinster Erzeugnisse, verführerischer Düfte und köstlicher Gerichte, und die Côte d'Azur ist ihr Schaufenster. Hier wird auch verkauft, was anderswo erzeugt wird. Die örtliche Küche ist eher einfach als luxuriös: Fisch, gut zubereitet, und die heimischen Gemüse, gut gewürzt und abgeschmeckt, aus denen die *ratatouille* gemacht wird. Leicht und frisch herrschen sie im Sommer in der Küche: Zucchini, rote und grüne Paprika, Auberginen und Gurken.

Gehört der *salade niçoise* wirklich zu Nizza? Mit den Tomaten, dicken Bohnen, Gurken, Artischockenherzen, grünen Paprika, Zwiebeln, hartgekochten Eiern, Anchovis, Thunfisch und schwarzen Oliven ist er ein rechtes Abbild der Region – aber er scheint heute für den Fremden reserviert zu sein, denn in den Bistros des alten Nizza findet man ihn kaum mehr.

Hier dominiert eine Gastronomie des Mittelmeers, die an die Geschichte der Grafschaft Nizza erinnert und ihre langjährige Zugehörigkeit zu Italien. Die gefüllten Ravioli, die gefüllten Sardinen, der Stockfischeintopf oder *stoficado*, die Pizza und *pissaladière* (erstere mit Tomaten, die zweite mit in Olivenöl eingelegten Zwiebeln), der herzhafte Rindfleischtopf namens *daube* oder *estouffade*, die Zubereitungen von Kutteln: sie alle, so aromatisch wie die Blumen auf dem Markt von Cours Saleya, haben bereits einen leicht transalpinen Geschmack. Genauso die *panisses* oder *socca*: ein Brei aus Kichererbsenmehl, in Salzwasser gekocht und zum Erstarren in Schalen gefüllt, danach gestürzt und in kleinere Portionen geschnitten und gebraten. Das sind die »Fritten« der Südländer!

Die wahre Provence hütet ihr Hinterland – ihre Kräuter, ihre Märkte, ihre Lämmer, die die besten der Welt sind. Welches Lamm hat das saftigste Fleisch, den frischesten Geschmack, das wenigste Fett? Das von Sisteron. Seine Heimat sind die Voralpen. Seine Nahrung: aromatischer Thymian, Rosmarin, Salbei und Bohnenkraut. Das Lamm von Sisteron lebt an der frischen Luft; es ist ein *broutard*, ein Lamm, das durch die Wiesen streift, und es wird zusätzlich mit Mais gemästet, nicht mit Milch. »Im Lamm ist alles gut«, begeisterte sich Robert Lombard, genannt »Bichette«, ein Metzger in Château-Arnoux in der Haute-Provence. Das Nackenstück des Lamms mit seiner Kombination aus Fett und Magerfleisch ist am schmackhaftesten. Aber auch die Keule, die Schulter und die Backen haben ihre besonderen Qualitäten. Ein traditionelles Gericht der Region ist *pieds paquets*, aus dem Magen des Lamms gemachte kleine Päckchen, die mit feingehackten Innereien und mit Schinken, Tomaten und Kräutern gefüllt werden.

Der andere Reichtum der Region sind ihre Oliven –

schwarz, fast trocken, ohne jede Spur von Bitterkeit. Das Geheimnis? Man setzt sie einfach dem Frost aus, dadurch wird ihr Geschmack süßer. Man brät sie sacht in wenig Öl und läßt sie abkühlen, bevor sie gegessen werden. Auch das einheimische Öl ist ein Wunder an Frische und Reinheit. Das echte Olivenöl der Provence, wie es zum Beispiel in Maussane-des-Alpilles hergestellt wird, kommt aus der ersten Kaltpressung. Darin ist nur das Öl und das Fruchtaroma - es gibt kein Mahlen, wodurch der Kern zerdrückt und so ein bitterer Geschmack verursacht würde, und schon gar nicht das »kriminelle« Zentrifugieren.

Der dritte Habenposten der Provence ist der Ziegenkäse mit dem Namen Banon, so genannt nach dem gleichnamigen Dorf. Aber die Bezeichnung steht vor allem für seine Herstellungsmethode: Der Käse wird getrocknet, mit Wasser abgebürstet, in *marc* (Trester) getaucht, dann in ein Kastanienblatt eingewickelt und mit Raffiabast verschnürt. In dieser Form kann er in einem kühlen Keller reifen, bis er seinen charakteristischen kräftigen Geschmack entwickelt hat, und danach ist er noch lange haltbar.

Knoblauch ist ein fester Bestandteil der provenzalischen Küche, vor allem in jener typischen Sauce mit Namen *aïoli*, einer Knoblauchmayonnaise, die zu kaltem Fisch, hartgekochten Eiern oder Fleisch gegessen wird. Der Name *grand aïoli* steht für ein festliches Gericht, bei dem gekochtes Fleisch, pochierter Schellfisch, hartgekochte Eier, Schnecken und gekochtes Gemüse um die geheiligte Sauce arrangiert werden: Eine Art Pot au Feu auf provenzalisch.

Das Brot hat in der Provence ein besonderes Aussehen, und es wird auch auf besondere Art gebacken. Ein hervorstechendes Beispiel ist Fougasse; es ist ein Brot von unregelmäßiger Form, das *à la volée*, auf die Schnelle, in einem offenen Ofen und daher in trockener Luft gebacken wird. Der Bäcker kann es mit Knoblauch, Anchovis oder Orangenblütenwasser würzen. Bei allem sollte man nicht vergessen, daß die Provence auch einen Sinn fürs Süße hat und zum Beispiel wunderbare glasierte Früchte macht, und daß sie die Mandeln liebt, die für die berühmten *calissons* von Aix-en-Provence so wichtig sind, die mit Mandelpaste und glasierten Früchten bereitet werden. Das Konfekt, das Montélimar berühmt gemacht hat, ist das Nougat, wofür nur Zuckersirup, Honig, Mandeln und Pistazien verarbeitet werden. Das schwarze Nougat - *nougat noir* - hingegen enthält Lavendelhonig, karamelisierten Zucker und provenzalische Mandeln - obwohl jetzt auch spanische Mandeln, deren Geschmack etwas grober sein soll, ihren Weg in die Küchen fast aller Konfekt-Handwerker finden.

Korsika ist eine Einzelgängerin, hochmütig und streng. Auch ein wenig abweisend. Das wundert nicht, denn diese Insel hat lange um ihre Selbständigkeit gekämpft, bevor sie sich Frankreich anschloß. Ihre Gastronomie mag wenig dem Genuß zugewandt, ja unbedeutend erscheinen, aber

Die Ausgrabungsstätte Filitosa südlich von Ajaccio auf Korsika, wo riesige Monolithen mit gemeißelten menschlichen Gesichtern auf das Meer hinaus blicken.

STEFANAGGI/AGENCE TOP

LEO MEIER

Die bezaubernde Küstenstadt Menton beheimatete bis 1914 eine große britische Kolonie. Es ist nicht nur ein beliebtes Seebad, sondern auch wegen seiner ständig blühenden und Früchte tragenden Zitronenbäume berühmt.

für sie spricht, daß sie nach wie vor ursprünglich ist, erdverbunden, ihr Terrain wahrend.

Die Eßtraditionen Korsikas sind die einer Insel, aber einer stark der Scholle verbundenen. Sie verdeutlichen vor allem ihre bergige Landschaft: die Jungziege, die zumeist am Spieß gebraten wird, der *brousse* oder *bruccio*, ein frischer Ziegenkäse, der mit Grappa besprenkelt sein kann und die einheimischen Nachspeisen begleitet, wie *fiadone*-Kuchen oder Teigrollen mit dem Namen *fritelle*.

Die Nähe Italiens erkennt man an den Cannelloni, Ravioli und Lasagne, die von den *mammas* gemacht werden. Ansonsten herrscht Schweinemetzgerei vor, wo vor allem Kutteln und Innereien verwertet werden (Blutwurst oder *sangue*, Schweinsleberwurst oder *figatelle*) oder transalpine Einflüsse durchgedrungen sind, wie bei der *coppa* und beim Rauchschinken.

Die Früchte kommen vor allem von den Bäumen: Eßkastanien, Feigen, *arbousiers* (Erdbeerbäume), Oliven. Bei den Fischen Korsikas steht die Bachforelle an erster Stelle, doch werden auch Meeresfische gefangen, in der Gegend von Bonifacio, Bastia oder Cargèse: Brasse, Meeräsche, Rotbarbe, Roter Drachenkopf. Sie alle passen gut zu den heimischen Weinen, dem feurigen Roten von Toraccia oder den weicheren, süßeren wie dem Muscat von Saint-Florent oder von Patrimonio.

Ein Amphitheater, dessen kultivierte Terrassen sich weit zum Mittelmeer hin öffnen: das ist das traditionelle Bild des Languedoc. Dieser riesige südwestliche Teil des Midi hat ein unverwechselbares Kolorit, ein Ergebnis seiner Lage zwischen den Olivenhainen der Provence und der Heidelandschaft der Gascogne, zwischen Knoblauch und *foie gras*, der Übernahme einiger Gerichte aus der einen und aus der anderen Richtung.

Die Küste ist nahe – und das bedeutet Fisch. Und bei Bouzigues gibt es Austern, Miesmuschlen, Jakobsmuscheln und Venusmuscheln, die man mit gehacktem Knoblauch, Schalotten und Petersilie ißt. Die *bourride* von Sète wird mit Seeteufel gekocht; sie ist die elegante Schwester der provenzalischen Bouillabaisse und wird wie diese – Brühe und auf den Punkt gegarter Fisch getrennt – mit *aïoli* genossen. Die *brandade* von Nimes, ein Püree aus Stockfisch mit Öl und Milch, ist fast die kleine Schwester ähnlicher Gerichte von Marseille und Toulon, wo auch noch gehackter Knoblauch dazugegeben wird.

Doch wenn man den Gard überquert und sich Montpellier nähert, wendet sich die Küche des Languedoc schnell dem Südwesten zu. Die kleinen Pasteten *(petits pâtés)* von Pézenas und Béziers werden aus Hammelfleisch und Hammelfett, Rosinen, braunem Zucker und geriebener Zitronenschale bereitet, was schon etwas an die Gascogne denken läßt. Bestätigt wird das durch das *cassoulet*, das in drei Versionen bekannt ist.

Die erste, zugleich einfachste und reinste Ausführung von Castelnaudary, wird natürlich mit weißen Bohnen gemacht, aber auch mit verschiedensten Zutaten vom Schwein (Vorder- und Hinterschinken, Lende, Bauchspeck, Schwarte, Würsten) und ein wenig eingewecktem Gänsefleisch. Etwas aufwendiger ist das von Carcassone, bei dem Hammelkeule und in der Jagdsaison auch Rebhuhn dazukommen. Die feinste Version schließlich kommt aus der

Großstadt Toulouse, wo eingewecktes Gänse- oder Entenfleisch, Hammel und Toulouser Wurst unbedingt dazugehören, neben den bereits für das *cassoulet* von Castelnaudary erwähnten Zutaten, in dieser Variante allerdings in kleineren Mengen.

Das Languedoc liebt seine Traditionen. Fett wird in dieser Gegend nicht verachtet. Olivenöl, Walnußöl, Schweine- und Gänseschmalz werden der Butter im allgemeinen vorgezogen. Pasteten von Gänseleber, von Wild, von Wildkaninchen, von Drosseln und von Gartenammern: das sind Speisen, die der gascognische Südwesten und das Périgord gemein haben.

Aber Spanien ist nicht mehr weit. Hie und da glaubt man sich schon ins Nachbarland versetzt, wie in den steinigen Weingärten der Corbières, des Minervois und Maury; und die steilen Terrassen von Banyuls vermitteln bereits einen Vorgeschmack Kataloniens. Die Weinstöcke klammern sich an die rauhen Hänge der Bergschluchten und liefern einen schweren Wein, der fast schwarz ist, mit einem Aroma von Schokolade und einem Hauch von Röstkaffee – man möchte ihn fast als französischen Portwein bezeichnen.

Der schwere, süße Banyuls aus der Umgebung des malerischen Hafenorts Collioure und der Gegend von Cerbère ganz nahe an Spanien, macht deutlich, daß die Grenzen nicht immer stabil waren. Die Menschen hier sind dunkelhäutig und schwarzhaarig. *Civet* aus Langusten, Seeteufel auf katalanische Art, Anchovispaste, Dorsch in einer würzigen Mischung aus Auberginen, Paprika und Tomaten: dies ist das Roussillon, das erst seit den Zeiten von Richelieu französisch ist. Hammelschulter *en pistache*, garniert mit ganzen Knoblauchknollen, oder in *rancio* (einem starken, gealterten Süßwein) geschmorte Taube – das sind weitere deftige Gerichte, wie sie auch auf der anderen Seite der Grenze zu finden sind. Und dieser tiefrote Wein von Collioure mit seinem Stich ins Violette würde auch gut zu einer Paella passen – aber damit wären wir dann schon in einem anderen Land.

Die dunklen Rosatöne und die üppigen Blumenkästen sind typisch für die romantische Schönheit der Parfum-Stadt Grasse – ein Ort, der zahlreiche Künstler inspirierte, vor allem auch Jean Honoré Fragonard, »le petit Frago«.

LEO MEIER

FLEISCH-GERICHTE

LEO MEIER

Das vielfältige Angebot heimischer Salamisorten in Digne in der Haute-Provence verlockt die Marktbesucher.

FLEISCHGERICHTE

Genüsse für Gourmets und Gourmands

Die Franzosen lieben Fleisch. Sie betonen zwar ihre Leidenschaft für Fisch, der bekanntlich leichter und gesünder ist und der Fantasie des Kochs mehr Spielraum läßt, aber sobald sie ins Ausland kommen, steht ihnen unausweichlich der Sinn nach *Steak-frites*, also Steak mit Pommes frites, was man ja überall in der Welt findet. Aber Steak ist nicht gleich Steak.

Beginnen wir also mit dem Rindfleisch. Es stammt vom männlichen, kastrierten Jungtier, das zur Fleischproduktion aufgezogen und gemästet wird. In Frankreich gibt es etwa 25 Millionen Rinder der verschiedensten Rassen: Limousin, Salers, Aubrac, Maine Anjou, Blonde Aquitaine und vor allem das Charolais, das den höchsten Ruf genießt.

Rindfleisch wird als »durchwachsen« bezeichnet, wenn es von einer feinen weißen Marmorierung zwischen den Muskelfasern durchzogen ist, was den optimalen Mästungszustand anzeigt. Dieses schön saftige und schmackhafte Fleisch wird von Liebhabern des Rindfleischs am meisten geschätzt. Es sollte nicht zu frisch verzehrt werden, sondern in einem kühlen Raum mindestens zwei oder drei Wochen »abhängen«. Erst so entwickelt es seinen vollen Wohlgeschmack und eine ausgereifte Textur.

Aber, wie ich schon sagte, gibt es sehr verschiedene Arten von Steaks. Die besten Stücke für ein authentisches *bifteck* stammen von der Hüfte, von der Rose, von der Hochrippe, der Lende und vom Filet, das am zartesten ist, aber meist weniger intensiv im Geschmack, und das die dicke Fleischscheibe für das Chateaubriand liefert. Die Lende eignet sich besonders gut für *tournedos.*

Ob geschmort, gekocht oder gebraten – Rind ist Gaumen- und Augenschmaus zugleich. Die Hochrippe, zart und mit einer guten Fettschicht, ist eines Königs würdig; in der Pfanne gebraten und mit einer Sauce auf der Basis von Schalotten und Rotwein (bekannt als Bercy- oder *marchand-de-vin*-Sauce) wird es besonders geschätzt. Rotwein und Rindfleisch werden auch im Burgunderbraten, im *daube* (Schmorbraten) und im *civet* (Ragout) miteinander kombiniert. Auch kann das Rindfleisch gedünstet werden *(estouffade)* oder in der Brühe gekocht, wobei es mittels einer Schnur *(ficelle)* hineingelassen und wieder herausgezogen wird – daher der Name *bœuf à la ficelle.* Alles in allem gibt es wohl kaum ein Fleisch, das anpassungsfähiger oder vielseitiger zuzubereiten wäre als Rindfleisch.

Das Kalbfleisch stammt vom noch nicht entwöhnten Jungtier von ein bis vier Monaten, das also nur mit Milch ernährt wurde. Allerdings existieren unter diesem Namen das Beste und das Schlechteste nebeneinander: das tatsächlich von der Mutterkuh gesäugte Kalb mit schmackhaftem, zartem, saftigem Fleisch und das mit Hormonzugaben aufgezogene, das in engen Boxen herangezüchtet wird und ein Fleisch liefert, das beim Garen zusammenschnurrt und durch Feuchtigkeitsverlust zäh wird. Das erste verdient

Vorhergehende Seiten: *Geschmortes Rindfleisch mit Calvados* (unten rechts, Rezept Seite 165), *Kalbsbraten nach Art von Anjou* (oben, Rezept Seite 173) *und Kalbfleisch Marengo* (unten links, Rezept Seite 176).

FOTOGRAFIERT IM PAYS DE LOIRE
PIERRE HUSSENOT/AGENCE TOP

Die Bretagne ist berühmt wegen ihres wohlschmeckenden Pré-Salé-Lamms, das auf den salzigen Wiesen in der Gegend des Mont-Saint-Michel aufgezogen wird. LEO MEIER

LEO MEIER

jedes Lob, das andere alle Verachtung. Allerdings besteht jetzt Hoffnung auf Besserung, da die tierärztliche Überwachung strenger geworden ist.

Die Rippenstücke zwischen der neunten und dreizehnten Rippe ergeben die zarten und saftigen Kalbskoteletts, die ebenso wie die Kalbsschnitzel (die heute vielfach in der französischen Alltagsküche durch Truthahnschnitzel verdrängt werden) sanft in der Pfanne natur gebraten, im eigenen Saft mit Sahne und Pilzen gedünstet oder paniert gebacken werden. Die *blanquette de veau* nach Hausmannsart, für die zarte Stücke aus Brust, Schulter und vom Halsgrat genommen werden, ißt man gewöhnlich mit Reis. Sie ist ein typisch gutbürgerliches Gericht.

Aber die begehrtesten Teile des Tiers – sieht man von den Innereien ab (die hervorragende Leber, in dicke Scheiben geschnitten und gebraten, bis sie gerade rosa ist, zusammen mit den Nierchen, die vorzugsweise am Stück und in der Mitte noch rosa aufgetragen werden) – sind die *grenadins* oder Filetstücke, die wohl das zarteste, aber nicht unbedingt das schmackhafteste Stück sind. Kalbfleisch ist noch immer ein Luxus, aber es gibt auch durchaus preiswerte und schmackhafte Stücke, zum Beispiel die Hachse, die sich auf endlos viele Arten schmoren läßt und ebensogut zu Bratkartoffeln wie zu Endivie paßt. Aromatisch und

Links: *Die Kunst der Schweineschlachterei wurde von den Römern entwickelt und bei den Franzosen eingeführt; sie bewahrten die Tradition durch das Mittelalter hindurch. 1476 wurde den* charcuteries *das Monopol für den Verkauf von Schweinefleisch erteilt.*

LEO MEIER

In ländlicher Ruhe führt der Kuhhirte seine Herde auf dieser abgelegenen Alpenstraße auf die Almweide.

herzhaft weckt es freundliche Erinnerungen an das Kalbfleisch früherer Zeiten.

Lamm gilt bei vielen Feinschmeckern als das beste Fleisch schlechthin. Wenn das Lamm ein bis sechs Monate alt ist und 15 bis 25 Kilogramm wiegt, ist sein Fleisch deutlich zarter und feiner als bei älteren Tieren. Den höchsten Ruf genießt bei Gourmets das Lamm von Sisteron in der Haute-Provence; der Geschmack seines Fleisches läßt deutlich erkennen, daß auf seinem Speisezettel wilder Thymian, Rosmarin, Bergminze und Salbei vertreten sind. So füllt ein »schlichter« provenzalischer Lammbraten, vielleicht noch mit Knoblauch gespickt, die Luft mit dem unverkennbaren Aroma seines Herkunftslandes.

Das Fleisch eines ausschließlich mit Milch aufgezogenen Lamms im Alter von sechs Wochen wird wohl eher wegen seiner Zartheit als wegen seines Geschmacks geschätzt. Mit zum Feinsten zählt die Keule *(gigot)*, bei den Franzosen sehr beliebt und vielfach als Sonntagsbraten verzehrt, begleitet von grünen Bohnen. Auch das *Pré-Salé*-Lamm, das auf den salzigen Weiden in der Gegend des Mont-Saint-Michel grast, erfreut sich besonderer Beliebtheit. Doch gutes Lammfleisch gibt es auch in den anderen Regionen: von der Texel-Rasse in den Ardennen und der Île de France, von der Berrichonne-Rasse im Cher, in der Vendée und in den Pyrenäen.

Jedes Stück vom Lamm ist reich an Geschmack: Koteletts, Rippen, Nacken, Rücken, Schulter (oft vernachlässigt und daher billiger als die Keule) und Brust, die ganz ein-

Der große Reichtum hochwertiger heimischer Zutaten hat in der Provence zur Entwicklung zahlreicher regionaler Spezialitäten angeregt, so zum Beispiel gayettes, *ein Wurstbrät mit Schweineleber, und* sou-frassam, *Kohl mit Fleischfüllung, der zusammen mit anderen Gemüsen geschmort wird.*

LEO MEIER

fach gegrillt werden kann. Ob in einer *daube* oder einem *navarin* langsam geschmort oder köstlich am Spieß gebraten, Lamm ist stets ein königliches Gericht - eines der wenigen Dinge, über die bei den Franzosen anhaltende Einmütigkeit herrscht.

Schweinefleisch steht vielfach in schlechtem Ruf. Es gilt als vulgär und wird oft abfällig als *le cochon* bezeichnet, doch ist es ohne Zweifel sehr schmackhaft. Beliebt ist es vor allem im Osten Frankreichs - es paßt so gut zu Kohl und Bier, wird auf vielerlei Arten auf den Tisch gebracht (Schinken, Schlachtschüssel, Pasteten) und ist die passende Begleitung zum Sauerkraut, sei es als Würste, Pökelschulter oder Eisbein. Die zarte *échine* (Schulterstück), der Jungschweinebraten, die gepökelten *travers* (Rippchen), das gepökelte und geräucherte Bauchfleisch oder auch das besonders zarte *filet mignon*, ganz zu schweigen vom am Spieß gebratenen Spanferkel: Es gibt tausend gute Gründe, dem Schwein die Treue zu halten.

Im Elsaß, in Lothringen und im Norden ist Schweinefleisch seit jeher Mittelpunkt traditioneller Gerichte. Im Loiretal werden Schweine-*noisettes* vielfach mit Trockenpflaumen kombiniert. Schweinezunge, gegrillte Schweineohren und Räucherspeck sind die Zutaten für Gerichte im Brasserie-Stil mit dem Namen *canailles* - vielleicht heißen sie so, weil sie dem besseren Pariser Bürger Gelegenheit zum *s'encanailler* geben, das heißt, sich unter das einfache Volk zu mengen und nach dem Theaterbesuch einmal auf ganz andere Art zu speisen. Zusammen mit Bier oder einfachem Wein gereicht Schwein auf diese Art auch dem verwöhnten Gaumen zur erquicklichen Abwechslung.

LEO MEIER

Die karge und karstige Haute-Provence bietet viel gutes Weideland für Ziegen und Schafe. Ziegenmilch wird zu zahlreichen heimischen Käsen verarbeitet, das Fleisch der Schafe ist die Basis regionaler Gerichte wie gigot farci *(gefüllte Lammkeule).*

Eine riesige Palette von Gewürzen auf einem Markt in Troyes, der früheren Hauptstadt der Champagne. Fleisch ist in der Champagne noch beliebter als in anderen Regionen, vor allem Lamm; und die jahrhundertealte Vorliebe für Gewürze kommt in zahlreichen regionalen Spezialitäten zum Ausdruck, von den flämischen Pfefferkuchen bis zum Gewürzbrot.

LEO MEIER

Île de France

POT-AU-FEU ET MIROTON
Pot au Feu und Miroton

Das Prinzip des pot-au-feu *ist stets dasselbe, doch die Zutaten variieren von Region zu Region. In der Auvergne beispielsweise fügt man gefüllte Kohlblätter hinzu, in Burgund Ochsenschwanz, in der Champagne Huhn und Kaninchen, in der Provence Kalbshaxe.* Miroton *ist eine delikate »Resteverwertung« von Fleisch, das im Pot au Feu gekocht wurde.*

FÜR DEN POT AU FEU:

Bouquet garni: 1 Lorbeerblatt, 1 Thymianzweig, 6 Petersilienzweige, 2 Stangen Bleichsellerie mit Blättern
1 kleine Zwiebel, etwa 50 g
3 Gewürznelken
2 kg Rindfleisch (Schulter, Nacken, Keule oder Brustkern)
1 große Karotte, abgeschabt und in 4 Stücke geschnitten
2 EL grobes Meersalz
1 TL gemischte Pfefferkörner (schwarz und weiß)
3 Knoblauchzehen, geschält

FÜR DAS GEMÜSE:

18 kleine Karotten, geschabt
12 kleine weiße Rüben, geschält
12 Porreestangen, nur die weißen Teile, gewaschen
12 kleine Kartoffeln, geschält
3 Selleriestücke, aus der Mitte der Knolle

FÜR DAS MIROTON:

500 g gekochtes Rindfleisch, Reste vom Pot au Feu
25 g Butter
250 g Zwiebeln, feingehackt
Salz und frisch gemahlener Pfeffer
1 EL Rotweinessig
6 EL Brühe vom Pot au Feu
2 EL Semmelbrösel

Den Pot au Feu zubereiten: Die Kräuter für das Bouquet garni zusammenbinden. Die Zwiebel schälen und die Gewürznelken hineinstecken. Das Fleisch in einen großen Topf legen. Karotte, Zwiebel, Bouquet garni, Salz, Pfefferkörner und Knoblauchzehen hinzufügen. Mit kaltem Wasser auffüllen. Langsam zum Kochen bringen und 4 bis 5 Stunden ganz leise köcheln lassen, bis das Fleisch sehr zart ist; während der ersten halben Stunde den aufsteigenden Schaum abschöpfen.

Das Fleisch, Gemüse und Gewürze aus dem Topf nehmen und die Brühe etwa 30 Minuten abkühlen lassen. Mit einem Löffel die Fettschicht von der Oberfläche entfernen. Falls möglich, das Pot au Feu rechtzeitig aufsetzen, so daß man Zeit hat, die Brühe mehrere Stunden abkühlen zu lassen; das ganze Fett steigt dann an die Oberfläche, und alle Fleisch- oder Gemüsepartikel setzen sich am Boden ab. Auf diese Weise erhält man eine vollkommen klare Brühe.

Die Gemüse zubereiten: Einen großen Topf mit Salzwasser zum Kochen bringen. Die Gemüse hinzufügen und 10 Minuten garen, dann abtropfen lassen. In eine beschichtete Pfanne von 28 cm Durchmesser geben und soviel entfettete Brühe einfüllen, daß die Gemüse halb bedeckt sind. Zudecken und bei schwacher Hitze etwa 15 bis 20 Minuten ziehen lassen, bis die Gemüse weich sind und die Flüssigkeit vollständig eingekocht ist. Die Brühe und das Fleisch wieder erhitzen. Die Brühe in Suppentassen und das Fleisch auf einer vorgewärmten Platte servieren; dazu schneidet man es in Scheiben und umlegt es mit den Gemüsen. Ein Viertel des Fleisches für das Miroton aufheben.

Das Miroton zubereiten: Den Backofen auf 230 °C (Gasherd Stufe 5) vorheizen. Das Fleisch vom Pot au Feu feinhacken. Die Butter in einer beschichteten Pfanne von 26 cm Durchmesser zerlassen und die Zwiebeln etwa 10 Minuten bei schwacher Hitze sautieren, bis sie goldgelb sind. Mit Salz und Pfeffer würzen. Das Fleisch hinzufügen und unter Rühren 5 Minuten braten, bis es leicht gebräunt ist. Mit Essig beträufeln und den Essig bei starker Hitze einkochen lassen. Die Brühe hinzufügen und unbedeckt 10 Minuten unter gelegentlichem Rühren köcheln lassen, bis die Brühe verdampft ist.

PETER JOHNSON

Pot au Feu und Miroton.

Die Mischung in einer 2 cm dicken Schicht in einer Backform verteilen. Mit Semmelbröseln bestreuen und 5 Minuten überbacken, bis die Oberfläche des Miroton leicht gebräunt ist. Sofort servieren.

Für 6 Personen

Île de France

BŒUF À LA FICELLE
Rindfleisch am Faden

Der Name dieses Gerichts leitet sich vom Ausdruck pelican à la ficelle *her. Der* pelican *ist ein verkümmerter Muskel auf der Herzseite des Tieres, den die Metzger stets für sich selbst behielten.*

Sobald sie ihre Arbeit beendet hatten, gingen sie in ein Restaurant im Villette-Viertel von Paris und garten dieses Fleischstück in einem großen Topf mit kochendem Salzwasser. Damit jeder Metzger sein Fleischstück wiedererkannte, band er es an einer dünnen Schnur fest, die seine Nummer trug. Sobald es gar war, würzte man das Fleisch mit grobem Salz und verzehrte es.

4 Rindfleischstücke, Lende oder Filet, jedes etwa 150 g und 3 cm dick
Salz und frisch gemahlener Pfeffer
3 l Bouillon (vom Pot au Feu, Rezept diese Seite)

ZUM SERVIEREN:

Grobes Meersalz
Verschiedene Senfsorten
Cornichons (kleine Gewürzgurken)

Die Fleischstücke mit einer dünnen Schnur, wie ein Paket, verschnüren und in der Mitte eine 6 cm lange Schleife stehen lassen. Mit Salz und Pfeffer würzen.

Die Brühe in einen 4 l fassenden Topf gießen und zum Kochen bringen. Den Stiel eines Holzlöffels durch die Schleifen schieben, so daß die Fleischstücke daran hängen. Den Löffel auf dem Topfrand auflegen. Die Lende 4 Minuten pochieren, falls man Steaks wünscht, die in der Mitte noch rosa sind, oder je nach Geschmack länger oder kürzer garen. Das Fleisch aus der Brühe heben und jedes Stück auf einen vorgewärmten Teller legen. Sofort servieren und grobes Salz, verschiedene Senfsorten und Cornichons dazu reichen.

Für 4 Personen

Rechte Seite: *Rindfleisch am Faden* (oben), *Lamm mit Frühlingsgemüse* (unten rechts, Rezept Seite 172) *und Kalbfleisch in weißer Sauce* (unten links, Rezept Seite 174)

AUFGENOMMEN IN DER ÎLE DE FRANCE
PIERRE HUSSENOT/AGENCE TOP

PETER JOHNSON

Geschmortes Rindfleisch auf provenzalische Art

Provence

BŒUF À LA GORDIENNE

Geschmortes Rindfleisch auf provenzalische Art

1,8 kg Rindfleisch zum Schmoren (Keule, Nacken oder Schulter)
1 Zwiebel, etwa 100 g
2 Gewürznelken
Bouquet garni: 1 Thymianzweig, 1 Salbeizweig, 1 Lorbeerblatt, 2 Stangen Bleichsellerie, 2 Streifen Orangenschale
¾ l Rotwein, vorzugsweise Côtes du Rhône
3 EL Rotweinessig
4 Knoblauchzehen, geschält und in Viertel geschnitten
150 g frische Schweineschwarte, alles Fett weggeschnitten
3 EL Olivenöl
250 g mittelgroße Karotten, abgeschabt und in 5 mm dicke Scheiben geschnitten
Salz und frisch gemahlener Pfeffer
4 Prisen frisch geriebene Muskatnuß
200 g geräucherter Speck

Das Fleisch in 5 cm große Würfel schneiden. Die Zwiebel schälen und die Gewürznelken hineinstecken. Die Zutaten für das Bouquet garni zusammenbinden. Die Fleischwürfel in eine große Schüssel geben und mit Wein und Essig bedecken. Das Bouquet garni, Knoblauch und Zwiebel hinzufügen, mit Klarsichtfolie zudecken und für 12 Stunden in den Kühlschrank stellen.

Den Backofen auf 180 °C (Gasherd Stufe 2–3) vorheizen. Die Schweineschwarte in 2 cm große Quadrate schneiden. Für 2 Minuten in kochendem Wasser blanchieren, dann abtropfen lassen. Zwei Drittel der Schwartenquadrate auf dem Boden eines 4 l fassenden Schmortopfs verteilen.

Das Öl in einer beschichteten Pfanne von 28 cm Durchmesser erhitzen. Die Karotten hinzufügen und bei starker Hitze 7 bis 8 Minuten sautieren, bis sie leicht gebräunt und karamelisiert sind. Mit Salz, Pfeffer und Muskat bestreuen. Mit einem Schaumlöffel aus dem Topf heben und beiseite stellen.

Die Fleischwürfel abtropfen lassen und trockentupfen. Den Bauchspeck in streichholzgroße Streifen schneiden. Das Fleisch und den Speck in derselben Pfanne, die man für die Karotten verwendet hat, etwa 5 Minuten leicht bräunen.

Fleisch und Speck in den Topf geben und mit den Karotten umlegen. Das Fleisch mit der restlichen Schwarte bedecken und die Marinade darübergießen. Das Bouquet garni, Knoblauch und Zwiebel hinzufügen. Mit Salz und Pfeffer würzen. Den Topf mit einem Bogen geölten Pergamentpapier zudecken und den Deckel aufsetzen. 5 Stunden im Backofen schmoren.

Zwiebel, Knoblauch und Bouquet garni aus dem Topf nehmen. Wenn es nötig ist, die Garflüssigkeit bei starker Hitze mehrere Minuten einkochen, so daß man eine sirupartige Essenz erhält. Das Fleisch mit den Karotten, dem Speck und der Schweineschwarte servieren, mit der Sauce überziehen.

Für 6 Personen

Île de France

BŒUF À LA MODE

Bœuf à la Mode

2 kg Rindfleisch (Nacken, Kugel, Schulter etc. am Stück), vom Metzger gespickt und gerollt
Salz und frisch gemahlener Pfeffer
½ TL *quatre-épices* (siehe Glossar)
6 EL Cognac
¾ l trockener Weißwein
2 Kalbsfüße, halbiert
100 g frische Schweineschwarte, alles Fett weggeschnitten
1 große Zwiebel
3 Gewürznelken
Bouquet garni: 1 Lorbeerblatt, 1 Thymianzweig, 6 Petersilienzweige
3 EL Pflanzenöl
25 g Butter
1 große Karotte, abgeschabt und in Scheiben geschnitten
3 Knoblauchzehen, geschält
30 kleine, junge Zwiebeln
10 kleine Karotten

Das Fleisch mit Küchenkrepp abtupfen. Salz, Pfeffer und *quatre-épices* vermischen und das Fleisch damit bestreuen. Es in eine tiefe Schüssel legen, in die es gerade hineinpaßt, und Cognac und Wein darübergießen; das Fleisch sollte ganz mit Flüssigkeit bedeckt sein. Zudecken und für 12 Stunden im Kühlschrank marinieren; dabei das Fleisch von Zeit zu Zeit umdrehen.

Das Fleisch aus der Marinade nehmen und trockentupfen; die Marinade aufheben. In einem großen Topf reichlich Wasser zum Kochen bringen. Die Kalbsfüße und die Schweineschwarte hineinlegen und 5 Minuten kochen. Abtropfen lassen und unter fließendem Wasser abschrecken. Die Schwarte in große Quadrate schneiden. Die große Zwiebel schälen und die Gewürznelken hineinstecken. Die Kräuter für das Bouquet garni zusammenbinden.

2 EL Öl und die Butter in einem ovalen ofenfesten Topf erhitzen, in den das Fleisch gerade hineinpaßt. Das Fleisch von allen Seiten etwa 10 Minuten anbräunen. Die Karottenscheiben hinzufügen und 2 Minuten unter Rühren sautieren. Kalbsfüße, Schweineschwarte, Bouquet garni, die mit Gewürznelken gespickte Zwiebel und die ganzen Knoblauchzehen hinzufügen. Die Marinade dazugießen; das Fleisch muß bedeckt sein; sollte dies nicht der Fall sein, mit Wein, Wasser oder Bouillon aufgießen. Mit Salz und Pfeffer würzen und zum Simmern bringen. 5 Stunden leise köcheln lassen.

In der Zwischenzeit die kleinen Zwiebeln häuten und die kleinen Karotten abschaben. Die Karotten in 1 cm dicke Scheiben schneiden. Das restliche Öl in einer beschichteten Pfanne von 28 cm Durchmesser erhitzen und die Butter hinzufügen. Sobald sie geschmolzen ist, die Zwiebeln und Karotten darin etwa 5 Minuten leicht blondieren; dabei ständig mit einem Holzlöffel umrühren. Salz und Pfeffer hinzufügen und unter Rühren weitere 2 Minuten garen, bis die Gemüse karamelisieren. 200 ml Brühe aus dem Schmortopf nehmen und zum Gemüse geben. 20 Minuten bei schwacher Hitze garen, bis die Gemüse weich sind.

Nachdem das Fleisch 5 Stunden geschmort hat, den Topf von der Kochstelle nehmen. Das Fleisch der Kalbsfüße von den Knochen lösen und in 2 cm große Würfel schneiden. Ebenso die Schweineschwarte in kleine Stücke schneiden. Das Rindfleisch auf eine vorgewärmte Servierplatte geben, mit dem Kalbfleisch, der Schweineschwarte, den glasierten Karotten und Zwiebeln umlegen. Warm halten.

Die Garflüssigkeit – sie ist inzwischen eingekocht, sehr aromatisch und sirupartig – durch ein Sieb in eine Sauciere gießen. Sofort servieren; jeder Gast nimmt eine Scheibe Rindfleisch, ein

PETER JOHNSON

Bœuf à la mode

paar Würfel vom Kalbfleisch und der Schweineschwarte sowie etwas glasiertes Gemüse und gießt ein wenig von der reduzierten Sauce darüber.

Für 8–10 Personen

Provence

Alouettes sans Têtes
Rindfleischrouladen

Der französische Name dieses Gerichts – wörtlich »Lerchen ohne Köpfe« – erinnert daran, daß es in Frankreich durchaus üblich ist, Singvögel zu verspeisen.

1,8 kg Rumpsteak, in 1 cm dicke Scheiben geschnitten
18 Scheiben luftgetrockneter Schinken, jede etwa 20 g
60 g weiches Weißbrot, ohne Kruste
2 Knoblauchzehen, feingehackt
4 EL gehackte glatte Petersilie
6 Prisen frisch geriebene Muskatnuß
Frisch gemahlener Pfeffer
3 EL Olivenöl
25 g Butter
100 g Karotten, abgeschabt und feingehackt
150 g Zwiebeln, feingehackt
2 Stangen zarter Bleichsellerie, gehackt
200 ml Rotwein
2 l Tomatenpüree (siehe Glossar)
Salz
½ TL Zucker

Jede Fleischscheibe in Rechtecke schneiden, die etwa 100 g schwer sind. Die Schinkenscheiben der Breite nach halbieren. Das Brot in der Küchenmaschine zu Krümeln zerkleinern. Knoblauch, Petersilie und Muskat dazugeben und alles gut vermischen; kräftig mit Pfeffer würzen.

Ein Fleischrechteck auf die Arbeitsfläche legen und mit zwei halben Schinkenscheiben belegen. Etwas von der Brotmischung darauf verteilen, auf allen Seiten je einen 1 cm breiten Rand freilassen. Das Fleisch von der schmalen Seite her aufrollen und die Roulade mit Küchengarn zusammenbinden. Mit den restlichen Zutaten ebenso verfahren, so daß man etwa 18 Rouladen erhält.

Das Öl in einem 6 l fassenden Topf erhitzen. Die Fleischporen der Rouladen verschließen, indem man sie kurz im heißen Fett wendet, ohne daß sie Farbe annehmen. Jeweils nur so viele Rouladen auf einmal hineingeben, wie auf dem Boden nebeneinander Platz finden. Herausnehmen und beiseite stellen.

Die Butter in den Topf geben und zerlassen. Karotten, Zwiebeln und Sellerie dazurühren, Deckel auflegen und bei sehr schwacher Hitze etwa 10 Minuten garen, bis die Gemüse sehr weich, aber nicht gebräunt sind. Die Rindfleischrollen wieder in den Topf geben und den Wein dazugießen. Etwa 15 Minuten köcheln lassen, bis die Flüssigkeit zu einer sirupartigen Essenz reduziert ist. Das Tomatenpüree hinzufügen; falls die Rindfleischrollen nicht vollständig bedeckt sind, Wasser dazugießen. Mit Salz, Pfeffer und Zucker würzen. Zudecken und bei sehr schwacher Hitze 3 Stunden garen, wobei man mehrere Male umrührt.

Die Rindfleischrollen auf eine tiefe Platte geben und warm halten. Die Sauce bei mäßiger Hitze etwa 10 Minuten einkochen, bis sie eingedickt ist.

In der Zwischenzeit das Küchengarn von den Fleischrollen entfernen. Sie 5 Minuten in der Sauce erhitzen, dann alles wieder auf die Platte geben und servieren.

Für 8 Personen

Rindfleischrouladen

PETER JOHNSON

Flandern

CARBONNADES FLAMANDES

Flämischer Rostbraten

In Flandern wird Fleisch fast immer mit Bratkartoffeln serviert, und carbonnades *machen dabei keine Ausnahme – gedämpfte Kartoffeln oder Kartoffelpüree passen jedoch genausogut als Beilage.*

1,8 kg Rindfleisch zum Schmoren (Unterschale, Brust oder Nacken)
Salz und frisch gemahlener Pfeffer
Bouquet garni: 1 Thymianzweig, 1 Lorbeerblatt, 6 Petersilienzweige
1 Scheibe Landbrot, etwa 100 g
2 EL scharfer Senf
1 EL Pflanzenöl
25 g Butter
400 g Zwiebeln, in dünne Scheiben geschnitten
1 EL brauner Rohrzucker
2 EL Rotweinessig
½ l dunkles Bier

Das Fleisch vom Metzger zuerst in 1 cm dicke Scheiben und dann in 5 × 6 cm große Rechtecke schneiden lassen. Mit Salz und Pfeffer würzen. Die Kräuter für das Bouquet garni zusammenbinden. Die Kruste von der Brotscheibe entfernen und sie mit dem Senf bestreichen.

Den Backofen auf 180 °C (Gasherd Stufe 2–3) vorheizen. Das Öl in einer beschichteten Pfanne von 26 cm Durchmesser erhitzen und die Fleischscheiben bei starker Hitze 2 Minuten auf jeder Seite anbraten. Beiseite stellen. Die Butter in der Pfanne zerlassen. Die Zwiebeln darin unter Rühren 5 Minuten braten, bis sie goldbraun sind. Den braunen Zucker hinzufügen und die Zwiebeln leicht karamelisieren. Den Essig angießen und bei starker Hitze verdampfen lassen.

Abwechselnd Fleisch und Zwiebeln in einer 4 l fassenden Auflaufform aufschichten; die Brotscheibe und das Bouquet garni auf halber Höhe hineingeben. Das Bier in die Pfanne gießen und bei hoher Temperatur erhitzen. Ebenfalls in die Auflaufform füllen; falls notwendig, mehr hinzufügen, so daß das Fleisch damit bedeckt ist. Den Deckel auflegen und 4 Stunden, ohne umzurühren, im Ofen schmoren.

Das Fleisch in eine flache Schüssel geben und warm halten. Brot, Zwiebeln und Bratensaft durch den Fleischwolf drehen oder in der Küchenmaschine pürieren, so daß man eine glatte Sauce erhält. Die Sauce bei hoher Temperatur erhitzen und über das Fleisch gießen. Sofort servieren.

Für 6 Personen

Korsika

STUFATU

Korsischer Schmortopf mit Nudeln

Stufatu *ist das korsische Wort für Schmor- oder Fleischtopf. Die Bezeichnung umfaßt viele Gerichte, die durch leises Köcheln gegart werden.*

1,25 kg Rindfleisch zum Schmoren (Schulter, Nacken, Keule oder Brustkern)
250 g roher geräucherter Schinken
Bouquet garni: 1 Lorbeerblatt, 1 Thymianzweig, 1 Rosmarinzweig, 6 Petersilienzweige
500 g reife Tomaten
60 ml Olivenöl
250 g Zwiebeln, in dünne Scheiben geschnitten
6 Knoblauchzehen, feingehackt
250 ml trockener Weißwein
Salz und frisch gemahlener Pfeffer
4 Prisen frisch geriebene Muskatnuß
30 g getrocknete Steinpilze

ZUM SERVIEREN:
360 g Nudeln
60 g Butter
100 g frisch geriebener korsischer Schnittkäse vom Schaf oder Parmesan

Das Rindfleisch und den Schinken in 2 cm große Würfel schneiden. Die Kräuter für das Bouquet garni zusammenbinden. Die Tomaten für 10 Sekunden in kochendem Wasser blanchieren. Unter fließendem Wasser abschrecken, häuten, halbieren und die Kerne entfernen; das Fruchtfleisch grobhacken.

Das Öl in einem 4 l fassenden Topf erhitzen und Fleisch, Schinken, Zwiebeln und Knoblauch darin 5 Minuten braten, wobei man ständig mit einem Holzlöffel umrührt. Tomaten, Wein und Bouquet garni hinzufügen und gut vermischen. Mit Salz, Pfeffer und Muskatnuß würzen und zum Köcheln bringen. Zudecken und bei schwacher Hitze 1 Stunde schmoren lassen.

In der Zwischenzeit die Pilze in eine Schüssel geben und in zwei Tassen warmem Wasser einweichen. Die Pilze herausnehmen, das Einweichwasser sorgfältig durch ein mit einem Tuch ausgelegtes Sieb filtern, um allen Sand zu entfernen. Man kann für diesen Prozeß auch Filterpapier verwenden. Wenn nötig, das Einweichwasser mehrere Male filtern. Pilze und Flüssigkeit zu den anderen Zutaten in den Topf geben und weitere 2 Stunden schmoren lassen.

Die Nudeln zubereiten: Die Nudeln in einen großen Topf mit sprudelndem Salzwasser geben und bißfest kochen. Abtropfen lassen, in eine flache vorgewärmte Schüssel geben und die Butter daruntermischen. Die Hälfte der Fleischsauce darübergießen und gut vermengen. Mit Pfeffer würzen. Das Fleisch in der Sauce direkt aus dem Topf und die Nudeln sofort servieren; den geriebenen Käse getrennt dazu reichen.

Für 6 Personen

Languedoc

BROUFADO

Geschmortes Rindfleisch mit Sardellen

1,8 kg Rumpsteak
60 ml Olivenöl
60 ml Rotweinessig
½ l trockener Weißwein
3 EL Cognac
2 Zwiebeln, jede 100 g, in dünne Scheiben geschnitten
Bouquet garni: 1 Thymianzweig, 1 Lorbeerblatt, 6 Petersilienzweige, 1 Rosmarinzweig
2 Knoblauchzehen, halbiert
Salz und frisch gemahlener Pfeffer
3 Sardellen, in Salz eingelegt
3 EL Kapern, abgespült und abgetropft
4 Cornichons (kleine französische Gewürzgurken), in dünne Scheiben geschnitten
1 TL Pfeilwurz oder Speisestärke
2 EL kaltes Wasser

Das Fleisch in 5 cm große Würfel schneiden. 2 EL Öl, Essig, Wein und Cognac in eine große Schüssel geben. Die Zwiebeln und das Fleisch dazugeben und vermischen. Zudecken und für 12 Stunden im Kühlschrank marinieren. Während dieser Zeit das Fleisch hin und wieder wenden.

Den Backofen auf 180 °C (Gasherd Stufe 2–3) vorheizen. Die Kräuter für das Bouquet garni zusammenbinden. Den Inhalt der Schüssel in einen 4 l fassenden Topf gießen. Den Knoblauch, Bouquet garni, Salz und Pfeffer hinzufügen und zum Köcheln bringen. Deckel auflegen und 4 Stunden lang im Backofen schmoren.

Das Salz unter fließendem kaltem Wasser von den Sardellen reiben. Jedes Filet in vier Stücke schneiden. Die Kapern und die Cornichons zu den übrigen Zutaten in den Topf geben und eine weitere Stunde schmoren.

PETER JOHNSON

Korsischer Schmortopf mit Nudeln (unten), *Geschmortes Rindfleisch mit Sardellen* (Mitte) *und Flämischer Rostbraten* (oben)

Die Fleischstücke mit dem Schaumlöffel herausheben und auf einen vorgewärmten Teller legen. Den Pfeilwurz mit dem kalten Wasser vermischen und in die Sauce einrühren. Etwa 2 Minuten kochen, bis die Mischung eindickt. Die Sardellen hinzufügen, dann das Fleisch wieder in den Topf geben und 5 Minuten erhitzen. Direkt aus dem Topf servieren.

Für 6 Personen

Burgund

BŒUF BOURGUIGNON

Rindfleisch nach Burgunder Art

250 g leicht geräucherter Schweinebauch
1 EL Pflanzenöl
60 g Butter
36 kleine, junge Zwiebeln, geschält
1,8 kg Rindfleisch zum Schmoren (Unterschale, Brust oder Schulter)
3 EL *Marc de Bourgogne* oder ein anderer *Marc* (Tresterschnaps)
¾ l roter Burgunder
36 kleine Champignons
1 EL frischer Zitronensaft
Salz und frisch gemahlener Pfeffer
2 EL Pfeilwurz oder Speisestärke
2 EL kaltes Wasser

Den Schweinebauch unter fließendem Wasser abspülen, dann in dünne Streifen schneiden. In kochendem Wasser 5 Minuten blanchieren; abtropfen lassen und abspülen.

Das Öl in einem 6 l fassenden Topf erhitzen und die Schweinebauchstreifen darin bei schwacher Hitze in etwa 5 Minuten goldbraun braten; dabei ständig umrühren. Mit einem Schaumlöffel aus dem Topf nehmen und beiseite stellen.

20 g Butter in den Topf geben und die Zwiebeln darin unter häufigem Umrühren in etwa 10 Minuten bei sehr schwacher Hitze goldgelb dünsten. Mit einem Schaumlöffel aus dem Topf nehmen und zum Schweinefleisch geben.

Das Rindfleisch in 5 cm große Würfel schneiden. Nach und nach – das Fleisch soll nicht aufeinanderliegen – jeweils etwa 5 Minuten anbräunen und dabei häufig wenden. Beiseite stellen.

Das Fett abgießen. Den *Marc* in den Topf geben, und 1 Minute danach den Wein; den Bratensatz mit einem Holzlöffel vom Boden lösen. Den *Marc* entzünden und den Topf schwenken, bis die Flammen erlöschen. Das Rindfleisch wieder hineingeben und zum Köcheln bringen. Zudecken und bei sehr schwacher Hitze 3 Stunden schmoren.

In der Zwischenzeit die Stielenden der Champignons abschneiden, die Pilze waschen und trockentupfen. Die restliche Butter in einer beschichteten Pfanne von 26 cm zerlassen. Die Pilze und den Zitronensaft hinzufügen, mit Salz und Pfeffer würzen und die Pilze braten, bis sie goldbraun sind und alle Flüssigkeit verdampft ist.

Schweinefleisch, Zwiebeln und Champignons zu den übrigen Zutaten in den Topf geben und eine weitere Stunde im geschlossenen Topf bei schwacher Hitze garen.

Rindfleisch, Schweinefleisch, Zwiebeln und Pilze mit einem Schaumlöffel aus dem Topf heben und beiseite stellen. Die Sauce zum Kochen bringen. Pfeilwurz und kaltes Wasser vermischen, in die Sauce einrühren und bei starker Hitze 1½ Minuten aufkochen lassen, bis die Sauce eingedickt und glatt ist. Das Fleisch und die anderen Zutaten wieder in den Topf geben und nochmals 2 Minuten erhitzen. In einer flachen Schüssel servieren.

Für 8 Personen

Rindfleisch nach Burgunder Art

PETER JOHNSON

Maine

POTHINE DE BŒUF
Geschmortes Rindfleisch mit Calvados

*Fleisch-*Pothines *sind typisch für die Region Maine. Die* pothine *oder* pothin *ist der schwere Gußeisentopf, in dem man das Fleisch entweder über einem offenen Feuer oder am Rand des Küchenherds vor sich hin schmoren läßt.*

1,8 kg Rindfleisch am Stück (Unterschale, Brust, Nacken oder Schulter)
100 g roher geräucherter Schinken
100 g frischer Schweinebauch
Bouquet garni: 1 Thymianzweig, 1 Lorbeerblatt, 6 Petersilienzweige
1 Zwiebel, etwa 100 g
2 Gewürznelken
1 Kalbsfuß, halbiert
100 g frische Schweineschwarte, alles Fett entfernt
2 EL Pflanzenöl
2 Knoblauchzehen, halbiert
¼ l Rinderbouillon
6 EL Calvados
¼ l trockener Weißwein
Salz und frisch gemahlener Pfeffer

Das Fleischstück vom Metzger mit dem Schinken und dem Schweinebauch spicken und fest in Form binden lassen. Die Kräuter für das Bouquet garni zusammenbinden. Die Zwiebel schälen und die Gewürznelken hineinstecken.

In einem großen Topf reichlich Wasser zum Kochen bringen. Den Kalbsfuß und die Schweineschwarte hinzufügen und 5 Minuten blanchieren. Abtropfen lassen und unter fließendem Wasser abschrecken, dann die Schwarte in große Quadrate schneiden.

Den Backofen auf 180 °C (Gasherd Stufe 2–3) vorheizen. Das Öl in einem ovalen Schmortopf, in den das Fleisch gut hineinpaßt, erhitzen und das Fleisch von allen Seiten anbraten. Kalbsfuß, Schweineschwarte, Bouquet garni, Zwiebel und Knoblauch hinzufügen. Bouillon, Calvados und Wein hineingießen; das Fleisch sollte ganz bedeckt sein; ist dies nicht der Fall, so gießt man noch Wein oder Bouillon nach. Mit Salz und Pfeffer würzen, zudecken und zum Köcheln bringen. Im vorgeheizten Ofen 5 Stunden schmoren.

Das Fleisch vom Kalbsfuß lösen und in 1 cm große Würfel schneiden. Die Schweineschwarte in gleich große Stücke schneiden. Das Rindfleisch mit einem Schaumlöffel aus dem Topf heben und auf eine Servierplatte legen. Mit den Würfeln aus Kalbfleisch und Schweineschwarte umlegen und warm halten.

Falls notwendig, die Garflüssigkeit einkochen, bis sie aromatisch ist und eine sirupartige Konsistenz besitzt. In eine Sauciere gießen und servieren.

Für 8 Personen *Abbildung S. 152–153*

Lyonnais

GRILLADE DES MARINIERS
Schiffergrill

Dieses Gericht wird grillade *genannt, weil man das Fleisch dafür dünn schneidet, so wie man es beim Grillen tun würde. Und was die Schiffer angeht – damit sind die Lastschiffer gemeint, die die Rhône befuhren und die dieses Gericht fertig zubereitet dabei hatten, so daß sie es unterwegs nur aufwärmen mußten.*

1,8 kg Rumpsteak
5 EL Olivenöl
2 EL Rotweinessig
1 Lorbeerblatt, zerrieben
1 Streifen Orangenschale, etwa 5 cm lang
2 Gewürznelken
Salz und frisch gemahlener Pfeffer

PETER JOHNSON

Schiffergrill

4 Prisen frisch geriebene Muskatnuß
4 Knoblauchzehen, geschält
1 kg Zwiebeln, in dünne Scheiben geschnitten
4 Sardellen, in Salz eingelegt

Das Fleisch vom Metzger in etwa 5 mm dicke und 100 g schwere Scheiben schneiden lassen.

In einer Schüssel 3 EL Öl, Essig, Lorbeerblatt, Orangenschale, Gewürznelken, Salz, Pfeffer und Muskat vermengen. Mit einer Gabel schlagen, um alles gut zu vermischen, dann das Fleisch dazugeben und umrühren, damit das Fleisch von der Marinade überzogen ist. Zudecken und für 12 Stunden in den Kühlschrank stellen.

Den Backofen auf 180 °C (Gasherd Stufe 2–3) vorheizen. 3 Knoblauchzehen durch die Knoblauchpresse in eine Schüssel drücken. Die Zwiebeln hinzufügen, mit Salz und Pfeffer würzen und gut vermischen.

Eine 4 l fassende Auflauf- oder Backform mit Deckel mit 1 EL Öl auspinseln. Eine Schicht der Zwiebelmischung auf dem Boden verteilen. Mit einer Fleischschicht bedecken. Die Zutaten weiterhin abwechselnd aufschichten und mit einer Lage Zwiebeln abschließen. Die Orangenschale wegwerfen, dann die Marinade über die Zwiebeln und das Fleisch gießen. Deckel auflegen und 4 Stunden im Backofen schmoren.

Die Sardellen unter fließendem kaltem Wasser abspülen und das Salz abreiben. Die Filets trennen und in die Küchenmaschine geben. Die restliche Knoblauchzehe, den letzten EL Öl und 60 ml der Schmorflüssigkeit aus der Backform hinzufügen und das ganze zu einer glatten Paste pürieren. Diese Paste über das Fleisch gießen, vorsichtig umrühren und 3 Minuten simmern lassen. Sofort anschließend direkt aus der Backform servieren.

Für 6 Personen

Bretagne

KIG-HA-FARZ

Rinder-Gemüse-Topf mit Buchweizen-Serviettenknödel

Dieses traditionelle bretonische Gericht war früher bei Familienfeiern der Mittelpunkt der Mahlzeit. Die Hausfrau bewahrte die weißen Leinenbeutel, in denen der farz *gegart wurde, sorgfältig auf; nach jeder Verwendung wurden sie ausgekocht und in der Sonne getrocknet. Dann verstaute man sie, bis zum nächsten Fest, im Wäscheschrank.*

1,5 kg Rindfleisch zum Schmoren (Unterschale, Nacken oder Brust)
Bouquet garni: 1 Lorbeerblatt, 1 Thymianzweig, 6 Petersilienzweige, 3 Stangen Bleichsellerie
1 Zwiebel
3 Gewürznelken
500 g frischer Schweinebauch
1 TL grobes Meersalz
1 TL schwarze und weiße Pfefferkörner, gemischt
½ TL Koriandersamen
3 Porreestangen
1 Wirsing
6 Karotten, abgeschabt
6 weiße Rüben, geschält
1 kleine Sellerieknolle
30 g gesalzene Butter
Salz und frisch gemahlener Pfeffer

FÜR DEN *FARZ*:

60 g Butter
250 g Buchweizenmehl
100 ml Milch
100 ml Sahne oder Crème double
1 Ei
1 TL feiner Kristallzucker
100 g Rosinen

4 l Wasser in einen großen Topf gießen und zum Kochen bringen. Das Rindfleisch dazugeben und 15 Minuten leise köcheln lassen, den Schaum regelmäßig abschöpfen. Die Kräuter für das Bouquet garni zusammenbinden. Die Zwiebel schälen und die Gewürznelken hineinstecken. Schweinebauch, Bouquet garni, Zwiebel, Salz, Pfefferkörner und Koriander in den Topf geben, Deckel auflegen und 2 Stunden leise köcheln lassen.

Die dunkelgrünen Teile der Porreestangen abschneiden. Den Porree waschen und quer halbieren, in zwei Bündeln zusammenbinden. Den Wirsing vierteln und den Strunk herausschneiden.

Den *farz* zubereiten: Von der Kochflüssigkeit im Topf 200 ml abnehmen und in einen kleinen Topf geben. 60 g Butter hinzufügen und schmelzen lassen. Das Mehl in eine Schüssel sieben. Die Buttermischung, Milch, Sahne, Ei und Zucker hinzufügen und mit einem Holzlöffel zu einem glatten Teig verarbeiten. Die Rosinen untermischen. Diese Mischung in ein quadratisches weißes Leinentuch wickeln und an den beiden Enden mit Küchengarn zubinden; darauf achten, daß man den *farz* nicht zu sehr zusammendrückt, er soll ja ein wenig aufgehen.

Porree, Karotten, weiße Rüben und Sellerie in den Topf geben und wieder zum Kochen bringen. Den *farz* hinzufügen und weitere 1½ Stunden leise köcheln lassen.

In der Zwischenzeit den Wirsing in sprudelndes Wasser geben und 5 Minuten blanchieren. Abtropfen lassen und mit der Butter in eine beschichtete Pfanne von 26 cm Durchmesser geben. Mit Salz und Pfeffer würzen. Den Deckel auflegen und bei sehr schwacher Hitze 1 Stunde garen, bis er sehr weich ist. Warm halten. Die gekochten Gemüse, Fleisch und *farz* aus dem Topf nehmen und die Brühe in eine Suppenterrine seihen. Das Fleisch in Scheiben schneiden und auf einem Teller anrichten; mit den Gemüsen umlegen. Den *farz* aus dem Tuch nehmen und ihn grob aufteilen und um das Gemüse legen. Die Gäste nehmen von allem und gießen etwas von der Brühe darüber.

Für 6 Personen

Île de France

STEAK AU POIVRE

Pfeffersteak

Steak au poivre *wurde um 1920 in den Küchen des Trianon-Palastes in Versailles erfunden und ist eines der klassischen Gerichte der französischen Küche. Als es darum ging, ein sehr zartes, doch ziemlich fades Rindfleisch aus Argentinien geschmacklich zu verbessern, kam der Küchenchef, Emile Lerch, auf die Idee, es vor dem Garen mit zerdrückten Pfefferkörnern zu bedecken.*

Heute wird mignonette *oder grobgemahlener Pfeffer auch als* poivre à steak *bezeichnet.*

1 Rumpsteak, etwa 400 g schwer und 3 cm dick
Salz
1 EL zerdrückte Pfefferkörner
60 g Butter
2 EL Cognac
3 EL Schlagsahne oder Crème double

Bitten Sie den Metzger, das Fleisch von Fett zu befreien und in zwei gleich große Steaks zu schneiden. Trockentupfen und mit Salz würzen. Die Pfefferkörner auf einem Teller verteilen und die Steaks darin wenden, so daß sie auf beiden Seiten leicht mit Pfeffer überzogen sind.

Die Hälfte der Butter in einer Pfanne von 26 cm Durchmesser zerlassen. Die Steaks darin bei starker Hitze 2 bis 3 Minuten von jeder Seite garen, je nach dem, wie blutig Sie sie möchten. Den Cognac darüberträufeln und anzünden. Wenn die Flammen erloschen sind, die Steaks aus der Pfanne nehmen und auf einem Teller warm stellen.

Die Butter aus der Pfanne gießen und die Sahne hineingeben. 1 Minute bei starker Hitze kochen, dann die restliche Butter, die ganz kalt sein muß, darunterschlagen.

Die Sauce über die Steaks gießen und sofort servieren.

Für 2 Personen

Pfeffersteak

PETER JOHNSON

Rechte Seite: *Rinder-Gemüse-Topf mit Buchweizen-Serviettenknödel* (oben) *und Lammkeule auf bretonische Art* (unten links, Rezept Seite 170)

IN DER BRETAGNE AUFGENOMMEN
PIERRE HUSSENOT/AGENCE TOP

2e Bureau
REGLEMENTATION
ARRETE
Article 1er
Article 2
VANNES LE 8 JUIN
LE PREFET
NB. Fermeture du 24 JUIN 76 au 8 JUILLET 76 Inclus
L'ENFER

Flandern

Hochepot
Ochsenschwanz-Eintopf

Das Wort pot *besagt, daß verschiedene Fleisch- und Gemüsesorten zusammen in einem Topf gegart werden. Manchmal fügt man dieser* Pot-au-Feu-*Variante aus Flandern auch Speck zu.*

1 kg Ochsenschwanz
750 g Rinder-Spareribs (Querrippe)
750 g Lammschulter
250 g leicht geräucherter Schweinebauch
1 Schweineohr
8 Porreestangen
1 Zwiebel, etwa 100 g
3 Gewürznelken
2 Knoblauchzehen
Bouquet garni: 2 Lorbeerblätter, 1 Thymianzweig,
  10 Petersilienzweige
8 kleine Karotten, abgeschabt
8 kleine weiße Rüben, geschält
1 Sellerieknolle, geschält
1 Bund Bleichsellerie, gewaschen
10 Wacholderbeeren
10 Pfefferkörner, schwarze und weiße
8 mittelgroße Kartoffeln
1 Wirsing
Salz
1 ungeräucherte Brühpolnische

ZUM SERVIEREN (FALLS GEWÜNSCHT):
Geröstetes Brot
Geriebener Emmentaler Käse

Den Ochsenschwanz vom Metzger in 4 cm lange Stücke schneiden lassen. Alles Fleisch abspülen und trockentupfen. Ochsenschwanz, Spareribs, Lammschulter, Schweinebauch und Schweineohr in einen großen Topf geben und mit reichlich kaltem Wasser bedecken. Zum Kochen bringen und 5 Minuten simmern, dann die Fleischstücke abtropfen lassen und die Flüssigkeit abgießen. Die Fleischstücke wieder in den Topf geben und erneut mit reichlich kaltem Wasser auffüllen. Bei schwacher Hitze zum Kochen bringen.

Die Porreestangen waschen und putzen und zu zwei Bündeln zusammenbinden. Die Zwiebel schälen und die Gewürznelken hineinstecken. Die Knoblauchzehen schälen und sie mit der Hand oder der Messerschneide zerdrücken. Die Kräuter für das Bouquet garni zusammenbinden.

Karotten, weiße Rüben, Sellerieknolle, Bleichsellerie, Porree, Knoblauch, Bouquet garni, Wacholderbeeren und Pfefferkörner in den Topf geben und 2 Stunden leise mitköcheln lassen.

In der Zwischenzeit die Kartoffeln schälen und waschen. Den Wirsingkopf vierteln und den Strunk entfernen. Den Kohl in kochendem Wasser 5 Minuten blanchieren und zusammen mit den Kartoffeln in eine beschichtete Pfanne von 26 cm Durchmesser geben. Mit Salz würzen. 6 EL Brühe aus dem Eintopf hinzufügen und bei schwacher Hitze in der zugedeckten Pfanne 20 Minuten garen, bis Kohl und Kartoffeln weich sind; falls notwendig, hin und wieder etwas Flüssigkeit nachgießen.

Etwa 45 Minuten vor Ende der Garzeit die Wurst mit einer Gabel ringsum einstechen und zum Fleisch in den Topf geben.

Die Fleischstücke abtropfen lassen und in 2 cm dicke Scheiben schneiden. Auf einer vorgewärmten Platte anrichten und mit dem gekochten Gemüse, dem Wirsing und den Kartoffeln umlegen; alles mit etwas Brühe anfeuchten. Die restliche Brühe durch ein Sieb in eine Suppenterrine gießen. Die heiße Brühe für sich oder zusammen mit geröstetem Brot und geriebenem Käse servieren. Fleisch und Gemüse bilden den zweiten Gang.

Für 8 Personen

Abbildung S. 6–7

Île de France

Entrecôte Bercy, Pommes Frites
Steak Bercy mit Pommes frites

Das Viertel Bercy in Paris, wo lange Zeit der wichtigste Weinmarkt Europas zu Hause war, gab einer Zubereitungsmethode seinen Namen, die auf Wein und Schalotten basiert und um 1820 in den Pariser Restaurants en vogue war.

Dies war auch die Zeit der marchands de frites *oder* friteurs, *die ihre in heißem Öl fritierten Kartoffeln in der Gegend um den Pont-Neuf verkauften; daher wurden die Kartoffeln auch* pommes Pont-Neuf *genannt. Nach und nach eroberten diese Straßenhändler ganz Paris, und ihre Kartoffeln erhielten den Namen* frites *oder* pommes frites.

Man findet dieses Steak mit Wein, Schalotten und Rindermark auf den Speisekarten auch als Entrecôte Bordelaise.

1 kg Kartoffeln, vorzugsweise Bintje
Etwa 2 l Erdnußöl
2 Steaks (Mittelrippenstück), jedes 600 g, Fett entfernt
Salz und frisch gemahlener Pfeffer
100 g Rindermark
1 EL Pflanzenöl
100 g Butter
4 Schalotten, feingehackt
6 EL trockener Weißwein
1 EL gehackte glatte Petersilie

Die Kartoffeln schälen, waschen und in 5 bis 6 cm lange und 1 cm breite Stifte schneiden. Unter kaltem Wasser abspülen und mit einem Geschirrtuch trockentupfen.

Das Öl in einer Friteuse auf 180 °C erhitzen. Sobald es schäumt, die Kartoffeln – falls notwendig, in mehreren Portionen – in den Fritierkorb geben und braten, bis sie die Farbe blassen Strohs angenommen haben. Den Korb aus dem Öl nehmen und die Pommes frites beiseite stellen; das Öl auf der Temperatur von 180 °C halten.

Die Steaks mit Küchenkrepp abtupfen und mit Salz und Pfeffer würzen. Das Rindermark in 5 mm große Würfel schneiden. In einen Topf mit köchelndem Wasser geben und 3 Minuten pochieren. In einem Sieb abtropfen lassen.

Das Öl in einer beschichteten Pfanne von 26 cm Durchmesser erhitzen. 25 g Butter hinzufügen. Sobald sie aufschäumt, die Steaks hineinlegen und 1½ bis 2½ Minuten von jeder Seite garen, je nach dem, wie blutig Sie sie möchten. Aus der Pfanne nehmen und warm halten; das Fett aus der Pfanne gießen. Die Schalotten und den Wein hineingeben und bei starker Hitze einkochen, bis die Flüssigkeit auf einen Eßlöffel reduziert ist; dabei den Bratensatz mit einem Holzlöffel lösen. Die Pfanne von der Kochstelle nehmen und die restliche eisgekühlte Butter in kleinen Stücken mit einem Schneebesen unterrühren, so daß man eine lockere, schaumige Sauce erhält. Die Petersilie hinzufügen und über die Steaks gießen. Das Mark in der Pfanne 30 Sekunden erhitzen und über dem Fleisch verteilen.

Den Fritierkorb mit den Kartoffeln wieder in das heiße Öl tauchen und fritieren, bis sie knusprig und goldbraun sind. Auf Küchenkrepp abtropfen lassen. Mit Salz bestreuen. Die Steaks sofort servieren und die Pommes frites dazu reichen.

Für 4 Personen

Rechte Seite: *Steak Bercy mit Pommes frites*
PETER JOHNSON

Bretagne

Gigot d'Agneau à la Bretonne

Lammkeule auf bretonische Art

Kleine weiße Bohnen, eine der populärsten Gemüsesorten aus der Bretagne, sind immer die Hauptzutat von Gerichten, die mit dem Zusatz à la bretonne *bezeichnet werden. Die Bohnen kann man ganz lassen oder aber pürieren.*

1 Zwiebel, etwa 100 g
2 Gewürznelken
6 Knoblauchzehen
Bouquet garni: 1 Lorbeerblatt, 1 Thymianzweig, 6 Petersilienzweige
1,5 kg frische, kleine weiße Bohnen, enthülst
150 g Karotten, abgeschabt und grobgehackt
Salz
1 Lammkeule, etwa 1,7 kg, Fett entfernt
2 EL Erdnußöl
Salz und frisch gemahlener Pfeffer
25 g Butter

Die Zwiebel schälen und die Gewürznelken hineinstecken. Die 4 Knoblauchzehen schälen und halbieren. Die Kräuter für das Bouquet garni zusammenbinden.

Die Bohnen, die Zwiebel, die Karotten, das Bouquet garni und die halbierten Knoblauchzehen in einen großen Topf geben und mit reichlich Wasser bedecken. Bei schwacher Hitze zum Kochen bringen. 1½ Stunden leise köcheln lassen, nach 1 Stunde mit Salz würzen.

Nachdem die Bohnen 30 Minuten gegart haben, den Backofen auf 245 °C (Gasherd Stufe 5–6) vorheizen. Die restlichen 2 Knoblauchzehen schälen und jede in 6 Stifte schneiden. Die Lammkeule mit der Spitze eines Messers einstechen und in jeden Einstich einen Knoblauchstift schieben. Das Fleisch mit Öl einreiben und mit Salz und Pfeffer würzen. Einen großen Brateinsatz mit Rost einölen und die Lammkeule mit der gerundeten Seite nach unten auf den Rost legen.

Das Lammfleisch 20 Minuten braten, dann umdrehen, die Temperatur auf 230 °C (Gasherd Stufe 5) reduzieren und weitere 25 Minuten braten; dabei darauf achten, daß der Bratensaft im Bräter nicht verbrennt, sondern nur karamelisiert. Falls der Bratensaft beginnt anzubrennen, immer wieder ein paar Löffel Wasser in den Brateinsatz geben.

Eine Lammkeule dieses Gewichts ist nach 45 Minuten innen rosa; wenn Sie das Fleisch durchbraten wollen, muß es 20 bis 30 Minuten länger im Ofen bleiben. Den Ofen ausschalten, die Keule umdrehen und 10 Minuten ruhen lassen, damit sich der Fleischsaft im ganzen Braten gleichmäßig verteilen kann.

Sobald sie gar sind, das Bohnenwasser abgießen und das Bouquet garni, Zwiebel und Knoblauch wegwerfen. Das Fett aus dem Bräter abschöpfen und die Butter hinzufügen. Die Bohnen in den Bräter geben und mehrmals wenden, so daß sie mit der Butter und dem Bratensaft überzogen werden. In eine Servierschüssel füllen. Die Lammkeule auf eine vorgewärmte Platte legen und mit den Bohnen servieren.

Für 6 Personen

Abbildung S. 167

Savoyen

Épaule d'Agneau à la Boulangère

Lammschulter mit Kartoffeln

Früher wurden große Fleischstücke im Ofen des Bäckers gebacken, und der Ausdruck à la boulangère *hat sich bis heute erhalten. Diese Art der Zubereitung eignet sich für Lammschulter oder -keule, aber auch für Fisch, etwa Kabeljau.*

1 Lammschulter, etwa 1,5 kg
Salz und frisch gemahlener Pfeffer
3 Knoblauchzehen, in Stifte geschnitten
50 g Butter
1 kg Kartoffeln
250 g Zwiebeln, in dünne Scheiben geschnitten
3 EL Wasser

Bitten Sie den Metzger, das Fleisch zu entbeinen und das Fett zu entfernen. Das Fleisch auf beiden Seiten mit Salz und Pfeffer würzen, gleichmäßig mit den Knoblauchzehen spicken. Aufrollen und mit Küchengarn in Form binden.

Den Backofen auf 215 °C (Gasherd Stufe 4–5) vorheizen. Die Hälfte der Butter auf der Fleischoberfläche verstreichen. Die Schulter in eine Form legen, in der sowohl diese als auch die Gemüse hineinpassen.

Das Fleisch 20 Minuten braten und dabei häufig wenden, so daß es auf allen Seiten schön gebräunt ist.

Die Kartoffeln schälen, waschen und trockentupfen. Der Länge nach vierteln. Die restliche Butter in einer beschichteten Pfanne von 26 cm Durchmesser zerlassen und die Zwiebeln und Kartoffeln darin 10 Minuten leicht anbräunen, wobei man sie mit einem Holzlöffel wendet und mit Salz und Pfeffer würzt.

Die Zwiebel-Kartoffel-Mischung um das Fleisch verteilen und mit dem Wasser beträufeln. 45 Minuten backen, bis sowohl das Fleisch als auch die Kartoffeln gar sind.

Das Küchengarn vom Fleisch entfernen und den Braten in Scheiben schneiden. Diese auf einer vorgewärmten Servierplatte anrichten. Mit dem Gemüse umlegen und servieren.

Für 6 Personen

Lammschulter mit Kartoffeln (unten) *und Lammeintopf Avignon* (oben)

PETER JOHNSON

Provence

DAUBE D'AVIGNON
Lammeintopf Avignon

Obwohl das Wort daube *gewöhnlich eine Garmethode bezeichnet, bei der Fleisch oder Geflügel mit Kräutern gewürzt und mehrere Stunden in Weiß- oder Rotwein langsam geschmort wird, gibt es in den verschiedenen Städtchen und Dörfern eine erstaunliche Vielzahl von Varianten dieses Gerichts.*

Dies ist die aromatische milde Variante, die man in der bezaubernden Stadt Avignon serviert. Dazu gibt es gewöhnlich Butternudeln, die man mit der daube*-Sauce überzieht und mit geriebenem Käse – Emmentaler oder Parmesan oder einer Mischung von beiden – bestreut.*

1,5 kg Lammkeule, entbeint und Fett entfernt
2 Zwiebeln (jede 100 g), feingehackt
4 Knoblauchzehen, feingehackt
1 Thymianzweig, zerdrückt
1 Lorbeerblatt, zerdrückt
2 EL gehackte glatte Petersilie
2 Gewürznelken
6 EL Olivenöl
¼ l Rotwein, vorzugsweise Côtes du Rhône
2 EL Cognac
Salz und frisch gemahlener Pfeffer
1 Scheibe leicht geräucherter Schweinebauch, etwa 200 g
150 g frische Schweineschwarte
1 Streifen getrocknete Orangenschale

Das Lammfleisch in 4 cm große Würfel schneiden und in eine große Schüssel geben. Zwiebel, Knoblauch, Thymian, Lorbeerblatt, Petersilie, Gewürznelken, Öl, Wein und Cognac hinzufügen. Mit Salz und Pfeffer würzen. Alles gut vermischen und 2 Stunden lang bei Zimmertemperatur marinieren.

Etwa 20 Minuten vor Ende der Marinierzeit in einem großen Topf reichlich Wasser zum Kochen bringen. Den Schweinebauch und die Schwarte hineingeben und 5 Minuten blanchieren. Abtropfen lassen, unter fließendem kaltem Wasser abspülen und wieder abtropfen lassen. Abkühlen lassen, bis das Fleisch lauwarm ist, dann den Schweinebauch in dünne Streifen schneiden und die Schwarte in 2 cm große Stücke. Die Schweinebauchstreifen in die Marinade geben.

Den Backofen auf 180 °C (Gasherd Stufe 2–3) vorheizen. Die Schwarte auf dem Boden einer 4 l fassenden Tonform verteilen. Die Marinadenmischung und das Fleisch hineinfüllen und die Orangenschale hinzufügen. Den Topf luftdicht verschließen, indem man Alufolie zwischen Form und Deckel gibt. 5 Stunden schmoren lassen, ohne dabei umzurühren.

Den Eintopf sehr heiß direkt aus der Form servieren.

Für 6 Personen

Provence

GIGOT FARCI
Gefüllte Lammkeule

In vielen Teilen Frankreichs wird die Lammkeule auf diese Art zubereitet, die Füllungen variieren jedoch entsprechend der Region ganz beträchtlich.

250 g Waldpilze
1 EL Butter
50 g magerer geräucherter Speck, feingehackt
1 Fenchelherz, etwa 100 g, gehackt
4 EL gehackte Petersilie und frischer Kerbel, gemischt
2 Prisen getrockneter Thymian
Salz und frisch gemahlener Pfeffer
3 Prisen frisch gemahlene Muskatnuß
30 g Weißbrot, ohne Kruste

PETER JOHNSON

Gefüllte Lammkeule

1 Knoblauchzehe
1 Lammkeule, etwa 1,8 kg, Fett entfernt und entbeint
1 TL Erdnußöl

FÜR DIE KARTOFFELN:

1,7 kg Kartoffeln
80 g Butter
½ TL getrockneter Thymian
1 Knoblauchzehe
Salz

Die Stielenden der Pilze wegschneiden. Die Pilze rasch unter fließendem kaltem Wasser säubern und trockentupfen; hacken. 1 EL Butter in einer beschichteten Pfanne von 22 cm Durchmesser zerlassen und den Speck darin in 2 Minuten leicht anbräunen; dabei mit einem Holzlöffel umrühren. Den Fenchel hinzufügen, den Deckel auflegen und weitere 2 Minuten garen. Die Pilze, die Petersilien-Kerbel-Mischung, Thymian, Salz, Pfeffer und Muskat hinzufügen und im halb zugedeckten Topf garen, bis der Fenchel sehr zart und die ganze Flüssigkeit verdampft ist.

Das Brot in der Küchenmaschine zu groben Bröseln zerkleinern. Die Pfanne von der Kochstelle nehmen. Die Brösel und die zerdrückte Knoblauchzehe mit den Zutaten in der Pfanne vermischen.

Die Lammkeule mit dieser Farce füllen und die Öffnung mit Küchengarn vernähen. Die Keule mit Öl bepinseln und mit Salz und Pfeffer würzen. Ein leichtes Gittermuster auf der gesamten Oberfläche der Keule einritzen. Den Backofen auf 230 °C (Gasherd Stufe 5) vorheizen. Die Kartoffeln schälen, abspülen und trockentupfen. In sehr dünne Scheiben schneiden. Die Butter in einer 22 × 32 cm großen Backform zerlassen. Den Thymian und den mit der Knoblauchpresse zerdrückten Knoblauch hinzufügen. Die Kartoffeln in dieser gewürzten Butter wenden, so daß sie ganz damit überzogen sind. Die Scheiben gleichmäßig in der Form verteilen und darauf achten, daß sie eine glatte Oberfläche bilden.

Die Lammkeule mit der gerundeten Seite nach unten auf das Kartoffelbett legen. 30 Minuten braten. Die Keule umdrehen und auch die Kartoffelscheiben wenden und weitere 25 Minuten backen. Den Ofen ausschalten und die Lammkeule 10 Minuten im Ofen ruhen lassen, bevor man sie serviert.

Für 8 Personen

PETER JOHNSON

Lammbraten nach Art von Pauillac

Île de France

NAVARIN PRINTANIER
Lamm mit Frühlingsgemüsen

Am 20. Oktober 1827 besiegte die französisch-englische Flotte gemeinsam die Seestreitkräfte der Osmanen bei Navarino (heute Pilos) in Griechenland. Die Schlacht entschied den griechischen Unabhängigkeitskrieg. Man vermutet, daß dieses Lammgericht, das mit Gemüsen gegart wird, zu Ehren des Sieges so benannt wurde. Möglicherweise kommt der Name aber auch von navet (weiße Rübe), dem Gemüse, das einst hauptsächlich für dieses Gericht verwendet wurde.

1,6 kg Lammschulter, -nacken und -brust, gemischt
Salz und frisch gemahlener Pfeffer
200 g reife Tomaten
Bouquet garni: 1 Lorbeerblatt, 1 Thymianzweig, 6 Petersilienzweige
1 EL Pflanzenöl
50 g Butter
1 EL Mehl
½ l Hühnerbrühe (Rezept Seite 34)
2 Knoblauchzehen, halbiert
500 g frische Erbsen, in der Schale
500 g sehr kleine junge Karotten
500 g junge weiße Rüben
18 kleine grüne (Frühlings-)Zwiebeln
200 g dünne grüne Bohnen
1 TL Zucker
1 EL gehackter frischer Kerbel

Das Fleisch in 5 cm große Würfel schneiden und mit Salz und Pfeffer würzen. Die Tomaten für 10 Sekunden in kochendem Wasser blanchieren. Unter fließendem kaltem Wasser abschrecken, dann häuten, halbieren, die Kerne entfernen; das Fruchtfleisch feinhacken. Die Kräuter für das Bouquet garni zusammenbinden.

Das Öl in einem 4 l fassenden gußeisernen Schmortopf erhitzen, die Hälfte der Butter hinzufügen und die Fleischwürfel leicht von allen Seiten anbräunen. Mit Mehl bestäuben und unter Rühren 1 Minute garen. Tomaten, Brühe, Bouquet garni und Knoblauch unterrühren. Zudecken und bei schwacher Hitze 1½ Stunden schmoren.

In der Zwischenzeit die Gemüse zubereiten: Die Erbsen schälen, die Karotten und die weißen Rüben abschaben. Die Zwiebeln schälen und die grünen Teile abschneiden. Von den Bohnen, falls notwendig, die Fäden entfernen. In reichlich kochendem Salzwasser 5 Minuten blanchieren, dann abtropfen lassen.

Die restliche Butter in einer beschichteten Pfanne von 28 cm Durchmesser zerlassen. Die Karotten, die weißen Rüben und die Zwiebeln hinzufügen und bei schwacher Hitze etwa 5 Minuten unter häufigem Rühren blondieren. Die Bohnen und Erbsen dazugeben und mit Zucker, Salz und Pfeffer bestreuen. Etwa noch 2 Minuten braten, bis die Gemüse goldgelb sind. 200 ml von der Schmorflüssigkeit aus dem Fleischtopf darübergießen und bei schwacher Hitze 15 Minuten köcheln lassen.

Nachdem das Fleisch 1½ Stunden geschmort hat, die Gemüse hinzufügen und bei schwacher Hitze unter Rühren 5 Minuten köcheln. Das Fleisch und die Gemüse mit einem Schaumlöffel herausheben, auf eine Servierplatte geben und warm halten. Die Garflüssigkeit reduzieren, dann Knoblauch und Bouquet garni entfernen. Den Kerbel unterrühren. Die Sauce über das Fleisch und die Gemüse gießen und servieren.

Für 6 Personen *Abbildung S. 159*

Languedoc

AGNEAU RÔTI DE PAUILLAC
Lammbraten nach Art von Pauillac

75 g altbackenes Weißbrot, ohne Kruste
8 Knoblauchzehen
50 g weiche Butter
Salz und frisch gemahlener Pfeffer
8 EL gehackte glatte Petersilie
1 Lammkeule, etwa 1,7 kg, Fett entfernt
2 EL Erdnußöl

Den Backofen auf 230 °C (Gasherd Stufe 5) vorheizen. Das Brot in der Küchenmaschine zu groben Bröseln zerkleinern. 6 Knoblauchzehen feinhacken und die restlichen beiden in feine Scheibchen schneiden. In einer Schüssel Butter, Salz, Pfeffer, Brotbrösel, Petersilie und gehackten Knoblauch vermischen und mit einer Gabel verkneten, so daß man eine glatte Paste erhält.

Mit einem Messer die Lammkeule mehrere Male einstechen und in die Einschnitte Knoblauchscheibchen schieben. Die Keule mit Salz und Pfeffer würzen und die ganze Oberfläche mit der Knoblauchpaste bestreichen. Die Keule mit Öl bepinseln und erneut leicht mit Salz und Pfeffer würzen.

Einen großen Brateinsatz mit Rost mit Öl auspinseln. Die Lammkeule mit der gerundeten Seite nach unten auf den Rost legen, den man auf den Bräter setzt. 20 Minuten braten, dann die Keule wenden und die Temperatur auf 215 °C (Gasherd Stufe 4–5) reduzieren; darauf achten, daß der Bratensaft im Bräter nicht anbrennt, sondern lediglich karamelisiert. Falls er anzubrennen droht, von Zeit zu Zeit ein paar Löffel heißes Wasser in den Bräter geben.

Nach 45 Minuten Garzeit ist die Keule innen noch rosa. Den Ofen ausschalten, die Lammkeule wenden und 10 Minuten im Ofen ruhen lassen. In Scheiben schneiden, mit Bratensaft beträufeln und servieren.

Für 6 Personen

Anjou

CUL DE VEAU À L'ANGEVINE
Kalbsbraten nach Art von Anjou

Cul de veau *ist eine andere Bezeichnung für* quasi de veau, *das Fleischstück, das sich oberhalb der Keule des Tieres befindet. Dieses Gericht aus Anjou wird mit sautierten Waldpilzen, Karotten oder einem Selleriepüree serviert.*

100 g frische Schweineschwarte, alles Fett entfernt
Bouquet garni: 1 Lorbeerblatt, 1 Thymianzweig, 6 Petersilienzweige
200 ml trockener Weißwein
200 ml Hühnerbrühe (Rezept Seite 34)
50 g Butter
1,75 kg Kalbfleisch von der Hüfte (Blume)
2 mittelgroße Karotten, geschält und in dünne Scheiben geschnitten
2 Zwiebeln, jede etwa 100 g, in dünne Scheiben geschnitten
Salz und frisch gemahlener Pfeffer

Die Schweineschwarte 2 Minuten in kochendem Wasser blanchieren; abtropfen lassen. In 5 mm × 2 cm große Streifen schneiden. Die Kräuter für das Bouquet garni zusammenbinden.

Den Backofen auf 180 °C (Gasherd Stufe 2-3) vorheizen. Den Wein und die Brühe in einen Topf gießen und bei starker Hitze auf die Hälfte einkochen. Die Butter in einem gußeisernen Topf, in den das Fleischstück hineinpaßt, zerlassen und es leicht von allen Seiten anbraten. Das Fleisch herausnehmen und beiseite legen. Die Karotten und Zwiebeln in den Topf geben und unter Rühren 5 Minuten garen, dann das Fleisch wieder in den Topf legen. Die Weinmischung dazugießen und das Fleisch wenden. Mit Salz und Pfeffer würzen; die Schweineschwarte und das Bouquet garni hinzufügen. Zudecken und 3 Stunden im Ofen schmoren.

Das Fleisch aus dem Topf heben und auf eine vorgewärmte Servierplatte legen. Mit der Schweineschwarte, den Zwiebeln und Karotten umlegen. Die Garflüssigkeit zu einer sirupartigen Essenz einkochen und über das Fleisch gießen. Sofort servieren.

Für 6 Personen *Abbildung S. 152-153*

Lyonnais

FOIE DE VEAU À LA LYONNAISE
Kalbsleber nach Art von Lyon

À la lyonnaise *ist die Bezeichnung für eine Zubereitungsmethode, bei der Fleisch oder Gemüse mit gehackten, in Butter gedünsteten Zwiebeln kombiniert werden, wobei man dem Ganzen dann noch Essig und gehackte Petersilie zufügt. Spanische Artischocken und Kalbskopf werden oft* à la lyonnaise *bereitet.*

4 Scheiben Kalbsleber, jede 1,5 cm dick und 150 g schwer
Salz und frisch gemahlener Pfeffer
50 g Butter
250 g Zwiebeln, in dünne Scheiben geschnitten
1 EL Rotweinessig
2 EL gehackte glatte Petersilie

Die Leberscheiben trockentupfen. Mit Salz und Pfeffer würzen. Ein Drittel der Butter in einer beschichteten Pfanne von 26 cm Durchmesser zerlassen. Die Leber darin bei mäßiger Hitze 2 Minuten auf jeder Seite braten. Aus der Pfanne nehmen und warm halten.

Die restliche Butter in der gleichen Pfanne zerlassen. Die Zwiebeln hineingeben und unter häufigem Rühren bei schwacher Hitze 15 Minuten garen, bis sie sehr weich sind. Den Essig und den Fleischsaft der Leber hinzufügen. Mit Salz und Pfeffer würzen und unter Rühren noch 1 Minute garen. Die Zwiebelmischung auf vier vorgewärmte Teller verteilen.

Die Leberscheiben in der Pfanne 30 Sekunden auf jeder Seite erhitzen und sie dann auf den Tellern anrichten. Mit gehackter Petersilie bestreuen und sofort servieren.

Für 4 Personen

Normandie

CÔTES DE VEAU À LA NORMANDIE
Kalbskotelett auf normannische Art

4 Golden Delicious-Äpfel, jeder etwa 200 g
75 g Butter
4 Kalbskoteletts, jedes etwa 200 g
Salz und frisch gemahlener Pfeffer
2 EL Calvados
200 g Schlagsahne oder Crème double

Die Äpfel schälen, vierteln und das Kerngehäuse entfernen; jedes Viertel in drei Spalten schneiden. Die Hälfte der Butter in einer beschichteten Pfanne von 28 cm Durchmesser zerlassen. Die Apfelspalten hineinlegen und bei mäßiger Hitze 10 Minuten braten; nach 5 Minuten wenden.

In der Zwischenzeit die restliche Butter in einer beschichteten Pfanne von 26 cm Durchmesser zerlassen. Die Kalbskoteletts bei mäßiger Hitze 5 Minuten von beiden Seiten braten und mit Salz und Pfeffer würzen.

Kalbskoteletts und Äpfel auf einer Servierplatte anrichten und warm halten. Den Calvados in die Pfanne, in der das Fleisch gebraten wurde, gießen und vollständig einkochen; dabei den Bratensatz mit einem Holzlöffel lösen. Die Sahne hinzufügen und unter ständigem Rühren auf die Hälfte reduzieren. Diese Sauce über die Koteletts gießen und sofort servieren.

Für 4 Personen

Kalbskotelett auf normannische Art (oben) *und Kalbsleber nach Art von Lyon* (unten)

PETER JOHNSON

PETER JOHNSON

Nieren und Bries in Sahne

Touraine

BEUCHELLE
Nieren und Bries in Sahne

Der Ursprung dieses sehr alten Gerichts aus der Touraine ist nicht bekannt. Wir wissen nur, daß es von einem Küchenchef namens Edouard Nignon vom Restaurant Larue in Paris zu Beginn dieses Jahrhunderts wieder in Mode gebracht wurde.

2 Kalbsnieren
Salz und frisch gemahlener Pfeffer
2 Kalbsbries (Nuß)
500 g frische Steinpilze
100 g Butter
250 g Sahne oder Crème double
50 g Parmesan, frisch und fein gerieben

Das Fett von den Nieren entfernen, möglichst viel von dem fetthaltigen Mark herausschneiden. Die Nieren in 5 mm dicke Scheiben schneiden, mit Salz und Pfeffer würzen.

In einem großen Topf reichlich Wasser zum Kochen bringen. Das Kalbsbries hineingeben und 6 Minuten blanchieren. Abtropfen lassen, dann für 15 Minuten in Eiswasser legen. Abtropfen lassen, die Oberflächenhaut samt sehnigen, fetten Teilen behutsam abziehen. Trockentupfen und in 5 mm dicke Scheiben schneiden.

Die Stielenden der Steinpilze abschneiden. Schnell unter fließendem kaltem Wasser säubern, trockentupfen und in 5 mm dicke Scheiben schneiden.

Die Hälfte der Butter in einer beschichteten Pfanne von 26 cm Durchmesser zerlassen und die Nierenscheiben darin auf beiden Seiten je 4 Minuten braten, bis sie leicht gebräunt sind. Aus der Pfanne nehmen und warm halten. Das Bries auf die gleiche Weise braten und mit den Nieren an einem warmen Ort beiseite stellen.

Die Pfanne auswischen, dann die restliche Butter darin aufschäumen lassen. Die Steinpilze hineingeben und bei starker Hitze goldbraun braten, bis alle Flüssigkeit verdampft ist. Die Sahne hinzufügen und unter Rühren 3 Minuten reduzieren, bis sie eindickt und die Steinpilze überzieht. Mit Salz und Pfeffer würzen.

Den Grill vorheizen. Eine ofenfeste Form mit Butter einfetten; sie muß so groß sein, daß man Fleisch und Steinpilze darin in einer 3 cm dicken Schicht anordnen kann.

Die Bries- und Nierenscheiben zu den Pilzen in die Pfanne geben und unter Rühren 30 Sekunden erhitzen. Diese Mischung in die gebutterte Form füllen und mit Parmesan bestreuen. Nahe der Hitzequelle 2 Minuten grillen. Sofort direkt aus der Form servieren.

Für 6 Personen

Île de France

BLANQUETTE DE VEAU
Kalbfleisch in weißer Sauce

1,5 kg Kalbfleisch: ⅓ Brust, ⅓ Schulter, ⅓ vorderes Kotelettstück, entbeint
1 Zwiebel, etwa 100 g
2 Gewürznelken
Bouquet garni: 1 Lorbeerblatt, 1 Thymianzweig, 6 Petersilienzweige, 2 Stangen Bleichsellerie, der weiße Teil von 1 Porreestange
1 mittelgroße Karotte, abgeschabt und in vier Stücke geschnitten
200 ml trockener Weißwein
150 ml Sahne oder Crème double
2 Eigelb
4 Prisen frisch geriebene Muskatnuß
1 EL frischer Zitronensaft
Salz und frisch gemahlener Pfeffer

ZUM GARNIEREN:

24 kleine, junge Zwiebeln
250 g kleine Champignons
50 g Butter
6 EL Wasser
1 EL frischer Zitronensaft

Das Fleisch in 5 cm große Würfel schneiden. Die Zwiebel schälen und die Gewürznelken hineinstecken. Die Kräuter für das Bouquet garni zusammenbinden. Das Fleisch in einen gußeisernen Topf geben und Karotte, Zwiebel und Bouquet garni hinzufügen. Den Wein und soviel Wasser dazugießen, daß das Fleisch gerade bedeckt ist. Zum Kochen bringen und während der ersten 10 Minuten den Schaum abschöpfen, dann zudecken und 2½ Stunden sehr leise köcheln lassen.

Etwa 45 Minuten vor Ende der Garzeit die Garnierung zubereiten: Die kleinen Zwiebeln schälen, die Stielenden der Champignons abschneiden; die Pilze säubern und mit Küchenkrepp abwischen. Die Hälfte der Butter in einer beschichteten Pfanne von 26 cm Durchmesser zerlassen und die Zwiebeln darin unter häufigem Rühren etwa 5 Minuten sautieren, bis sie goldgelb sind. Das Wasser hinzufügen, mit Salz und Pfeffer würzen und bedeckt 20 Minuten garen, bis sie weich sind. Die restliche Butter in einer zweiten Pfanne zerlassen und die Pilze und den Zitronensaft hineingeben. Mit Salz und Pfeffer würzen und braten, bis die Pilze goldbraun sind und alle Flüssigkeit verdampft ist. Zu den Zwiebeln hinzufügen und warm halten.

Das Fleisch mit einem Schaumlöffel aus dem Topf heben und auf einen vorgewärmten Teller legen. Mit den Champignons und den Zwiebeln garnieren.

Die Schmorflüssigkeit in einen Topf seihen und bei starker Hitze auf etwa ¼ l einkochen. In einer Schüssel die Sahne und das Eigelb verschlagen; 3 EL der heißen Brühe unterrühren. Wieder in den Topf geben und unter ständigem Rühren erhitzen, bis sie leicht eingedickt ist; sie darf nicht mehr kochen. Von der Kochstelle nehmen und die Sauce schlagen, bis sie glatt und samtig ist. Muskatnuß, Zitronensaft, Salz und Pfeffer hinzufügen und weitere 30 Sekunden schlagen. Diese Sauce über das Fleisch und die Gemüse gießen; sofort servieren.

Für 6 Personen *Abbildung S. 159*

Aquitaine

AILLADE GASCONNE
Kalbfleisch mit Knoblauch

Die große Menge Knoblauch, die in diesem Rezept verwendet wird, ist verantwortlich für den Namen des Gerichts, das im Südwesten Frankreichs sehr beliebt ist.

1 kg Kalbsschulter, entbeint und alles Fett entfernt
25 g Gänseschmalz
10 Knoblauchzehen
50 g Semmelbrösel
500 g reife Tomaten, gehäutet und in Viertel geschnitten
½ TL Zucker
Salz und frisch gemahlener Pfeffer

Das Fleisch in 4 cm große Würfel schneiden. Das Gänseschmalz in einer beschichteten Pfanne von 26 cm Durchmesser zerlassen und das Fleisch darin bei mäßiger Hitze etwa 5 Minuten anbräunen, wobei man ständig umrührt. Mit einem Schaumlöffel herausnehmen und beiseite stellen. Den Knoblauch und die Semmelbrösel in die Pfanne geben und unter Rühren braten, bis sie goldbraun sind. Tomaten, Zucker, Salz und Pfeffer unterrühren. Das Fleisch wieder in die Pfanne geben, alles gut vermischen und zum Simmern bringen. Den Deckel auflegen und bei schwacher Hitze 2 Stunden garen, wobei man zwei- bis dreimal umrührt.

Das Fleisch mit einem Schaumlöffel herausnehmen und in eine flache Schüssel geben; warm halten. Die Sauce passieren oder in der Küchenmaschine pürieren, nochmals kurz erhitzen, über das Fleisch gießen und sofort servieren.

Für 4 Personen

Auvergne

FALETTE
Gefüllte Kalbsbrust

Dieses Gericht ist eine Spezialität der Auvergne, und es schmeckt köstlich, wenn man es heiß mit gedämpftem Kohl oder Bratkartoffeln oder aber kalt mit einem Löwenzahn-Walnuß-Salat serviert. Man kann auch eine Schweinebrust verwenden – in diesem Fall heißt das Gericht dann fraude.

750 g Mangold
6 EL Milch
50 g altbackenes Weißbrot, ohne Kruste
150 g frischer Schweinebauch, feingehackt
1 Knoblauchzehe, feingehackt
1 EL gehackte glatte Petersilie
1 EL gehackter frischer Kerbel
2 EL Cognac
Salz und frisch gemahlener Pfeffer
6 Prisen frisch geriebene Muskatnuß
2 Eier
1,75 kg Kalbsbrust, entbeint und Fett entfernt
100 g frische Schweineschwarte, alles Fett entfernt
Bouquet garni: 1 Lorbeerblatt, 1 Thymianzweig, 10 Petersilienzweige
2 EL Pflanzenöl
25 g Butter
1 Zwiebel, etwa 100 g, in dünne Scheiben geschnitten
1 mittelgroße Karotte, gewaschen und in dünne Scheiben geschnitten
6 EL trockener Weißwein
200 ml Hühnerbrühe (Rezept Seite 34)

Den Mangold waschen und mit dem an den Blättern haftenden Wasser in einen Topf geben. Zudecken und bei starker Hitze 4 Minuten garen. Das Gemüse abtropfen lassen und mit einem Messer feinhacken. Die Milch in einem kleinen Topf zum Kochen bringen. Das Brot zerkrümeln und dazugeben. Von der Kochstelle nehmen und rühren, bis man eine glatte Masse erhält. In einer Schüssel den Schweinebauch, Knoblauch, Petersilie, Kerbel, Cognac, Brotmasse und Mangold vermischen. Mit Salz, Pfeffer und Muskat würzen. Die Eier untermischen.

Die Kalbsbrust mit Salz und Pfeffer würzen. Auf der Arbeitsfläche ausbreiten und die Füllung der Länge nach in der Mitte verteilen. Das Fleisch über die Farce schlagen und in kurzen Abständen mit Küchengarn zusammenbinden.

Die Schweineschwarte in heißem Wasser 2 Minuten blanchieren, abtropfen lassen und in 2 cm große Stücke schneiden. Die Kräuter für das Bouquet garni zusammenbinden.

Das Öl in einem schweren Topf erhitzen, in den die gerollte Kalbsbrust gerade hineinpaßt. Die Butter hinzufügen und das Fleisch auf allen Seiten anbraten. Das Fleisch aus dem Topf nehmen und das Fett abgießen. Zwiebel und Karotte in den Topf geben und unter Rühren 5 Minuten braten. Das Fleisch wieder in den Topf legen und Wein und Brühe dazugießen. Die Schweineschwarte und das Bouquet garni hinzugeben; mit Salz und Pfeffer würzen. Zudecken und bei sehr schwacher Hitze 2 Stunden garen.

Das Fleisch auf eine vorgewärmte Servierplatte anrichten, es mit der Schweineschwarte, Zwiebeln und Karotten umlegen. Die Schmorflüssigkeit zu einer sirupartigen Essenz einkochen und über das Fleisch gießen. Sofort servieren.

Für 6–7 Personen

PETER JOHNSON

Kalbfleisch mit Knoblauch (oben links), *Gefüllte Kalbsbrust* (unten) *und Kalbsrouladen* (oben rechts, Rezept Seite 176)

Provence

PAUPIETTES
Kalbsrouladen

Die Bezeichnung paupiette *bezog sich ursprünglich auf eine dünne Scheibe Kalbfleisch, die mit einer Farce versehen, gerollt und mit Garn zusammengebunden wurde. Im heutigen Küchenjargon ist dies auch der Name für Rouladen aus Rindfleisch, Schweinefleisch, Kohlblättern und Fischfilets.*

12 dünne Kalbsschnitzel, jedes etwa 80 g
Salz und frisch gemahlener Pfeffer
200 g schwarze Oliven, entsteint
200 g gekochter Schinken, feingehackt
2 Knoblauchzehen, feingehackt
2 EL gehackte glatte Petersilie
4 Prisen frisch geriebene Muskatnuß
2 EL Olivenöl
25 g Butter
200 ml trockener Weißwein

Die Kalbsschnitzel klopfen, bis sie sehr dünn sind. Mit Salz und Pfeffer würzen.

Die Oliven in kochendes Wasser geben und 2 Minuten blanchieren. Sie unter fließendem kaltem Wasser abschrecken und abtropfen lassen. Die Hälfte der Oliven feinhacken; die restlichen Oliven halbieren.

In einer Schüssel den Schinken, die gehackten Oliven, Knoblauch, Petersilie, Pfeffer und Muskatnuß vermischen. Ein Schnitzel auf die Arbeitsfläche legen und ein Zwölftel der Mischung darauf verteilen, wobei man an den Außenrändern je 1 cm Rand frei läßt. Von der schmalen Seite her aufrollen. Die Roulade mit Küchengarn umwickeln. Mit den restlichen Zutaten ebenso verfahren, so daß man 12 *paupiettes* erhält.

Das Öl in einem schweren 4 l fassenden Topf erhitzen. Die Butter dazugeben und zerlassen. Die Rouladen darin in zwei oder drei Durchgängen von allen Seiten anbräunen. Wieder alle Rollen in den Topf geben. Den Bratensatz mit dem Wein ablöschen und 1 Minute kochen, damit der Alkohol verdampft. Zudecken und bei sehr schwacher Hitze 1½ Stunden schmoren, dabei mehrere Male umrühren.

Das Fleisch aus dem Topf nehmen und warm halten. Die restlichen Oliven in den Topf geben und 2 Minuten erhitzen.

Das Küchengarn von den Rouladen entfernen. Diese nochmals 5 Minuten in der Sauce erwärmen, dann auf einer Servierplatte anrichten. Die Olivensauce darübergießen und sofort servieren.

Für 6 Personen *Abbildung S. 175*

Île de France

VEAU MARENGO
Kalbfleisch Marengo

Am Abend des 14. Juni 1800 besiegte Napoléon die Österreicher bei Marengo. Als Leibkoch des Kaisers organisierte Dunand den Proviant und improvisierte ein Hühnergericht, bei dem das Geflügel mit Olivenöl, Knoblauch, Weißwein und Champignons kombiniert wurde. Tomaten, damals als Gemüse in Europa noch unbekannt, sind erst hundert Jahre später hinzugefügt worden.

Ebenso beliebt wie das Huhn Marengo ist diese Zubereitungsmethode mit Kalbfleisch.

1,2 kg Kalbsschulter, entbeint und alles Fett entfernt
Bouquet garni: 1 Lorbeerblatt, 1 Thymianzweig, 6 Petersilienzweige
1 EL Olivenöl
25 g Butter
1 mittelgroße Karotte, abgeschabt und feingehackt
2 Zwiebeln, jede etwa 100 g, feingehackt
1 EL Mehl
2 Knoblauchzehen, halbiert
200 ml trockener Weißwein
200 ml Hühnerbrühe (Rezept Seite 34)
200 ml pürierte Tomaten
Salz und frisch gemahlener Pfeffer
1 unbehandelte Zitrone
1 EL gehackte frische Petersilie
1 EL gehackter frischer Estragon

ZUM GARNIEREN:

24 frische Perlzwiebeln
250 g kleine Champignons
25 g Butter
Salz und frisch gemahlener Pfeffer

Das Fleisch in 5 cm große Würfel schneiden. Die Kräuter für das Bouquet garni zusammenbinden.

Das Öl in einer beschichteten Pfanne von 28 cm Durchmesser erhitzen. Die Butter hinzufügen und aufschäumen lassen. Das Fleisch, die Karotten und Zwiebeln hinzufügen und bei starker Hitze unter Rühren 5 Minuten braten, bis alles leicht goldbraun ist. Mit Mehl bestäuben und unter Rühren noch 1 Minute bräunen. Mit dem Weißwein ablöschen. Den Knoblauch und das Bouquet garni hineingeben. Bei starker Hitze kochen, bis der Wein auf die Hälfte eingekocht ist, dann die Brühe und die pürierten Tomaten dazugießen (das Fleisch sollte von der Flüssigkeit bedeckt sein; falls notwendig, noch etwas mit Brühe oder Wasser aufgießen). Mit Salz und Pfeffer würzen und zum Kochen bringen. Zudecken und bei schwacher Hitze 1 Stunde garen.

In der Zwischenzeit die Garnierung zubereiten: Die Perlzwiebeln schälen, die Stielenden der Champignons abschneiden, die Pilze säubern und mit Küchenkrepp abwischen. Die Butter in einer beschichteten Pfanne zerlassen und die Zwiebeln darin in etwa 5 Minuten unter häufigem Rühren goldgelb sautieren. Mit einem Schaumlöffel herausheben und beiseite stellen. Die Pilze in die Pfanne geben und braten, bis sie goldbraun sind und alle Flüssigkeit verdampft ist. Mit den Zwiebeln beiseite stellen. Die Zitrone waschen und abtrocknen. Die Hälfte der Schale feinreiben. Die Zitrone halbieren und 1 EL Saft herauspressen. Die Zwiebel-Pilz-Mischung und die geriebene Zitronenschale in die Pfanne zum Fleisch rühren, nachdem es bereits 1 Stunde geköchelt hat. Zudecken und weitere 45 Minuten bei milder Hitze garen.

Sobald das Fleisch gar ist, den Zitronensaft, Petersilie und Estragon unterrühren. Das Bouquet garni entfernen. Von der Kochstelle nehmen und auf einer vorgewärmten Servierplatte anrichten. Sofort servieren.

Für 6 Personen *Abbildung S. 152–153*

Burgund

ROGNONS À LA MOUTARDE
Kalbsnieren in Senfsauce

Die Gilde der Essig- und Senfproduzenten wurde in Orléans zu Ende des sechzehnten Jahrhunderts und in Dijon im Jahre 1630 gegründet, um Vorschriften für das Herstellungsverfahren von Senf festzulegen. Heute werden dem Dijon-Senf der Saft unreifer Früchte und Weißwein zugefügt; in Meaux werden die Samen nur grob zerkleinert; in Orléans mischt man Essig unter und in Bordeaux Traubenmost.

2 Kalbsnieren
Salz und frisch gemahlener Pfeffer
6 EL Sahne
2 EL Dijon-Senf
1 EL Pflanzenöl
30 g Butter
2 Schalotten, feingehackt
150 ml trockener Weißwein

Das Fett von den Nieren entfernen, möglichst viel von dem fetthaltigen Mark herausschneiden. Die Nieren mit Salz und Pfeffer würzen. Sahne und Senf in einer Schüssel vermischen.

Das Öl in einer beschichteten Pfanne von 26 cm Durchmesser

PETER JOHNSON

Kalbsnieren in Senfsauce

erhitzen. Die Butter hinzufügen und schmelzen lassen. Die Schalotten und Nieren hineingeben und die Nieren 5 Minuten von allen Seiten anbraten. Den Bratensatz mit dem Wein ablöschen, zudecken und 10 Minuten köcheln lassen, wobei man die Nieren nach 5 Minuten wendet.

Die Nieren aus der Pfanne nehmen und warm halten. Die Garflüssigkeit in einen Topf seihen und einkochen, bis nur noch 3 EL übrig sind. In der Zwischenzeit die Nieren in dünne Scheiben schneiden und auf vier vorgewärmte Teller verteilen. Den Fleischsaft, der beim Schneiden ausgetreten ist, zu dem reduzierten Fond geben. Die Sahne-Senf-Mischung unterrühren und bei starker Hitze etwa 1 Minute kochen, bis die Sauce dick und cremig wird. Über die Nieren gießen und sofort servieren.

Für 4 Personen

Picardie

Porc aux Deux Pommes

Schweinefleisch mit Kartoffeln und Äpfeln

1 kg Schweinelende oder -schulter, Fett entfernt
Salz und frisch gemahlener Pfeffer
1 EL Pflanzenöl
50 g Butter
500 g sehr kleine neue Kartoffeln, geschält
200 ml Wasser
500 g Golden-Delicious-Äpfel oder Reinetten

Das Fleisch vom Metzger rollen und in Form binden lassen. Mit Salz und Pfeffer würzen. Das Öl in einem ovalen Topf erhitzen, in den das Fleisch und die Kartoffeln gut hineinpassen. Die Hälfte der Butter hinzufügen und das Fleisch auf allen Seiten anbraten. Das Fleisch aus dem Topf nehmen, die Kartoffeln hineingeben und in etwa 3 bis 4 Minuten goldbraun sautieren, wobei man sie von Zeit zu Zeit wendet. Das Fleisch wieder in den Topf geben, das Wasser hinzufügen und zum Köcheln bringen. Den Deckel auflegen und 1½ Stunden schmoren lassen, wobei man Fleisch und Kartoffeln mehrere Male wendet.

Etwa 20 Minuten vor Ende der Garzeit die Äpfel schälen, vierteln und das Kerngehäuse entfernen. Jedes Viertel in drei Spalten schneiden. Die restliche Butter in einer beschichteten Pfanne von 28 cm Durchmesser zerlassen und die Apfelspalten in mehreren Durchgängen darin je etwa 8 Minuten lang goldgelb braten, wobei man sie nach 4 Minuten wendet. Warm halten.

Sobald das Fleisch gar ist, es auf einer vorgewärmten Servierplatte anrichten. Mit den Kartoffeln und den Apfelscheiben umlegen und servieren.

Für 4 Personen

Bretagne

Porc au Lait

Schweinefilet in Milch

1,5 kg Schweinefilet, Fett entfernt
Salz und frisch gemahlener Pfeffer
4 Knoblauchzehen
25 g Butter
1 l Vollmilch
2 Thymianzweige
1 Lorbeerblatt, in 4 Stücke geschnitten
4 Petersilienzweige
6 Prisen frisch geriebene Muskatnuß

Das Fleisch vom Metzger in Form binden lassen, damit es überall dieselbe Dicke hat. Mit Salz und Pfeffer würzen. 2 Knoblauchzehen schälen und in feine Scheibchen schneiden. Gleichmäßig ins Fleisch kleine Täschchen schneiden und die Knoblauchscheiben hineinstecken.

Die Butter in einem ovalen Topf zerlassen, in den das Filet gerade hineinpaßt. Das Fleisch auf allen Seiten anbräunen. Das Fleisch aus dem Topf nehmen, das Fett abgießen und den Topf auswischen. Das Filet wieder in den Topf legen und mit der Milch bedecken. Thymian, Lorbeerblattstücke, Petersilie und zwei ganze, leicht zerdrückte Knoblauchzehen zum Fleisch in den Topf geben. Mit Salz und Pfeffer würzen und die Muskatnuß hinzufügen. Bei schwacher Hitze zum Kochen bringen und 2 Stunden im zugedeckten Topf ganz leise simmern lassen; das Fleisch dabei mehrere Male wenden.

Nach 2 Stunden sollte das Fleisch sehr zart und mit einer goldgelben, reduzierten und leicht geronnenen Sauce bedeckt sein. Auf einen vorgewärmten Teller legen. Die Kräuter und den Knoblauch aus der Sauce entfernen und die Sauce im Mixer glattpürieren.

In eine Sauciere gießen und sofort zum Fleisch servieren.

Für 6 Personen

Schweinefleisch mit Kartoffeln und Äpfeln (oben) *und Schweinefilet in Milch* (unten)

PETER JOHNSON

Lothringen

ÉCHINE À LA BIÈRE
Schweinefleisch im Biersud

Im Norden und Osten Frankreichs wird am meisten Bier gebraut, und in diesen Gegenden verwendet man Bier auch in der Küche, genauso wie man im Süden mit Wein kocht. Die damit bereiteten Gerichte sind meist deftig und einfach köstlich.

1 kg Schweineschulter, entbeint und Fett entfernt
Salz und frisch gemahlener Pfeffer
Bouquet garni: 1 Lorbeerblatt, 1 Thymianzweig, 6 Petersilienzweige
25 g Butter
750 g Zwiebeln, in dünne Scheiben geschnitten
½ TL Zucker
50 g Semmelbrösel
½ l helles Bier

Das Fleisch vom Metzger in Form binden lassen. Mit Salz und Pfeffer würzen. Die Kräuter für das Bouquet garni zusammenbinden. Die Butter in einem ovalen Schmortopf zerlassen, in dem das Fleisch reichlich Platz hat. Das Fleisch hineingeben und von allen Seiten anbraten, es dann herausnehmen und an einem warmen Ort beiseite legen. Die Zwiebeln in den Topf geben und in 3 bis 4 Minuten goldgelb sautieren. Den Zucker und die Semmelbrösel unterrühren und weitere 2 Minuten braten, bis die Mischung goldbraun ist. Das Fleisch auf das Zwiebelbett legen, das Bier dazugießen und zum Kochen bringen. Zudecken und 1 ¾ Stunden schmoren lassen, wobei man das Fleisch mehrere Male wendet.

Das Fleisch auf einer vorgewärmte Servierplatte anrichten und mit den Zwiebeln umlegen. Den Schmorsaft bei starker Hitze einkochen, bis man eine sirupartige Essenz erhält; diese über die Zwiebeln gießen. Sofort servieren.

Für 4 Personen *Abbildung S. 6–7*

Languedoc

CASSOULET
Cassoulet

Das Wort cassoulet *kommt von* cassole, *der Bezeichnung für die glasierte Tonform, in der das Cassoulet überbacken wird. Sein Hauptbestandteil sind kleine weiße Bohnen, die aus der Gegend – entweder aus Cazères oder aus Pamiers – kommen und noch in dem Jahr, in dem sie gepflückt werden, verzehrt werden sollen. Dazu gibt es noch, je nach Gegend, verschiedene Fleischsorten.*

Diese Version ist die einfachste und vielleicht auch die älteste, und sie stammt ursprünglich aus Castelnaudary. Hausfrauen aus Carcassonne fügen Lammfleisch und in der Saison Rebhuhn hinzu; in Toulouse verwenden sie Toulouser Würste, Lammfleisch und confit; *und im Périgord kommt in diesen Bohneneintopf gefüllter Gänsehals und* confit.

750 g getrocknete kleine weiße Bohnen
500 g leicht geräucherter Schweinebauch
250 g frische Schweineschwarte, alles Fett entfernt
500 g grobe Toulouser Wurst oder eine andere Knoblauch-Kochwurst
1 ungeräucherte Brühwurst
8 Knoblauchzehen
1 TL getrockneter Thymian
Salz und frisch gemahlener Pfeffer
750 g frisches Schweinefilet
1 Schweinsfuß
Bouquet garni: 1 Lorbeerblatt, 1 Thymianzweig, 6 Petersilienzweige
400 g reife Tomaten
250 g Zwiebeln
2 Gewürznelken
2 Porreestangen, nur die weißen und die zarten grünen Teile, gewaschen und in dünne Scheiben geschnitten
200 g Gänseschmalz
3 EL Semmelbrösel

Die Bohnen in einen Topf geben und mit reichlich kaltem Wasser auffüllen. Mindestens 4 Stunden einweichen lassen. (Je älter die Bohnen sind, desto länger müssen sie quellen.)

Den Schweinebauch, die Schweineschwarte und den Schweinsfuß mit Wasser bedeckt 5 Minuten blanchieren, dann abschrecken und abtropfen lassen. Die Schweineschwarte in 3 cm breite Streifen schneiden. Die Streifen zusammenrollen und mit Küchengarn zusammenbinden. Die Würste mit einer Gabel einstechen, damit sie beim Kochen nicht aufplatzen.

2 Knoblauchzehen schälen und jede in sechs Stifte schneiden. Thymian, Salz, Pfeffer und Knoblauchscheibchen vermischen. Das Schweinefilet zwölfmal einstechen und ein Knoblauchstück in jeden Einstich stecken. Die Kräuter für das Bouquet garni zusammenbinden.

Die Tomaten für 10 Sekunden in kochendem Wasser blanchieren. Unter fließendem kaltem Wasser abschrecken, häuten, halbieren und die Kerne entfernen; das Fruchtfleisch grobhacken. 4 Knoblauchzehen schälen und feinhacken. Die Zwiebeln schälen; die Nelken in eine Zwiebel stecken und die restlichen Zwiebeln feinhacken.

Die Bohnen abtropfen lassen und das Einweichwasser weggießen. Die Bohnen wieder in den Topf geben und mit 3 l kaltem Wasser auffüllen. Den Schweinebauch, Porree, Zwiebel mit Gewürznelke, Bouquet garni, Schweineschwarte und den Schweinsfuß hinzufügen und bei sehr schwacher Hitze zum Kochen bringen. 1½ Stunden simmern lassen.

In der Zwischenzeit 100 g Gänseschmalz in einem schweren Topf zerlassen, in den das Filet hineinpaßt, und es von allen Seiten anbraten. Wieder herausnehmen und beiseite legen. Die gehackten Zwiebeln in denselben Topf geben und bei schwacher Hitze in etwa 5 Minuten unter ständigem Rühren goldgelb sautieren. Den gehackten Koblauch hinzufügen und unter Rühren 2 Minuten braten. Die Tomaten unterrühren und weitere 3 Minuten garen. Mit Salz und Pfeffer würzen. Das Fleisch wieder in den Topf geben, zudecken und bei schwacher Hitze 1 Stunde schmoren.

Das Fleisch aus dem Topf nehmen und es mit der Bratflüssigkeit zu den Bohnen geben. Die Würste ebenfalls hinzufügen und weitere 30 Minuten köcheln lassen.

Den Backofen auf 190 °C (Gasherd Stufe 3) vorheizen. Die Fleischstücke und Würste aus dem Topf nehmen und in 5 mm dicke Scheiben schneiden. Das Küchengarn von den Schweineschwartenrollen entfernen und sie in 5 mm × 3 cm große Streifen schneiden. Die Zwiebel und das Bouquet garni entfernen.

Die restlichen 2 Knoblauchzehen halbieren und die Innenseite einer großen Keramikform oder eines gußeisernen Topfs damit einreiben. Eine Schicht Bohnen auf dem Boden verteilen; mit einer Lage der verschiedenen Fleischsorten und Wurststücke bedecken. Die Zutaten weiter aufschichten und mit einer Lage Bohnen abschließen. Das restliche Gänseschmalz zerlassen und über den Eintopf träufeln. Mit den Semmelbröseln bestreuen und 1½ Stunden im Backofen überbacken. Direkt aus der Form servieren.

Für 8–10 Personen

Rechte Seite: *Cassoulet*
FOTOGRAFIERT IM LANGUEDOC
PIERRE HUSSENOT/AGENCE TOP

Elsaß

BAECKEOFFE
Baeckeoffe

Das elsässische Dialektwort baeckeoffe *heißt Bäckerofen, und tatsächlich wurde dieser schmackhafte Eintopf aus mariniertem Fleisch und Gemüsen früher im Backofen des Bäckers gegart.*

Einmal in der Woche, am Waschtag, brachten die Frauen vom Lande ihre Keramikterrinen in die Bäckerei; und wenn der Bäcker das Brotbacken beendet hatte, ließ er ihre wunderbaren Schmortöpfe stundenlang in seinem Ofen garen.

750 g Schweineschulter, ohne Knochen
750 g Lammschulter, ohne Knochen
750 g Rindfleisch (Brustkern), ohne Knochen
300 g Zwiebeln, in dünne Scheiben geschnitten
250 g Karotten, in dünne Scheiben geschnitten
2 Knoblauchzehen
1 frischer Thymianzweig, nur die Blätter
1 Lorbeerblatt, halbiert
10 frische Petersilienzweige
2 Gewürznelken
10 Pfefferkörner
Salz
½ l Elsässer Weißwein, am besten Riesling oder Sylvaner
1,5 kg mehlige Kartoffeln
75 g Mehl

Das Fleisch in 4 cm große Würfel schneiden und mit den Zwiebeln und Karotten in eine große Schüssel geben. Die Knoblauchzehen schälen und mit der flachen Hand oder der Messerschneide etwas zerdrücken. Mit Thymianblättern, Lorbeerblatt, Petersilie, Gewürznelken, Pfefferkörnern und Salz in die Schüssel geben. Den Wein darübergießen und umrühren. Mit Klarsichtfolie gut verschließen und für 12 Stunden im Kühlschrank marinieren, wobei man das Fleisch häufig wendet.

Den Backofen auf 190 °C (Gasherd Stufe 3) vorheizen. Die Kartoffeln schälen und waschen; in 5 mm dicke Scheiben schneiden. Das Fleisch mit einem Schaumlöffel herausheben, abtropfen lassen und die Marinade mit dem Gemüse aufheben.

In einer 2 l fassenden Keramikterrine mit gut schließendem Deckel eine Lage Kartoffeln einschichten. Etwas Gemüse aus der Marinade über die Kartoffeln verteilen, dann mit einer Fleischschicht bedecken. Weiterhin Kartoffeln, Gemüse und Fleisch aufschichten und mit einer Lage Kartoffeln abschließen. Die Marinade über die Kartoffeln gießen.

In einer kleinen Schüssel das Mehl mit soviel Wasser vermischen, daß man eine glatte, dicke Paste erhält. Diese zu einer langen, dünnen Wurst rollen und rundum auf den Terrinenrand legen. Den Deckel fest darauf legen und nach unten drücken, um die Form luftdicht abzuschließen. (Durch dieses Vorgehen, das man *lutage* nennt, wird der Topf versiegelt, so daß kein Dampf entweichen kann.) 3 Stunden garen.

Die Terrine aus dem Ofen nehmen und den Teigring zerbrechen. Den Deckel abnehmen und die Terrine sofort auftragen. Heiß servieren.

Für 8 Personen *Abbildung S. 6–7*

Elsaß

CHOUCROUTE
Sauerkraut mit Schweinefleisch und Würsten

Der Name dieses Gerichts kommt vom Elsässer Dialektausdruck für Sauerkraut, sürkrüt.

Sauerkraut ist geschnittener, eingesalzener und gegorener Weißkohl, der in Holzfässern oder großen Steintöpfen aufbewahrt wird. Es wird im Elsaß, in Lothringen und in Deutschland serviert und zu Eintöpfen verwendet, die außerdem Kartoffeln, gepökeltes und geräuchertes Schweinefleisch und Würste enthalten.

750 g gepökelte Schweineschulter, ohne Knochen
1 kg rohes Sauerkraut
3 Knoblauchzehen
1 Lorbeerblatt
1 EL Wacholderbeeren
3 Gewürznelken
1 TL schwarze und weiße Pfefferkörner, gemischt
100 g Schweineschmalz
1 Zwiebel, etwa 100 g, feingehackt
½ l Elsässer Weißwein, am besten Riesling oder Sylvaner
¼ l Hühnerbrühe (Rezept Seite 34)
500 g geräuchter Speck
500 g frischer Schweinebauch
1 geräucherte Brühwurst, etwa 500 g
6 Straßburger Würste oder Frankfurter
750 g Kartoffeln

Die Schweineschulter 5 Minuten in kochendem Wasser blanchieren, dann unter fließendem kaltem Wasser abschrecken und abtropfen lassen. Das Sauerkraut gründlich unter fließendem Wasser waschen und abtropfen lassen. Die Knoblauchzehen mit der flachen Hand oder mit dem Messerrücken leicht zerdrücken und zusammen mit dem Lorbeerblatt, den Gewürznelken, Wacholderbeeren und Pfefferkörnern in ein Stück Musselin einbinden.

Das Schweineschmalz in einem schweren 6 l fassenden Topf zerlassen und die Zwiebel darin in etwa 3 Minuten unter Rühren goldgelb sautieren. Das Sauerkraut hinzufügen und weitere 5 Minuten erhitzen, wobei man es mit zwei Gabeln auflockert. Den Wein und die Brühe dazugießen und gut vermischen. Die Schweineschulter und das Gewürzsäckchen so einlegen, daß sie vom Sauerkraut ganz bedeckt sind. Mit dem Deckel verschließen und bei sehr schwacher Hitze 1½ Stunden garen.

Den Speck und den Schweinebauch zum Sauerkraut in den Topf geben, auch sie mit Kraut bedecken und eine weitere Stunde garen.

In der Zwischenzeit die Brühwurst mit einer Gabel einstechen, damit sie beim Garen nicht aufplatzt. Die Straßburger Würste 1 Minute kochen; im heißen Wasser ziehen lassen. Die Kartoffeln schälen und waschen.

Die Brühwurst in den Topf geben. Die Kartoffeln darauf verteilen, Deckel auflegen und noch 1 Stunde garen. Etwa 10 Minuten vor Ende der Garzeit die Straßburger Würste zum Aufwärmen auf die Kartoffeln legen.

Einen Berg Sauerkraut auf einer Platte anrichten und mit dem Fleisch, den Würsten und den Kartoffeln garnieren. Sehr heiß servieren.

Für 6 Personen *Abbildung S. 6–7*

Périgord

PORC AUX CHÂTAIGNES
Schweinefilet mit Maronen

1 Schweinefilet, etwa 1 kg, alles Fett entfernt
Salz und frisch gemahlener Pfeffer
1 EL Pflanzenöl
25 g Butter
4 Knoblauchzehen, geschält
3 EL weißer Wermut
½ TL Zucker
6 EL Wasser
750 g Maronen

Das Filet vom Metzger in Form binden lassen, damit es überall dieselbe Dicke hat. Mit Salz und Pfeffer würzen.

Das Öl in einem ovalen Topf erhitzen, in den das Fleisch gut hineinpaßt. Die Hälfte der Butter und den Knoblauch hineingeben und das Fleisch auf allen Seiten anbraten.

Fleisch und Knoblauch aus dem Topf nehmen und das Fett abgießen. Den Bratensatz mit Wermut ablöschen und den Zucker einstreuen. Bei starker Hitze etwas einkochen, wobei man den Bratensatz mit einem Holzspatel löst. Das Fleisch wieder in den Topf legen und in der Flüssigkeit wenden. Den Knoblauch und das Wasser hinzufügen und zum Köcheln bringen. Zudecken und bei schwacher Hitze 45 Minuten garen, wobei man das Fleisch zweimal wendet.

In der Zwischenzeit jede Marone auf der flachen Seite einritzen. In einem großen Topf reichlich Wasser zum Kochen bringen. Die Maronen hineinlegen und 5 Minuten blanchieren. Abtropfen lassen, dann schälen und die braune Haut sorgfältig entfernen, die jede Marone umgibt.

Die Maronen zum Fleisch in den Topf geben und weitere 45 Minuten garen, wobei man sowohl Fleisch als auch Maronen mehrere Male wendet.

Sobald das Fleisch gar ist, es auf einer vorgewärmten Servierplatte anrichten und mit den Maronen umlegen. Die restliche Butter zu der Sauce in den Topf geben und unterrühren, bis sie schmilzt. Die Sauce über die Maronen gießen und sofort servieren.

Für 4 Personen

Périgord/Picardie

Porc au Pruneaux

Gefüllte Schweinenuß mit Backpflaumen

1 kg Schweinenuß, alles Fett entfernt
Salz
1 Lorbeerblatt
30 Backpflaumen
8 Walnüsse
100 g magerer geräucherter Bauchspeck
2 Schalotten, feingehackt
4 getrocknete Salbeiblätter
4 EL trockener Weißwein
Frisch gemahlener Pfeffer
1 EL Pflanzenöl

Das Fleisch vom Metzger in Form binden, damit es überall dieselbe Dicke hat, mit dem Salz und dem zerriebenen Lorbeerblatt einreiben. 10 Backpflaumen entsteinen und hacken. Die Nüsse in der Nußmühle grobmahlen. Die Schwarte vom Speck entfernen. Den Speck feinhacken und mit den Schalotten in einer beschichteten Pfanne von 22 cm Durchmesser unter häufigem Rühren etwa 5 Minuten braten, bis beides leicht gebräunt ist. Von der Kochstelle nehmen. Die Salbeiblätter zwischen den Fingern zerreiben und den Pfeffer, die gemahlenen Walnüsse, 1 EL Wein und die gehackten Backpflaumen hinzufügen und alles gut vermischen.

Die restlichen 20 Backpflaumen entsteinen, indem man sie nur an einer Seite einschneidet. Jede mit einer kleinen Menge der Masse füllen und die Pflaume über der Füllung wieder verschließen. Um den Braten zu füllen, in der Mitte zwei Einschnitte machen, die sich überkreuzen, und auf dem ganzen Braten ein Gittermuster einritzen. Das Fleisch mit der verbliebenen Farce füllen, diese gut hineindrücken, so daß sich das Fleisch darüber schließt und die Füllung von außen nicht zu sehen ist.

Eine ovale Backform mit Öl auspinseln, die gerade groß genug ist, damit der mit Pflaumen umlegte Braten hineinpaßt. Das Fleisch mit Öl bestreichen und in die Form legen. Die Form in den Backofen stellen. Den Ofen auf 215 °C (Gasherd Stufe 4–5) vorheizen und das Schweinefleisch 30 Minuten lang braten, dann das Fleisch mit den gefüllten Backpflaumen umlegen und den restlichen Wein darüberträufeln. Die Temperatur auf 190 °C (Gasherd Stufe 3) reduzieren und eine weitere Stunde braten. Den Braten auf einer vorgewärmten Platte anrichten, mit den Backpflaumen garnieren und servieren.

Für 4 Personen

PETER JOHNSON

Schweinefilet mit Maronen (unten) *und Gefüllte Schweinenuß mit Backpflaumen* (oben)

VON DEN CHARENTES BIS ZUM BASKENLAND

LEO MEIER

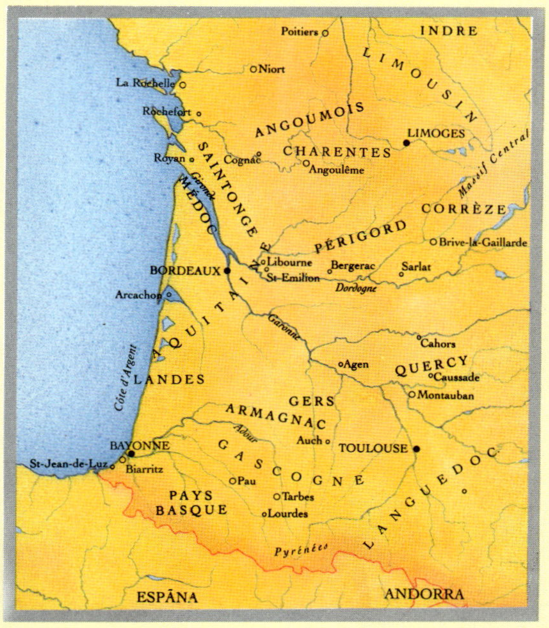

VON DEN CHARENTES BIS ZUM BASKENLAND

Erfrischendes Lokalkolorit

Dies ist ein Land, das singt und tanzt. Grün und hügelig, verbirgt es sich hinter hohen Wäldern oder träumt bescheiden im Schatten seiner Schlösser. Im Südwesten finden sich noch viele Zeugen seiner reichen Geschichte: der Trennung vom Königreich Frankreich, der dreihundertjährigen Beherrschung durch die Dynastie der Plantagenet seit der Vermählung der Eleonore von Aquitanien mit Henri II, dem späteren König von Großbritannien. Die Provinzen Guyenne, Gascogne, Périgord und Saintonge waren seine Vasallen; so wurden langwährende Bande mit England gewoben. Auf den Kais von Les Chartrons in Bordeaux werden Eichenfässer mit rotem Bordeaux für den Transport nach London verladen. Viele Namen von Cognac-Brennereien in der Charante haben einen englischen Anklang. Im Périgord waren die *Bastides* – zu Festungen ausgebaute Dörfer – vom 13. Jahrhundert an Stützen der englischen Krone im Reich der Kapetinger.

Und wie kocht man hier? Nun, die Küche ist traditionsbewußt, kunstvoll, stolz auf die Schätze des Landes. Fast überall, besonders aber in den Landes, im Périgord und im angrenzenden Quercy, ist man im Reich der *foie gras,* der Enten-»Steaks« (*magret*), der Gans- und Entenkonserven (*confit*) – die mit Mais gemästeten Vögel gedeihen in Freiheit auf dem fruchtbaren Boden.

Und die ganze Region ist auch die Heimat edler Weine –

Links: *Handwerker bei der Herstellung von Weinfässern in der Küferei Demptos in Saint-Emilion.*

Vorhergehende Seite: *Beynac-et-Cazenac, ein Schloß an der Dordogne aus dem dreizehnten Jahrhundert, bietet einen grandiosen Blick auf die Stadt La Roque-Gageac.*
LEO MEIER

LEO MEIER

Der Hafen von La Rochelle, Hauptseehafen der Charente Maritime, ist zugleich einer der malerischsten Häfen der Atlantikküste.

nicht nur der großen Gewächse von Médoc, Graves, Pomerol und Saint-Emilion, sondern auch der weltberühmten Weinbrände, die in kupfernen Destillierapparaten gebrannt werden. Die Qualität des Cognac hängt von der Beschaffenheit des Bodens (dessen Kreideanteil) ab, auf dem die bevorzugte Traube – die St-Emilion – gedeiht, sowie von der Lagerung in Limousin-Eichenfässern. Der Armagnac, der den Vergleich mit dem Cognac nicht zu scheuen braucht, reift im schwarzen Eichenholz der Gegend. Beide »Lebenswässer« sind von samtener Weichheit und haben den herrlichen Duft reifer Pflaumen oder Dörrpflaumen und Veilchen.

Von allen Regionen des Südwestens hat zweifellos das Périgord seine Traditionen am besten bewahrt. Man glaubt, die Geschichte in den goldenen Steinen der Häuser des »schwarzen Périgord« aufzufinden, ebenso wie in den kalkweißen Steinen von Nontron in Bourdeilles; in dem ländlichen Zauber des »grünen« Périgord, den Wassern der Dronne, die Bourdeilles bespülen; den Märkten von Bergerac und Thiviers, den vornehmen Landhäusern von Trémolat und Saint-Léon-sur Vézère; den unzähligen Höhlen von Les Eyzies-de-Tayac, dem prähistorischen Zentrum; in den Schlössern Beynac, Castelnaud und Puyguilhem und in den Abteien von Saint-Cyprien, Cadouin und Brantôme.

Die älteren Leute hier tragen Baskenmützen und gehen mit einem Spazierstock; sie sitzen im Lehnstuhl nahe am Feuer oder betrachten mit ihren Spionen am Fenster das geruhsame Treiben in Stadt und Land. Die traditionellen Früchte der Region werden in Fülle geerntet und verleihen den einheimischen Speisen das volle Aroma der Landschaft: gefüllter Gänsehals, *confit* von Gans und Ente, *foie gras* und Trüffel. Die überlieferte Kunst der Fleischkonservierung, indem es langsam und sorgsam im eigenen Fett gekocht und dann in Steinguttöpfen aufbewahrt wird, findet man hier nicht nur für Gans und Ente, sondern auch für Hühner- und sogar Schweinefleisch. Dieser Brauch soll auf die Zeit der maurischen Invasion zurückgehen; aber interessanter als die historische Herkunft ist wohl die Tatsache, daß dieses Verfahren das Fleisch zarter macht und seinen Geschmack verfeinert. Als Beilage dazu werden Kartoffeln gereicht, die nach Sarlat-Art gebraten sind, das heißt mit Knoblauch.

Gänseleberpastete ist nur eine der vielen Pasteten, die hier auch von Rebhuhn- und Hühnerleber bereitet werden. Hausgemachte *foie gras* wird hier überall im Land in glänzenden Blechdosen zum Verkauf angeboten. Für Trüffel verwendet man irdene Gefäße in den verschiedensten Formen. Dieser »schwarze Diamant« verbirgt sich im Schatten von Eichen, doch erzeugt er an der Oberfläche ein Netzwerk von feinen weißen Fäden – das Myzel –, an dem das geübte Auge die Fundstelle erkennen kann. Den Trüffeln werden aphrodisische Kräfte zugesprochen, sicher ist aber, daß ihr Aroma zu dem berauschendsten zählt, das man sich vorstellen kann. Und sie bereichern zahllose Gerichte als Trüffelsaft, feine Trüffelspäne oder auch als regelrechte Beilage. Als Zutat in Rühreiern oder einfachen Salaten sollen Trüffel eine wahrhaft wundersame Wirkung entfalten.

Die Schätze des Périgord und seines direkten Nachbarn Quercy lassen sich nur schwer auseinanderhalten. Den anmutigen Häusern des Périgord stehen die eher vernachlässigten im Quercy gegenüber. Aber das Schwarze Périgord, das dem mäandrierenden Lauf der Vézère und den vielzähligen Aussichtspunkten entlang der Dordogne folgt, ist doch nicht mit den *causses* im Quercy zu verwechseln, von denen das von Gramat wohl das bekannteste ist.

Hier wie dort findet man hoch an den Hängen klebende Dörfer aus braunem Naturstein, der in der Abendsonne golden leuchtet, und olivfarbene Dächer und die Gänse- und Entenscharen, die durch die Felder stolzieren. Die Dörfer Autoire und Loubressac, Carennac und Fénélon im Quercy sind die entfernten Vettern jener noch prächtigeren wie Beynac-et-Cazenac, La Roque-Gageac und vor allem Sarlat, die stolze und hochgeborene Stadt.

Das Périgord ist ebenso wie Quercy das Reich der Walnuß; alte Mühlen produzieren daraus ein reines, samtiges und aromatisches Öl. Königin der Pâtisserie ist in beiden Regionen das *pastis* aus papierdünnem Teig mit Äpfeln und Armagnac. Es hat große Ähnlichkeit mit der marokkanischen *bstilla* und erinnert ebenso wie das *confit* an den Einfluß, den die Mauren hinterlassen haben. Seine Zubereitung ist nicht schwierig: ein Strudelteig wird am Vorabend aus Mehl, Wasser, Eiern, Vanillezucker und Salz angemacht und am nächsten Morgen auf langen Tischen vorsichtig so dünn wie möglich ausgezogen.

Aus dem Quercy kommen die kleinen Ziegenkäse mit Namen Cabécou. Sie werden vor allem auf den Hochebenen von Rocamadour gemacht und haben einen ausgeprägten Geschmack – nach Milch, Gras und Sonne – und eine feste Textur; durch sorgfältige Alterung werden die Cabécou dann krümelig wie die verwitterten Kreidefelsen der *causses*.

Hier findet man auch Pflaumenschnäpse, die in Holzfässern reifen, und Schnecken und Pilze, wie die *cèpes* (Steinpilze), die im Unterholz gedeihen. Und in beiden Regionen gibt es Wein: Rote und Weiße aus dem Bergerac, den edleren Roten Pécharmant sowie den süßen und goldfarbenen Montbazillac, der perfekt zur *foie gras* paßt. Der Rotwein von

Östlich von Bordeaux liegt das Dorf Saint-Emilion mit seinen schönen Kreuzgängen und einem herrlichen Blick auf die berühmten Weinberge der Umgebung.

Cahors hat ein sehr kräftiges Bouquet und viel Gerbsäure, was ihn eher etwas rauh in der Jugend, doch mit zunehmendem Alter rund und samtig macht. Er wird den sich langsam dahinschlängelnden Lot entlang gekeltert, nur einen Steinwurf weit von den alten Jagdgründen der Trüffelsammler entfernt.

Der hügelige Teil der Landes, die Chalosse, fruchtbar und abgerundet, ist ebenfalls eine Region guten Essens, die sich des weniger bekannten Weins Tursan, des Armagnacs und der *foie gras* sowie des eingeweckten Gänse- und Entenfleisches erfreut; kurzum hat sie alles, was man auch weiter landeinwärts in Gers, mit der Hauptstadt Auch, findet. Einen anmutigen Kontrast zu den riesigen Wäldern der Landes, die sich bis zum Meer hin erstrecken, bilden die saftigen grünen Wiesen der Hügel, gesprenkelt mit Schafherden.

Die Provinz Gascogne wurde nach ihrer Rückgewinnung von den Engländern in der Mitte des fünfzehnten Jahrhunderts wieder zu einem Bestandteil des Königreichs Frankreich. Sie vereint in sich mehrere Departements und unterschiedliche Bodenformen: das Gers, die Hautes-Pyrénées, einen Teil der Landes sowie Teile von Ariège, Haute-Garonne, Tarn-et-Garonne und Lot-et-Garonne. Hinzurechnen kann man auch noch Bordeaux, die Gironde und die frühere Grafschaft Guyenne.

Gemeinsam sind ihnen die gleichen Traditionen und die gleichen Speisen: *foie gras*, die in großen Mengen in der Gegend um Auch hergestellt wird, und *magret (maigret)*, das Brustfleisch der gemästeten Ente, das wie ein Steak in der Pfanne gebraten wird und zu dem entweder mit Knoblauch gewürzte Kartoffeln oder vorsichtig in Butter gegarte gelbe Pfirsiche gegessen werden. Auch *confits* findet man, in großen Mengen vor allem in den Landes, und dann natürlich die Fische der Gironde. Lachs ist bereits selten geworden, aber es scheint, daß der Stör, dessen Kaviar so hoch geschätzt wird, in die Flußmündung zurückkehrt.

Lange Zeit war der beherrschende Fisch der Aquitaine – der früheren Provinz Eleonores mit ihrer Hauptstadt Bordeaux – das Neunauge; es wird in rotem Wein, *en matelote*, gekocht. Die Spezialitäten von Bordeaux und seiner Region sind so zahlreich, daß man sie fast wie von einer eßbaren Perlenschnur pflücken könnte: die Austern von Marennes, die man zusammen mit winzigen Grillwürstchen ißt (die getrüffelten *crépinettes); piballes*, winzige Glasaale, die entweder gebraten oder mariniert werden; *entrecôte à la bordelaise*, ein dickes Steak, mit einer Sauce aus Schalotten und Rotwein serviert. Wie es scheint, kann jedes Gericht, zu dem Rotwein, *cèpes*, Rindermark und gehackte Zwiebeln, Petersilie, Schalotten oder auch Knoblauch gehören, *à la bordelaise* genannt werden. Der Begriff umfaßt eine immense Vielfalt von Gerichten, und jedes läßt sich auf verschiedenste Art interpretieren.

Im Norden trifft man auf die Charentes: diese fassen die früheren Provinzen Aunis und Saintonge zusammen. Hauptschatz der Region ist der Cognac, aber übersehen sollte man auch nicht den *Pineau*, ein Aperitif aus Cognac und Traubenmost. Die Gastronomie läßt ebenso die Nähe der See wie der ausgedehnten Ebenen erkennen, wo den Menschen nachgesagt wird, daß sie sich so langsam bewegen wie ihre Mitgeschöpfe, die als *cagouilles* bekannten Schnecken,

LEO MEIER

Die Gäste im Restaurant Dominique in Saint-Emilion genießen nicht nur die regionalen Spezialitäten, sondern auch die lokalen weltberühmten Weine. In der Gegend gibt es mehr als zwanzig Schlösser mit Weinbau, die sich mit der höchsten Auszeichnung grand crû classé *schmücken dürfen.*

und von ihnen haben sie auch ihren Spitznamen *cagouillards.*

Zu den Spezialitäten der Region zählen die Austern von Marennes, Oléron und La Rochelle; die *mouclade*, ein Muschelgericht mit Sahne, Weißwein und Schalotten; die *éclade*, eine regionale Spezialität von Saintonge, bei der die Muscheln auf einem Brett ausgelegt sind, bedeckt mit einer Schicht trockener Kiefernnadeln, die dann angezündet werden; die *chaudrée* von Aunis, eine Fischsuppe mit Rochen, Seezunge, kleinen Tintenfischen und Meeraal in Weißwein gekocht und gewürzt mit Butter, Zwiebeln und Knoblauch; *gigourit charentais*, ein Schmortopf aus Schweineinnereien, die in Schweineblut gekocht werden; *lumas* oder *cagouilles à la vigneronne*, in Rotwein gekochte Schnecken; *palourdes* (Muscheln), die *au naturel* gegessen werden; *daube*, ein Rindfleischtopf; Kutteln von Angoulême; und schließlich dicke Bohnen, hier *mojettes* genannt, die als Eintopf gegessen werden.

Die Butter der Charentes gilt als eine der besten Frankreichs. Sie wird in jedem Gericht verwendet, besonders aber in den berühmten Backwaren wie der *tarte à la frangipane* mit Mandelgeschmack, den *biscottes* von Pons, den *brioches* von Taillebourg und all den Kuchen der Charentes, denen entweder Pineau oder Cognac ihr Aroma verleiht.

Dem Baskenland ist ein eigenes Kapitel zu widmen. Es ist ohne Zweifel die fesselndste Region des Südwestens und sicher die originärste. Seine Sprache, seine Traditionen und seine Lebenskraft erstrecken sich bis weit über die Grenze nach Spanien, seine Ursprünge bleiben im verborgenen, und seine Identität ist ungebrochen.

Baskisch, das bedeutet mehr als die bekannte, von den Männern getragene schwarze Mütze, das typische Ballspiel *pelote* und die *makila*, ein spitzer Stock, der auch in heutiger Zeit nicht nur von den Schäfern benutzt wird. Es ist vor allem auch die reine, unverschmutzte Luft in der Gegend um den Gipfel der Rhûne (baskisch laruna = die gute Weide) und weiter bis zu den Bergen der Provinz Soule mitten in den Pyrenäen, vorbei an den grünen Hügeln von Labourde mit ihren weißen Häusern mit grün und rot gestrichenem Fachwerk und steilen Giebeldächern.

Die Luft dieser Gegend ist aber auch die salzige Luft des alten Fischerhafens Saint-Jean-de-Luz, wo Boote ihre Ladungen von Thunfisch, Glasaalen, Heringen, Seehechten und Wolfsbarsch anliefern; die Luft der frischen Gebirgsbäche, die in die Nive fließen, und die Luft der engen Gassen von Saint-Jean-Pied-de-Port, der Hauptstadt des Binnenlands.

Zu den kulinarischen Verlockungen des Baskenlandes gehören Spezialitäten wie der Bayonne-Schinken, roh, gesalzen, getrocknet und mit rotem Paprikapulver eingerieben; *tourons*, köstliche Mandelschnitten mit einer Vielfalt von Aromen und Farbtönungen; Makronen; Schokoladenkaramellen mit dem Namen *kanouga*; reine Schokolade, wie sie ursprünglich von den spanischen Juden importiert wurde; und der *gâteau basque*, der aus Eiern, Mehl und Zucker gebacken und mit Cremefüllung oder Rum und Früchten wie Kirschen oder getrockneten Aprikosen angereichert wird.

In Hafenstädten wie La Rochelle können sich die Gäste, die sich auf ein Plat de Fruits de Mer freuen – eine Schüssel mit rohen und gekochten Meeresfrüchten –, darauf verlassen, daß sie frisch sind. Es ist nicht ungewöhnlich, daß Fischer um die Mittagszeit herum mit Eimern voll frischgefangener Fische und Krustentiere durch die Lokale ziehen.

LEO MEIER

LEO MEIER

Das Boule-*Spiel ist bei Franzosen jeden Alters beliebt und wird, wie von dieser Gruppe in Bergerac, in jedem Dorf und jeder Stadt gespielt.*

Und der typische Geruch dieser Gegend ist der des *piments* (Paprika). Er wird in dem bezaubernden Dorf Espelette angebaut und in jedem Gericht verwendet: in der als *tripoxa* bezeichneten Blutwurst; in mit Stockfisch gefüllten Paprikaschoten; in der *pipérade*, das ist nichts anderes als Rühreier mit gekochten Paprikaschoten und Tomaten. Und auch in den Saucen zu den Garnelen und Fischen aus der Biskaya und in der Fischsuppe, dem langsam gekochten *ttoro* der Fischer.

Nicht zu vergessen das Stierfleisch, sehr rot und sehr zäh, das während der Abende der *corrida* gegessen wird; die *palombes* (Ringeltauben), die im Herbst im Tal der Aldudes gejagt werden – einer völlig erhaltenen Landschaft grüner Waldberge, hier und da getupft mit kleinen Hütten, den *palombières*; Pyrenäen-Lamm, natürlich aufgezogen, mit saftigem und aromatischem Fleisch; der Lachs, der zum Fluß Adour zurückkehrt und der einfach gegrillt und mit einer *sauce béarnaise* gegessen wird; die *piballes*, Glasaale, die bei hoher Flut gefangen und mit Knoblauch und Paprika *à la basquaise* zubereitet werden; der starke Wein von Irouléguy; die Obstschnäpse aus Zwetschgen und Birnen aus den Obstgärten um Saint-Etienne-de-Baïgorry; der robuste grüne Izarra oder die sanftere gelbe Variante, beide hergestellt aus Gebirgskräutern; und Schafskäse mit dem Aroma von Gras und Haselnüssen.

Das mag genügen – und sicher werden Sie jetzt glauben, wie aufregend dieses Baskenland ist, die südlichste der kleinen Regionen des großen Südwesten.

GEMÜSE

LEO MEIER

Keine Feldfrucht findet in der regionalen französischen Küche soviel Verwendung wie die Kartoffel, am häufigsten ist sie jedoch in der Küche des Nordens und Zentralfrankreichs anzutreffen.

GEMÜSE

Ein Garten Eden

Frankreich ist ein einziger großer Garten, dicht bepflanzt vom Norden bis zum Süden. Großflächige Landwirtschaft, Gärtnereien, Treibhauskulturen: Sie alle tragen zur üppigen Vielfalt der Gemüsegerichte bei.

Es gibt kaum etwas Vergnüglicheres, als seine Gemüse selbst auf dem Marché d'Intérêt National in Rungis auszusuchen. Zum großen Bedauern all derer, die sich gern auch in der Hauptstadt Paris ergingen, hat Rungis den altehrwürdigen Markt *Les Halles* mit seinen von dem Architekten Baltard entworfenen dekorativen Eisenkonstruktionen ersetzt. In diese Welt aus Beton und galvanisiertem Eisen kommt der Profi - gleich ob Gastronom oder Obst- und Gemüsegroßhändler - auf der Suche nach dem Besten vom Besten: Violette Artischocken aus der Provence, Kohl aus dem Elsaß und der Auvergne, Chicorée aus Flandern, Bohnen aus dem Poitou, dicke Bohnen aus der Aquitaine, Erbsen aus der Vendée, Kartoffeln von der Île-de-France - und darin erschöpft sich noch lange nicht der enorme Reichtum des Gemüsegartens Frankreich.

Jedes der Gemüse erzählt von einer Region. Zucchini, Paprika und Oliven erinnern an die Märkte der Provence und der Côte d'Azur. Der Markt Forville in Cannes zeugt von der Fruchtbarkeit dieser sonnendurchfluteten Landschaft. Die Bretagne hat die Artischocke und die Kartoffel zum Königspaar gekrönt. Süßer Paprika begründet den Ruhm des baskischen Dorfs Espelette. Und wenn die rote Bete zum Norden gehört, so sind die aromatischen spanischen Artischocken - die als Gratin und mit Rindermark gegessen werden - ein Markenzeichen Lyons.

Den edlen Spargel findet man ebenso in Vineuil in der Sologne wie in Pertuis im Lubéron, in Village-Neuf oder Hoerdt im Elsaß und bei Chinon im Loiretal. Aber jeder, der bereit ist, ihn gegen den »gewöhnlichen« Lauch einzutauschen, kann mit Entzücken feststellen, daß dieser ebenso reiche Möglichkeiten bietet wie sein höher geschätzter Konkurrent.

Vielerlei Gemüse verbergen sich oft hinter nur einem Namen: Kohl, das ist Wirsing oder Blumenkohl, Rotkohl oder Grünkohl oder auch der Weißkohl für das Sauerkraut - ein Gemüse mit tausend Verwendungen. Artischocken - die lassen sich schmoren *á la barigoule,* in einer Vinaigrette genießen, erst die Blätter und dann das Herz, und schließlich die Böden als Garnierung zu einer *pâté de foie gras.* Oder es lassen sich Gemüse kombinieren - feine Erbsen mit Möhrchen, Zwiebeln, Kohlrabi und grünen Bohnen als Frühlingsgemüse oder im Ratatouille und in den exquisiten gefüllten Gemüsen der Provence. Fritierte Gemüse, gewürzt mit Zwiebeln, Knoblauch, frischen Kräutern und Butter

Vorhergehende Seiten: *Geschmorte Artischocken* (links, Rezept Seite 204), *Ratatouille* (Mitte, Rezept Seite 195) und *Tomaten nach Art der Provence* (rechts, Rezept Seite 195)

FOTOGRAFIERT IN DER PROVENCE
PIERRE HUSSENOT/AGENCE TOP

Rechte Seite: *Frisches Gemüse und Obst besorgt man in Frankreich nicht schnell im Supermarkt, sondern man nimmt sich Zeit und tut es mit Vergnügen.*

LEO MEIER

LEO MEIER

Die ideale Zubereitung für lactaire délicieuse *(Reizker), die verbreitetste Pilzart der Provence, ist als* sauté á la provençale *– in Olivenöl mit gehacktem Knoblauch, Petersilie und einem Spritzer Zitrone.*

Ein gepflegter Hausgarten wie dieser im Loiretal dankt einem die Mühe mit prächtigen Blumen und saftigen Gemüsen.

LEO MEIER

oder Öl; Gemüse gebacken, geröstet, gekocht oder gedünstet – im Backofen, in der Pfanne, im Topf oder in der Kasserolle.

Ebenso gesund wie köstlich sind diese Gemüse. Richtig zubereitet, können sie für sich genommen eine Mahlzeit ausmachen: zum Beispiel das *aligot* des Aubrac, ein cremiglockeres Kartoffelpüree, abgeschmeckt mit Knoblauch und Frischkäse der Region; die *truffade* der Auvergne, ein Gericht aus Linsen mit Pökelfleisch; oder Wirsing mit einer saftigen Füllung. In zahllosen überkommenen Gerichten ist Gemüse das zentrale Element und verleiht ihnen ihre Geschmacksnote, ihre Einmaligkeit, ihre *raison d'être.* Im Mittelalter wurde es eher vernachlässigt, und das neunzehnte Jahrhundert erstickte es praktisch mit vielen überfrachteten Saucen. Die *nouvelle cuisine* hat den Gemüsen wieder ihren verdienten Ehrenplatz zurückgegeben und die Köche gelehrt, wie sie ihre gesunde Vielfalt am besten zur Geltung bringen.

Manche Köche haben sich übereifrig dem modischen Trend zu ganz jung geernteten und pürierten Gemüsen zugewandt, wie sie für Babykost geeigneter sind. Andere konnten Rüben, Zuckerschoten, Sellerie, Kohlrabi (ausgezeichnet als *confits* mit einer süßen Glasur), selbst der einfachen Kartoffel neue Akzente abgewinnen, die den klassischen Fleisch- und Fischzubereitungen eine unerwartete Note verleihen. Müßten wir heute ohne diese feinen Frischgemüse auskommen, was bliebe dann von der *grande cuisine française.*

Provence

TOMATES À LA PROVENÇALE
Tomaten nach Art der Provence

6 feste reife Fleischtomaten, jede etwa 200 g
2 Knoblauchzehen, feingehackt
2 EL gehackte glatte Petersilie
5 EL Olivenöl
Salz und frisch gemahlener Pfeffer
1 EL Zucker

Den Backofen auf 215 °C (Gasherd Stufe 4–5) vorheizen. Die Tomaten waschen und quer halbieren. Die Kerne mit einem kleinen Löffel entfernen. Knoblauch und Petersilie vermischen.

Eine Backform leicht mit Öl auspinseln, in die die Tomaten, nebeneinander gesetzt, hineinpassen. Die Tomaten mit der Schnittseite nach oben darin anordnen, den Zucker darüber verteilen. Die Schnittflächen mit dem restlichen Öl beträufeln und sie mit der Knoblauch-Petersilien-Mischung, Salz und Pfeffer bestreuen.

Die Tomaten 1 Stunde backen. Heiß servieren.

Für 4 Personen *Abbildung S. 190–191*

Provence

RATATOUILLE
Ratatouille

Oft wird dieses Gericht auch ratatouille niçoise *genannt. Es ist jedoch nicht nur in Nizza ein Sommer-Klassiker, sondern an der ganzen französischen Mittelmeerküste.*

2 rote Paprikaschoten, jede etwa 200 g
300 g kleine Auberginen
1 kg kleine Zucchini
1 kg reife Tomaten
500 g Zwiebeln, in Ringe geschnitten
12 EL Erdnußöl
4 EL Olivenöl
1 Lorbeerblatt
2 frische Thymianzweige
4 Knoblauchzehen
Salz und frisch gemahlener Pfeffer
1 TL Zucker
6 frische Basilikumzweige

Die Paprikaschoten etwa 25 Minuten unter häufigem Wenden grillen, bis die Häute geschwärzt sind. In eine Schüssel legen, zudecken und abkühlen lassen.

Die Auberginen und Zucchini in 2 cm große Würfel schneiden. Die Tomaten 10 Sekunden in kochendem Wasser blanchieren, dann unter fließendem kaltem Wasser abschrecken. Häuten, halbieren und die Kerne entfernen; das Fruchtfleisch grobhacken.

Die Häute von den gegrillten Paprikaschoten abziehen. Sie halbieren und die Samen und weißen Häutchen entfernen. Das Fruchtfleisch in 2 × 4 cm große Stücke schneiden.

2 EL Erdnußöl in einer beschichteten Pfanne von 26 cm Durchmesser erhitzen. Die Paprikaschoten hinzufügen und 2 Minuten braten. In ein Sieb schütten und das Öl weggießen.

4 EL Erdnußöl in die Pfanne geben und die Zwiebeln darin leicht anbräunen. Abtropfen lassen und zu den Paprikaschoten geben.

Weitere 3 EL Erdnußöl in die Pfanne geben und die Zucchini anbräunen. Abtropfen lassen und zu den anderen Gemüsen in das Sieb geben.

Die letzten 3 EL Erdnußöl in die Pfanne geben und die Auberginenwürfel leicht darin anbräunen. Abtropfen lassen und zu den anderen Gemüsen in das Sieb geben.

Tomaten, Olivenöl, Lorbeerblatt, Thymian und den durch die Knoblauchpresse gedrückten Knoblauch in einer beschichteten Pfanne von 28 cm Durchmesser zum Kochen bringen und Salz, Pfeffer und Zucker hinzufügen. Die anderen Gemüse in die Pfanne füllen und wieder zum Kochen bringen. Zudecken und bei mäßiger Hitze in etwa 30 Minuten sehr weich dünsten; dabei die Gemüse von Zeit zu Zeit umrühren.

In der Zwischenzeit die Basilikumblätter von den Stielen streifen und grobhacken. Thymian und Lorbeerblatt aus dem Ratatouille nehmen. Das gehackte Basilikum unterrühren. Heiß, lauwarm oder kalt servieren.

Für 4 Personen *Abbildung S. 190–191*

Burgund

PETS DE NONNE
Käse-Beignets

100 g Mehl
200 ml Wasser
½ TL Salz
80 g Butter
100 g Comté-Käse, frisch und fein gerieben
5 Eier
1 l Erdnußöl

Entsprechend den Anweisungen auf S. 247 einen Brandteig herstellen, wobei man den Zucker wegläßt und unmittelbar vor den Eiern den Käse hinzufügt.

Das Öl in einer kleinen Friteuse auf 160 °C erhitzen. Jeweils 1 TL der Mischung ins Öl geben, wobei man die Masse mit einem zweiten, leicht geölten Teelöffel löst und auf diese Weise kugelförmige Beignets erhält. Sie gehen auf, sobald sie im Öl sind, und sie drehen sich und werden so auf allen Seiten schön braun. In etwa 5 Minuten goldbraun braten, dann mit einem Schaumlöffel herausnehmen. Auf Küchenkrepp abtropfen lassen und sofort servieren.

Für 6 Personen

Käse-Beignets

PETER JOHNSON

PETER JOHNSON

Gnocchi

Provence

GNOCCHI
Gnocchi

1 kg mehlige Kartoffeln
1 Ei
2 EL Olivenöl
250 g Mehl, gesiebt
Salz und frisch gemahlener Pfeffer

ZUM SERVIEREN:

Tomatensauce oder die Sauce von einer *daube* (Schmortopf), oder Sahne und Butter vermischt
Frisch und fein geriebener Parmesan

Die Kartoffeln unter fließendem Wasser abbürsten und in einen Topf geben. Mit reichlich kaltem Salzwasser auffüllen. Zum Kochen bringen und etwa 25 Minuten kochen, bis die Kartoffeln sehr weich sind.

Die Kartoffeln abgießen und unter fließendem kaltem Wasser abschrecken. Sie schälen und durch die Kartoffelpresse drücken oder zerstampfen. Ei, Öl, Mehl, Salz und Pfeffer hinzufügen und mit einem Holzlöffel gut verrühren. Die Masse mit den Händen kneten, so daß man einen glatten Teig erhält, der sich von den Fingern löst. (Je nach verwendeter Mehlsorte braucht man mehr oder weniger als 250 g.)

Den Teig zu Würsten von 1 cm Durchmesser rollen, dann in 1,5 cm lange Stücke schneiden. Eine Gabel in das Mehl tunken. Die gerundete Seite der Gabel auf die Arbeitsfläche legen und jedes Teigstück über die Gabel rollen, und zwar von den Zinkenspitzen zum Handgriff hin mit Hilfe des bemehlten Fingers. Jedes geformte Gnocchi auf ein Geschirrtuch legen.

In einem großen Topf reichlich Salzwasser zum Kochen bringen. Die Gnocchi hineingeben. Sobald sie an die Oberfläche steigen, nach etwa 2 bis 3 Minuten, sie mit einem Schaumlöffel herausheben und in eine vorgewärmte Servierschüssel legen. Die gewünschte Sauce untermischen und mit geriebenem Parmesan servieren.

Für 8 Personen

Korsika

POLENTA DE CHÂTAIGNES
Maronenpolenta

Salz
250 g Maronenmehl

ZUM SERVIEREN:

Frischer *Broccio*-Käse oder leicht gesalzener Feta (griechischer Schafskäse)
Olivenöl
Frisch gemahlener Pfeffer

1 l Wasser in einen Topf gießen und zum Kochen bringen. Mit Salz würzen. Das Maronenmehl hineinschütten und unter Rühren kochen, bis die Mischung zu einer festen Masse eindickt, die sich nach etwa 15 Minuten von der Topfwand löst.

Die Polenta auf ein feuchtes Geschirrtuch stürzen. Mit einem in kaltes Wasser eingetunkten Messer in Portionen schneiden. Sofort servieren und Käse dazu reichen. Jede Scheibe mit Olivenöl beträufeln und mit Pfeffer nach Geschmack würzen.

Übriggebliebene Polenta kann später in Olivenöl gebraten und mit einem Salat gegessen werden.

Für 6 Personen

Korsika

COURGETTES AU BROCCIO
Gefüllte Zucchini auf korsische Art

10 kleine runde Zucchini, etwa 1,2 kg
2 EL Olivenöl
1 Knoblauchzehe, feingehackt
1 EL gehacktes frisches Basilikum
Salz und frisch gemahlener Pfeffer
1 Scheibe Weißbrot, ohne Kruste
250 g frischer korsischer *Broccio*-Käse oder Ricotta
15 g feingeriebener Parmesan
2 EL Korinthen
1 EL Pinienkerne

Die Zucchini unter fließendem Wasser abbürsten und die Stielenden entfernen. Der Länge nach halbieren und 15 Minuten dämpfen. Abkühlen lassen. Mit einem kleinen Teelöffel das Fleisch herausstechen und eine 1 cm dicke Wand stehenlassen. Das ausgehöhlte Fruchtfleisch grobhacken.

1 EL Öl in einer beschichteten Pfanne von 26 cm Durchmesser erhitzen und das gehackte Zucchinifleisch darin unter ständigem Rühren 3 Minuten sautieren. Knoblauch und Basilikum hinzufügen und unter Rühren noch 2 Minuten garen. Von der Kochstelle nehmen und mit Salz und Pfeffer würzen.

Im Mixer oder in der Küchenmaschine das Brot zu groben Krumen zerkleinern. Den Käse mit einer Gabel zerdrücken und die Brotkrumen, Parmesan, Korinthen und Pinienkerne unterkneten. Den Inhalt der Pfanne hinzufügen und gut vermischen.

Den Backofen auf 215 °C (Gasherd Stufe 4–5) vorheizen. Die Zucchini-Schalen innen mit Küchenkrepp trockentupfen. Die Käsemischung in die Zucchini füllen. Mit dem verbliebenen EL Öl eine flache Auflaufform einfetten, in die die Zucchini nebeneinander hineinpassen. Sie in die Form setzen. Etwa 45 Minuten backen, bis die Füllung aufgegangen und gebräunt ist. Heiß oder warm servieren.

Für 5 Personen

Rechte Seite: *Maronenpolenta und Gefüllte Zucchini auf korsische Art*
PIERRE HUSSENOT/AGENCE TOP

Gekochte dicke Bohnen

Aquitaine

Fèves en Ragoût
Gekochte dicke Bohnen

2 kg frische dicke Bohnen
50 g Gänseschmalz
6 kleine Karotten, abgeschabt und in dünne Scheiben geschnitten
8 grüne Zwiebeln (Schalotten oder Frühlingszwiebeln)
100 g geräucherter Speck, feingehackt
1 frischer Thymianzweig, nur die Blätter
150 ml Hühnerbrühe (Rezept Seite 34)
Salz und frisch gemahlener Pfeffer

Die Bohnen enthülsen und die grüne Haut, die jede Bohne überzieht, entfernen. Die Frühlingszwiebeln waschen und putzen, jedoch nicht zerkleinern. Das Gänseschmalz in einer beschichteten Pfanne von 26 cm Durchmesser zerlassen. Die Karotten, Zwiebeln, Speck und Thymian hinzufügen und bei schwacher Hitze unter häufigem Rühren 5 Minuten braten, bis die Gemüse goldgelb sind. Die Bohnen und die Brühe hinzufügen, leicht mit Salz und Pfeffer würzen, zudecken und etwa 10 Minuten köcheln lassen, bis die Bohnen weich sind.

Die Bohnen in eine flache vorgewärmte Schüssel geben und sofort servieren.

Für 4 Personen

Île de France

Pommes Anna
Kartoffeln Anna

Dieses Gericht erfand Adolphe Dugléré zu Ehren von Anna Deslions, einer Salonlöwin des zweiten Empire. In Restaurants wird es in einem speziellen Kupfertöpfchen mit festschließendem Deckel gegart, um ein absolut perfektes Resultat zu erzielen.

150 g Butter
750 g festkochende Kartoffeln
Salz

Den Backofen auf 200 °C (Gasherd Stufe 3–4) vorheizen. Um die Butter zu klären, sie in einem Topf bei milder Hitze erwärmen, bis sie flüssig ist und das Kasein sich trennt. Es setzt sich in weißen Partikeln auf dem Boden des Topfes ab. Einige Augenblicke abkühlen lassen, die flüssige Butter in eine Schüssel gießen und den Satz im Topf lassen.

Die Kartoffeln schälen, waschen und trockentupfen. In 3 mm dicke Scheiben schneiden.

Eine runde Auflaufform von 22 cm Durchmesser mit geklärter Butter einfetten und die Kartoffeln wie Dachziegel – jeweils versetzt – hineinschichten, wobei man jede Schicht mit Salz würzt und mit etwas geklärter Butter beträufelt. Mit Alufolie abdecken und 1 Stunde backen. Bei Zimmertemperatur 5 Minuten stehenlassen, bevor man die Kartoffeln auf einen Teller stürzt. Sofort servieren.

Für 4 Personen

Dauphiné

Gratin Dauphinois
Kartoffel-Gratin nach Art der Dauphiné

1 Knoblauchzehe
200 ml Milch
6 EL Sahne
500 g festkochende Kartoffeln
Salz und frisch gemahlener Pfeffer
2 Prisen Zimt
4 Prisen frisch geriebene Muskatnuß
10 g Butter

Den Backofen auf 190 °C (Gasherd Stufe 3) vorheizen. Den Knoblauch schälen und mit der Knoblauchpresse in einen großen Topf drücken. Die Milch und die Sahne hinzufügen und bei schwacher Hitze zum Kochen bringen. Von der Kochstelle nehmen.

In der Zwischenzeit die Kartoffeln schälen, waschen und trokkentupfen. Sie mit dem Schneideaufsatz der Küchenmaschine oder einem Gemüsehobel in sehr dünne Scheiben schneiden. Mit Salz, Pfeffer, Zimt und Muskat in den Topf geben. 5 Minuten garen, dann die Kartoffeln sorgfältig wenden.

Eine Auflaufform von 18 × 26 cm mit Butter einfetten. Die Kartoffeln sorgfältig wie Dachziegel – jeweils versetzt – hineinschichten. Jede Schicht mit etwas Salz würzen. Die Milch-Sahne-Mischung darübergießen. Etwa 50 Minuten backen, bis das Gratin goldbraun ist. Heiß aus der Auflaufform servieren.

Für 4 Personen

Bretagne

Pommes de Terre à la Bretonne
Kartoffeln, im Ofen gegart

1 kg festkochende Kartoffeln
400 g reife Tomaten
50 g Butter
200 g Zwiebeln, in dünne Scheiben geschnitten
3 Knoblauchzehen, feingehackt
1 Thymianzweig
1 Lorbeerblatt
Salz und frisch gemahlener Pfeffer
½ l Hühnerbrühe (Rezept Seite 34)

Den Backofen auf 190 °C (Gasherd Stufe 3) vorheizen. Die Kartoffeln schälen, waschen und trockentupfen. In 1,5 cm große Wür-

Kartoffeln Anna (links), *Kartoffel-Gratin nach Art der Dauphiné* (unten rechts) *und Kartoffeln, im Ofen gegart* (oben rechts)

fel schneiden. Die Tomaten für 10 Sekunden in kochendem Wasser blanchieren. Unter fließendem kaltem Wasser abschrecken, häuten, halbieren und die Kerne entfernen; das Fruchtfleisch grobhacken.

Mit der Hälfte der Butter eine 20 × 30 cm große Auflaufform einfetten. Die Kartoffeln, Zwiebeln, Knoblauch, Kräuter, Tomaten, Salz und Pfeffer hineingeben und vorsichtig vermischen. Die Brühe dazugießen und die Oberfläche mit Butterflöckchen besetzen.

Etwa 1 Stunde backen, bis die Kartoffeln weich und goldbraun und die Flüssigkeit aufgesogen ist. Direkt aus der Form heiß servieren.

Für 4 Personen

Provence

Fleurs de Courgette Farcies
Gefüllte Zucchiniblüten

18 große Zucchiniblüten
250 g frischer Schafskäse
Abgeriebene Schale von 1 unbehandelten Zitrone
40 g Semmelbrösel
50 g frisch und fein griebener Parmesan
2 EL gehackte glatte Petersilie
Salz und frisch gemahlener Pfeffer
2 Eiweiß
40 g Butter

Den Backofen auf 215 °C (Gasherd Stufe 4–5) vorheizen. Eine 22 × 32 cm große Auflaufform mit Butter einfetten. Die Staubfäden der Zucchiniblüten entfernen, ohne daß man ihre Form zerstört oder die Blütenblätter auseinanderzieht. Die Blüten mit einem feuchten Tuch abwischen und beiseite legen. Mit einer Gabel den frischen Käse in einer Schüssel zerdrücken. Die Zitronenschale, die Semmelbrösel, die Hälfte des Parmesans und die Petersilie hinzufügen. Großzügig mit Salz und Pfeffer würzen und gut vermischen.

Das Eiweiß zu steifem Schnee schlagen und unter die Mischung in der Schüssel heben. Jede Blüte mit einem Teil dieser Mischung füllen und fest verschließen, indem man die Blütenspitzen zusammendreht.

Die gefüllten Blüten in die Form setzen. Die Butter in einem kleinen Topf zerlassen und über die Blüten gießen. Mit dem restlichen Parmesan bestreuen. 15 Minuten backen, bis die Blüten aufgegangen und goldbraun sind. Sofort servieren.

Für 6 Personen *Abbildung S. 8–9*

Vendée

Embeurrée de Chou
Weißkohl mit Butter

1 Weißkohl, etwa 1 kg
100 g Butter
Salz und frisch gemahlener Pfeffer

Die großen äußeren Blätter des Kohlkopfs entfernen, dann den Kohlkopf 10 Minuten in einem großen Topf in reichlich sprudelndem Salzwasser kochen. Abtropfen und etwas abkühlen lassen, in Viertel schneiden und den harten Strunk entfernen. Jedes Viertel in sehr feine Streifen schneiden und dabei die harten Rippen entfernen.

Die Hälfte der Butter in einer beschichteten Pfanne von 28 cm Durchmesser zerlassen. Den Kohl hinzufügen, mit Salz und Pfeffer würzen und etwa 20 Minuten garen, bis der Kohl sehr weich ist. Von der Kochstelle nehmen, die restliche Butter hinzufügen und gut umrühren.

Den gebutterten Kohl in eine flache vorgewärmte Schüssel geben und sofort servieren.

Für 4 Personen

Provence

Haricots Verts à l'Ail
Grüne Bohnen mit Knoblauch

750 g junge, sehr dünne grüne Bohnen
2 EL kaltgepreßtes Olivenöl
6 Knoblauchzehen, zerdrückt
2 EL Semmelbrösel
2 EL gehackte glatte Petersilie
Salz und frisch gemahlener Pfeffer
25 g Butter

Die Bohnen waschen, abtropfen lassen und eventuell die Fäden entfernen. In einen großen Topf mit kochendem Salzwasser geben und unbedeckt bei starker Hitze 6 bis 8 Minuten sprudelnd kochen; sie sollen noch etwas knackig bleiben. Die Bohnen in ein Sieb schütten, sie dann sofort in reichlich kaltem Wasser abschrecken, damit sie ihre kräftige grüne Farbe behalten. Abtropfen lassen.

Das Öl in einer beschichteten Pfanne von 26 cm Durchmesser bei niedriger Temperatur erhitzen. Knoblauch, Semmelbrösel, Petersilie, Salz und Pfeffer hinzufügen und unter Rühren 1 Minute braten. Die Butter dazugeben und, sobald sie geschmolzen ist, die Bohnen darin wieder erhitzen. Rühren, bis die Knoblauchmischung gleichmäßig verteilt ist. Sofort servieren.

Für 4 Personen

Flandern

Endives à la Flamande
Chicorée auf flämische Art

Chicorée ist eine belgische Gemüsesorte, die 1879 zum erstenmal in Frankreich auftauchte. Deshalb wird er auch als »Brüsseler Chicorée« bezeichnet.

1 kg mittelgroße Chicorées
50 g Butter
1 EL Zucker
Salz und frisch gemahlener Pfeffer
60 ml frischer Zitronensaft

Die äußeren Blätter und das bittere Ende der Salatherzen entfernen. Die Chicorées abspülen und trockentupfen.

Den Backofen auf 200 °C (Gasherd Stufe 3–4) vorheizen. Mit einer kleinen Menge Butter eine Backform einfetten, in die die Chicorées nebeneinander hineinpassen. Sie in die Form legen, mit Zucker, Salz und Pfeffer würzen und mit Zitronensaft beträufeln. Die verbliebene Butter in Flöckchen auf der Oberfläche verteilen.

45 Minuten backen, bis der Chicorée weich und karamelisiert ist; ihn nach der Hälfte der Backzeit wenden. Auf einer vorgewärmten Platte anrichten und sofort servieren.

Für 4 Personen

Provence

Beignets de Légumes
Fritiertes Gemüse

TEIG:
150 g Mehl
150 ml Milch
Salz
1 EL Olivenöl
2 Eier, getrennt

GEMÜSE:
1 Aubergine, etwa 150 g
1 Zucchini, etwa 150 g
6 Zucchiniblüten
2 Artischocken, jede etwa 125 g
½ Zitrone

ZUM FRITIEREN:
750 ml Erdnußöl

Den Ausbackteig zubereiten: Das Mehl in eine Schüssel sieben. Das Salz, die Milch und das Öl und dann das Eigelb unterrühren, den Teig rühren, bis er glatt ist. Abdecken und 2 Stunden stehenlassen.

Nach den 2 Stunden das Gemüse vorbereiten: Die Aubergine und die Zucchini in 5 mm dicke Scheiben schneiden, dabei das Messer diagonal ansetzen. Die Staubfäden von den Zucchiniblüten entfernen und jede Blüte, je nachdem wie groß sie ist, in zwei oder drei Stücke schneiden. Die Artischockenstiele abbrechen. Die harten äußeren Blätter entfernen und die Spitzen der zarten Blätter 1 cm über dem Herzen abschneiden. Das Heu entfernen und die Herzen mit der halbierten Zitrone einreiben, damit sie sich nicht verfärben. Jede Artischocke der Länge nach in Scheiben schneiden und mit Zitronensaft beträufeln.

Das Eiweiß zu steifem Schnee schlagen und vorsichtig unter den Teig heben. Das Öl in einer kleinen Friteuse oder einem Topf auf 190 °C erhitzen. Die Artischocken, Auberginen- und Zucchinischeiben sowie die Zucchiniblüten in den Teig tauchen und die Gemüse damit überziehen. Jeweils ein paar davon in das heiße Öl geben; in 1 bis 2 Minuten goldbraun braten.

Das fritierte Gemüse mit einem Schaumlöffel aus dem Öl heben und auf Küchenkrepp abtropfen lassen. Auf einer vorgewärmten Platte anrichten und sofort servieren.

Für 4 Personen *Abbildung S. 8–9*

Rechte Seite: *Weißkohl mit Butter* (oben rechts), *Grüne Bohnen mit Knoblauch* (oben links) *und Chicorée auf flämische Art* (unten)
PETER JOHNSON

Périgord

Cèpes Farcis

Gefüllte Steinpilze

12 große frische Steinpilze
4 EL Olivenöl
100 g luftgetrockneter Schinken, feingehackt
100 g leicht geräucherter Bauchspeck ohne Schwarte, feingehackt
2 Knoblauchzehen, feingehackt
2 Schalotten, feingehackt
2 EL gehackte glatte Petersilie
Salz und frisch gemahlener Pfeffer
2 Eier, geschlagen

Die Stiele der Pilze lösen und das erdige Stielende abschneiden. Die Kappen und die Stiele putzen, mit Küchenkrepp abwischen, aber nicht waschen. Die Stiele feinhacken.

1 EL Öl in einer beschichteten Pfanne von 26 cm Durchmesser erhitzen und den Schinken und den Bauchspeck darin unter Rühren 2 Minuten braten. Die gehackten Pilzstiele und die Petersilie hinzufügen und goldgelb braten. Von der Kochstelle nehmen. Leicht mit Salz und Pfeffer würzen. Die Eier dazugeben und gut vermischen.

Den Backofen auf 200 °C (Gasherd Stufe 3–4) vorheizen. Eine Auflaufform, in die die Pilzkappen nebeneinander hineinpassen, mit 1 EL Olivenöl einfetten. Die Kappen mit der Oberseite nach unten in die Form setzen und mit der Pilzmasse füllen. Mit dem restlichen Öl beträufeln. 25 Minuten backen, bis die Pilze weich und die Füllung goldbraun ist. Auf einer Platte anrichten und sofort servieren.

Für 4 Personen *Abbildung S. 207*

Languedoc

Millas

Maiskuchen

Diese Máis-galette *wird manchmal auch – mit Zucker bestreut – als Nachspeise serviert.*

1 l Wasser
75 g Schweineschmalz
Salz und frisch gemahlener Pfeffer
750 g Maismehl

Das Wasser in einen großen Topf gießen. Das Schmalz, Salz und Pfeffer hinzufügen und zum Kochen bringen. Das Maismehl hineinschütten und unter Rühren etwa 15 Minuten kochen, bis die Masse fest wird und sich von der Topfwand löst.

Die Masse auf ein feuchtes Leinentuch stürzen; sie läuft von selbst etwas auseinander. Mit einem vorher in kaltes Wasser eingetauchten Messer in Stücke schneiden und heiß servieren. Wenn sie kalt ist, kann man sie in Scheiben schneiden und braten.

Millas wird heiß als Beilage zu geschmortem Rindfleisch (*daube*) und ähnlichen Gerichten serviert. Wenn sie kalt ist, kann man sie in Schweineschmalz braten und dann warm zu einem mit Knoblauch gewürzten Salat servieren. Oder aber man bestreut sie mit Käse und backt sie knusprig aus.

Für 6 Personen

Linke Seite: *Maiskuchen* (oben), *Kleine weiße Bohnen nach Art des Périgord* (unten) *und Kleine weiße Bohnen in Sahnesauce* (rechts)
PETER JOHNSON

Périgord

Haricots à la Périgourdine

Kleine weiße Bohnen nach Art des Périgord

200 g frische Schweineschwarte, Fett entfernt
500 g reife Tomaten
2 kg frische kleine weiße Bohnen, enthülst
1 Zwiebel, etwa 100 g, feingehackt
20 Petersilienzweige
4 Knoblauchzehen, feingehackt
200 g frischer Schweinebauch, feingehackt
Salz und frisch gemahlener Pfeffer

Die Schweineschwarte in kochendem Wasser 5 Minuten blanchieren, dann unter fließendem kaltem Wasser abschrecken und in 2 cm große Stücke schneiden. Die Tomaten für 10 Sekunden in kochendem Wasser blanchieren. Unter fließendem Wasser abschrecken, häuten, halbieren und die Kerne entfernen; das Fruchtfleisch grobhacken.

Die Bohnen in einen großen Topf geben und mit reichlich Wasser auffüllen. Die Schweineschwarte, Zwiebel und Tomaten hinzufügen und zum Kochen bringen. 1 Stunde bei schwacher Hitze kochen und von Zeit zu Zeit umrühren.

In der Zwischenzeit die Petersilie waschen und abtropfen lassen. Die Stiele entfernen und die Blätter feinhacken. Mit dem Koblauch und dem Schweinebauch vermischen.

Diese Mischung zu den Bohnen hinzufügen und weitere 30 Minuten kochen, wobei man hin und wieder umrührt und, falls notwendig, etwas Wasser hinzufügt. Mit Salz und Pfeffer würzen, die Bohnen in eine vorgewärmte Schüssel geben und sofort servieren.

Für 6 Personen

Poitou

Haricots Blancs à la Crème

Kleine weiße Bohnen in Sahnesauce

1 mittelgroße Zwiebel
2 Gewürznelken
Bouquet garni: 1 Lorbeerblatt, 1 Thymianzweig, 6 Petersilienzweige, 2 Stangen Bleichsellerie
2 kg frische kleine weiße Bohnen, enthülst
1 mittelgroße Karotte, abgeschabt und in 6 Stücke geschnitten
2 Knoblauchzehen, halbiert
250 g Sahne oder Crème double
25 g Butter
Salz und frisch gemahlener Pfeffer
4 Prisen frisch geriebene Muskatnuß

Die Zwiebel schälen und die Gewürznelken hineinstecken. Die Kräuter für das Bouquet garni zusammenbinden.

Die Bohnen in einen Topf geben und mit reichlich kaltem Wasser auffüllen. Karotte, Zwiebel, Knoblauch und Bouquet garni hinzufügen und zum Kochen bringen. Bei schwacher Hitze 1½ Stunden kochen; dabei von Zeit zu Zeit umrühren und, falls notwendig, noch etwas Wasser dazugießen.

Sobald die Bohnen gar sind, die Sahne in einem großen Topf mit der Butter, Salz, Pfeffer und Muskat bei niedriger Temperatur erhitzen. Die Bohnen abgießen und Karotte, Zwiebel, Knoblauch und Bouquet garni entfernen. Die Bohnen zu der Sahne geben und rühren, bis sie gut damit überzogen sind. In eine vorgewärmte Schüssel füllen und sofort servieren.

Für 6 Personen

PETER JOHNSON

Kräuterrisotto aus Les Baux

Provence

Risotto des Baux
Kräuterrisotto aus Les Baux

1 Knoblauchzehe, feingehackt
2 Schalotten, feingehackt
1 Thymianzweig
1 Rosmarinzweig
1 Lorbeerblatt
2 Salbeiblätter
80 g weiche Butter
1 EL Olivenöl
300 g Camargue-Reis oder ein anderer Langkornreis
Salz und frisch gemahlener Pfeffer
6 EL trockener Weißwein
800 ml Wasser
12 Basilikumzweige, nur die Blätter

In einem 4 l fassenden emaillierten Topf Knoblauch, Schalotten, Thymian, Rosmarin, Lorbeerblatt und Salbei vermischen. Die Hälfte der Butter und das Öl hinzufügen und 2 Minuten bei schwacher Hitze unter ständigem Rühren braten. Den Reis hineinstreuen, mit Salz und Pfeffer würzen und bei schwacher Hitze 3 Minuten rühren.

Den Wein über den Reis träufeln und verdampfen lassen. Mit 400 ml Wasser aufgießen, zudecken und 10 Minuten garen. Weitere 200 ml Wasser hinzufügen, zudecken und 5 Minuten kochen. Erneut 200 ml Wasser dazugießen und so lange kochen lassen, bis der Reis die ganze Flüssigkeit aufgesogen hat. Insgesamt muß der Reis etwa 25 Minuten kochen, während der gesamten Garzeit nicht umrühren.

Das Basilikum grobhacken. Wenn der Reis fertig ist, Thymian, Rosmarin, Lorbeerblatt und Salbei entfernen. Die restliche Butter und das Basilikum unterrühren und mit Pfeffer würzen. Gut vermischen und direkt aus dem Topf servieren.

Für 6 Personen

Aquitaine

Cèpes à la Bordelaise
Gebratene Steinpilze

750 g kleine frische Steinpilze
60 ml Olivenöl
2 Knoblauchzehen, feingehackt
3 EL gehackte glatte Petersilie
Salz und frisch gemahlener Pfeffer

Die Stiele der Pilze von der Kappe lösen. Die Kappen putzen, mit Küchenkrepp abwischen, aber nicht waschen.

Das Öl in einer beschichteten Pfanne von 26 cm Durchmesser bei hoher Temperatur erhitzen, die Steinpilze hinzufügen. Sie sondern eine große Menge Flüssigkeit ab; bei sehr starker Hitze und unter ständigem Rühren garen, bis die ganze Flüssigkeit verdampft ist. Die Steinpilze aus der Pfanne nehmen. Knoblauch und Petersilie in die Pfanne geben und unter ständigem Rühren 2 Minuten braten, dann auf einem Teller beiseite stellen.

Die Pilze wieder in die Pfanne legen, und zwar mit der Kappenoberseite nach unten. Mit Knoblauch und Petersilie bestreuen und mit Salz und Pfeffer würzen. Deckel auflegen und bei schwacher Hitze garen.

Die Steinpilze auf einer vorgewärmten Servierplatte anrichten. Den Bratensaft einkochen, bis man eine sirupartige Essenz erhält. Über die Pilze gießen und sofort servieren.

Für 4 Personen

Provence

Artichauts à la Barigoule
Geschmorte Artischocken

Die Artischocken kamen mit Caterina de' Medici nach Frankreich. Anfangs grillte man sie einfach wie Pilze. Barigoulo, *ursprünglich lediglich der Name eines Pilzes im provenzalischen Dialekt, steht für eine Zubereitungsart, aus der heraus allmählich dieses aromatische Artischockengericht entwickelt wurde und das immer noch den gleichen Namen trägt.*

12 junge Artischocken, jede etwa 125 g
1 Zitrone, halbiert
60 ml Olivenöl
4 große Zwiebeln, feingehackt
3 kleine Karotten, geschält und in dünne Scheiben geschnitten
3 Knoblauchzehen, in feine Scheibchen geschnitten
1 Thymianzweig, zerdrückt
1 Lorbeerblatt
6 EL trockener Weißwein
6 EL Wasser
Salz und frisch gemahlener Pfeffer

Die Artischockenstiele in 2 cm Abstand vom Boden abschneiden und die harten Blätter entfernen. Die Spitzen der zarten Blätter 2 cm über dem Boden abschneiden. Den Boden sauber zurechtschneiden und mit der Zitrone einreiben.

Das Öl in einem emaillierten Topf (auf keinen Fall Aluminiumgeschirr benutzen) erhitzen, in den die Artischocken gerade hineinpassen. Die Zwiebeln und Karotten hinzufügen und 5 Minuten garen, wobei sie jedoch keine Farbe annehmen dürfen. Den Knoblauch dazugeben und unter Rühren noch 1 Minute garen. Die Artischocken abspülen und trockentupfen. Mit dem Thymian und dem Lorbeerblatt in den Topf legen und unter Rühren 2 Minuten garen. Den Wein und das Wasser hinzugießen und mit Salz und Pfeffer würzen. Zudecken und bei sehr schwacher Hitze etwa 1 Stunde garen, bis die Artischocken sehr weich und mit einer reduzierten Sauce überzogen sind. Warm servieren.

Für 4 Personen

Rechte Seite: *Gebratene Steinpilze* (oben) *und Geschmorte Artischocken* (unten)
PETER JOHNSON

Auvergne

Chou Farci
Gefüllter Wirsing

1 Wirsingkohl, etwa 1,5 kg
1 Stück Schweinenetz
Bouquet garni: 1 Lorbeerblatt, 1 Thymianzweig, 10 Petersilienzweige
25 g Butter
200 g Zwiebeln, in dünne Scheiben geschnitten
200 g Karotten, abgeschabt und in dünne Scheiben geschnitten
250 ml Hühnerbrühe (Rezept Seite 34)

FÜR DIE FARCE:

1 EL Pflanzenöl
2 Knoblauchzehen, feingehackt
2 Schalotten, feingehackt
6 EL Milch
50 g weiches Weißbrot, ohne Kruste
400 g Rindfleisch (Oberschale)
400 g frische Schweineschulter, entbeint und Fett entfernt
200 g frischer Schweinebauch
1 Ei
1 EL feingehackte frische Petersilie
1 EL feingehackter frischer Schnittlauch
½ TL getrockneter Thymian
½ TL *quatre-épices* (siehe Glossar)
Salz und frisch gemahlener Pfeffer

Die harten äußeren Blätter vom Wirsing entfernen und ihn 10 Minuten lang in sprudelndem Wasser vorkochen. Abtropfen und dann abkühlen lassen.

Das Öl in einer beschichteten Pfanne von 20 cm Durchmesser erhitzen und Knoblauch und Schalotten darin goldgelb braten. Die Milch in einen kleinen Topf gießen und zum Kochen bringen. Das Brot hineinkrümeln, von der Kochstelle nehmen und rühren, bis man eine glatte Masse erhält. Abkühlen lassen.

Die drei Fleischsorten in einem Fleischwolf oder in der Küchenmaschine zerkleinern. Die Schalotten- und die Brotmischung sowie Ei, Kräuter, *quatre-épices*, Salz und Pfeffer hinzufügen und gut vermischen.

Um den Wirsing zu füllen, ihn zuerst einmal gerade hinstellen und die äußeren Blätter vorsichtig auffalten und darauf achten, daß man sie nicht zerreißt; Blatt für Blatt nach außen schlagen und dabei jeweils die dicken Rippen mit einem kleinen Messer herausschneiden. Auf diese Weise verfahren, bis man das Herz des Wirsings erreicht. Die Hälfte der Fleischmasse ins Herz füllen. Die Blätter wieder über dem Herzen zusammenschlagen und jeweils ein paar Löffel Füllung zwischen die einzelnen Blätter geben. Die äußere Reihe Blätter darüberdecken. Das Schweinenetz unter kaltem Wasser abspülen, abtropfen lassen und den Kohl darin einwickeln.

Den Backofen auf 215 °C (Gasherd Stufe 4–5) vorheizen. Die Kräuter für das Bouquet garni zusammenbinden. Die Butter in einem gußeisernen Topf zerlassen, in den der Wirsing gerade hineinpaßt. Zwiebeln und Karotten unter ständigem Rühren in etwa 5 Minuten goldgelb sautieren. Das Bouquet garni, Salz, Pfeffer und Brühe hinzufügen. Den Wirsing daraufsetzen, den Topf mit dem Deckel verschließen. 1½ Stunden im Ofen garen, ohne dabei den Topf zu öffnen.

Den Wirsing in eine vorgewärmte Servierplatte legen. Die Garflüssigkeit durch ein Sieb in eine Sauciere gießen. Den Wirsing vierteln und mit der Sauce servieren.

Für 8 Personen

Rechts: *Gefüllter Wirsing* (oben rechts), *Gefüllte Steinpilze* (Mitte rechts, Rezept Seite 203), *Kartoffel-Pastete* (unten rechts, Rezept Seite 212) *und Linsen nach Art der Auvergne* (links, Rezept Seite 214)

AUFGENOMMEN IM PÉRIGORD
PIERRE HUSSENOT/AGENCE TOP

PETER JOHNSON

Tomaten-Auberginen-Auflauf

Provence

BOHÉMIENNE
Tomaten-Auberginen-Auflauf

Dieses Gericht wird den ganzen Sommer über in der Stadt Avignon serviert.

4 EL Olivenöl
6 EL Wasser
1 kg Auberginen, geschält und in 2 cm große Würfel geschnitten
750 g reife Tomaten
6 Knoblauchzehen
1 TL Zucker
Salz und frisch gemahlener Pfeffer
1 Lorbeerblatt
60 ml Milch
6 Sardellenfilets in Öl
50 g frisch und fein geriebener Parmesan

2 EL Öl in einer beschichteten Pfanne von 26 cm Durchmesser erhitzen. Das Wasser und die Auberginenwürfel hinzufügen, zudecken. Bei schwacher Hitze unter häufigem Umrühren etwa 1 Stunde garen, bis die Auberginen sehr weich sind und sich mit einer Gabel leicht zerdrücken lassen.

Die Tomaten für 10 Sekunden in kochendem Wasser blanchieren. Unter fließendem kaltem Wasser abschrecken; häuten, halbieren und die Kerne entfernen. Das Fruchtfleisch grobhacken.

Das restliche Öl in einer beschichteten Pfanne erhitzen. Den Knoblauch durch die Presse drücken und zusammen mit den Tomaten, Zucker, Salz, Pfeffer und Lorbeerblatt einrühren. Bei starker Hitze 20 Minuten garen, bis die ganze Flüssigkeit verdampft ist. Die Milch und die Sardellen hinzufügen und unter Rühren 5 Minuten garen, bis die Sardellen zerfallen.

Den Backofen auf 200 °C (Gasherd Stufe 4–5) vorheizen. Das Lorbeerblatt entfernen. Die Tomatensauce zu den Auberginen geben und gut vermischen. In eine 26 cm lange ovale Backform füllen. Mit Parmesan bestreuen und 20 Minuten überbacken. Heiß aus der Form servieren.

Für 4 Personen

Provence

ÉPINARDS AUX PIGNONS
Spinat mit Pinienkernen

75 g Korinthen
1,5 kg frischer Spinat
3 EL Olivenöl
Salz und frisch gemahlener Pfeffer
75 g Pinienkerne
6 Tropfen Orangenblütenwasser

Die Korinthen in einer kleinen Schüssel mit warmem Wasser einweichen. Die Spinatstiele abschneiden; die Blätter waschen und in einer Salatschleuder trocknen.

2 EL Öl in einer beschichteten Pfanne von 28 cm Durchmesser erhitzen und den Spinat darin in mehreren Portionen bei starker Hitze 5 Minuten garen; ihn dabei ständig wenden. Mit Salz und Pfeffer würzen und in der Pfanne an einen warmen Ort stellen.

Das restliche Öl in einer beschichteten Pfanne von 20 cm Durchmesser erhitzen. Die abgetropften Korinthen und die Pinienkerne hinzufügen und unter Rühren 2 Minuten braten, bis die Pinienkerne goldbraun sind. Pinienkerne, Korinthen und Orangenblütenwasser in die Spinatpfanne geben und 30 Sekunden vermengen, dann von der Kochstelle nehmen. Den Spinat auf einer vorgewärmten Servierplatte anrichten und sofort servieren.

Für 4 Personen

Poitou

PALETS DE MARRONS
Maronenküchlein

1 kg frische Maronen
2 Stangen zarter Bleichsellerie mit Blättern, gehackt
100 g Butter
6 EL Wasser
Salz und frisch gemahlener Pfeffer
3 Eigelb, geschlagen

Die flache Seite jeder Marone einritzen. In einem großen Topf reichlich Wasser zum Kochen bringen und die Maronen hineingeben. 5 Minuten kochen, dann abtropfen lassen und sowohl die äußere Schale als auch die innere braune Haut entfernen.

Maronen, Bleichsellerie und 60 g Butter in eine beschichtete Pfanne von 26 cm Durchmesser geben und bei niedriger Temperatur erhitzen. Das Wasser hinzufügen und unter häufigem Rühren etwa 1 Stunde kochen lassen, bis die Maronen sehr weich sind. Während des Garens mit Salz und Pfeffer würzen.

Die Maronen durch die Kartoffelpresse drücken oder durch die feinste Lochscheibe des Fleischwolfs drehen. Das Eigelb hinzufügen und für 2 Stunden in den Kühlschrank stellen.

Die Masse in Küchlein von 5 cm Durchmesser und 1 cm Dicke formen. Die restliche Butter in einer beschichteten Pfanne von 28 cm Durchmesser zerlassen und die Küchlein 2 Minuten von jeder Seite anbraten. Auf einer vorgewärmten Platte servieren.

Für 6 Personen

Rechte Seite: *Spinat mit Pinienkernen* (oben) *und Maronenküchlein* (unten)
PETER JOHNSON

Languedoc

Pommes Sarladaises
Bratkartoffeln nach Art von Sarlat

750 g festkochende Kartoffeln
50 g Gänseschmalz
4 Knoblauchzehen, feingehackt
2 EL gehackte glatte Petersilie
Salz und frisch gemahlener Pfeffer

Die Kartoffeln schälen, waschen und in 3 mm dicke Scheiben schneiden.

Das Gänseschmalz in einer beschichteten Pfanne von 26 cm Durchmesser zerlassen. Die Kartoffeln hinzufügen und sie 10 Minuten im heißen Fett wenden. Knoblauch und Petersilie hinzufügen, mit Salz und Pfeffer würzen und wieder umrühren. Zudecken und bei schwacher Hitze 20 Minuten braten, bis die Kartoffeln gar sind; sie dabei mehrere Male wenden.

Die Kartoffeln in eine flache Schüssel geben und heiß servieren.

Für 4 Personen

Savoyen

Gratin Savoyard
Kartoffel-Gratin auf savoyische Art

300 ml Hühnerbrühe (Rezept S. 34)
Salz und frisch gemahlener Pfeffer
6 Prisen frisch geriebene Muskatnuß
600 g festkochende Kartoffeln
40 g Butter
125 g Beaufort oder Emmentaler, frisch und fein gerieben

Den Backofen auf 190 °C (Gasherd Stufe 4) vorheizen. Die Hühnerbrühe bei schwacher Hitze zum Kochen bringen. Salz, Pfeffer und Muskat hinzufügen und von der Kochstelle nehmen.

Die Kartoffeln schälen, waschen und trockentupfen. Mit dem Schneideaufsatz der Küchenmaschine oder einem Gemüsehobel die Kartoffeln in sehr dünne Scheiben schneiden.

Mit ein wenig Butter eine 18 × 26 cm große Auflaufform einfetten. Die Kartoffeln wie Dachziegel - gegeneinander versetzt - auf dem Boden verteilen, dann eine Lage Käse darüberstreuen. Die restlichen Kartoffeln und den Käse aufschichten, wobei man mit dem Käse abschließt. Die heiße Brühe darübergießen und die restliche Butter in Flöckchen verteilen. In etwa 50 Minuten goldbraun backen. Heiß aus der Form servieren.

Für 4 Personen

Provence

Barbouiado de Fèves et d'Artichauts
Geschmorte dicke Bohnen und Artischocken

1,5 kg frische dicke Bohnen
100 g geräucherter Bauchspeck
5 kleine Artischocken, jede etwa 125 g
½ Zitrone
2 EL Olivenöl
1 grüne Zwiebel (Schalotte oder Frühlingszwiebel), feingehackt
1 Thymianzweig, frisch
1 Zweig Bohnenkraut, frisch
3 EL Wasser
Salz und gemahlener Pfeffer

PETER JOHNSON

Die dicken Bohnen enthülsen und die weiche grüne Haut von jeder Bohne abziehen. Die Schwarte vom Speck entfernen und das Fleisch in streichholzgroße Stücke schneiden.

Die Artischockenstiele abschneiden. Die harten äußeren Blätter entfernen. Die Spitzen der zarten Blätter ½ cm über dem Herzen abschneiden. Die Herzen putzen und mit der Schnittseite der Zitrone einreiben. Jedes Herz in Viertel schneiden und das Heu entfernen. Jedes Viertel in drei Scheiben schneiden.

Das Öl in einem 4 l fassenden Schmortopf erhitzen. Zwiebel, Speck, Thymian und Bohnenkraut darin 2 Minuten unter ständigem Rühren bei milder Hitze sautieren. Die Artischocken hinzufügen und bei mäßiger Hitze unter ständigem Rühren etwa 7 bis 8 Minuten garen, bis sie leicht goldgelb und fast weich sind.

Das Wasser und die Bohnen dazugeben und mit Salz und Pfeffer würzen. Gut vermischen. Zudecken und weitere 5 Minuten garen. Von der Kochstelle nehmen und Thymian und Bohnenkraut entfernen. In eine vorgewärmte Schüssel füllen und sofort servieren.

Für 4 Personen

Bratkartoffeln nach Art von Sarlat (unten), *Kartoffel-Gratin auf savoyische Art* (oben links) *und Geschmorte dicke Bohnen und Artischocken* (rechts)

Provence

TIAN DE COURGETTES
Zucchinitopf mit Tomaten und Zwiebeln

Tian *ist die Bezeichnung für eine quadratische oder rechteckige glasierte Tonform, in der Gemüse, Fleisch oder Fisch in der Provence gebacken werden. Aus diesem Grund werden hier alle Gratins* tians *genannt.*

500 g grüne (Frühlings-)Zwiebeln
800 g mittelgroße Zucchini
750 g feste reife Tomaten
6 EL Olivenöl
2 Knoblauchzehen, feingehackt
Salz und frisch gemahlener Pfeffer
1 frischer Thymianzweig, nur die Blätter
1 Zweig frisches Bohnenkraut, nur die Blätter

Die Zwiebeln mitsamt dem grünen Teil in 5 mm dicke Scheiben schneiden; die Zucchini waschen, trockentupfen und ebenfalls in 5 mm dicke Scheiben schneiden; die gewaschenen Tomaten in etwa gleich dicke Scheiben schneiden.

Den Backofen auf 200 °C (Gasherd Stufe 4–5) vorheizen. 4 EL Öl in einer beschichteten Pfanne von 26 cm Durchmesser erhitzen und die Zwiebeln darin bei schwacher Hitze unter ständigem Rühren etwa 8 Minuten sautieren, bis sie weich und glasig sind. Knoblauch, Salz und Pfeffer hinzufügen und unter Rühren noch 2 Minuten garen.

Die Mischung in eine 18 × 26 cm große Auflaufform füllen und die Oberfläche glätten. Der Länge nach vier Reihen aus Tomaten- und Zucchinischeiben, jeweils abwechselnd, auf den Zwiebeln anordnen. Mit Thymian und Bohnenkraut bestreuen. Das restliche Öl darübergießen und mit Salz und Pfeffer würzen.

Etwa 1 Stunde backen, bis die Gemüse weich und leicht gebräunt sind. Heiß oder lauwarm direkt aus der Form servieren.

Für 4 Personen *Abbildung S. 8–9*

Franche-Comté

MORILLES À LA CRÈME
Morcheln in Sahnesauce

500 g frische Speisemorcheln
1 EL frischer Zitronensaft
6 EL Sahne oder Crème double
50 g Butter
2 Schalotten, feingehackt
Salz und frisch gemahlener Pfeffer

Die Stielenden der Morcheln abschneiden. Die Morcheln waschen und trocknen. Mit dem Zitronensaft beträufeln und in einem kleinen Topf bei schwacher Hitze 15 Minuten garen.

Die Morcheln mit einem Schaumlöffel aus dem Topf heben, die Sahne hineingeben und mit dem Pilzsaft gut vermischen. Die Butter in einer beschichteten Pfanne von 26 cm Durchmesser zerlassen und die Schalotten in etwa 3 Minuten unter ständigem Rühren goldgelb sautieren. Die Morcheln hinzufügen, mit Salz und Pfeffer würzen, dann die Sahnesauce aus dem Topf darunterrühren. Die Temperatur erhöhen und kochen, bis die Mischung nach etwa 2 bis 3 Minuten zu einer dicken, cremigen Sauce reduziert ist, die die Morcheln überzieht.

Sie in eine vorgewärmte Schüssel füllen und sofort servieren.

Für 4 Personen

Morcheln in Sahnesauce

PETER JOHNSON

Bourbonnais

Truffat
Kartoffel-Pastete

300 g Mehl
150 g Butter
60 ml Wasser
Salz
150 g geräucherter Bauchspeck
1 EL Erdnußöl
1 Zwiebel, etwa 125 g, feingehackt
800 g Kartoffeln
Frisch gemahlener Pfeffer
6 Prisen frisch geriebene Muskatnuß
1 Eigelb
1 EL Milch
150 ml Sahne

Das Mehl auf die Arbeitsfläche sieben und in der Mitte eine Vertiefung drücken. Die Butter in Stücke schneiden und mit dem Wasser und drei Prisen Salz hinzufügen. Die Zutaten mit den Fingerspitzen vermischen und zu einem glatten Teig verarbeiten. Zu einer Kugel formen, in Klarsichtfolie einschlagen und für 1 Stunde in den Kühlschrank legen.

In der Zwischenzeit die Schwarte vom Speck entfernen und den Speck mit einem Messer feinhacken. Das Öl in einer beschichteten Pfanne von 22 cm Durchmesser erhitzen, Zwiebel und Speck darin unter Rühren goldgelb braten. Von der Kochstelle nehmen.

Die Kartoffeln waschen und in dünne Scheiben schneiden. In eine Schüssel geben und Salz, Pfeffer, Muskat und die Mischung aus der Pfanne hinzufügen. Vorsichtig vermischen, damit die Kartoffelscheiben nicht zerbrechen.

Den Backofen auf 215 °C (Gasherd Stufe 4) vorheizen. Den Teig in zwei Portionen teilen, die eine etwas größer als die andere. Die größere Teigportion zu einer runden Platte von 30 cm Durchmesser ausrollen. Eine Kuchenform von 26 cm Durchmesser mit Butter einfetten und mit dem Teig auslegen. Die Kartoffelmischung auf den Teig geben und die Oberfläche glätten. Die zweite Teigportion zu einer Platte von 26 cm ausrollen. Diese als Deckel auf die Füllung legen und die Teigränder zusammendrücken, damit die Füllung versiegelt ist.

Eigelb und Milch verschlagen und die Oberfläche der Pastete mit dieser Mischung bestreichen. Etwa 1¼ Stunden backen, bis die Pastete goldgelb ist. In der Mitte des Pastetendeckels ein Loch von 2 cm Durchmesser schneiden und durch die Öffnung die Sahne hineingießen. Das Teigscheibchen wieder einsetzen und den *truffat* für weitere 10 Minuten in den Ofen stellen.

Für 6 Personen *Abbildung S. 207*

Provence

Papeton d'Aubergine
Auberginen-Krone

Dies ist eine Spezialität Avignons, das im vierzehnten Jahrhundert Sitz des Papstes war. In jener Zeit wurde sie in einer Form gebacken, die der päpstlichen Tiara nachgebildet war. Manchmal wird sie auch aubergines des papes *genannt.*

1,5 kg Auberginen, die lange, ovale Sorte
4 EL Olivenöl
6 EL Wasser
2 frische Thymianzweige, nur die Blätter
1 Knoblauchzehe, feingehackt
Salz und frisch gemahlener Pfeffer
5 Eier
75 g frisch und fein geriebener Parmesan

ZUM SERVIEREN:
Frische, mit Basilikum gewürzte Tomatensauce

Die Auberginen waschen und trockentupfen. In 5 cm große Würfel schneiden. 3 EL Öl in einer beschichteten Pfanne von 28 cm Durchmesser erhitzen. Wasser, Thymian und Knoblauch hinzufügen und 1 Minute kochen, dann die Auberginen hineingeben. Mit Salz und Pfeffer würzen. Zudecken und unter gelegentlichem Rühren etwa 30 Minuten bei schwacher Hitze garen, bis die Auberginen weich sind.

Den Backofen auf 200 °C (Gasherd Stufe 4–5) vorheizen. Die gegarten Auberginen durch den mittelfeinen Einsatz des Fleischwolfs drehen. Die Eier mit einer Gabel schlagen. Eier und Käse zum Auberginenpüree hinzufügen und gut vermischen. Eine Charlotte-Form von 18 cm Durchmesser mit Öl auspinseln. Die Auberginenmischung in die Form geben und die Oberfläche glätten. Etwa 40 Minuten backen, bis der Auflauf oben goldbraun ist.

Den *papeton* 10 Minuten bei Zimmertemperatur stehenlassen, dann stürzen. Heiß oder lauwarm mit Tomatensauce servieren.

Für 6 Personen

Aquitaine

Cousinat
Cousinat

Dieses Gericht ist eine Spezialität der Stadt Bayonne.

500 g frische dicke Bohnen
1 rote Paprikaschote, etwa 200 g
200 g reife Tomaten
4 kleine Artischocken, jede etwa 125 g
25 g Gänseschmalz
2 Scheiben Bayonner Schinken oder ein anderer luftgetrockneter Schinken, 1 cm dick, in Würfel geschnitten
12 grüne Zwiebeln (Schalotten oder Frühlingszwiebeln), geputzt
200 g kleine Karotten, abgeschabt und in dünne Scheiben geschnitten
125 g dünne grüne Bohnen
6 EL trockener Weißwein
Salz und frisch gemahlener Pfeffer

Die dicken Bohnen enthülsen und die weiche grüne Haut von jeder Bohne abziehen. Die Paprikaschote vierteln, die Samen und weißen Häute entfernen. Die Schote in dünne Streifen schneiden.

Die Tomaten für 10 Sekunden in kochendem Wasser blanchieren. Unter fließendem kaltem Wasser abschrecken, häuten, halbieren und die Kerne entfernen; das Fruchtfleisch grobhacken. Den Stiel von jeder Artischocke abschneiden. Die harten äußeren Blätter wegwerfen. Die Spitzen der zarten Blätter 2 cm über dem Herzen abschneiden; das Herz zurechtschneiden.

Das Gänseschmalz in einem 4 l fassenden Topf zerlassen und die Schinkenwürfel darin 3 Minuten unter ständigem Rühren leicht anbräunen. Zwiebeln, Paprika, Artischocken und Karotten hinzufügen und unter Rühren 2 Minuten garen. Tomaten und dicke Bohnen dazugeben, 10 Minuten mitbraten, dabei immer wieder rühren. Den Wein dazugießen und 2 Minuten aufkochen lassen. Mit Salz und Pfeffer würzen, zudecken und bei sehr schwacher Hitze 1 Stunde garen, wobei man von Zeit zu Zeit umrührt; die Gemüse sollten weich und mit einer sirupartigen Glasur überzogen sein. In eine flache vorgewärmte Schüssel füllen und servieren.

Für 4 Personen

Rechte Seite: *Auberginen-Krone* (oben) *und Cousinat* (unten)
PETER JOHNSON

PETER JOHNSON

Erbsen nach Art der Vendée

Vendée

Petits Pois à la Vendéenne
Erbsen nach Art der Vendée

1 Thymianzweig
1 Ysopzweig
1 Zweig Bohnenkraut
1 Zweig glatte Petersilie
50 g Butter
16 frische grüne Zwiebeln (Schalotten oder Frühlingszwiebeln)
1,5 kg Erbsen, enthülst
2 Salatherzen, geviertelt
Salz und frisch gemahlener Pfeffer
1 TL Zucker

Die Blätter von Thymian, Ysop, Bohnenkraut und Petersilie abstreifen.

Die Butter in einer beschichteten Pfanne von 26 cm Durchmesser zerlassen. Die Zwiebeln und die Kräuter hineingeben und unter Rühren bei schwacher Hitze etwa 3 Minuten sautieren, bis die Zwiebeln goldgelb sind. Die Erbsen hinzufügen und unter Rühren weitere 2 Minuten garen. Die Salatherzen dazulegen, mit Salz, Pfeffer und Zucker würzen und mit soviel kaltem Wasser auffüllen, daß die Erbsen bedeckt sind. Den Deckel auflegen und 1 Stunde kochen lassen, dabei hin und wieder umrühren.

Eventuell nicht aufgesogene Flüssigkeit abgießen. Die Gemüse in einer tiefen vorgewärmten Servierplatte anrichten und sofort servieren.

Für 4 Personen

Auvergne

Lentilles à l'Auvergnate
Linsen nach Art der Auvergne

300 g Karotten
300 g Zwiebeln
2 Gewürznelken
Bouquet garni: 1 Lorbeerblatt, 1 Thymianzweig, 6 Petersilienzweige
2 Knoblauchzehen
500 g Linsen
200 g durchwachsener Räucherspeck, am Stück
25 g Schweineschmalz
1 EL gehackte glatte Petersilie
1 EL gehackter frischer Schnittlauch
Salz und frisch gemahlener Pfeffer

Die Karotten in 5 mm dicke Scheiben schneiden. Die Zwiebeln schälen; die Gewürznelken in eine der Zwiebeln stecken, und die restlichen feinhacken. Die Kräuter für das Bouquet garni zusammenbinden. Die Knoblauchzehen mit der flachen Hand oder dem Messerrücken zerdrücken.

Die Linsen abspülen, dann in einen großen Topf geben. Den Speck, die ganze Zwiebel, Knoblauch, Karotten und Bouquet garni hinzufügen. Mit reichlich kaltem Wasser auffüllen und bei schwacher Hitze zum Kochen bringen. 45 Minuten kochen.

Den Speck aus dem Topf heben, die Schwarte und das Fett entfernen und das magere Fleisch in kleine Stücke schneiden. Das Schweineschmalz in einer beschichteten Pfanne zerlassen und die gehackten Zwiebeln darin in etwa 3 Minuten unter ständigem Rühren goldgelb sautieren. Die Fleischstücke hinzufügen und unter Rühren weitere 2 Minuten braten. Die Linsen abgießen und die ganze Zwiebel, den Knoblauch und das Bouquet garni entfernen. Den Inhalt der Pfanne zusammen mit der Petersilie und dem Schnittlauch unterrühren. Mit Salz und Pfeffer würzen. Die Linsen in eine flache Schüssel füllen und sofort servieren.

Für 6 Personen *Abbildung S. 207*

Île de France

Pommes Soufflées
Puffkartoffeln

Das Einweihungsdatum der Eisenbahnlinie zwischen Paris und Saint-Germain-en-Laye am 26. August 1937 bezeichnet auch die ganz zufällige Erfindung dieses Gerichts.

Als jemand dem Koch des Festbanketts erzählte, daß die Ankunft der Gäste unmittelbar bevorstünde, schüttete er die vorbereiteten Kartoffeln in das heiße Öl; unglücklicherweise waren die Gäste aber aufgehalten worden. Das gleiche Malheur passierte dann noch einmal: Die Kartoffeln wurden ein zweites Mal fritiert, und die Gäste waren immer noch nicht da. Beim dritten Versuch sah der Küchenchef mit Erstaunen, daß seine Kartoffeln im heißen Fett aufgingen. Auch nach dem Abtropfen blieben sie leicht und goldbraun, und jeder der sie probierte, lobte sie.

So wurde ein neues Rezept kreiert, und lange Zeit hießen diese Kartoffeln pommes soufflées de Saint-Germain-en-Laye.

750 g festkochende Kartoffeln
2 l Erdnußöl
Salz

Die Kartoffeln schälen und in rechteckige Stücke schneiden. Abspülen, trockentupfen und jede Kartoffel in 3 mm dicke Scheiben schneiden. Jeweils 1 l Öl in zwei Friteusen oder zwei große Töpfe gießen. Das Öl in einem Topf auf 100 °C erhitzen, das im anderen auf 220 °C.

Die Kartoffeln in einen Fritierkorb geben und in das Öl mit 100 °C tauchen. Fritieren, bis sie gerade beginnen, Farbe anzunehmen, dann den Korb herausnehmen und sofort in die zweite Friteuse tauchen; die Kartoffeln gehen jetzt auf und werden goldbraun. Auf Küchenkrepp abtropfen lassen und auf eine Servierplatte geben. Mit Salz und Pfeffer würzen.

Für 4 Personen

Rechte Seite: *Puffkartoffeln*
AUFGENOMMEN IN DER ÎLE DE FRANCE
PIERRE HUSSENOT/AGENCE TOP

AUVERGNE, BOURBONNAIS, ROUERGUE

ROSINE MAZIN/AGENCE TOP

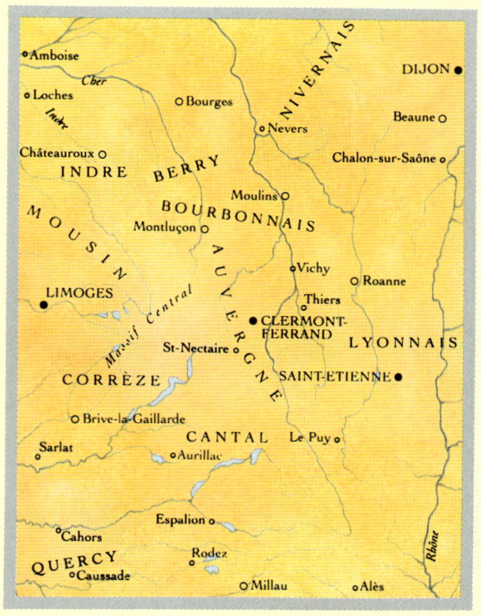

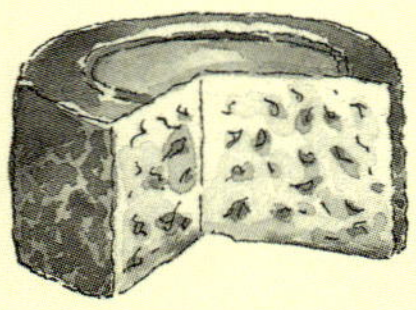

AUVERGNE, BOURBONNAIS, ROUERGUE

Berge, Hochplateaus und Käse

Die Auvergne«, so schrieb Alexandre Vialatte, »bringt Minister, Käse und Vulkane hervor«. Und was für Käse! Zusammen mit denen aus Savoyen sind sie die Könige der französischen Bergregionen. Ihr Geschmack nach saftigen Weiden, ihre Naturbelassenheit, ihr unverfälschtes kräftiges Aroma räumen ihnen einen Vorzugsplatz im Herzen des Käseliebhabers ein: der grasige Saint-Nectaire mit seiner festen grauen oder bläulichen Rinde, der direkt von den Weideflächen seiner Herkunftsregion zu kommen scheint (nicht zu verwechseln mit dem Murol, ein Käse von ähnlicher Form, jedoch industriell hergestellt, mit plastikartigem Aussehen und neutralem Geschmack); der bodenständige und kraftvolle Cantal, dessen Ruf auch von seinen nahen Verwandten aus Laguiole-en-Aubrac und Salers mit ihrem ausgeprägten Geschmack nach Quark und Haselnüssen nicht geschmälert wird; der Fourme d'Ambert mit seiner leichten blauen Äderung und dem kleinen bitteren Nachgeschmack, ein Käse, so edel wie ein englischer Stilton, der auch gut zu einem Portwein paßt. Und dann noch der Bleu d'Auvergne, der Tomme de Brach, der Brique de Livradois, der Galette de la Chaise-Dieu - alles Käse der Region, die den hier geläufigen Spruch aufs beste rechtfertigen, daß die Auvergne eine einzige riesige Käseplatte ist.

Zusammen mit ihrem südlichen Anhängsel, der Rouergue, wo der Roquefort produziert wird, ist die Auvergne ein

Links: *Ein Schäfer von Saint-Berain in der Nähe von Le Puy beginnt sein Tagwerk.*

Vorhergehende Seiten: *Notre Dame, die herrliche romanische Kathedrale von Le Puy, thront hoch über den roten Ziegeldächern und kopfsteingepflasterten Straßen der Stadt. Auch heute noch ist sie Anziehungspunkt für Pilger aus aller Welt.*

ROSINE MAZIN/AGENCE TOP

Symbol für das unvergängliche Frankreich – friedvoll und käseerzeugend. Der Roquefort ist der Star des Südens der Rouergue. Dieser Käse aus der Milch der Lacaune-Schafe mit dem nur ihm eigenen Blauschimmel hat eine weiche Textur und eine feuchte Rinde und enthält mindestens 52 Prozent Fett. Er kommt ausschließlich aus den Höhlen des Dorfes Roquefort-sur-Soulzon im Departement Aveyron im Süden der Auvergne. Der leicht säuerliche Roquefort paßt vorzüglich zu süßen Weißweinen wie denjenigen von Sauternes oder Montbazillac. Sein nächster Verwandter ist der Bleu des Causses, aus Kuhmilch. Das also sind die Käse dieses begnadeten Landstrichs, der Auvergne.

Und die Vulkane? Sie sind ein Quell reiner Luft und sprudelnder Wasser (die vielen in der Region abgefüllten Mineralwasser sind für ihre wohltuende Wirkung bekannt) und weitläufiger Weideflächen. Reist man kreuz und quer vom Bourbonnais nach Clermont-Ferrand, das das Land um den Puy de Dôme beherrscht, und wendet sich dann dem bezaubernden Dorf Salers zu, mit seinen alten Häusern aus schwarzen Lavasteinen, der alten Stadtmauer aus der Renaissancezeit und dem Templer-Haus, so erlebt man ein wohlhabendes und eigenständiges Land voll von einzigartigen Schätzen und einer Kette erloschener Vulkane, wie sie sonst in Europa nicht zu finden sind: Puy de Sancy, Puy Mary, Puy de Montchal und der zu Recht berühmte Puy de Dôme, der einen großartigen Blick auf die unzähligen nahegelegenen Krater und eine bizarre und grasbewachsene Landschaft bietet. Auf diesem alten fruchtbaren Boden können die Herden unbehelligt weiden. Die Rinder liefern ein saftiges, schmackhaftes marmoriertes Fleisch – Charolais im Norden, Salers im Süden und langhörnige Aubracs auf der Hochebene gleichen Namens. Rinder mit einem weichen, orangeroten Fell, die nie etwas anderes verspeisen als zartsaftiges Gras.

Die Küche der Auvergne ist großzügig und rustikal, nicht städtisch. Das traditionelle Gericht ist *aligot*: Kartoffelpüree mit frischem *Tomme*-Käse gemischt und mit einem Hauch von Knoblauch. In den Bergen des Aubrac wird es im Sommer im Freien vor den *burons*, kleinen steinernen Schäferhütten, zubereitet. Dazu ißt man ein paar gute Würste, geräuchert oder gegrillt, oder auch Schweinsfüßchen oder *andouillettes*. Der Star unter den heimischen Gemüsen ist die grüne Linse von Le Puy, scherzhaft »Kaviar des kleinen Mannes« genannt, weil ihr Aussehen an jene schwarzen luxuriösen Perlen erinnert. *Gigot brayaude* ist eine Lammkeule, die sehr sanft sieben Stunden lang zusammen mit Pökelfleisch, Knoblauchzehen, Zwiebeln und Karotten in einem geschlossenen Topf vor sich hin schmort. Es ist ein echtes Bauerngericht, mit einem appetitanregenden Duft und so zartem Fleisch, daß man es mit dem Löffel essen kann. *Mourtayrol* ist der reichhaltige Pot au Feu für Festtage. *Falette* bereitet man aus entbeinter Kalbsbrust und einer Füllung aus Schinken, Speck, Kalbfleisch, Zwiebeln und Knoblauch, und man serviert sie mit gedünstetem Kohl. Kohl gehört auch in die *potée auvergnate,* zusammen mit Pökelfleisch vom Schwein, vor allem Schweinskopf und Schweinsfüßen. Die Bachforellen kocht man blau in einer würzigen Brühe *(court bouillon)* und gibt zerlassene Butter dazu. Der *omble-chevalier*, der hochgeschätzte rosafleischige Bachsaibling, für den die Seen Savoyens berühmt sind, ist auch der Stolz des Pavin-Sees. Pilze gibt es in unendlicher Vielfalt – *girolles* (Pfifferlinge), *lactaires* (Reizker), *morilles* (Morcheln). In den Landschaften Velay, Combrailles und Aubrac kann man nach ihnen auf Schatzsuche gehen.

ROSINE MAZIN/AGENCE TOP

Typisch für die Auvergne im Herzen Frankreichs sind die erloschenen Vulkane, die heute zum Teil einladende Kraterseen, wie den See Chambon südlich von Clermont-Ferrand, beherbergen.

Für das *truffade* oder *truffado* werden die »Trüffeln« der Auvergne verwendet, das heißt Kartoffeln, die in dicke Scheiben geschnitten und zusammen mit Pökelfleisch und Käsestreifen gebraten werden – zweifellos ein kräftiges Mahl, und welch ein Geschmack! Aber schließlich ist die ganze Auvergne ein Land kräftiger Geschmacksnoten und Gerüche.

In Likören der Region finden sich die Bergpflanzen: Verveine (Eisenkraut) aus Velay, das man auch für beruhigende Tees verwendet, und der gelbblühende Enzian, bitter und süß zugleich, aus dem einer der besten, bitteren Aperitifs hergestellt wird, der Suze. Die Rotweine aus der Gamay-Traube sind leicht: Chanturgue und Châteaugay aus der Gegend um Clermont-Ferrand, Côtes du Forez und Roannaise zwischen Roanne und Saint-Etienne. Im Bourbonnais wird der leichte, frische Saint-Pourçain aus Gamay-, Pinot-Noir-, Sauvignon- und Chardonnay-Trauben als Roter, Weißer und Roséwein gekeltert.

Auch das Bourbonnais im Nordosten am Rande der Auvergne, ist eine Region mit eigenem Charakter und berühmt für Kurorte wie Vichy und Bourbon l'Archambault. Wie die Auvergne ist es das Land des Kohls, der in der *potée* – dem hiesigen Pot au Feu – und in der vielgepriesenen *soupe aux choux* verwendet wird, die ebenso aromatisch wie kräftigend ist. Aber es hat auch seine eigenen Spezialitäten beizutragen: *pâté de tartouffes*, eine Kartoffelpastete mit Pökelfleisch, Zwiebeln und Sahne und einer Mürbteighülle; *pompes au gratton*, aus herrlich lockerem Hefeteig und Pökelfleisch; Ente *á la Du Chambet*, die mit Zimtäpfeln und einer

ROSINE MAZIN/AGENCE TOP

Eine uralte Brücke überspannt den Fluß Lot in der Kleinstadt Espalion inmitten der bergigen Auvergne.

mit Gänseleber angereicherten Sauce gegessen wird. Das alles sind üppige, erdnahe Gerichte, die zum Ruf des Hôtel de Paris in Moulins beitragen.

Die Rouergue ließe sich in zwei Regionen aufteilen. Der Süden, auf Millau zu, erinnert an den Midi und das Languedoc; der Norden, mit seinen roten Backsteinhäusern, lebhaft und bäuerlich, gibt einen Vorgeschmack der Auvergne. Schattige grüne Wälder mit reichem Laub: im verlorenen Tal von Conques, einem der großartigsten Dörfer der Auvergne, erlebt der Reisende erneut die reiche Pracht dieser Landschaft, der er schon bei Murols und Saint-Nectaire begegnet ist.

Auch dies ist ein Land herzhafter und nahrhafter Kost, wo man mit Vorliebe und Sorgfalt Innereien bereitet. Viele der in Paris als *auvergnat* bezeichneten Gerichte stammen in Wirklichkeit aus der Rouergue: die *florès* von Rodez, aus Kalbskaldaunen gemacht; die Räucherschinken von Naucelle; die *tripoux*, kleine geschnürte Päckchen aus Hammelinnereien, die bei schwacher Hitze in einer Tomatensauce geschmort werden; *estofinado* aus Stockfisch mit Kartoffeln; oder *fouace*, ein Kuchen mit dem Aroma von Orangenblütenwasser. Aber der höchste Reichtum des Landes, abgesehen vom *aligot*, das ebenso zur Rouergue wie zur Auvergne gehört, ist der Roquefort.

Die Menschen der Auvergne sind gestandene und ehrliche Genießer, vor allem aber auch hart arbeitende Leute. Viele Eigentümer von Cafés und gutbesuchten Kneipen in Paris sind frühere Kellner und Inhaber von *Bois-Charbons*, wo sie nicht nur Heizmaterial, sondern auch den jungen Rotwein der Region verkauften. Die meisten von ihnen stammen aus dem berühmten Dreieck Espalion-Estaing-Saint-Chély-d'Apcher. Das ist die Obere Rouergue, die die Auvergne auf der riesigen Hochfläche des Aubrac berührt; eine unwirtliche Gegend, die von den *drailles*, rohen Steinpfaden, durchzogen ist. Viele Bewohner sind weggezogen und haben Tag und Nacht gearbeitet, um ihr täglich Brot zu verdienen und schließlich ihr eigenes Bistro kaufen zu können. Einer von ihnen ist Marcellin Cazes, der früher Wasserträger war, bevor er die Seele der Brasserie Lipp am Boulevard Saint-Germain wurde. Diese Menschen sind die verdientesten Botschafter ihrer Heimatregion und ihrer herrlichen Speisen – *truffade, palette, tripoux* und *aligot* –, die man mit dem Messer mit Horngriff von Laguiole verzehrt und die von den Freuden der großartigen Auvergne künden.

NACHSPEISEN

LEO MEIER

Eine Auswahl dekorativer Confiseries *– »Distel«-Pralinen und süße Frucht- und Mandelpasten.*

NACHSPEISEN

Die süße Verlockung

Wenden wir uns bei den Nachspeisen zunächst dem Käse zu. Brillat-Savarin erachtete ihn als den *premier des desserts*, also die wichtigste Nachspeise. Doch in Frankreich ist Käse bei all seiner Vielfalt (»ein Land mit vierhundert verschiedenen Käsesorten wird niemals sterben«, versprach Churchill 1940) ein Vorspiel zur eigentlichen Nachspeise geblieben.

Als Land des guten Essens kann sich Frankreich dem Reiz des Süßen nicht verschließen. Auf den Märkten Ostfrankreichs spürt man den Einfluß Mitteleuropas mit dem Angelpunkt Wien, wo die Kaffeehäuser vor allem Orte der Geselligkeit sind. So hat Metz zum Beispiel einen der besten *chocolatiers* des Landes, Pierre Koenig, der seine Schokoladentrüffel, Pralinen und zartbitteren Schokoladencremes in alle Welt exportiert, und ein rundes Dutzend *pâtisseries-salons de thé* der Spitzenklasse. Und Straßburg ist mit Sicherheit eine der »süßesten« Städte der Welt. Zu seinen vielen Spezialitäten zählen der *kugelhopf, büeraweka* (ein Früchtekuchen), der fruchtige *Bettelmann*-Kuchen und die Schnecke, die in Frankreich sonst überall *pain aux raisins* heißt. Außerdem haben viele der Backspezialitäten Ostfrankreichs andere Teile des Landes erobert, so die *meringue*

LEO MEIER

Rechts: *Nicht nur Wein wird aus französischen Trauben gewonnen, sondern auch Rosinen, die in allen möglichen regionalen Gerichten Verwendung finden, wie in der leckeren Elsässer Nachspeise* kugelhopf.

Vorhergehende Seiten: *Schnee-Eier (oben links, Rezept Seite 232),* meringues chantilly *(Mitte links, Rezept Seite 231), Brandteigring mit Krokant-Buttercreme (oben rechts, Rezept Seite 246) und* crêpes *mit Orangenlikör (unten rechts, Rezept Seite 250)*

FOTOGRAFIERT IN DER ÎLE DE FRANCE
PIERRE HUSSENOT/AGENCE TOP

chantilly, Baiser mit Schlagsahne, die man auch in der Île de France findet: das *nid d'abeilles* (wörtlich Bienennest), eine Schnitte mit Cremefüllung und mit Puderzucker bestäubt, die in der *tarte au sucre* des Artois und der Picardie und der *tarte tropézienne* des Var seine Ergänzung hat.

Andere Regionen haben ihre eigenen Spezialitäten, die auf den Gaben der jeweiligen Landschaft beruhen; so zum Beispiel in der Bretagne das *kouigh amman*, der Pflaumenkuchen *far*, der schwere Butterkuchen *quatre-quarts* und die *galettes*, mit gesalzener Butter zubereitetes knuspriges Gebäck. Das *clafoutis* ist heute überall zu finden, obwohl es eigentlich aus dem Limousin stammt. Das *baba* - ob es wirklich ursprünglich aus Lothringen kommt? - wird in Paris als *savarin*, mit Schlagsahne garniert, auf den Tisch gebracht.

Speiseeis, das am französischen Hof von Catarina de' Medici eingeführt wurde, die den späteren Henri II heiratete, faßte in Paris erst im darauffolgenden Jahrhundert richtig Fuß, als Francesco Procopio das erste Café eröffnete. Diese kalte Köstlichkeit - die erst seit etwa 1775 aus Sahne und Eiern hergestellt wird - und die aus Früchten hergestellten Sorbets wurden dann schnell ein Riesenerfolg. Im achtzehnten Jahrhundert gab es in Paris bereits zweihundertfünfzig *limonadiers*, die im Sommer Eis verkauften.

Seither hat Speiseeis auch als aufwendig gestaltete und verzierte *bombes glacées* und ähnliches immer größere Verbreitung gefunden. In jüngerer Zeit wird aus Gesundheitsgründen wieder häufiger das Sorbet empfohlen, ein altes chinesisches Erfrischungsdessert, das weder Eier noch Fett enthält und das von China über die Perser und Araber nach Europa kam. Die Sorbets werden aus frischem Frucht-

LEO MEIER

Die Franzosen legen großen Wert darauf, nur die frischesten Zutaten zu verwenden. Sie sind anspruchsvolle Kunden und nehmen sich Zeit, das Beste auszuwählen.

Mille-feuilles, tarte aux mirabelle, choux á la chantilly *(Sahne-Windbeutel)*, mousse fraises *(Erdbeermousse) ebenso wie* réligieuses *(kleine Nonnenkuchen) und* éclaires *sind nur einige der köstlichen Konditoreiwaren, die man in jeder französischen Pâtisserie findet.*

LEO MEIER

fleisch bereitet und folgen geruhsam dem Rhythmus der wechselnden Jahreszeiten.

Auch in Obsttorten werden die Früchte aller Regionen genutzt. Daß die *crêpes* nicht auf die Bretagne beschränkt sind, zeigt schon die sehr pariserische *crêpe suzette*, die ihren frischen Geschmack von Mandarinen oder Orangen erhält und am Tisch flambiert wird. Die Nachspeise, die das Mahl abschließt, sollte auch stets ein Augenschmaus sein – daher die große Bedeutung, die der Präsentation zugemessen wird. Die großen Köche haben darauf schon immer geachtet. Urbain Dubois, der Chef des Rocher de Canale und dann des Café Anglais war, bevor er sein Talent in den Dienst des russischen Fürsten Orloff und des deutschen Kaisers Wilhelm I. stellte, legte seine ästhetischen Grundsätze in einem Werk nieder, das zu einem Klassiker wurde: *La Cuisine Artistique* aus dem Jahre 1870. Dreizehn Jahre später folgte sein *Grand Livre des Pâtissiers et des Cuisiniers*.

Ein Jahrhundert danach wurde Gaston Lenôtre, Pâtissier in Pont-Audemer, der berühmteste Zuckerbäcker der Welt; genau wie sein Vorläufer Urbain Dubois wußte er, daß das edelste Mahl eine Enttäuschung wird, wenn es nicht durch eine Nachspeise gekrönt wird, und daß die Nachspeise niemals vollkommen ist, wenn sie nicht auch in der richtigen Weise präsentiert wird. Seine Aufmärsche weißbemützter Küchenjungen mit aufwendig konstruierten *pièces montées*, großartigen Arrangements von Eiskreationen und leichten und fruchtigen Sorbets bleiben in der Erinnerung wie lebende Gemälde eines Watteau. Am Ende des zwanzigsten Jahrhunderts verdanken französische Festlichkeiten – und auch die in anderen Ländern – Gaston Lenôtre ein gut Teil ihres funkelnden Glanzes und viel von ihrem Zauber.

Für jeden Geschmack das Richtige bietet dieser kleine Laden in Dinan als Bäckerei, Konditorei und Feinkostgeschäft in einem.

Aquitaine

Le Nègre
Schokoladenkuchen ohne Mehl

Dieser Kuchen wird aus Bitterschokolade, Butter, Zucker und Eiern hergestellt und überall entlang der aquitanischen Küste, von Bayonne bis Bordeaux, serviert.

200 g Zartbitterschokolade
200 g weiche Butter
200 g Zucker
4 Eier, getrennt

FÜR DIE FORM:

10 g Butter

Den Backofen auf 190 °C (Gasherd Stufe 3) vorheizen. Eine runde Kuchenform von 22 cm Durchmesser mit 10 g Butter ausfetten. Die Schokolade in kleine Stücke brechen und im Wasserbad schmelzen. Die Butter hinzufügen und mit einem Spatel rühren, bis man eine glatte Masse erhält.

Die Hälfte des Zuckers zum Eigelb hinzufügen und schlagen, bis man eine blasse Schaummasse erhält. Die Schokoladenmischung darunterschlagen. Das Eiweiß zu einem weichen Eischnee schlagen. Nach und nach den restlichen Zucker untermischen und schlagen, bis der Eischnee glatt und glänzend ist. Behutsam mit einem Gummispatel unter die Schokoladenmischung heben.

Den Teig in die vorbereitete Form gießen und 40 Minuten backen. Der Kuchen ist fertig, wenn ein Teststäbchen, das man in der Mitte einsticht, sauber bleibt.

Den Kuchen bei Zimmertemperatur 10 Minuten stehenlassen, bevor man ihn aus der Form stürzt. Warm, bei Zimmertemperatur oder gekühlt servieren.

Für 6 Personen

PETER JOHNSON

Schokoladenkuchen ohne Mehl

PETER JOHNSON

Maine

Jalousies
Aprikosenkuchen

200 g Aprikosenmarmelade
600 g Blätterteig (Rezept Seite 44)

ZUM GLASIEREN:

1 Eigelb
1 EL Milch

Den Backofen auf 215 °C (Gasherd Stufe 4) vorheizen. Die Marmelade in einem kleinen Topf 3 Minuten erhitzen, dann durch ein feines Sieb drücken, um die Häute der Früchte zu entfernen. Abkühlen lassen. Den Blätterteig in zwei 8 × 20 cm große Streifen ausrollen.

Ein Backblech leicht anfeuchten und einen Teigstreifen darauflegen. Mit der Marmelade bestreichen und außen je einen 1 cm breiten Rand frei lassen. Den zweiten Teigstreifen mit der glatten Seite (das heißt, die Seite, die auf der Arbeitsfläche auflag) nach oben darauflegen. Die Teigränder zusammendrücken und mit einem kleinen Messer den Teig an den Rändern in 1 cm Abstand einschneiden.

Eigelb und Milch miteinander verschlagen und die Oberfläche des Kuchens mit dieser Mischung bestreichen; die Glasur nicht über die Ränder laufen lassen, da der Teig sonst nicht aufgehen kann. Mit der Messerspitze den Teig diagonal, in 1 cm Abstand und 5 mm vom Rand entfernt, tief einschlitzen. Den Kuchen etwa 30 Minuten backen, bis er goldbraun ist. Auf eine Platte legen und warm servieren.

Für 6 Personen

PETER JOHNSON

Blätterteig mit Mandelfüllung

Orléanais

PITHIVIERS
Blätterteig mit Mandelfüllung

600 g Blätterteig (Rezept Seite 44)

FÜR DIE FÜLLUNG:
150 g gemahlene abgezogene Mandeln
150 g Puderzucker
150 g weiche Butter
2 Eier
2 EL dunkler Rum

FÜR DIE GLASUR:
1 Eigelb
1 EL Milch
2 EL Puderzucker

Die Füllung zubereiten: Gemahlene Mandeln und Zucker in einer kleinen Schüssel vermischen. Die Butter in einer großen Schüssel schaumig rühren. Die Mandelmischung, Eier und Rum untermischen und alles gut vermengen.

Den Backofen auf 215 °C (Gasherd Stufe 4) vorheizen. Den Blätterteig in zwei gleich große Portionen teilen und zu zwei runden Teigplatten von je 30 cm Durchmesser ausrollen; einen großen Teller oder eine Kuchenform als Orientierung verwenden. Das Messer, mit dem man die Teigplatten zurechtschneidet, ganz senkrecht halten, damit die feinen Teigschichten sich nicht verschieben und der Teig gleichmäßig aufgeht.

Ein Backblech leicht anfeuchten und eine Teigplatte darauflegen. Mit der Mandelmischung bestreichen und rundherum einen 1 cm breiten Rand freilassen. Die zweite Teigplatte mit der glatten Seite nach oben (das heißt der Seite, die auf der Arbeitsfläche auflag) darauflegen. Die Teigränder zusammendrücken, damit die Platten zusammenhalten. Den Rand des *pithiviers* in 1 cm Abständen einschneiden.

Die Glasur zubereiten: Eigelb und Milch verschlagen und mit der Mischung den Teig bestreichen; die Glasur nicht über den Rand laufen lassen, da der Teig sonst beim Backen nicht aufgehen kann. Mit der Messerspitze flache, geschwungene Einschnitte von der Mitte zum Rand des Teigdeckels machen.

30 Minuten backen. Mit Puderzucker bestreuen und etwa 5 weitere Minuten backen, bis die Oberfläche glänzend und leicht karamelisiert ist. Den Kuchen auf eine Servierplatte legen und warm servieren.

Für 6 Personen

Bretagne

FAR
Warmer Backpflaumenkuchen

Dies ist eine der beliebtesten Nachspeisen der Bretagne. Sie wird je nach Region auf verschiedene Weise serviert – ohne alles in Saint-Pol-de-Léon, mit Backpflaumen gefüllt in Quiberon und mit Rosinen in Brest.

350 g Backpflaumen
½ l Milch
3 Eier
125 g Zucker
75 g Mehl

Die Backpflaumen, mit warmem Wasser bedeckt, 2 Stunden einweichen. Den Backofen auf 200 °C (Gasherd Stufe 3–4) vorheizen. Die Milch in einem kleinen Topf bei niedriger Temperatur erhitzen. Eier und Zucker in eine Schüssel geben und schlagen, bis die Mischung hellgelb und cremig ist. Das Mehl und dann die warme Milch unterrühren, bis man einen glatten Teig erhält.

Eine tiefe Porzellan-Tortenform von 26 cm Durchmesser mit 10 g Butter ausfetten. Die Pflaumen abtropfen lassen und in der Form verteilen. Den Teig darübergießen und etwa 45 Minuten backen, bis er golden gebräunt ist. Den Kuchen etwas abkühlen lassen. Dann warm aus der Backform servieren.

Für 6 Personen

Bretagne

KOUIGH AMANN
Butterkuchen

Die Region Douarnenez ist die Heimat dieses Kuchens, dessen bretonischer Name wörtlich übersetzt Butterbrot bedeutet.

220 g gesalzene Butter
300 g Brotteig (S. 41)
220 g plus 2 EL Zucker

Die Butter in einen tiefen Teller geben und mit einer Gabel bearbeiten, bis sie weich ist und dieselbe Konsistenz wie der Teig besitzt. Den Teig auf der Arbeitsfläche zu einem 1 cm dicken Quadrat ausrollen. Mit der Butter bestreichen und außen je einen 2 cm breiten Rand freilassen; mit einer Tasse Zucker bestreuen. Den Teig zweimal übereinanderschlagen, so daß er nur noch ein Drittel der ursprünglichen Breite hat; dann in der anderen Richtung zweimal übereinanderschlagen, so daß er wieder die Form eines Quadrats annimmt, dessen Fläche ein Drittel des ursprünglichen Quadrats ausmacht. Den Teig möglichst dünn ausrollen und darauf achten, daß keine Butter und kein Zucker herausquillt. Den Teig nochmals, wie zuvor, falten.

Eine Kuchenform von 26 cm Durchmesser mit 10 g Butter ausfetten. Den Teig hineinlegen und mit den Fingern andrücken und darauf achten, daß man ihn nicht zerreißt. In der Mitte beginnen und nach außen arbeiten, bis der ganze Formboden mit einer gleichmäßig dicken Teigschicht bedeckt ist. 30 Minuten ruhen lassen und den Ofen nach 10 Minuten Ruhezeit auf 200 °C (Gasherd Stufe 3–4) vorheizen. Den Kuchen 35 Minuten backen und während der letzten 15 Minuten der Backzeit mit der Butter bepinseln, die nach oben steigt.

Den Kuchen mit den 2 EL Zucker bestreuen und noch etwa 5 Minuten backen, bis der Teig schön karamelisiert und glänzend ist. Den Kuchen etwas abkühlen lassen und auf einer Platte anrichten. Warm servieren.

Für 6 Personen

Rechte Seite: *Warmer Backpflaumenkuchen* (links) *und Butterkuchen* (rechts)
IN DER BRETAGNE AUFGENOMMEN
PIERRE HUSSENOT/AGENCE TOP

SORTIE
DE SECOURS

PETER JOHNSON

Kirschauflauf

Lothringen

Baba
Rum Baba

Da ihm der vorgesetzte Hefekuchen zu trocken war, kam der polnische König Stanislas Leszczynski, der im Exil in Frankreich lebte, auf den Gedanken, ihn mit Malaga-Wein anzufeuchten. Er nannte die neue Süßspeise »Ali Baba«, nach dem Helden seiner Lieblingsgeschichte aus Tausendundeine Nacht. Später wurde sie unter dem Namen Baba *bekannt, und der Malaga-Wein wurde durch Rumsirup ersetzt.*

In Ringform wird dieser Kuchen normalerweise Savarin genannt.

3 TL Zucker
60 ml warmes Wasser
15 g Trockenhefe
3 EL Milch
60 g Butter
125 g Mehl
2 Eier
3 Prisen Salz

FÜR DEN SIRUP:

200 g Zucker
400 ml Wasser
6 EL dunkler Rum

1 TL Zucker in eine hohe Tasse geben. Das warme Wasser hinzufügen und rühren, bis sich der Zucker auflöst. Die Hefe daraufstreuen und an einem warmen Ort etwa 10 Minuten aufgehen lassen, bis die Mischung bis an den Rand der Tasse hochgestiegen ist.

In der Zwischenzeit die Milch in einem kleinen Topf erhitzen, bis sie lauwarm ist. Die Butter mit einem Schneebesen rühren, bis sie cremig ist. Das Mehl in eine Rührschüssel sieben und in die Mitte eine Vertiefung drücken. Die Eier, das Salz, den restli-

Rum Baba

PETER JOHNSON

Limousin

Clafoutis
Kirschauflauf

Aus welcher der Regionen dieser Auflauf stammt, ist nicht bekannt. Aber sowohl das Limousin als auch die Auvergne – wo der sehr ähnliche millard *zubereitet wird – möchten gerne für den* clafoutis *verantwortlich zeichnen.*

750 g reife schwarze Kirschen, nicht entsteint
2 Eier
1 Eigelb
125 g Zucker
75 g Butter, geschmolzen
75 g Mehl
¼ l Milch
Vanillezucker

Den Backofen auf 200 °C (Gasherd Stufe 3–4) vorheizen. Die Kirschen waschen, trocknen lassen und entstielen.

Eine ofenfeste Porzellan-Kuchenform oder eine glasierte Tonform, in die die Kirschen nebeneinander hineinpassen, mit 10 g Butter ausfetten. Die Kirschen hineingeben. Die Eier und das Eigelb in eine Schüssel geben, den Zucker hinzufügen und schlagen, bis die Mischung blaßgelb und cremig ist. Die 75 g Butter unterrühren, das Mehl daraufsieben und gut untermischen, dann die Milch nach und nach einrühren. Weiterschlagen, bis der Teig glatt und geschmeidig ist, dann über die Kirschen gießen.

40 Minuten backen, bis der *clafoutis* gebräunt ist. Aus dem Ofen nehmen und mit Vanillezucker bestreuen. Lauwarm aus der Backform servieren.

Für 6 Personen

chen Zucker, die Milch und die Hefemischung in die Vertiefung geben und alle Zutaten vermischen. Die Butter hinzufügen und wieder vermischen. Den Teig kneten, bis er glatt und elastisch ist; ihn dabei hochziehen und wieder fallen lassen, damit er möglichst viel Luft aufnimmt.

Eine Baba-Form von 24 cm Durchmesser mit 10 g Butter ausfetten und den Teig hineingeben. Mit einem Tuch abdecken und etwa 1 Stunde aufgehen lassen, bis er den Rand der Form erreicht hat.

Den Backofen auf 200 °C (Gasherd Stufe 3–4) vorheizen. Den Baba 25 Minuten backen.

In der Zwischenzeit den Sirup zubereiten: Zucker und Wasser in einen Topf geben und zum Kochen bringen. Von der Kochstelle nehmen und den Rum unterrühren.

Sobald der Baba gebacken ist, ihn auf eine Servierplatte stürzen. Ihn überall mit einer Gabel einstechen und den Sirup mit einem Löffel darübergießen; wenn Sirup auf die Platte läuft, ihn wieder mit dem Löffel aufnehmen und über den Kuchen gießen, bis er ganz durchweicht ist. Mindestens 4 Stunden in den Kühlschrank stellen, bevor man ihn serviert.

Für 6 Personen

Île de France

MERINGUES À LA CHANTILLY
Sahne-Baisers

Im Jahre 1720, während seines Exils im Elsaß, ließ der polnische Exkönig Stanislas Leszczynski – ein großer Feinschmecker – den Konditor Gasparini aus der Schweiz kommen. Er schuf ein Gebäck, das nach seinem Schweizer Heimatort Mehringen »meringue« genannt wurde. Die Schlagsahne oder chantilly *war früher, im Jahre 1714, von einem Küchenchef namens Vatel kreiert worden, der im Schloß von Chantilly angestellt war.*

FÜR DIE BAISERS:

4 Eiweiß
150 g Zucker
100 g Puderzucker

FÜR DIE SCHLAGSAHNE:

½ l sehr kalte Sahne
2 EL Zucker

FÜR DAS BACKBLECH:

10 g Butter

Die Baisers zubereiten: Den Backofen auf 110 °C (Gasherd Stufe 1–2) vorheizen. Ein Backblech mit Butter einfetten und mit Mehl bestäuben. Das Eiweiß in einer großen Rührschüssel zu festem Schnee schlagen. Nach und nach 60 g Zucker hinzufügen und weiterschlagen, bis der Eischnee glatt und glänzend ist. Den restlichen Zucker hinzufügen und weitere 2 Minuten bei niedriger Geschwindigkeit schlagen. Den Puderzucker mit einem Gummispatel unterheben.

Die Baisermasse in einen Spritzbeutel mit einer geriefelten Tülle von 2 cm Durchmesser füllen und auf das vorbereitete Backblech kleine Häufchen oder sonstige Formen spritzen.

Die Baisers etwa 1 Stunde backen, ohne sie braun werden zu lassen. Sie sollten elfenbeinfarben sein; wenn sie anfangen zu bräunen, die Temperatur noch weiter reduzieren. Die gebackenen Baisers mit einem Metallspatel vom Blech lösen und auf einem Kuchengitter abkühlen lassen.

Die Schlagsahne zubereiten: Kurz vor dem Servieren die Sahne mit einem elektrischen Handrührgerät fast steif schlagen. Den Zucker hinzufügen und kurz weiterschlagen.

Die Schlagsahne in einen Spritzbeutel mit einer kleinen glatten oder geriefelten Tülle geben. Sie auf die flache Unterseite eines Baisers spritzen und ein zweites Baiser daraufsetzen. Die restlichen Baisers auf die gleiche Weise füllen. Sofort servieren.

Ergibt etwa 16 Stück *Abbildung S. 222–223*

PETER JOHNSON

Backpflaumen in Rotwein (oben) *und Pochierte Rotweinbirnen* (unten, Rezept Seite 232)

Loiretal

PRUNEAUX AU VIN
Backpflaumen in Rotwein

2 unbehandelte Zitronen
1 Vanilleschote
1 kg Backpflaumen
¾ l Rotwein, vorzugsweise Vouvray
1 Zimtstange, 10 cm lang
100 g Zucker

Die Zitronen waschen und abtrocknen. Die Schale jeder Zitrone in einem langen Streifen abschälen; das Fruchtfleisch für ein anderes Gericht aufbewahren. Die Vanilleschote der Länge nach spalten.

Die Backpflaumen in eine große Schüssel geben und mit Wein bedecken. Die Zitronenschale, Vanilleschote und Zimtstange hinzufügen. Zudecken und die Backpflaumen 4 Stunden ziehen lassen.

Die Pflaumen abtropfen lassen und den Wein mit der Zitronenschale, Vanilleschote, Zimtstange und Zucker in einen großen Topf (nicht aus Aluminium) geben. Bei starker Hitze zum Kochen bringen und rühren, bis sich der Zucker aufgelöst hat. Die Backpflaumen dazugeben und 10 Minuten bei milder Hitze pochieren. Abtropfen lassen und beiseite stellen. Die Garflüssigkeit bei starker Hitze auf etwa 250 ml sirupartige, aromatische Flüssigkeit einkochen. Diese über die Pflaumen gießen und Zitronenschale, Zimtstange und Vanilleschote entfernen. Abkühlen lassen, zudecken und vor dem Servieren für 12 Stunden in den Kühlschrank stellen.

Für 6 Personen

Anjou

Poires Belles-Angevine
Pochierte Rotweinbirnen

1 unbehandelte Zitrone
¾ l Rotwein
1 Zimtstange, 10 cm lang
125 g Zucker
4 große rote Williamsbirnen, jede etwa 200 g

Die Zitrone waschen und abtrocknen. Die gesamte gelbe Schale in einem langen Streifen mit einem Sparschäler abschälen; die Frucht für ein anderes Gericht aufbewahren. Den Wein in einen großen Topf (nicht aus Aluminium) gießen. Die Zitronenschale, die Zimtstange und den Zucker einrühren. Bei starker Hitze zum Kochen bringen und rühren, bis sich der Zucker vollständig aufgelöst hat.

Die Birnen schälen und ganz lassen; die Stiele nicht entfernen. Sie in einer feuerfesten tiefen Auflaufform, in die sie nebeneinander hineinpassen, auf die Seite legen. Die Weinmischung über die Birnen gießen und sie 20 Minuten bei schwacher Hitze pochieren; häufig wenden.

Die Birnen abtropfen lassen und in einer Schüssel beiseite stellen. Die Garflüssigkeit bei starker Hitze auf 250 ml aromatischen Sirup einkochen. Die Zitronenschale und die Zimtstange entfernen. Die Birnen mit dem Weinsirup überziehen und abkühlen lassen. Mindestens 2 Stunden im Kühlschrank ziehen lassen, bevor man sie serviert.

Für 4 Personen *Abbildung S. 231*

PETER JOHNSON

Kirsch-Soufflé

Elsaß

Soufflé au Kirsch
Kirsch-Soufflé

60 g Zucker
1 EL Speisestärke
5 EL Milch
20 g Butter
3 EL Kirschwasser
2 Eigelb
3 Eiweiß
1 Prise Salz

FÜR DIE FORM:
15 g Butter
1 EL Zucker

Den Backofen auf 200 °C (Gasherd Stufe 3–4) vorheizen. Den Boden und die Seitenwand einer Souffléform von 16 cm Durchmesser und 10 cm Höhe mit Butter einfetten. Mit 1 EL Zucker bestreuen und die Form drehen, so daß der Zucker die gesamte Innenfläche der Form überzieht. Eventuell überschüssigen Zucker wieder abklopfen.

2 EL Zucker, die Speisestärke und die Milch in einen Topf geben und schnell mit einem Schneebesen verschlagen. Bei mäßiger Hitze unter ständigem Rühren gerade bis zum Kochen bringen. Sobald sich die ersten Blasen bilden, von der Kochstelle nehmen und zuerst die Butter, dann das Kirschwasser und zuletzt das Eigelb unterrühren.

Das Eiweiß und das Salz in eine Schüssel geben und steif schlagen. Den restlichen Zucker hinzufügen und schlagen, bis der Eischnee glatt und glänzend ist. Einen großen Eßlöffel des Eischnees unter die Masse im Topf schlagen, dann den Inhalt des Topfes über den restlichen Eischnee gießen und mit einem Gummispatel vorsichtig unter den Schnee ziehen. Die Mischung in die Souffléform gießen und 25 Minuten backen, bis sie aufgegangen und goldbraun ist. Sofort servieren.

Für 2 Personen

Île de France

Œufs à la Neige
Schnee-Eier

1 Vanilleschote
1 l Vollmilch
8 Eier, getrennt
150 g Zucker

FÜR DEN KARAMEL:
100 g Zucker
3 EL Wasser

Die Vanilleschote der Länge nach mit einem kleinen Messer spalten. In einen Topf geben und die Milch dazugießen. Zum Kochen bringen, dann von der Kochstelle nehmen, zudecken und ziehen lassen. Das Eiweiß in eine große Schüssel und das Eigelb in einen großen Topf geben.

100 g Zucker über das Eigelb streuen und mit dem Schneebesen oder dem Handrührgerät schlagen, bis die Masse sehr blaß und cremig ist. Die warme Milch unterrühren, die Vanilleschote entfernen. Bei schwacher Hitze unter ständigem Rühren kochen, bis die Sauce dick wird und den Löffel überzieht. Von der Kochstelle nehmen. Die Creme durch ein Sieb in eine Schüssel gießen und abkühlen lassen; dabei gelegentlich umrühren.

Das Eiweiß steif schlagen, dann den restlichen Zucker unterrühren; weiterschlagen, bis die Mischung die Konsistenz von Baisermasse hat. In einem Topf von etwa 28 cm Durchmesser Wasser zum Kochen bringen, dann die Hitze reduzieren, so daß das Wasser kaum simmert.

Einen großen, langstieligen Löffel in kaltes Wasser tauchen, den Eischnee damit löffelweise abstechen und jeweils vier bis fünf Portionen auf einmal in das simmernde Wasser geben; den Löffel vor jedem Abstechen in das kalte Wasser tauchen, damit der Eischnee sich leicht vom Löffel löst. Jedes Ei nach 20 Sekunden wenden und 20 Sekunden auf der anderen Seite garziehen lassen. Sobald die Schnee-Eier gar sind, sie mit einem Schaumlöffel aus dem Wasser heben. Sie auf ein Kuchengitter legen, das mit einem Tuch bedeckt ist; sie sollen sich nicht berühren.

Unmittelbar vor dem Servieren die Cremesauce in eine Schale gießen und die Schnee-Eier darauf anrichten.

Um den Karamel zuzubereiten, Zucker und Wasser in einem Topf bei milder Temperatur erhitzen, bis man einen goldbraunen Sirup erhält. In einem dünnen Strahl über die Eier gießen und sofort servieren.

Für 6 Personen

Abbildung S. 222–223

Bretagne

Sorbet aux Fraises
Erdbeer-Sorbet

Von Mai bis Juli genießt ganz Frankreich die wunderbar süßen und aromatischen Erdbeeren. Die beliebteste Sorte sind die Erdbeeren aus Plougastel (der bretonischen »Erdbeer-Hauptstadt«) mit ihrem unvergleichlichen Geschmack und Aroma.

160 g Zucker
6 EL Wasser
400 g Erdbeeren
1 EL frischer Zitronensaft

ZUM SERVIEREN:
Rote Früchte, wie Erdbeeren, Himbeeren, rote Johannisbeeren

Den Zucker in einen Topf geben; das Wasser hinzufügen und zum Kochen bringen. Von der Kochstelle nehmen. Den Sirup abkühlen, indem man den Topf in kaltes Wasser stellt.

Die Erdbeeren waschen und abtropfen lassen; die Stielansätze entfernen. Durch den feinsten Einsatz des Fleischwolfs drehen (falls man die Kernchen nicht im Sorbet haben möchte) oder im Mixer oder der Küchenmaschine pürieren. Das Püree in eine Schüssel geben und mit dem Zitronensaft und dem Zuckersirup vermischen.

Das Sorbet in der Eismaschine nach Anweisung des Herstellers einfrieren. Eiskugeln ausstechen und in Schalen zusammen mit den Früchten servieren.

Für 4 Personen

Anjou

Poirier d'Anjou
Birnenkuchen

250 g Zucker
½ l Wasser
1 Vanilleschote, der Länge nach halbiert
1 kg Williamsbirnen, 4 große Früchte
100 g Butter
200 g Mehl
2 TL Backpulver
2 Eier
200 ml Milch
2 EL rotes Johannisbeergelee
3 EL Cointreau

FÜR DIE FORM:
10 g Butter

100 g Zucker in einen großen Topf geben. Das Wasser und die Vanilleschote hinzufügen und bei schwacher Hitze zum Kochen bringen. Die Birnen halbieren, schälen und das Kerngehäuse entfernen. Die Birnenhälften in den Kochsirup geben und 30 Minuten kochen, bis sie gerade weich sind. Abtropfen lassen und den Sirup aufheben.

Den Backofen auf 215 °C (Gasherd Stufe 4) vorheizen. Die Butter in einem kleinen Topf zerlassen und etwas abkühlen lassen. Eine Kuchenform von 24 cm Durchmesser mit den 10 g Butter einfetten. Mehl und Backpulver in die Küchenmaschine geben. Die Eier, den restlichen Zucker, die Butter und die Milch hinzufügen und zu einem glatten Teig verarbeiten. In die Kuchenform gießen. Jede Birnenhälfte der Länge nach in 1 cm dicke Spalten schneiden und in einem Rosettenmuster, in der Mitte des Kuchens beginnend, auf dem Teig anordnen. Den Kuchen 40 Minuten backen, bis ein Teststäbchen, das man in der Mitte einsticht, sauber bleibt.

In der Zwischenzeit den Zuckersirup, in dem die Birnen gegart wurden, bei starker Hitze einkochen, bis er sehr dick ist. Das rote Johannisbeergelee einrühren und noch 1 Minute erhitzen. Den Cointreau hinzufügen und von der Kochstelle nehmen.

Den Kuchen mit diesem Sirup überziehen und weitere 5 Minuten backen. Kurz abkühlen lassen und aus der Form nehmen. Auf einer Kuchenplatte warm oder kalt servieren.

Für 6 Personen

Erdbeer-Sorbet

PETER JOHNSON

Birnenkuchen

PETER JOHNSON

PETER JOHNSON

Maronengipfel

Savoyen

MONT BLANC
Maronengipfel

Dieser Berg aus Maronenpüree, der mit Schlagsahne verziert wird, ist eine Hommage an den Mont Blanc.

2 kg frische Maronen
1 l Vollmilch
1 Vanilleschote, der Länge nach halbiert
200 g Zucker
250 ml gekühlte Sahne
1 Päckchen Vanillezucker oder 3 Tropfen Vanille-Extrakt

Jede Marone auf der flachen Seite einritzen. In einem großen Topf reichlich Wasser zum Kochen bringen. Die Maronen hineingeben und 5 Minuten sprudelnd kochen. Abtropfen lassen und, nachdem sie nur leicht abgekühlt sind, die äußere Schale sowie die innere braune Haut entfernen. Die Milch in einen großen Topf gießen, die Vanilleschote hinzufügen und zum Kochen bringen. Die Maronen dazugeben. Zugedeckt 30 Minuten köcheln, wobei man sie von Zeit zu Zeit umrührt. Die Vanilleschote herausnehmen und wegwerfen.

Den Zucker unterrühren und unter häufigem Rühren noch etwa 30 Minuten garen, bis die Mischung ein dickes Püree bildet, das sich von der Topfwand löst.

Das Püree durch die feine Lochscheibe des Fleischwolfs auf die Servierplatte drehen. Darauf achten, daß man die nudelförmigen Stränge des Pürees nicht zerstört. Für mindestens 2 Stunden in den Kühlschrank stellen.

Kurz vor dem Servieren die Schlagsahne mit dem Vanillezucker schlagen. In einen Spritzbeutel mit einer kleinen glatten oder geriefelten Tülle füllen und den »Mont Blanc« damit überziehen und garnieren. Sofort servieren.

Für 6 Personen

Languedoc

GIMBLETTES D'ALBI
Albi-Ringe

Ringförmige Plätzchen bildeten einen Teil der Dekoration, die man am Palmsonntag an die Olivenzweige hängte. Heute sind sie zu einem Alltagsgebäck geworden. Orangenblütenwasser verleiht ihnen ein feines fruchtiges Aroma.

2 EL Zucker
3 EL warmes Wasser
15 g Trockenhefe
3 EL Milch
60 g Butter
400 g Mehl
3 Eier
Abgeriebene Schale von 1 unbehandelten Zitrone
60 g Zitronat, in kleinen Würfeln
1 TL Orangenblütenwasser

FÜR DIE GLASUR:

1 Eigelb
1 EL Milch

FÜR DAS BACKBLECH:

10 g Butter

1 TL Zucker und das warme Wasser in eine hohe Tasse geben und rühren, bis sich der Zucker auflöst. Die Hefe daraufstreuen und untermischen. An einem warmen Ort 10 Minuten stehenlassen.

Die Milch in einem kleinen Topf erhitzen. Die Butter hinzufügen und rühren, bis sie schmilzt. Etwas abkühlen lassen.

Das Mehl in eine Rührschüssel sieben und den restlichen Zucker untermischen. In die Mitte eine Vertiefung drücken und die Milch-Butter-Mischung, die Eier, Zitronenschale, Zitronat, Orangenblütenwasser und die Hefemischung hinzufügen. Die Zutaten mit einem Spatel, in der Mitte beginnend und nach außen weiterarbeitend, vermischen, bis der Teig zu fest für den Spatel wird. Dann mit den Händen 10 Minuten kneten; dabei den Teig häufig so hoch wie möglich ziehen und wieder auf die Arbeitsfläche fallen lassen, damit möglichst viel Luft eingearbeitet wird. Den Teig zu einer Kugel formen und wieder in die Rührschüssel legen. Die Schüssel mit einem Tuch abdecken und den Teig an einem warmen Ort etwa 1½ Stunden aufgehen lassen, bis er sein Volumen verdoppelt hat.

Den Teig nochmals 2 Minuten durchkneten, ihn dann in 40 g schwere Stücke zerteilen. Zu kleinen Kugeln formen und in die Mitte jeder Kugel ein Loch machen, und zwar mit Hilfe des Zeigefingers, den man vorher in Mehl getaucht hat. Jede Kugel um den Finger drehen, bis man gleichmäßige, kleine Ringe erhält. In einem großen Topf reichlich Wasser zum Köcheln bringen. Die Teigringe hineingeben und etwa 30 Sekunden ziehen lassen, bis sie aufgehen und an die Oberfläche steigen. Mit einem Schaumlöffel herausheben und auf ein Tuch legen.

Den Backofen auf 200 °C (Gasherd Stufe 3–4) vorheizen. Ein Backblech mit der Butter einfetten und die Ringe darauflegen. Eigelb und Milch mit einer Gabel verschlagen und jeden Ring mit der Glasur bestreichen. Die Plätzchen etwa 20 Minuten backen, bis sie golden gebräunt sind. Vor dem Servieren auf Kuchengittern auskühlen lassen.

Ergibt etwa 20 Plätzchen

Albi-Ringe (rechts) *und Hefekuchen aus den Landes* (links)

PETER JOHNSON

Aquitaine

Pastis Landais
Hefekuchen aus den Landes

5 EL Zucker
3 EL warmes Wasser
15 g Trockenhefe
60 g Butter
300 g Mehl
3 Prisen Salz
2 EL Anislikör
1 EL Orangenblütenwasser
Abgeriebene Schale von 1 unbehandelten Zitrone
½ TL Vanille-Extrakt
2 Eier, getrennt

FÜR DIE FORM:
10 g Butter

1 TL Zucker und das warme Wasser in eine hohe Tasse geben und rühren, bis sich der Zucker auflöst. Die Hefe untermischen und 10 Minuten an einem warmen Ort stehenlassen.

Die Butter in einem kleinen Topf zerlassen und abkühlen lassen. Das Mehl in eine Rührschüssel sieben und den restlichen Zukker und das Salz untermischen. In die Mitte eine Vertiefung drücken und den Likör, das Orangenblütenwasser, Zitronenschale, Vanille, zerlassene Butter, Eigelb und die Hefemischung hineingeben. Mit einem Spatel, von der Mitte beginnend, die Zutaten vermischen, bis man den Teig nicht mehr mit dem Spatel bearbeiten kann. Ihn 10 Minuten mit den Händen kneten und dabei häufig so hoch wie möglich ziehen und wieder auf die Arbeitsfläche fallen lassen, um möglichst viel Luft in den Teig einzuarbeiten. Den Teig wieder in die Schüssel legen.

Das Eiweiß zu weichem Eischnee schlagen. Ein Drittel davon unter den Teig schlagen, um ihn zu lockern, dann den restlichen Eischnee in zwei Portionen behutsam unterheben. Die Schüssel mit einem Tuch abdecken und an einem warmen Ort etwa 1½ Stunden aufgehen lassen, bis er sein Volumen verdoppelt hat.

Eine Charlotte-Form von 18 cm Durchmesser mit den 10 g Butter ausfetten. Den Teig in die Form geben und mit einem Tuch bedeckt weitere 45 Minuten aufgehen lassen, bis er den Rand der Form erreicht.

Den Backofen auf 200 °C (Gasherd Stufe 3–4) vorheizen. Den *pastis* 45 Minuten backen, bis er aufgegangen und gebräunt ist.

Den Kuchen 10 Minuten in der Form abkühlen lassen, dann zum vollständigen Auskühlen auf ein Kuchengitter stürzen.

Für 6 Personen

Lothringen

Gâteau de Nancy
Schokoladenkuchen von Nancy

250 g Zartbitterschokolade
125 g Butter
125 g Zucker
4 Eier, getrennt
100 g gemahlene Mandeln
1 gestrichener EL Stärkemehl

ZUM SERVIEREN:
2 EL Puderzucker

FÜR DIE FORM:
10 g Butter

Den Backofen auf 190 °C (Gasherd Stufe 3) vorheizen. Eine Kuchenform von 22 cm Durchmesser mit 10 g Butter ausfetten. Die Schokolade im Wasserbad schmelzen, 125 g Butter hinzufügen und die Masse glattrühren. Etwas abkühlen lassen.

PETER JOHNSON

Schokoladenkuchen von Nancy (unten) *und Orangentörtchen* (oben)

Zucker und Eigelb zu einer blassen Schaummasse schlagen. Die Schokoladenmischung unterrühren. Gemahlene Mandeln und Stärkemehl vermischen und unterrühren. Das Eiweiß zu weichem Eischnee schlagen und behutsam unter den Teig heben.

Den Teig in die vorbereitete Form gießen und 35 Minuten backen, bis ein Teststäbchen, das man in der Mitte einsticht, sauber bleibt.

Den Kuchen 10 Minuten in der Form stehenlassen, bevor man ihn auf einen Teller setzt. Vollständig auskühlen lassen. Vor dem Servieren mit dem Puderzucker bestäuben.

Für 6 Personen

Languedoc

Barquettes d'Oranges
Orangentörtchen

200 g abgezogene Mandeln
200 g Zucker
9 EL Stärkemehl
3 EL Curaçao
2 unbehandelte Orangen
4 Eiweiß
3 EL Zucker

FÜR DIE FÖRMCHEN:
20 g Butter

Den Backofen auf 190 °C (Gasherd Stufe 3) vorheizen. 24 ovale Förmchen von 8 cm Länge (Schiffchen) mit Butter ausfetten.

In der Küchenmaschine die Mandeln und 150 g Zucker zu feinem Pulver vermahlen. In eine Rührschüssel geben. Das Stärkemehl daraufsieben und den Curaçao hinzufügen. Die Orangen waschen und abtrocknen und die Schale mit einem Sparschälmesser abschälen. Die Schalenstreifen in die Schüssel geben.

Das Eiweiß zu einem weichen Eischnee schlagen. Nach und nach den restlichen Zucker (außer den 3 EL) hinzufügen und weiterschlagen, bis der Eischnee sehr steif ist. Unter die Mandelmischung heben.

Den Teig auf die vorbereiteten Formen verteilen und mit dem Löffelrücken flachstreichen, um die Oberfläche zu glätten. Die 3 EL Zucker über die Törtchen streuen.

Die Formen auf ein Backblech stellen und 25 Minuten backen, bis die Törtchen gebräunt sind. 10 Minuten in den Formen abkühlen lassen, bevor man sie zum vollständigen Auskühlen auf Kuchengitter legt.

Für 6 Personen

PETER JOHNSON

Vanillecreme mit Karamel

Île de France

CRÈME CARAMEL
Vanillecreme mit Karamel

Dieses beliebte Dessert wird manchmal ohne Karamel zubereitet und heißt dann œufs au lait *(Eiercreme).*

1 Vanilleschote
1 l Vollmilch
200 g Zucker
½ TL frischer Zitronensaft
2 EL Wasser
8 Eier

Den Backofen auf 170 °C (Gasherd Stufe 2) vorheizen. Die Vanilleschote der Länge nach spalten und mit der Milch in einen Topf geben. Zum Köcheln bringen, dann von der Kochstelle nehmen. Zudecken und ziehen lassen. Die Vanilleschote entfernen.

Die Hälfte des Zuckers in einen kleinen Topf geben. Den Zitronensaft und das Wasser hinzufügen und zum Kochen bringen. Kochen, bis man goldfarbenen Karamel erhält. Von der Kochstelle nehmen und den Karamel in eine 2 l fassende Charlotte-Form aus Metall, eine Souffléform oder eine Kuchenform gießen; man kann ihn auch auf kleine Souffléförmchen verteilen. Die Form schnell schwenken, so daß der Karamel Boden und Seitenwände überzieht und erstarrt.

Die Eier aufschlagen, in eine große Schüssel geben und den restlichen Zucker hinzufügen. Alles gut vermischen und die Eier schaumig schlagen. Ein wenig von der heißen Milch einrühren, schließlich den Rest, dabei nicht aufhören zu schlagen. Die Masse durch ein feines Sieb in die Form gießen.

Die Form ins Wasserbad stellen und 1 Stunde (45 Minuten bei kleinen Portionsformen) im Ofen garen, bis die Eiercreme gestockt ist und ein Teststäbchen, das man in der Mitte einsticht, sauber bleibt.

Die *crème caramel* aus dem Wasserbad nehmen und abkühlen lassen. Auf eine Platte stürzen und bei Zimmertemperatur oder gekühlt servieren. Falls man sie kalt serviert, sie bis unmittelbar vor dem Servieren im Kühlschrank aufbewahren, dann den Boden der Form 30 Sekunden in heißes Wasser tauchen und die Creme stürzen.

Für 6–8 Personen

Bretagne

TARTE AUX FRAISES
Erdbeertorte

300 g süßer Mürbteig (Rezept Seite 246)
200 g Himbeergelee
2 EL Wasser
1 kg Erdbeeren

FÜR DIE FORM:
10 g Butter

Den Backofen auf 215 °C (Gasherd Stufe 4) vorheizen. Eine Tortenbodenform von 26 cm Durchmesser mit der Butter ausfetten. Den Teig zu einer Platte von 30 cm Durchmesser ausrollen und die Form damit auslegen. Pergamentpapier oder Backfolie daraufgeben und trockene Bohnenkerne darüber verteilen. Den Teig 15 Minuten blind backen, dann die Bohnen und das Papier entfernen und etwa 20 Minuten backen, bis der Teigboden goldgelb ist. Den Tortenboden auf einem Kuchengitter auskühlen lassen. (Man kann den Teigboden mehrere Stunden vor der Weiterverwendung backen.)

Eine Stunde vor dem Servieren Himbeergelee und Wasser in einem kleinen Topf vermischen und bei schwacher Temperatur erhitzen, bis die Marmelade zerläuft. Von der Kochstelle nehmen und abkühlen lassen. Die Erdbeeren waschen und abtropfen lassen; die Stielansätze entfernen. Mit Küchenkrepp trockentupfen und in den Kühlschrank stellen.

15 Minuten vor dem Servieren die Erdbeeren mit der spitzen Seite nach oben auf den Tortenboden setzen. Mit der abgekühlten Marmeladeglasur überziehen und servieren.

Für 8 Personen

Elsaß

TARTE AUX POMMES À L'ALSACIENNE
Elsässischer Apfelkuchen

300 g süßer Mürbteig (Rezept Seite 246)
500 g Golden Delicious oder Reinetten
4 Eigelb
100 g Zucker
1 Päckchen Vanillezucker oder 3 Tropfen Vanille-Extrakt
4 Prisen Zimt
200 ml Sahne

FÜR DIE FORM:
10 g Butter

Den Backofen auf 215 °C (Gasherd Stufe 4) vorheizen. Eine Kuchenform (Tarte-Form) von 26 cm Durchmesser mit den 10 g Butter ausfetten. Den Teig zu einer Platte von 30 cm Durchmesser ausrollen und die Form damit auskleiden.

Die Äpfel schälen, vierteln und das Kerngehäuse entfernen. Jedes Viertel in vier Spalten schneiden. Gleichmäßig in einer Rosettenform auf dem Teigboden anordnen; man beginnt außen und läßt die Spalten leicht überlappen. 15 Minuten backen.

In der Zwischenzeit Eigelb, Zucker, Vanillezucker und Zimt vermischen und gut verschlagen. Die Sahne unterrühren. Diese Mischung über die Äpfel gießen und weitere 35 Minuten backen, bis die Äpfel weich sind. Warm servieren.

Für 6 Personen

Rechte Seite: *Erdbeertorte* (oben) *und Elsässischer Apfelkuchen* (unten)
PETER JOHNSON

Provence

TARTE AU CITRON
Zitronenkuchen

250 g süßer Mürbteig (Rezept Seite 246)
3 unbehandelte Zitronen
4 Eier
125 g Butter
200 g Zucker

FÜR DIE FORM:
10 g Butter

Den Backofen auf 215 °C (Gasherd Stufe 4) vorheizen. Eine Tortenbodenform (Tarte-Form) von 24 cm Durchmesser mit den 10 g Butter ausfetten. Den Teig zu einer Platte von 28 cm Durchmesser ausrollen und die Form damit auskleiden. Pergamentpapier oder Backfolie darauflegen und getrocknete Bohnenkerne darüber verteilen. 15 Minuten blind backen.

In der Zwischenzeit die Füllung zubereiten: Die Zitronen waschen und abtrocknen. Die Schale in eine Schüssel reiben. Die Zitronen halbieren und den Saft herausdrücken; 200 ml des Saftes in die Schüssel gießen. 3 Eier trennen. Die Eigelb und das ganze Ei mit einer Gabel schlagen. Das Eiweiß von 3 Eiern in eine größere Schüssel geben.

Die Butter in einem Topf zerlassen, 150 g Zucker hinzufügen und gut vermischen. Die Eigelb- und die Zitronenmischung hinzufügen und bei schwacher Hitze unter ständigem Rühren 5 Minuten kochen, bis die Mischung eindickt. In eine Schüssel seihen und abkühlen lassen.

Die Bohnen und das Papier vom Tortenboden entfernen und ihn noch etwa 10 Minuten backen, bis er gebräunt ist. Die Zitronencreme hineingießen. Das Eiweiß zu einem steifen Eischnee schlagen, dann den restlichen Zucker unterrühren, so daß man eine Baisermasse erhält. Diese Masse gleichmäßig auf dem Kuchen verteilen, entweder mit einem großen Löffel oder einem Spritzbeutel mit glatter Tülle. Die Torte nochmals für 10 bis 15 Minuten in den Ofen schieben, bis das Baiser goldgelb ist. Vor dem Servieren vollständig auskühlen lassen.

Für 6 Personen *Abbildung S. 4*

Provence

TOURTE AUX BLETTES
Mangoldkuchen

400 g süßer Mürbteig (Rezept Seite 246)
800 g Mangoldblätter
2 Eier
100 g brauner Rohrzucker
60 g Edamer, Gouda oder Emmentaler, frisch und fein gerieben
100 g Korinthen
75 g Pinienkerne
1 TL abgeriebene Zitronenschale
Frisch gemahlener Pfeffer
1 Eigelb
1 EL Milch

FÜR DIE FORM:
10 g Butter

Den Backofen auf 200 °C (Gasherd Stufe 3–4) vorheizen. Eine hohe Tortenbodenform von 22 cm Durchmesser mit den 10 g Butter ausfetten. Den Teig in zwei Portionen teilen, die eine etwas größer als die andere. Das größere Teigstück zu einer Platte von 26 cm Durchmesser ausrollen und die Form damit auslegen. Den Teigrand etwas überstehen lassen.

Den Mangold waschen und mit dem an den Blättern haftenden Wasser in einen sehr großen Topf geben. Zudecken und bei starker Hitze 5 Minuten blanchieren. In ein Sieb schütten und abkühlen lassen. Den Mangold fest ausdrücken, die großen Rippen herausschneiden und die Blätter grobhacken.

Die Eier aufschlagen und in einer Rührschüssel den Zucker mit einer Gabel darunterschlagen. Käse, Mangold, Korinthen, Pinienkerne, Zitronenschale und Pfeffer hinzufügen und gut vermischen. Diese Füllung auf den Teigboden geben. Mit einem Teigpinsel den Teigrand anfeuchten, dann die zweite Teigplatte darauflegen und die Ränder der beiden Platten aneinanderdrükken, um die Füllung zu versiegeln. Den Rand mit einer Gabel riefeln.

Eigelb und Milch verschlagen und die Oberfläche des Kuchens mit dieser Glasur bestreichen. Etwa 45 Minuten backen, bis die Kruste goldbraun ist. Den Kuchen 10 Minuten in der Form ruhen lassen, bevor man ihn auf ein Kuchengitter legt. Abkühlen lassen und servieren.

Für 6 Personen *Abbildung S. 4*

Provence

FOUGASSE
Provenzalisches Früchtebrot

Ursprünglich war dieses Früchtebrot eines der dreizehn provenzalischen Weihnachtsdesserts.

Heute kann man es in den Bäckereien das ganze Jahr über kaufen, entweder pikant, mit Sardellen oder Speck gefüllt, oder aber süß und mit kandierten Früchten gefüllt oder mit grobem Hagelzucker bestreut. In manchen Gegenden wird es fouace, *in anderen* pompe *oder* pogne *genannt.*

1 EL Zucker
4 EL warmes Wasser
15 g Trockenhefe
7 EL Milch
500 g Mehl
3 Prisen Salz
3 EL Olivenöl
1 EL Orangenblütenwasser
200 g gemischte kandierte Früchte

FÜR DIE GLASUR:
1 Eigelb
1 EL Milch

Den Zucker in eine hohe Tasse geben. Das warme Wasser hinzufügen und rühren, bis sich der Zucker auflöst. Die Hefe daraufstreuen, unterrühren und an einem warmen Ort etwa 10 Minuten aufgehen lassen, bis die Mischung fast bis an den Rand der Tasse hochgestiegen ist. In der Zwischenzeit die Milch in einem kleinen Topf erwärmen, bis sie lauwarm ist.

Das Mehl in eine Rührschüssel sieben und in die Mitte eine Vertiefung drücken. Salz, Öl, Orangenblütenwasser, die Milch und die Hefemischung in die Vertiefung geben und mit einem Spatel, von der Mitte beginnend, die Zutaten vermischen. Den Teig dann mit der Hand kneten, bis er glatt ist und sich von den Fingern löst. Mit einem Tuch abdecken und etwa 2 Stunden aufgehen lassen, bis er sein Volumen verdoppelt hat.

Den Backofen auf 215 °C (Gasherd Stufe 4) vorheizen. Die kandierten Früchte in 5 mm große Würfel schneiden. Dem Teig einen kurzen, heftigen Schlag mit der Hand versetzen und die Hälfte der Früchte unterkneten. 5 Minuten weiterkneten und zu einer großen Acht formen.

Ein Backblech mit Öl einpinseln und den Teig darauflegen. Die restlichen kandierten Früchte darauf verteilen und leicht in den Teig drücken. 20 Minuten aufgehen lassen.

Das Eigelb und 1 EL Milch verschlagen und den Teig mit dieser Mischung bestreichen. Etwa 30 Minuten backen, bis die *fougasse* aufgegangen und gebräunt ist. Auf einem Kuchengitter abkühlen lassen, bevor man das Früchtebrot serviert.

Für 6 Personen

Bretagne

GALETTE BRETONNE
Bretonischer Butterkuchen

60 g kandierte Engelwurz, feingehackt
3 EL Rum
150 g weiche gesalzene Butter
150 g Zucker
250 g Mehl, gesiebt
2 Eier

ZUM GLASIEREN:

1 Eigelb
1 EL Milch

FÜR DIE FORM:

10 g Butter

Den Backofen auf 200 °C (Gasherd Stufe 3 -4) vorheizen. Eine Kuchenform aus Porzellan oder eine Quiche-Form von 24 cm Durchmesser mit den 10 g Butter ausfetten. Die Engelwurz in eine kleine Schüssel geben, mit dem Rum beträuflen und umrühren.

Butter und Zucker cremig rühren, bis man eine blaßgelbe Schaummasse erhält. Mit einem Gummispatel die Hälfte des Mehls und die Eier unterrühren, dann das restliche Mehl und die mit Rum getränkte Engelwurz. Auch den nicht aufgesogenen Rum dazugeben. Den Teig in die Mitte der Form legen und ihn nach den Seiten plattdrücken; darauf achten, daß die Oberfläche möglichst glatt ist.

Eigelb und Milch mit einer Gabel verschlagen und die Oberfläche der *galette* damit bestreichen. Mit der Spitze eines Messers ein Gittermuster einritzen. Etwa 30 Minuten backen, bis der Kuchen gebräunt ist. Zum Abkühlen auf ein Kuchengitter legen und dann servieren.

Für 6 Personen

Provenzalisches Früchtebrot (oben) *und Bretonischer Butterkuchen* (unten)

PETER JOHNSON

PETER JOHNSON

Sahneherzen mit Früchten

Anjou

CRÉMETS
Sahneherzen mit Früchten

400 ml Sahne
2 Eiweiß

ZUM GARNIEREN:

Gekühlte flüssige Sahne
Rote Früchte: Erdbeeren, Himbeeren und/oder rote Johanisbeeren
Zucker

Die Sahne schlagen, bis sie fast steif ist. Das Eiweiß zu steifem Schnee schlagen. Sahne und Eischnee vorsichtig vermischen.

Vier kleine runde oder herzförmige, mit Löchern versehene Formen mit Musselin auslegen. Jede Form sollte groß genug sein, um ein Viertel der Mischung aufzunehmen. Die Mischung auf die Formen verteilen und die Ecken des Musselins darüber zusammenschlagen. Die Formen auf einen Teller setzen und für 3 Stunden in den Kühlschrank stellen.

Die Ecken des Musselins zurückschlagen. Jedes *crémet* auf einen Dessertteller stürzen und das Tuch entfernen. Mit Zucker nach Belieben, Sahne und Früchten nach Wahl servieren.

Für 4 Personen

PETER JOHNSON

Normannische Plätzchen (oben) *und Knusprige Honigplätzchen* (unten)

Normandie

SABLÉS NORMANDS
Normannische Plätzchen

150 g Mehl
5 EL Zucker
100 g weiche Butter
2 Eigelb

FÜR DAS BACKBLECH:

20 g Butter

Das Mehl auf die Arbeitsfläche sieben und den Zucker untermischen. In die Mitte eine Vertiefung drücken. Butter und Eigelb hineingeben und schnell mit den Fingerspitzen vermischen, bis sich alle Zutaten verbunden haben. Den Teig zu einer Kugel formen und 1 Stunde an einem kühlen Ort stehenlassen.

Den Backofen auf 190 °C (Gasherd Stufe 3) vorheizen. Ein großes oder zwei kleine Backbleche mit den 20 g Butter einfetten. Den Teig 5 mm dick ausrollen und mit einer glatten oder geriefelten runden Ausstechform Plätzchen von 3 bis 4 cm Durchmesser ausstechen.

Die *sablés* auf die Backbleche legen und etwa 10 Minuten backen, bis sie gerade beginnen, Farbe anzunehmen. Auf einem Kuchengitter abkühlen lassen, bevor man serviert. *Sablés* halten sich in einer luftdicht verschließbaren Dose mehrere Wochen.

Ergibt etwa 20 Plätzchen

Auvergne

CROQUANTS
Knusprige Honigplätzchen

Diese besonders knusprigen Kekse sind eine Spezialität aus Mauriac, einer hübschen Kleinstadt im Cantal.

250 g Mehl
6 EL Zucker
3 EL Honig
250 g weiche Butter
2 Eier

ZUM GLASIEREN:

1 Eigelb
1 EL Honig

FÜR DAS BACKBLECH:

20 g Butter

Das Mehl auf die Arbeitsfläche sieben und in die Mitte eine Vertiefung drücken. Zucker, Honig, Butter und Eier hineingeben und schnell mit den Fingerspitzen vermischen, so daß ein glatter, fester Teig entsteht. Ihn zu einer Kugel formen und 1 Stunde an einem kühlen Ort ruhen lassen.

Den Backofen auf 190 °C (Gasherd Stufe 3) vorheizen. Ein großes oder zwei kleine Backbleche mit 20 g Butter einfetten. Den Teig auf der leicht bemehlten Arbeitsfläche 5 mm dick ausrollen. Mit unterschiedlichen Ausstechformen (Blätter, Herzen, Ringe, etc.) Plätzchen ausstechen. Auf die Backbleche legen. Eigelb und Honig verschlagen und die Plätzchen damit bestreichen. Etwa 15 Minuten backen, bis sie leicht gebräunt sind. Auf einem Kuchengitter auskühlen lassen, bevor man sie serviert.

Ergibt etwa 15 bis 25 Plätzchen

Artois

TARTE AU SUCRE
Zuckerkuchen

75 g Zucker
60 ml warmes Wasser
15 g Trockenhefe
6 EL Milch
250 g Mehl
75 g weiche Butter
2 Eigelb
6 Prisen Salz

FÜR DEN BELAG:

125 g brauner Zucker
50 g Butter

FÜR DIE FORM:

10 g Butter

1 TL Zucker in eine hohe Tasse geben. Das warme Wasser hinzufügen und rühren, bis sich der Zucker aufgelöst hat. Die Hefe daraufstreuen, unterrühren und an einem warmen Ort etwa 10 Minuten aufgehen lassen, bis die Mischung fast bis zum Rand der Tasse hochgestiegen ist.

In der Zwischenzeit die Milch in einem kleinen Topf erhitzen, bis sie lauwarm ist. Das Mehl in eine Rührschüssel sieben und in die Mitte eine Vertiefung drücken. 75 g Butter in einer zweiten Schüssel cremig schlagen. Den restlichen Zucker hinzufügen und schlagen, bis die Masse blaßgelb und schaumig ist. Eigelb, Milch, Hefemischung und Salz hinzufügen und gut vermischen. Alles in die Vertiefung im Mehl gießen und mit einem Spatel vermengen, so daß man einen homogenen Teig erhält.

Den Teig auf die Arbeitsfläche geben und 10 Minuten kneten, bis er glatt ist und sich von den Fingern löst. In eine Rührschüssel legen, mit einem Tuch abdecken und an einem warmen Ort 2 Stunden aufgehen lassen, bis sich sein Volumen verdoppelt hat.

Den Backofen auf 215 °C (Gasherd Stufe 4) vorheizen. Eine Kuchenform von 22 cm Durchmesser mit 10 g Butter ausfetten. Dem Teig mit der Hand einen kurzen, heftigen Schlag versetzen und nochmals 5 Minuten kneten. Zu einer Teigplatte von 22 cm ausrollen und in die Form legen. Mit dem braunen Zucker bestreuen und die Butter in Flöckchen darauf verteilen. Etwa 20 Minuten aufgehen lassen, bis der Teig bis zum Rand der Form hochgestiegen ist. Etwa 30 Minuten backen, bis der Kuchen goldbraun ist. Warm oder bei Zimmertemperatur servieren.

Für 6 Personen

Lothringen

TARTE AU FROMAGE BLANC
Käsekuchen

250 g süßer Mürbteig (Rezept Seite 246)
1 unbehandelte Zitrone
125 g Zucker
3 ganze Eier
1 Eigelb
1 TL Mehl
100 g Sahne
500 g Quark, abgetropft

FÜR DIE FORM:
10 g Butter

Den Backofen auf 200 °C (Gasherd Stufe 3–4) vorheizen. Eine Kuchenform aus Porzellan von 24 cm Durchmesser mit der Butter ausfetten. Den Teig zu einer Platte von 28 cm Durchmesser ausrollen und die Form damit auskleiden.

Die Zitrone waschen und abtrocknen und die Schale in eine Schüssel reiben. Zucker, ganze Eier, Eigelb und Mehl hinzufügen und mit dem Handrührgerät rühren, bis die Masse blaßgelb und schaumig ist. Die Sahne und den abgetropften Quark hinzufügen und weiterschlagen, bis die Masse glatt ist.

Die Quarkmasse auf den Teigboden geben und die Oberfläche mit einem Spatel glattstreichen. Etwa 50 Minuten backen, bis der Belag aufgegangen und goldbraun ist. Den Kuchen abkühlen lassen, bevor man ihn serviert.

Für 6 Personen

Lothringen

GÂTEAU DE METZ
Schokoladenkuchen von Metz

4 Eier
200 g Zucker
125 g Mehl
200 g Sahne
125 g Zartbitterschokolade, gerieben

FÜR DIE FORM:
10 g Butter

Den Backofen auf 190 °C (Gasherd Stufe 3) vorheizen. Eine runde Kuchenform von 22 cm Durchmesser mit der Butter ausfetten.

Eier und Zucker zu einer blaßgelben Schaummasse schlagen. Das Mehl darübersieben und untermischen. Die Sahne und die Schokolade hinzufügen und gut vermischen.

Den Teig in die vorbereitete Form gießen und etwa 45 Minuten backen, bis ein Teststäbchen, das man in der Mitte einsticht, sauber bleibt.

Den Kuchen auf ein Kuchengitter legen und vollständig auskühlen lassen, bevor man ihn serviert.

Für 6 Personen

Zuckerkuchen (unten links), *Käsekuchen* (unten rechts) *und Schokoladenkuchen von Metz*

PETER JOHNSON

PETER JOHNSON

Sahnetüten (oben) *und Madeleines* (unten)

Auvergne

CORNETS DE MURAT
Sahnetüten

60 g Butter
2 Eiweiß
100 g Zucker
60 g Mehl
1 EL dunkler Rum

FÜR DIE FÜLLUNG:
600 ml sehr kalte Sahne
1 Päckchen Vanillezucker oder ¼ TL Vanille-Extrakt

FÜR DAS BACKBLECH:
20 g Butter

Den Backofen auf 190 °C (Gasherd Stufe 3) vorheizen. Ein großes oder zwei kleine Backbleche mit 20 g Butter einfetten. Die restliche Butter in einem kleinen Topf zerlassen, dann von der Kochstelle nehmen und abkühlen lassen.

Das Eiweiß mit einer Gabel schaumig schlagen. Den Zucker unterrühren. Das Mehl daraufsieben und unterrühren, dann die Butter und den Rum gründlich untermischen. Den Teig in Eßlöffelportionen auf die Backbleche gießen; er läuft auseinander und bildet runde Plätzchen.

8 bis 10 Minuten backen, bis die Plätzchen goldbraun sind. Schnell die heißen Waffeln zu Tüten formen; die Spitze der Waffeltüte zum Abkühlen in einen Flaschenhals stecken, so daß sie die Form bewahrt. Vollständig auskühlen lassen.

Unmittelbar vor dem Servieren Sahne und Vanillezucker steifschlagen. In einen Spritzbeutel mit einer kleinen geriefelten Tülle füllen und in die Waffeltüten spritzen.

Die Sahnetüten können mehrere Stunden im voraus gebacken werden, sollten aber gleich nach dem Füllen serviert werden.

Für 6 Personen

Lothringen

MADELEINES DE COMMERCY
Madeleines

Dem Koch von Marie Leszcynska, Talleyrands Koch Avice und Mme Perrotin de Barmonds Köchin Madeleine Paulmier – ihnen allen wird die Erfindung der Madeleine zugeschrieben. Die »kleine Muschel aus Kuchenteig, die so behäbig und sinnenfroh wirkt unter ihrem strengen, frommen Faltenkleid«, wie Marcel Proust sie beschrieb, bleibt jedoch unbestritten die Spezialität des Städtchens Commercy.

3 Eier
60 g Zucker
½ TL Orangenblütenwasser
60 g weiche Butter
60 g Mehl

FÜR DIE FÖRMCHEN:
20 g Butter

Den Backofen auf 190 °C (Gasherd Stufe 3) vorheizen. 20 bis 24 Madeleine-Formen mit der Butter ausstreichen.

Eier und Zucker zu einer blaßgelben Schaummasse schlagen. Das Orangenblütenwasser und die Butter unterrühren. Das Mehl daraufsieben und behutsam unterziehen. Den Teig auf die Form verteilen; sie zu drei Viertel füllen. Etwa 15 Minuten backen, bis die Madeleines aufgegangen und leicht gebräunt sind. Stürzen und auf einem Kuchengitter auskühlen lassen, bevor man sie serviert.

Ergibt etwa 24 Madeleines

Lothringen

MACARONS DE NANCY
Makronen aus Nancy

Als zur Zeit der Französischen Revolution im Jahre 1792 die Orden aufgelöst wurden, fanden einige Nonnen Zuflucht im Hause einer Mittelstandsfamilie in der Rue de la Hache in Nancy. Um sich für ihre Unterbringung erkenntlich zu zeigen, buken sie diese kleinen Köstlichkeiten, und der Erfolg war so groß, daß die Nonnen mit dem Verkauf ihrer Kreationen begannen und als »Makronenschwestern« bekannt wurden.

150 g Zucker
150 g gemahlene Mandeln
2 Eiweiß
1 EL Puderzucker

Zucker und gemahlene Mandeln in einer Rührschüssel vermischen. Das Eiweiß hinzufügen und mit einem Holzlöffel kräftig schlagen, bis alles gut vermischt ist. Die Schüssel abdecken und für mindestens 2, aber nicht länger als 8 Stunden in den Kühlschrank stellen.

Den Backofen auf 180 °C (Gasherd Stufe 2–3) vorheizen. Ein Backblech leicht mit Öl bepinseln und mit Backfolie auslegen; mit feuchten Händen formen. Den Teig in 16 Kugeln teilen, sie mit feuchten Händen formen. Auf der Backfolie anordnen und zu 5 mm dicken Scheiben flachdrücken. Puderzucker darübersieben.

Die Makronen 15 Minuten backen; sie sollen kaum gebräunt sein. Mit der Backfolie herausnehmen und auf ein feuchtes Geschirrtuch legen. Die Makronen vollständig auskühlen lassen; sie können dann sehr leicht von der Folie gelöst werden.

Ergibt etwa 12 Makronen

Rechte Seite: *Makronen aus Nancy* (Mitte rechts), *Bienenstich* (unten, Rezept Seite 244) *und Mandel-Rosinen-Gugelhupf* (oben, Rezept Seite 244)

IM ELSASS AUFGENOMMEN
PIERRE HUSSENOT/AGENCE TOP

Elsaß

Nid d'Abeilles
Bienenstich

FÜR DEN HEFETEIG:
250 g Mehl
100 g weiche Butter
1 Ei
6 EL warme Milch
15 g Trockenhefe
2 EL Zucker
3 Prisen Salz

FÜR DEN BELAG:
70 g Butter
1 EL Honig
80 g Zucker
100 g Mandelblättchen

FÜR DIE FÜLLUNG:
½ l Milch
3 Eigelb
100 g Zucker
50 g Mehl
1 EL Kirschwasser

FÜR DIE FORM:
10 g Butter

Den Hefeteig nach dem Rezept auf Seite 41 zubereiten; 100 g Butter und das Ei mit der Milch hinzufügen. Etwa 2 Stunden aufgehen lassen, bis er sein Volumen verdoppelt hat.

Eine hohe Porzellan-Kuchenform von 26 cm Durchmesser mit 10 g Butter ausfetten. Den Teig wieder auf sein ursprüngliches Volumen zusammendrücken und mit der Hand gleichmäßig verteilen, bis der Boden der Form damit ausgekleidet ist.

Den Belag zubereiten: Butter und Honig in einen Topf bei milder Temperatur erhitzen und rühren, bis die Butter geschmolzen ist. Den Zucker und die Mandeln unterrühren und von der Kochstelle nehmen. Diese Masse mit einem Teelöffel gleichmäßig auf den Teig streichen. An einem warmen Ort etwa 30 Minuten aufgehen lassen, bis der Kuchen sein Volumen verdoppelt hat.

Den Backofen auf 200 °C (Gasherd Stufe 3–4) vorheizen. Den Kuchen 25 Minuten backen; falls er zu schnell bräunt, die Temperatur auf 190 °C (Gasherd Stufe 3) reduzieren.

In der Zwischenzeit die Creme zubereiten: Die Milch in einem kleinen Topf zum Kochen bringen. In einem großen Topf Eigelb und Zucker zu einer blaßgelben Schaummasse schlagen. Das Mehl darübersieben und gut untermischen. Die kochende Milch unterrühren. Bei mittlerer Hitze schlagen, bis die Creme eindickt; noch eine Minute kochen lassen. Von der Kochstelle nehmen und das Kirschwasser hinzufügen. Abkühlen lassen und von Zeit zu Zeit umrühren, damit sich keine Haut bildet.

Den Kuchen 5 Minuten in der Form abkühlen lassen. Um seinen goldenen Belag zu schützen, ihn mit Folie bedecken und auf eine Platte stürzen. Ihn dann wieder auf ein Kuchengitter stürzen und vollständig auskühlen lassen. Den Boden waagrecht durchschneiden, mit der Creme füllen und servieren.

Für 8 Personen *Abbildung S. 243*

Elsaß

Kugelhopf
Mandel-Rosinen-Gugelhupf

Der Legende nach soll ein gewisser Kügel, seines Zeichens Töpfer, den drei Weisen aus dem Morgenland auf ihrem Heimweg seine Gastfreundschaft angeboten haben. Und als Dank hätten sie eine besondere Form dagelassen und einen Kuchen darin gebacken.

Die tatsächliche Geschichte dieses Kuchens ist nicht bekannt; es scheint jedoch so, als habe Marie Antoinette ihn von Österreich nach Frankreich mitgebracht, und seitdem ist daraus eine der Spezialitäten der elsässischen Küche geworden.

75 g Rosinen
2 EL Kirschwasser
60 g Zucker
60 ml warmes Wasser
15 g Trockenhefe
6 EL Milch
125 g weiche Butter
250 g Mehl
2 Eier
4 Prisen Salz

FÜR DIE FORM:
1 EL Butter
2 EL Mehl
2 EL Mandelblättchen

ZUM SERVIEREN:
1 EL Puderzucker

Die Rosinen in warmem Wasser waschen, abtropfen lassen und in eine Schüssel geben. Mit Kirschwasser beträufeln.

20 g Zucker in eine hohe Tasse geben. Das warme Wasser hinzufügen und rühren, bis sich der Zucker auflöst. Die Hefe daraufstreuen und unterrühren. An einem warmen Ort etwa 10 Minuten aufgehen lassen, bis die Mischung bis an den Rand der Tasse hochgestiegen ist. In der Zwischenzeit die Milch in einem kleinen Topf erwärmen. Die Butter in einer kleinen Schüssel mit einem Schneebesen rühren, bis sie schaumig ist.

Das Mehl in eine Rührschüssel sieben. In die Mitte eine Vertiefung drücken und Eier, Salz, restlichen Zucker, Milch und Hefemischung hineingeben und alles gut vermischen. Die Butter hinzufügen und wieder gut vermengen. Den Teig auf die Arbeitsfläche legen und mit der Hand kneten, wobei man die Rosinen einarbeitet; den Teig so hoch wie möglich ziehen und wieder zusammendrücken, um viel Luft einzuarbeiten.

Eine Gugelhupf-Form von 22 cm Durchmesser mit der Butter ausfetten und mit Mehl bestäuben. Drehen, um überschüssiges Mehl abzuklopfen; die Mandelblättchen in die Vertiefungen der Form drücken. Den Teig in die Form geben. Mit einem sauberen Tuch abdecken und etwa 1 Stunde aufgehen lassen, bis der Teig bis an den Rand der Form hochgestiegen ist.

Den Backofen auf 190 °C (Gasherd Stufe 3) vorheizen. Den Gugelhupf 40 Minuten backen, bis er goldbraun ist. Zum Abkühlen auf ein Kuchengitter stürzen, dann auf eine Kuchenplatte setzen. Mit Puderzucker bestäuben und servieren.

Für 6 Personen *Abbildung S. 243*

Languedoc

Castanhet
Kastanienkuchen

Dieser Kuchen aus ganz frischen Maronen wurde traditionell nach der Maronenernte in den Cevennen und der Ardèche verzehrt. Dazu gab es ein Glas selbstgemachten Likör.

1 kg frische Maronen
50 g weiche Butter
2 Eier
150 g Zucker
1 Päckchen Vanillezucker oder 3 Tropfen Vanille-Extrakt

FÜR DIE FORM:
10 g Butter

Auf der flachen Seite jeder Marone einen Einschnitt machen. In einem großen Topf reichlich Wasser zum Kochen bringen. Die Maronen hineingeben und 30 Minuten kochen; abtropfen lassen.

Solange sie noch heiß sind, die äußere Schale und das innere braune Häutchen entfernen. Den Backofen auf 200 °C (Gasherd Stufe 3–4) vorheizen. Eine Kuchenform von 24 cm Durchmesser mit 10 g Butter ausfetten. Die Maronen durch die feine Lochscheibe des Fleischwolfs drehen.

Die Butter mit einem Holzlöffel unterrühren. Eier und Zucker in einer Schüssel zu einer blaßgelben Schaummasse schlagen. Das Maronenpüree untermischen. Die Masse in die vorbereitete Form geben und 30 Minuten backen. Den Kuchen auf eine Servierplatte stürzen. Mit Vanillezucker bestäuben. Abkühlen lassen, bevor man ihn serviert.

Für 6 Personen

Limoges/Auvergne

GÂTEAU AU POTIRON
Kürbiskuchen

1 kg Kürbis, geschält und Kerne entfernt
3 Eier, getrennt
120 g Zucker
2 EL dunkler Rum
50 g Maismehl
25 g Weizenmehl

FÜR DIE FORM:
10 g Butter

Den Kürbis in 2 cm große Würfel schneiden und 20 Minuten dämpfen, bis er sehr weich ist. In einem Sieb abtropfen lassen, dann durch die feine Lochscheibe des Fleischwolfs drehen oder in der Küchenmaschine zu einem feinen Püree mixen.

Den Backofen auf 200 °C (Gasherd Strufe 3–4) vorheizen. Eine Kuchenform von 24 cm Durchmesser mit der Butter ausfetten. Eigelb und Zucker zu einer blaßen Schaummasse schlagen. Den Rum und das Kürbispüree, dann das Mais- und Weizenmehl unterrühren. Das Eiweiß zu einem steifen Eischnee schlagen und ihn vorsichtig unter die Masse heben.

Kürbiskuchen (oben) *und Kastanienkuchen* (unten)

PETER JOHNSON

PETER JOHNSON

Eiscreme Plombières

Den Teig in die vorbereitete Form gießen und 40 Minuten backen. Den Kuchen 10 Minuten in der Form abkühlen lassen, dann auf ein Kuchengitter stürzen und vollständig auskühlen lassen.

Für 6 Personen

Lothringen

GLACE PLOMBIÈRES
Eiscreme Plombières

Napoléon III traf im Jahr 1858 Cavour in Plombières-les-Bains. Zu Ehren der Besucher erfand der Besitzer eines der örtlichen Gasthäuser dieses Dessert und taufte es auf den Namen plombieres *oder* glace plombières.

1½ l Sahne
200 g abgezogene Mandeln
¼ l Milch
10 Eigelb
200 g Zucker
½ TL Mandelextrakt
250 g Aprikosenmarmelade

1 l Sahne in einem Topf zum Kochen bringen. Von der Kochstelle nehmen. Mandeln und Milch in die Küchenmaschine geben. Mixen, bis sich ein feines Püree gebildet hat, dann die Mischung durch ein Sieb zu der Sahne in den Topf geben.

Eigelb und Zucker in einen zweiten Topf geben und schlagen, bis man eine sehr blasse Schaummasse erhält. Die Mandelsahne hinzufügen und bei milder Hitze unter ständigem Rühren kochen, bis die Mandelcreme den Löffel überzieht. Von der Kochstelle nehmen und den Mandelextrakt hinzufügen. Abkühlen lassen und von Zeit zu Zeit umrühren, damit sich keine Haut bildet.

Sobald die Creme ganz abgekühlt ist, die restliche Sahne steif schlagen. Unter die Mandelmischung heben. In eine große runde oder viereckige Form gießen und frieren, bis die Creme erstarrt.

In der Zwischenzeit die Marmelade in einem kleinen Topf erwärmen. Durch ein feines Sieb drücken und abkühlen lassen.

Die Form für 20 Sekunden in heißes Wasser tauchen, dann die Eiscreme auf eine Platte stürzen. Mit der Marmelade überziehen und sofort servieren.

Für 8 Personen

PETER JOHNSON

Gestürzter Apfelkuchen

Orléanais

Tarte Tatin
Gestürzter Apfelkuchen

Die Tatin-Schwestern betrieben zu Beginn dieses Jahrhunderts ein Restaurant in Lamotte-Beuvron in Sologne: Sie kreierten diesen Kuchen mit seinem knusprig-goldbraunen Teig und einem Belag aus weichen karamelisierten Äpfeln. Da er mit den Äpfeln nach unten gebacken wird, heißt er auch tarte renversée *oder* tarte a l'envers.

100 g weiche Butter
100 g Zucker
1,5 kg Golden Delicious oder Reinetten
250 g süßer Mürbteig (Rezept unten)

Den Backofen auf 215 °C (Gasherd Stufe 4) vorheizen. Eine Kuchenform von 24 cm Durchmesser mit zwei Drittel der Butter bedecken, dann mit zwei Drittel des Zuckers bestreuen. Die Äpfel halbieren, schälen und das Kerngehäuse entfernen und die Apfelhälften senkrecht fest nebeneinandergezwängt in der Form anordnen. Mit dem verbliebenen Zucker bestreuen und die restliche Butter in Flöckchen daraufsetzen. Die Äpfel bei mittlerer Hitze auf dem Herd 20 Minuten lang garen, bis sich auf dem Boden der Form ein goldener Karamel gebildet hat.

Die Form jetzt in den Ofen stellen und 5 Minuten backen, um die Oberseite der Äpfel zu garen. Aus dem Ofen nehmen.

Den Teig zu einer Platte von 26 cm Durchmesser ausrollen, auf die Kuchenform legen und mit einem Nudelholz über den Rand der Form rollen, um den überhängenden Teig zu entfernen. Der Teig sinkt nun in der Form nach unten und ruht auf den Äpfeln.

Die Form wieder in den Ofen stellen und etwa 20 Minuten backen, bis der Teig schön gebräunt ist. Den Kuchen auf eine Platte stürzen und sofort servieren.

Für 6 Personen

Pâte Sucrée
Süßer Mürbteig

ERGIBT ETWA 500 g TEIG*:

125 g weiche Butter
90 g Zucker
1 Ei
250 g Mehl
2 Prisen Salz

Butter und Zucker zu einer blassen Schaummasse schlagen. Das Ei hinzufügen und 30 Sekunden weiterrühren. Das Mehl darübersieben, das Salz und die Zutaten vermischen, bis man einen glatten Teig erhält.

Den Teig auf die Arbeitsfläche geben und kneten, wobei man ihn mit der Handfläche nach außen drückt und dann wieder zu einer Kugel formt, bis der Teig glatt und elastisch ist; dies sollte etwa 5 Minuten in Anspruch nehmen. Die Teigkugel in Klarsichtfolie einschlagen und für mindestens 2 Stunden - besser länger - in den Kühlschrank legen. 1 Stunde vor der Weiterverarbeitung aus dem Kühlschrank nehmen. Teigreste kann man bis zu 4 Tage im Kühlschrank aufbewahren oder auch einfrieren.

Das Ei verhindert, daß der Teig durchweicht, sogar dann, wenn man den Belag direkt auf den rohen Teig gibt. Man kann ihn aber auch in großen oder kleinen Formen blind backen, indem man den Teig mit Pergamentpapier oder Backfolie bedeckt und getrocknete Bohnenkerne zum Beschweren daraufgibt.

*Reicht zum Auslegen von zwei Formen von 24 bis 26 cm Durchmesser.

Île de France

Paris-Brest
Brandteigring mit Krokant-Buttercreme

Das Radrennen Paris-Brest im Jahre 1891 gab den Anstoß für dieses aufwendige Backwerk. Ein Pariser Konditor beobachtete die an seinem Laden vorbeirasenden Rennfahrer, als ihm die Idee kam, ein radförmiges Gebäck zu formen.

400 g Brandteig (Rezept Seite 247)
1 Eiweiß
50 g Mandelblättchen

FÜR DIE FÜLLUNG:

350 ml Milch
3 Eigelb
80 g Zucker
1 Vanilleschote
50 g Mehl
100 g pulverisierter Krokant (siehe unten)
80 g weiche Butter
2 EL Puderzucker

FÜR DEN KROKANT:

60 g Mandeln, grobgehackt
60 g Zucker
3 Tropfen Zitronensaft

FÜR DAS BACKBLECH:

Öl zum Bepinseln

Den Backofen auf 215 °C (Gasherd Stufe 4) vorheizen. Ein Backblech dünn mit Öl bepinseln. Einen Teller von 20 cm Durchmesser, der als Schablone dienen soll, in die Mitte stellen. Den Brandteig in einen Spritzbeutel mit einer glatten Tülle von 1,5 cm Durchmesser füllen und einen Teigring am Rand des Tellers entlang auf das Blech spritzen. Den Teller wegnehmen und einen weiteren Teigring innerhalb des ersten spritzen, dann einen dritten Ring so daraufsetzen, daß er auf der Nahtstelle der ersten beiden thront. Das Eiweiß mit einer Gabel grobblasig schlagen und den Teig damit bestreichen. Die Mandelblättchen darüberstreuen. 15 Minuten backen, dann die Temperatur auf 190 °C (Gasherd Stufe 3) reduzieren und weitere 15 Minuten backen.

In der Zwischenzeit die Füllung zubereiten: Die Milch in einem kleinen Topf zum Kochen bringen. Eigelb, Zucker und die aus der Vanilleschote gekratzten Samen in einen großen Topf geben und schlagen, bis die Masse blaßgelb wird. Das Mehl hinzufügen und weiterrühren. Die kochende Milch nach und nach unterrühren. Die Eiercreme bei mäßiger Hitze unter ständigem Rühren kochen, bis sie eindickt. 1 Minute kochen lassen, dann von der Kochstelle nehmen und abkühlen lassen; dabei ab und zu umrühren. Wenn sie abgekühlt ist, zuerst den Krokant und dann die Butter hinzufügen und mit der Hand 2 Minuten schlagen. In den Kühlschrank stellen.

Den Krokant herstellen: In einer Pfanne bei mittlerer Hitze die Mandeln 5 Minuten lang ohne Fett leicht anrösten. In einer zweiten Pfanne den Zucker in dem Zitronensaft schmelzen, so daß man einen hellen Karamel erhält. Die Mandeln hinzufügen und 2 Minuten unter Rühren weiter erhitzen, bis der Karamel dunkler wird. Auf eine Marmorplatte gießen und vollständig abkühlen und erstarren lassen. Den Karamel zerbrechen und zu einem feinen Pulver zerstampfen oder zermahlen.

Das Teigrad im ausgeschalteten Ofen 10 Minuten stehenlassen, wobei die Ofentür einen Spalt offen steht. Aus dem Ofen nehmen und abkühlen lassen. Den Gebäckring waagrecht aufschneiden, und zwar so, daß die untere Hälfte, die gefüllt wird, etwa doppelt so hoch ist wie die obere.

Die abgekühlte Füllung in einen Spritzbeutel mit geriefelter, 2 cm großer Tülle geben. Den unteren Teil des Teigrings mit der Creme füllen und sie am Rand etwas überstehen lassen. Den oberen Teil des Teigrings aufsetzen. Mit Puderzucker bestäuben und bis zum Servieren an einem kühlen Ort aufbewahren.

Für 6 Personen *Abbildung S. 222–223*

PÂTE À CHOUX
Brandteig

ERGIBT ETWA 800 g TEIG:

250 g Mehl
¼ l Wasser
2 TL Zucker
1 TL Salz
90 g Butter, in kleinen Würfeln
5 Eier

Das Mehl in eine große Schüssel sieben. Wasser, Zucker, Salz und Butter in einen Topf geben und zum Kochen bringen, dabei ständig rühren, von der Kochstelle nehmen und unter starkem Schlagen das ganze Mehl auf einmal untermischen. Wenn die Mischung glatt ist, den Topf wieder auf die Kochplatte stellen. Bei schwacher Hitze so lange rühren, bis ein Teil der Flüssigkeit verdampft ist und sich ein zäher, fester Kloß bildet.

Von der Kochstelle nehmen und die Eier nacheinander unterrühren, wobei man jeweils eines vollkommen unterrührt, bevor man das nächste hinzufügt. Sobald das letzte Ei untergemischt ist, mit dem Rühren aufhören; auf diese Weise erhält man einen glatten, glänzenden Teig, der gleichmäßig aufgeht.

Der fertige Teig kann sofort weiterverwendet werden, oder aber man bewahrt ihn mehrere Tage im Kühlschrank auf.

Provence

OREILLETTES
Fettgebackenes

In der Provence heißt es oreillettes, *in der Vendée* bottereaux, *in Lyon* bugnes, *in der Champagne* frivolles, *in Charentes* merveilles, *in der Auvergne* guenilles *und in Savoyen* carquelin *– das Fettgebäck, das überall in Frankreich am Faschingsdienstag, am Fastensonntag, an Weihnachten und zu Familienfeiern zubereitet wird.*

300 g Mehl
3 Eier
30 g weiche Butter
Abgeriebene Schale von 1 Orange und 1 Zitrone
1 TL Orangenblütenwasser
3 Prisen Salz
2 l Erdnußöl

ZUM SERVIEREN:
Zucker

Das Mehl auf die Arbeitsfläche sieben und in die Mitte eine Vertiefung drücken. Die Eier, Butter, abgeriebene Zitrusschale, Orangenblütenwasser und Salz hineingeben und mit den Fingerspitzen, von der Mitte ausgehend, vermischen. Dann den Teig bearbeiten, indem man ihn mit der Handfläche drückt und ausbreitet, dann wieder zusammenfaltet, bis er glatt und weich ist und sich von den Fingern löst.

Den Teig zu einer Kugel formen, in Klarsichtfolie einschlagen und 4 Stunden in den Kühlschrank legen.

Den Teig auf der bemehlten Arbeitsfläche so dünn wie möglich ausrollen. In 4 × 8 cm große Rechtecke schneiden. Das Öl in der Friteuse auf 190 °C erhitzen. Die Teigstücke in mehreren Portionen hineingeben und ausbacken, bis sie aufgegangen und goldgelb sind. Mit dem Schaumlöffel wenden, aus der Friteuse nehmen und auf Küchenkrepp abtropfen lassen.

Sobald alle Teigstücke gebacken sind, sie auf einen Teller häufen und jede Lage mit Zucker bestreuen. Sie sollten noch am selben Tag serviert werden.

Ergibt etwa 20 bis 30 Stück *Abbildung S. 4*

Normandie

TERRINÉE
Karamel-Reispudding

Die terrinée, *auch unter den Bezeichnungen* beurgoule *oder* teurgoule *bekannt, ist ein traditionelles Dessert der Normandie. Früher ließ man sie über Nacht im Ofen des Bäckers garen. Sie wird oft mit einer Scheibe* fallue *– eine Art von Brioche – oder mit der normannischen Version der* sablés *serviert.*

2 l Vollmilch
125 g Rundkornreis, gewaschen und abgetropft
125 g Zucker
4 Prisen Zimt

Den Backofen auf 80 °C (Gasherd Stufe ½) vorheizen. Die Milch in einen Topf geben und zum Kochen bringen. Abkühlen lassen.

Reis, Zucker und Zimt in eine 4 l fassende Auflaufform geben. Die abgekühlte Milch unterrühren. Unbedeckt 4 Stunden im Ofen garen, ohne dabei umzurühren. Wenn die *terrinée* fertig gebacken ist, überzieht den Reis eine glänzende braune Haut, die einen köstlichen Karamelgeschmack besitzt. Den Pudding warm oder heiß servieren.

Für 6 Personen

Karamel-Reispudding

PETER JOHNSON

PETER JOHNSON

Pfefferkuchen

Burgund

PAIN D'ÉPICES
Pfefferkuchen

Hinweise auf das pain d'épices *– eine Mischung aus Mehl, Honig und Gewürzen – findet man schon in früher Zeit. Die berühmteste Version ist heute in Frankreich der Pfefferkuchen von Dijon, der die Nachfolge des populären* pain d'épices *von Reims angetreten hat.*

Die Ursprünge liegen sicherlich im fünfzehnten Jahrhundert, als Philipp der Gute im Jahre 1452 in Flandern ein Gebäck aus Honig und Gewürzen probierte und den Mann, der es gebacken hatte, sofort in seine Dienste nahm. So begann eine ruhmreiche Epoche für Dijon, das sich mit drei Errungenschaften brüsten konnte: dem Senf, dem Cassis und dem pain d'épices.

125 ml Wasser
125 g Zucker
125 g Honig
250 g Mehl
50 g Roggenmehl
2 TL Backpulver
Abgeriebene Schale von 1 unbehandelten Orange
1 EL Zimt
1 TL gemahlener Anis
½ TL gemahlener Ingwer
1 Prise Salz

FÜR DIE FORM:

20 g Butter

Den Backofen auf 190 °C (Gasherd Stufe 3) vorheizen. Eine quadratische Kuchenform von 24 cm Kantenlänge mit der Butter ausfetten. Wasser und Zucker in einem Topf vermischen und zum Kochen bringen. 5 Minuten bei schwacher Hitze kochen. Von der Kochstelle nehmen und den Honig unterrühren.

Die beiden Mehlsorten und das Backpulver in eine große Rührschüssel sieben. Orangenschale, Gewürze und Salz untermischen. In die Mitte eine Vertiefung drücken, den Inhalt des Topfes hineingießen und den Teig 5 Minuten glattrühren. Ihn in die vorbereitete Form gießen.

40 Minuten backen, bis ein Teststäbchen, das man in der Mitte einsticht, sauber bleibt. 15 Minuten in der Form abkühlen lassen, dann auf einem Kuchengitter vollständig auskühlen lassen.

Der Pfefferkuchen hält sich in einer luftdicht verschließbaren Dose aus Metall mehrere Wochen.

Für 6 Personen

Baskenland

GÂTEAU BASQUE
Baskischer Kuchen

140 g Butter
2 Eier
170 g Zucker
1 TL Vanille-Extrakt
1 EL dunkler Rum
280 g Mehl
1 TL Backpulver
2 Prisen Salz

FÜR DIE FÜLLUNG:

¼ l Milch
3 Eigelb
90 g Zucker
30 g Mehl
1 EL dunkler Rum
1 TL Vanille-Extrakt

FÜR DIE GLASUR:

1 Eigelb
1 EL Milch

FÜR DIE FORM:

10 g Butter

Die Butter in einem kleinen Topf bei schwacher Hitze zerlassen, dann abkühlen lassen. Eier, Zucker und Vanille in eine Schüssel geben und gut vermischen. Die Butter und den Rum unterrühren. Mehl, Backpulver und Salz darübersieben und rühren, bis man einen weichen Teig erhält. 1 Stunde in den Kühlschrank stellen.

In der Zwischenzeit die Füllung zubereiten: Die Milch in einem kleinen Topf zum Kochen bringen. Eigelb und Zucker in einen großen Topf geben und zu einer blassen Schaummasse schlagen. Das Mehl darübersieben und untermischen. Die heiße Milch langsam unterrühren. Die Eiercreme bei mäßiger Temperatur unter ständigem Rühren erhitzen, bis sie eindickt. 1 Minute kochen lassen, dann von der Kochstelle nehmen und Rum und Vanille hinzufügen. Abkühlen lassen und dabei gelegentlich umrühren.

Den Backofen auf 200 °C (Gasherd Stufe 3–4) vorheizen. Eine runde Kuchenform von 24 cm Duchmesser mit 10 g Butter ausfetten. Den Teig in zwei Portionen teilen, die eine etwas größer als die andere. Die größere Teigportion zu einer Platte von 28 cm Durchmesser und 1 cm Dicke ausrollen. Die Kuchenform sorgfältig mit dem Teig auskleiden, darauf achten, daß er nicht bricht, und ihn an den Seiten andrücken. Die Eiercreme darauf verteilen und den Teigrand leicht über die Creme biegen, aber nicht nach unten drücken. Das umgebogene Stück des Teigrands mit kaltem Wasser bepinseln. Die zweite Teigportion zu einer Platte von 24 cm ausrollen und sie auf den umgebogenen Teigrand über die Creme legen.

Zum Glasieren Eigelb und Milch verschlagen und die Oberseite des Kuchens damit bestreichen. Den Kuchen 40 Minuten backen, bis er goldbraun ist. Abkühlen lassen, bevor man ihn aus der Form nimmt. Den Kuchen bei Zimmertemperatur ein paar Stunden stehenlassen und dann servieren.

Für 8 Personen

Rechte Seite: *Baskischer Kuchen*
PIERRE HUSSENOT/AGENCE TOP

Île de France

Crêpes Suzette
Crêpes mit Orangenlikör

Wurden diese berühmten Pfannkuchen im Jahre 1896 im Café de Paris erfunden, als der Prince of Wales dort in Begleitung einer Dame namens Suzette auftrat, oder war es im Jahre 1898 im Restaurant Maire? Das Rätsel bleibt ungelöst. Was die Füllung angeht, so behaupten einige Leute, daß Mandarinen ein unverzichtbarer Bestandteil seien; andere bevorzugen Orangen.

FÜR DEN TEIG:

125 g Mehl
½ l Milch
2 Eier
1 EL Zucker
1 Päckchen Vanillezucker oder 3 Tropfen Vanille-Extrakt
1 EL Erdnußöl
4 Prisen Salz

FÜR DIE FÜLLUNG:

100 g weiche Butter
2 Mandarinen
100 g Zucker
3 EL Cognac
6 EL Curaçao

FÜR DIE PFANNE:

20 g Butter

Den Teig zubereiten: Das Mehl in die Küchenmaschine geben. Milch, Eier, Zucker und Vanillezucker, Öl und Salz hinzufügen und mixen, bis man einen glatten, flüssigen Teig erhält. Durch ein Sieb in eine Schüssel gießen und 1 Stunde ruhen lassen.

20 g Butter in einer beschichteten Pfanne von 22 cm Durchmesser zerlassen, dann in eine Schüssel gießen. Mit einem kleinen Schöpflöffel etwas Teig in die Pfanne gießen und die Pfanne schwenken, so daß der Teig den ganzen Pfannenboden überzieht. Wenn sie nach etwa 40 Sekunden unten goldbraun ist, die Crêpe mit einem Spatel umdrehen und nochmals 40 Sekunden backen. Auf diese Weise weiterverfahren, bis der Teig aufgebraucht ist.

Zehn Minuten vor dem Servieren die Mandarinen waschen und abtrocknen. Die Schale feinreiben, und zwar in die Pfanne, in der die Crêpes gebacken wurden. Die Früchte halbieren und den Saft in die Pfanne drücken. Die Butter, den Zucker, 1 EL Cognac und 3 EL Curaçao hinzufügen und etwa 1 Minute kochen, bis man einen dicken Sirup erhält. Die Crêpes nacheinander in den Sirup tauchen, jeden zweimal zu Vierteln zusammenfalten und auf einem großen Teller anrichten; warm halten. Mit dem restlichen Sirup beträufeln. Den restlichen Cognac und Curaçao in einem kleinen Topf erhitzen. Die sehr heißen Crêpes auf den Tisch stellen. Die kochende Alkoholmischung darübergießen und entzünden. Servieren, sobald die Flammen erloschen sind.

Für 6 Personen

Abbildung S. 222–223

Savoyen

Biscuit de Savoie
Savoyer Biskuit

250 g Zucker
7 Eier, getrennt
2 EL Vanille-Extrakt oder die abgeriebene Schale von 1 Zitrone
100 g Mehl
100 g Stärkemehl

FÜR DIE FORM:

10 g Butter
20 g Stärkemehl

ZUM SERVIEREN:

1 EL Puderzucker

Den Backofen auf 140 °C (Gasherd Stufe 1) vorheizen. Eine Kuchenform von 24 cm Durchmesser mit Butter ausfetten und mit Stärkemehl bestäuben. Überschüssiges Mehl abklopfen.

Zucker, Eigelb und Vanille mit dem Handrührgerät bei hoher Geschwindigkeit schlagen, bis man eine blasse Schaummasse erhält und sich das Volumen verdreifacht hat. Mehl und Stärkemehl daraufsieben und unterheben. Das Eiweiß zu steifem Schnee schlagen und schnell unter den Teig ziehen.

Den Teig in die vorbereitete Form geben, glattstreichen und 50 Minuten backen, bis der Kuchen goldbraun ist und ein Teststäbchen, das man in der Mitte einsticht, sauber bleibt.

Den Ofen ausschalten, die Ofentür einen Spalt öffnen und den Kuchen 10 Minuten im Ofen ruhen lassen, dann aus der Form lösen und zum vollständigen Auskühlen auf ein Kuchengitter legen. Vor dem Servieren mit Puderzucker bestäuben.

Der Biskuitkuchen kann so gegessen werden oder aber mit Schokoladencreme, Marmelade, *créme pâtissière* oder Eiercreme gefüllt werden. Man kann ihn auch als Grundlage für Charlotte verwenden.

Für 6 Personen

Savoyen-Dauphiné

Grenoblois
Karamel-Walnuß-Kuchen aus Grenoble

300 g Butter
250 g Walnüsse
6 Eier, getrennt
200 g Zucker
3 EL dunkler Rum
1 TL Kaffee-Extrakt (oder 1 TL Instant-Kaffee, in 1 TL Wasser aufgelöst)
90 g Semmelbrösel

FÜR DIE FORM:

10 g Butter

FÜR DEN KARAMEL:

6 EL Zucker
6 EL Wasser
½ TL frischer Zitronensaft
Walnüsse

Den Backofen auf 200 °C (Gasherd Stufe 3–4) vorheizen. Eine Kuchenform von 24 cm Durchmesser mit den 10 g Butter ausfetten. 300 g Butter bei schwacher Hitze in einem kleinen Topf zerlassen und abkühlen lassen. Die Walnüsse in der Küchenmaschine feinmahlen.

Das Eigelb mit 150 g Zucker etwa 10 Minuten zu einer blassen Schaummasse schlagen. Butter, Rum und Kaffee-Extrakt unterziehen, dann die Semmelbrösel und die Walnüsse unterheben.

Das Eiweiß zu einem steifen Schnee schlagen, dann allmählich den restlichen Zucker hinzufügen und schlagen, bis die Masse glatt und glänzend ist. Behutsam den Eischnee unter die Walnußmischung heben. Den Teig in die vorbereitete Form gießen und etwa 35 Minuten backen, bis der Kuchen gebräunt ist.

In der Zwischenzeit 6 EL Zucker, 6 EL Wasser und Zitronensaft in einem kleinen Topf vermischen und zum Kochen bringen. Kochen, bis man einen dunklen Karamel erhält.

Den Kuchen auf eine Platte stürzen. Den Karamel darübergießen und mit Walnüssen verzieren. Vollständig auskühlen lassen und servieren.

Für 8 Personen

Rechte Seite: *Savoyer Biskuit* (oben) *und Karamel-Walnuß-Kuchen aus Grenoble* (unten)
PETER JOHNSON

GLOSSAR

Anchovis (Sardellen), gesalzen oder in Öl eingelegt Gesalzene Sardellen sind frische, in Salzlake eingelegte Sardellen. Sie werden offen nach Gewicht verkauft. Sardellen in Öl sind bereits gesalzene, in Filets zerteilte Sardellen, die nach dem Abspülen und Abtropfen in Öl eingelegt werden.

Anisette Ein Likör, der mit Sternanis aromatisiert ist und in Südfrankreich als Würze in Süßspeisen sehr geschätzt wird.

Armagnac Ein Weinbrand, der in einem genau abgegrenzten Gebiet der Gascogne - das hauptsächlich innerhalb des Département Gers und zu einem geringen Teil im Département Landes liegt - hergestellt wird. Die Region ist in drei Erzeugergebiete eingeteilt: *Haut-Armagnac, Ténarèze* und *Bas-Armagnac.* In letzterem ist der Boden sehr sandig und die Qualität des dort produzierten Weinbrands am höchsten. Armagnac reift in den Fässern von schwarzem Eichenholz der Region; gut gealtert ist er wunderbar weich und zeichnet sich durch den Duft nach Veilchen und Backpflaumen aus. Armagnac wird als *»monopole«, »sélection«* oder *»trois étoiles«* verkauft, wenn er noch jung ist; *»VO«* (very old), *»VSOP«* (very superior old pale) oder *»réserve«*, wenn er wenigstens vier Jahre gereift ist; und *»extra«, »napoléon«, »vieille réserve«* oder *»hors d'âge«*, wenn er länger als sieben Jahre im Faß gealtert ist. Armagnac eignet sich hervorragend als abschließender Trinkgenuß nach einem guten Mahl und wird auch als Zutat in vielen Hauptgerichten und Desserts verwendet, um ihnen ein feines Aroma zu verleihen.

Artischocke Die große bretonische Artischocke wird immer gekocht verzehrt, während die kleine violette Artischocke der Provence sowohl roh als auch gekocht phantastisch schmeckt - wie zum Beispiel die kleinen *poivrade*-Artischocken, die man roh knabbert.

Austern Die Europäische Auster, eine flache Austernart, ist infolge einer Epidemie fast verschwunden. Diese Austern haben helles Fleisch und einen feinen, nussigen Geschmack. Die einzige Sorte, die es heute noch gibt, ist die *Belon*, die ihren Namen vom Fluß Belon herleitet, nahe dessen Mündung diese Auster einst gemästet wurde. Flache Austern mit dunkelgrünen Schalen und fast farblosem Fleisch findet man heute noch bei Cancale, Bouzigue und Arcachon.
Die hochschalige Portugiesische Auster *(huître creuse)* kam durch Zufall nach Frankreich: Im Jahre 1868 steuerte ein portugiesisches Schiff mit Austern England an und verlor seine Ladung vor Arcachon. Die Austern pflanzten sich fort und vermehrten sich; so bürgerte sich die Portugiesische Auster mit ihrer hohen, langen und schmalen Schale in Frankreich ein. Das Fleisch dieser Auster ist etwas kräftiger im Geschmack und nicht ganz so edel; sie besitzt einen mehr oder weniger ausgeprägten Grünton, je nachdem, wieviel Zeit sie in den Zuchtparks verbracht hat, wo sie sich von Plankton ernährt, das für ihre ungewöhnliche Farbe verantwortlich ist.
Die *Claires* sind von hellgrüner Farbe und haben nur einen Monat im Austernpark verbracht; die *Fines de claires* bleiben drei Monate dort (so daß sie grüner sind und einen volleren Geschmack besitzen), bevor sie in den flachen, weniger salzigen Becken, den *claires,* weitergemästet werden. Die *Spéciales* schließlich, die bis zu zwei Jahren im Austernpark bleiben können, sind die besten von allen - von tiefgrüner Farbe, dick und einfach köstlich.
Belon- und Portugiesische Austern werden nach Nummern klassifiziert: Die Sorten 000 und 00 (mehr als 100 g), sehr groß und fleischig, sind selten. Die Austern mit den Nummern 0 und 1 (75 bis 99 g) sind groß, Nummer 2 (50 bis 74 g) bedeutet mittlere Größe und Nummer 3 klein (weniger als 50 g). Schließlich gibt es auch noch die »Schmetterlinge«, das heißt sehr kleine Portugiesische Austern.

Baguette Gilt bei uns als französisches Brot schlechthin. Die Baguette ist eine lange knusprige Brotstange, die 250 g wiegt und meistens aus gebleichtem Weizenmehl gebacken wird. In jüngster Zeit haben sich in Frankreich auch andere Brotsorten durchgesetzt wie zum Beispiel Landbrot *(pain de campagne)* oder Hefebrot *(pain de levain)*, das in Paris ein richtiger Modehit geworden ist.

Bain-Marie Wasserbad. Zarte Eier-Sahne-Mischungen oder aufgeschlagene Saucen erfordern eine Hitze unter dem Siedepunkt (75 bis 85 °C). Die Schüssel bzw. der Topf hängt/steht in einem zweiten Behälter mit heißem, leicht simmerndem Wasser. Die Mischung oder Sauce muß während des Erwärmungsprozesses ständig gerührt werden. Terrinen (zum Beispiel *foie gras)* werden im Wasserbad im Backofen gegart. Man stellt eine Form aus Porzellan oder Steingut in eine mit simmerndem Wasser gefüllte Bratform. Für diesen schonenden Garprozeß schaltet man den Ofen auf 120 bis 150 °C ein.

Bouquet garni Eine Kombination von Kräutern und anderen Würzzutaten, die zu einem »Strauß« zusammengebunden und zum Würzen von Brühen, Eintöpfen, Fleisch-, Gemüse- und Fischgerichten verwendet werden. Das *bouquet garni* besteht immer aus den grundlegenden Zutaten Thymian, Lorbeerblatt und Petersilie; doch je nach Region und Gericht kann es auch Bleichsellerie, Fenchelzweige, Porreeblätter und Orangenschale enthalten.

Brousse de Brebis Wie der Name besagt, handelt es sich hier um Käse aus Milch von Mutterschafen. Frisch ist er halbkugelförmig, und man läßt ihn in Weidenkörbchen oder auch in Plastikbehältern abtropfen. Er schmeckt genau so gut in pikanten Zubereitungen (Füllungen, Gemüsekuchen) wie in Süßspeisen (Kuchen, Mousse, Charlotte).

Butter Eine sehr wichtige Zutat der französischen Küche und besonders köstlich, wenn sie direkt auf dem Bauernhof aus nichtpasteurisierter Milch hergestellt ist. In der Regel wird sie jedoch in pasteurisierter Form verkauft. Es ist wichtig, zwischen ungesalzener Butter und *demi-sel*, also leicht gesalzener Butter, einer bretonischen Spezialität, zu unterscheiden. Die beste ungesalzene Butter kommt aus der Normandie, den Charentes und Deux-Sèvres.

Calvados Ein Apfelbranntwein *(eau de vie de cidre)* aus der Normandie. In der Bretagne und der Normandie serviert man den *cafécalva*: Zum Kaffee wird ein Calvados gereicht, den man entweder danach trinkt oder vorher in den heißen Kaffee gießt. Calvados läßt sich sehr gut zum Kochen verwenden und verleiht den Speisen einen feinen Apfelgeschmack.

Cognac Ein Weinbrand, der in der Gegend um Cognac, einer Stadt in der Charente, hergestellt wird. Seine Qualität hängt entscheidend von der Beschaffenheit des Bodens ab, auf dem die hauptsächlich verwendete St-Emilion-Traube gedeiht. Je höher dessen Kalkanteil ist, desto feiner fallen Aroma und Bouquet des Cognacs aus. Nach der Destillation muß er in Fässern aus Limousin-Eichen reifen, damit er seine typische Milde und goldene Farbe gewinnt.
Cognac wird als *»trois étoiles«* klassifiziert, wenn er mindestens drei Jahre gealtert ist; als *»VO«, »VSOP«* oder *»réserve«* nach mindestens fünf Jahren Reifung; und *»extra«, »napoléon«* oder *»vieille réserve«*, wenn er mehr als sieben Jahre alt ist. *»Fine champagne«* ist der Cognac aus der Fine Champagne, dem Herzgebiet der Cognac-Region, das die Grande und Petite Champagne umfaßt; es ist das Anbaugebiet, das den höchsten Kreideanteil aufweist.
Cognac eignet sich ausgezeichnet zum Abschließen einer feinen Mahlzeit; er wird auch zum Verfeinern zahlreicher Hauptgerichte und Nachspeisen verwendet.

Corail Der Rogen der Krusten- und Schaltiere. Das Corail (von französich *corail* = Koralle) befindet sich beim Hummer zwischen dem Schwanzansatz und dem hinteren Beinpaar. In rohem Zustand ist es glänzend grünschwarz und verfärbt sich beim Garen korallenrot. Man kann es zur Dekoration benutzen oder als phantastische Würze von Saucen. Dafür verknetet man das Corail mit weicher Butter im Verhältnis 1:2; man kann auch die Leber des Tieres, eine cremige graubraune Masse, untermischen. Diese Würzbutter muß in der Sauce geschmolzen und mitgegart werden.

Crème double Diese Sahne ist von sehr viel dickerer Konsistenz als die in Deutschland handelsübliche »süße« Sahne und eignet sich daher besser zum Binden von Saucen. Sollten Sie in Ihren ortsansässigen Geschäften keine Crème double bekommen, können Sie (annähernd) Ersatz schaffen, indem Sie süße Sahne dick einkochen.

Crépine Schweinenetz. Sehr dünne Membrane (Falte des Bauchfells), die von Fettadern durchzogen ist und ein spitzenartiges Aussehen hat. Man benutzt es als Hülle für Pasteten oder wickelt es um mit Farce angereichertes Fleisch (oder auch Fisch) und hält so die Füllung zusammen und saftig. Beim Braten, Grillen oder Backen schmilzt das Fett, und das Netz wird auf der Außenseite schön knusprig.
Zum Weichen und Entsalzen legt man das Schweinenetz für 10 bis 15 Minuten in kaltes Wasser und tupft es im Anschluß trocken. Frisches Schweinenetz braucht nicht gewässert zu werden; Sie müssen es aber beim Metzger vorbestellen.

Croûtons Kleine Brotscheiben, die in Butter oder Öl gebraten oder einfach getoastet werden.

Faisselle Ein frischer Kuhmilchkäse, der in einer *faisselle* verkauft wird (daher sein Name), einer Art Sieb, in dem der Käse abtropft.

Flußkrebse Es gibt verschiedene Arten dieser Süßwasser-Krustentiere, die wie kleine Hummer aussehen. Der berühmteste und schmackhafteste Flußkrebs ist der Krebs *à pattes rouges.* Unglücklicherweise werden Flußkrebse in unseren Flüssen immer seltener. Die meisten in Deutschland im Handel befindlichen Tiere stammen aus der Türkei.

Foie gras (d'oie oder **de canard)** Frische Gänse- oder Entenstopfleber findet man in Delikateßgeschäften und inzwischen auch in ambitionierten Feinkostabteilungen großer Kaufhäuser. Eine *foie gras* von der Ente wiegt ca. 400 bis 500 g, eine von der Gans ca. 1 kg. Bevor Sie die *foie gras* zubereiten, müssen Sie sie von allen Äderchen und Sehnen befreien. Dazu brechen Sie die beiden Leberlappen auseinander und reinigen das Innere gründlich mit einem schmalen, scharfen Messer. Das zarte Häutchen, das die Leber umgibt, zieht man ab, soweit es sich nicht allzu schwer löst. Gebratene Scheiben der *foie gras* sautiert man nur kurz, weil sie sonst als teures Fett auslaufen würde. Meistens wird die *foie gras* im Ganzen im Wasserbad gegart.

Fond Wird zum Pochieren von Fischfilet verwendet oder zum Garziehen eines Stück Rindfleisches *(à la ficelle)*; reduzierte Fonds dienen als aromatische Saucenbasis und sind genauso wichtig zum Garen von Reis oder zum Zubereiten einer Suppe. Soll der Fond später zu einem Aspik gelieren, müssen Knochen (zum Beispiel ein Kalbsfuß) mitgekocht werden. *Fumet* ist ein aus Fischabschnitten, Köpfen und Gräten bereiteter Fischfond. Fonds aus Bouillonwürfeln oder aus sonstigen Extrakten sind kein guter Ersatz. Wenn es nur irgend geht, sollten Sie sich die Zeit nehmen und Ihre Fonds selbst zubereiten. Man kann sie zu Portionen von 100 ml in Plastikbeuteln einfrieren, und sie lassen sich im Gefrierschrank einige Monate aufbewahren.

Gänseschmalz Dies ist das Fett aus dem Innern der Gans, das zuerst ausgelassen und dann durch ein mit Mull ausgelegtes Sieb gegossen wird, um es von allen Partikeln zu reinigen. Es wird in Gläsern und Dosen verkauft und ist in der Küche der südwestlichen Regionen sehr beliebt. Man kann es nach einmaliger Verwendung wieder abseihen und in einem dicht schließenden Behälter bis zu einem Monat im Kühlschrank aufbewahren. Dabei sollte man beachten, daß Gänseschmalz schnell ranzig wird.

Herbes de Provence Eine Mischung aus getrockneten Kräutern, unter anderem Thymian, Rosmarin, Lorbeerblatt, Bohnenkraut und Lavendel.

Käse Eine französische Mahlzeit ohne Käsegang ist undenkbar; daneben spielt Käse in der französischen Küche eine große Rolle. Manche von ihnen werden separat zu bestimmten Gerichten gereicht; Beaufort kommt zum Beispiel in das savoyische Kartoffel-Gratin, Brousse de Brebis wird häufig in Farcen verwendet. Andere Sorten bilden einen Hauptbestandteil des Rezepts - zum Beispiel in Savoyen verwendet man Comté für das berühmte regionale Soufflé und für Hühnchengerichte (siehe Rezepte). Und nicht vergessen wollen wir die vielen anderen regionalen Rezepte, in denen Ziegenkäse, Tomme (je nach Region aus Kuh-, Ziegen- oder Schafsmilch hergestellt) oder Roquefort (ein Schafskäse mit Adern aus blauem Schimmel, die sich während des Reifeprozesses entwickeln) einen wichtigen Bestandteil bilden.

Knoblauch Es ist wichtig, zwischen frischem und schon längere Zeit gelagertem Knoblauch zu unterscheiden. Der erste ist vom Spätfrühling bis zum Spätsommer auf den Märkten erhältlich; er hat eine weiße oder violettfarbene Knolle und einen langen Stiel. Die geschälten Knoblauchzehen sind weiß, sehr mild und fruchtig, leicht zu verdauen (weil sich der Keim noch nicht entwickelt hat) und aromatisch. Beim Trocknen wird der Geschmack allmählich stärker und strenger. Knoblauchzöpfe können bis zu einem Jahr an einem kühlen trockenen Ort aufbewahrt werden. Zu Beginn des Winters entwickeln sich die weichen grünen Keime oder Sprossen im Innern der Zehen. Sie sind unverdaulich und sollten entfernt werden; entweder nachdem man die Zehe halbiert hat oder, wenn man sie im Ganzen kocht, vor dem Verzehren.

Langoustines Diese kleinen Meereskrustentiere - von den Italienern *scampi* und von den Spaniern *gambas* genannt - werden fast das ganze Jahr über an der Atlantikküste gefangen. Der Schwanz besteht aus zartem Fleisch; die langen Scheren dagegen enthalten fast kein Fleisch. Der rosa Panzer des Kaisergranats, der von feinen Linien durchzogen ist - welche das Alter anzeigen -, verändert seine Farbe beim Kochen nur geringfügig.

Marc Nachdem die Trauben bei der Weinherstellung gekeltert wurden, bleibt eine feste Masse aus Häuten, Kernen und Stielen zurück, der *marc* oder Trester; dieser wird zu einem Schnaps gebrannt, der ebenfalls *marc* heißt. Die verschiedenen Weinbaugebiete erzeugen, wie zu erwarten ist, *Marc* mit unterschiedlichen Geschmacksnuancen - zum Beispiel den *Marc de Bourgogne* oder den *Marc de Champagne.*

Oignons grelots Perlzwiebeln. Kleine Zwiebeln zum Einmachen, von runder oder ovaler Form und von 1 bis 1,5 cm Durchmesser; sie werden in Frankreich oft frisch als Gemüsebeilage zubereitet.

Oliven Ob grün oder schwarz, die Oliven werden vor dem Verkauf immer in Salzwasser eingelegt. Sie werden dann im Salzwasser oder in einer Marinade aus Öl und Kräutern, lose oder in Gläsern verkauft. Niçoise-Oliven sind sehr klein, sie werden in Öl und Gewürzen eingelegt und in der Gegend von Nizza verarbeitet.

Olivenöl Extra vergine oder kaltgepreßtes Olivenöl stammt aus der ersten Pressung der Oliven *(huile vierge).* Das feinste Öl wird durch Austreten mit den Füßen gewonnen. Kaltgepreßtes Öl ist natürlich, rein und fruchtig; es ist das ideale Öl sowohl für Salate als auch zum Kochen.

Perlhuhn Dieses Geflügel besitzt zartes Fleisch, dessen Geschmack dem Fasanenfleisch ähnelt.

Poivre mignonette Auch als »Steak-Pfeffer« bekannt. Er besteht aus mehr oder weniger stark zerdrückten weißen oder schwarzen Pfefferkörnern bzw. aus einer Mischung weißer und schwarzer zerdrückter Pfefferkörner.

Porc demi-sel oder **Porc salé** Fast alle Stücke vom Schwein wie Schulter, Rippen, Lende, Bauch, Füße, Ohren, usw. werden in Frankreich gepökelt. Im Süden wird auf diese Weise gesalzener Schweinebauch als *petit salé* bezeichnet. Das Pökeln geschieht mit einer Lake aus Salz, Zucker, Wasser und Salpeter, und zwar durch Eintauchen oder durch Injektion. Der Vorgang dauert zwischen einem und sechs Tagen; je länger man einsalzt, um so salziger schmeckt das Fleisch. Fleisch, das nur einen Tag eingesalzen wurde, muß lediglich unter fließendem kaltem Wasser abgespült werden; wurde es jedoch mehrere Tage gesalzen, so sollte man es 12 Stunden wässern und das Wasser dabei mehrere Male wechseln. Falls Sie keine Zeit für diese Prozedur haben, so können Sie es auch 15 Minuten lang in kochendem Wasser blanchieren und dann abspülen, bevor Sie es weiter zubereiten.
Fleisch kann auch zu Hause eingesalzen werden, indem man es mit grobem Meersalz (eventuell mit Thymian, Rosmarin, Lorbeerblatt oder zerdrückten Pfefferkörnern versetzt) einreibt und es mit zusätzlichem Salz bedeckt im Kühlschrank aufbewahrt, wo es sich bis zu sechs Tagen hält; falls sich das Salz auflöst, fügen Sie einfach noch ein wenig mehr dazu. Das Salz unter fließendem kalten Wasser abspülen und das Fleisch wässern bzw. vor der Zubereitung blanchieren.

Praline Krokant. Geröstete Mandeln werden in Karamel erhitzt. Nach dem Kochen wird die Masse auf eine Marmorplatte gestrichen, abgekühlt und zu einem groben Pulver zerstoßen.

Quatre-Épices Eine Gewürzmischung, die man in Frankreich seit vielen Jahren zur geschmacklichen Verfeinerung von Fleischterrinen, Pasteten und allen möglichen Arten von Fleischerei-Erzeugnissen verwendet. Sie besteht zu gleichen Teilen aus gemahlenem weißem Pfeffer, Muskat, Nelken und Ingwer. Je nach Verwendungszweck kann man auch Chilipfeffer, Zimt oder Macisblüte hinzufügen.

Rouille Eine Art Mayonnaise, die durch Zugabe von Chilischoten sehr scharf sein kann (Rezept Seite 37). Sie paßt ausgezeichnet zur Bouillabaisse und wird in einem Schälchen getrennt neben der Suppe serviert. Jeder Gast nimmt, je nach Geschmack, zu jedem Löffel Suppe ein wenig Rouille.

Schalotten Es gibt zwei Sorten: rosa Schalotten, die einfach Schalotten genannt werden, und eine graue Sorte *(échalote grise)*. Die ersteren sind stärker verbreitet und werden häufiger verwendet; sie sind von rosabrauner Farbe und weniger aromatisch und milder im Geschmack als die graue Sorte. Die zweite Sorte ist von graubrauner Farbe und besitzt mehrere dicke Schalen.

Schinken, gekocht (jambon cuit) Auch als *jambon de Paris* bekannt. Entbeint und in Wasser gekocht, so wird er traditionell in den meisten *charcuteries* zubereitet. Wenn man den Schinken ganz läßt und der Knochen im Fleisch bleibt, dann nennt man ihn Schinken am Knochen *(jambon à l'os)* oder York-Schinken. In beiden Fällen muß das Fleisch hellrosa und mager sein und darf keine Spur von Feuchtigkeit aufweisen. Dieser Schinken wird im allgemeinen aufgeschnitten als erster Gang serviert. Er ist auch als Belag für Sandwiches sehr beliebt.

Schinken, roh (jambon cru) Der bekannteste ist sicher der luftgetrocknete Bayonner Schinken, doch jede Region hat ihre eigene lokale Sorte, die als *jambon de pays* bezeichnet wird. Manche rohe Schinkensorten sind geräuchert. Roher Schinken wird in relativ dicken Scheiben als erster Gang serviert, doch mit seinem unvergleichlichen Geschmack verfeinert er auch viele Gerichte.

Schweinenetz Siehe *Crépine*.

Schweineschwarte Wird in vielen Eintopf- und Fleischgerichten mitgeschmort. Sie muß vor der Verwendung von allem Fett befreit und blanchiert werden. Die Schwarte verleiht der Sauce eine phantastische sirupartige Konsistenz.

Senf Dijon-Senf ist ein scharfer, aromatischer Senf von glatter Konsistenz und intensiver gelber Farbe, der mit Weißwein hergestellt wird. Zum Kochen wird meist Dijon-Senf genommen. Es gibt zahlreiche andere Senfsorten, die häufig zu kaltem Fleisch oder Gemüse serviert oder für Salatsaucen verwendet werden. Meaux-Senf ist aus grobzerkleinerten Samen hergestellt, wodurch er sein charakteristisches Aussehen erhält. Er wird hauptsächlich zu Fleisch gereicht.

Tomatenpüree Gekochte Tomaten, die zu einem schwach konzentrierten Püree eingedickt wurden. Es wird abgepackt verkauft. Ein aromareiches natürliches Produkt, das sich sehr praktisch und vielseitig verwenden läßt.

Trüffel Es gibt zwei Arten von Trüffeln, weiße und schwarze. Die weißen oder piemontesischen Trüffeln sind in Frankreich sehr selten; sie wachsen im Winter unter Eichen und zwar in einer Tiefe von 5 bis 50 cm unter der Erdoberfläche. Sie ähneln großen Kartoffeln und variieren in der Farbe von grau bis ocker. Sie sind einfach prächtig und schmecken sehr fein. Die schwarze Trüffel, auch der »schwarze Diamant« der Küche genannt, ist sicherlich bekannter. Diese schwarze Knolle, die bis zu 5 cm Durchmesser haben kann, ist mit kleinen pyramidenförmigen Warzen bedeckt; sie reift zur Winterzeit und bis zu Frühlingsanfang unter Eichen, Buchen und Haselbäumen. Heute werden die schwarzen Trüffeln in der Vaucluse und im Périgord in Trüffelwäldern kultiviert. Die aromatischen und köstlichen Trüffeln bilden die Grundlage vieler festlicher Gerichte. Außerhalb der Saison und im Ausland werden sie in Gläsern oder in Dosen angeboten.

Vinaigrette Diese Sauce ist eine Mischung aus Öl und Essig oder Zitronensaft. Zucker, Salz und Pfeffer können hinzugefügt werden. Sie wird traditionell zum Anmachen grüner Salate, aber auch zum Eintunken von *crudités*, zur Zubereitung von Gemüse, Fisch und kaltem Fleisch verwendet. Verschiedene andere Zutaten können dazugegeben werden, etwa gehackte Schalotten, Zwiebeln oder frische Kräuter, zerdrückter Knoblauch, zerkleinerte Sardellenfilets, gehackte hartgekochte Eier oder verschiedene Senfsorten. Man kann auch unterschiedliche Öl- und Essigsorten verwenden, Walnuß-, oder Haselnuß-, Oliven- oder Erdnußöl, Weinessig, Cidre oder gewürzte Essigsorten.

Wermut Ein mit Wermutkraut gewürzter Wein mit einem Alkoholgehalt von 18 Vol.%. Er kann rot oder weiß, trocken oder süß sein. In der Küche bevorzugt man Noilly Prat, einen trockenen weißen Wermut.

Würste Es gibt zwei verschiedene Arten von Würsten. Die getrockneten – Salamis – werden in Scheiben geschnitten und in Sandwiches oder als erster Gang vor dem Abendessen verzehrt. Dazu reicht man *Cornichons*, Butter und Getränke. Die besten Salamis sind *pur porc*, also nur aus Schweinefleisch zubereitet. Kochwürste sind aus gemahlenem Fleisch und Fett hergestellt; manchmal werden dem Brät Trüffeln oder Pistazien hinzugefügt; die Würste können geräuchert oder ungeräuchert sein. Kochwürste werden im Vergleich zu deutschen Eßgewohnheiten selten verzehrt. Dafür gibt es Fleischpasteten in unzähligen Varianten, allen voran die *pâté de campagne*, die je nach Region sehr unterschiedlich schmecken kann.

DANKSAGUNG

Die Herausgeber danken den im folgenden aufgezählten Personen und Organisationen für ihre Unterstützung: Appley Hoare Antiques of Mosman, Corso de' Fiori, Chatswood, Villeroy und Boch, Hale Imports, The Chef's Warehouse, John Normyle of Paddington, Sentimental Journey, Mosman Portobello für Foto-Requisiten; Inger Marchant, Maureen Simpson, David Furley und Linda Byak für die Überlassung von Ausstattungsstücken aus ihrem Privatbesitz; Jackie Wisbey, Elizabeth McLeod und Michelle Gorry für ihre Hilfe bei der Vorbereitung der Aufnahmen; Penny Pilmer, Doreen Grézoux, Laurine Croasdale, Rosemary Wilkinson, Shelley Bright, Helen Cooney, Annette Crueger und Tristan Phillips für ihre wertvolle Hilfe in redaktionellen und organisatorischen Fragen.

REGISTER

Restaur
La
Jadoui
57 24 61